माध्यमिक अंकगणित

(हाईस्कूल कक्षाओं के लिए)

डॉ. ब्रजमोहन

डॉ. तिलेश्वर राय

4695, 21-ए, दरियागंज, नयी दिल्ली 110 002

शाखा

अशोक राजपथ, पटना 800 004

फ़ोनः +91 11 23273167 फ़ैक्सः +91 11 23275710

www.vaniprakashan.in
vaniprakashan@gmail.com

MADHYAMIK ANKGANIT
by Dr. Brijmohan, Dr. Tileshwar Ray

ISBN : 978-93-87409-77-4
Maths

संस्करण 2018

मूल्य : ₹ 750

शुभम् ऑफ़सेट, दिल्ली-110 095 में मुद्रित

वाणी प्रकाशन का लोगो मक़बूल फ़िदा हुसेन की कूची से

अनुक्रमणिका

(केवल वाणिज्य के छात्रों के लिये)

—:o:—

पहला अध्याय

पिछले कार्य की पुनरावृत्ति

परिभाषायें (Definitions)

राशि (Quantity):—वह वस्तु है जो घटाई या बढ़ाई जा सके, जैसे—आमों की एक टोकरी, जनसमूह, छड़ी की लम्बाई, एक बोरा चावल की तौल, आदि।

राशि दो प्रकार की होती है। एक तो वह है जिसका प्रत्येक भाग दूसरे भाग से पृथक् और स्वयं पूर्ण रहता है, जैसे—जनसमूह। इसका प्रत्येक भाग दूसरे भाग से बिल्कुल अलग है और स्वयं पूर्ण भी है। दूसरे प्रकार की राशि वह है जो स्वयं तो पूर्ण है परन्तु जिसके भाग अलग-अलग नहीं हैं, जैसे—छड़ी की लम्बाई अथवा एक बोरा चावल की तौल। इस प्रकार की राशियों का परिमाण (Magnitude) जानने के लिये किसी ऐसी दूसरी वस्तु की सहायता ली जाती है जिसकी लम्बाई या तौल पहले ही से निश्चित हो, जैसे—छड़ी की लम्बाई जानने के लिये **'गज'** की, जिसकी लम्बाई निश्चित होती है, सहायता ली जाती है।

पहले प्रकार की राशि में हर एक भाग जिससे वह राशि बनी हुई समझी जाती है, और दूसरे प्रकार की राशि में वह वस्तु जिसकी अपेक्षा उस राशि का परिमाण ज्ञात होता है, **'इकाई'** (Unit) कहलाती है।

राशि में **परिमाण** तथा **संख्या** (Number) दोनों सन्निहित हैं। परिमाण से ज्ञात होता है कि राशि कितनी बड़ी है और संख्या से ज्ञात होता है कि उसमें कितनी इकाइयाँ हैं अथवा वह कितने समान भागों से बनी है।

संख्या:—वह है जिससे किसी राशि का परिमाण उसकी इकाई की अपेक्षा ज्ञात होता है, जैसे—सात रुपयों की राशि में एक रुपया इकाई है। इसी इकाई की सहायता से राशि का परिमाण ज्ञात होता

है। इस इकाई की अपेक्षा ज्ञात होता है कि यह राशि सात समान भागों से बनी है। इसलिये '**सात**' संख्या है।

एक राशि भी इकाई हो सकती है। कोई राशि इकाई उस समय कही जाती है, जब उसका मिलान उसी प्रकार की किसी भी दूसरी बड़ी राशि से किया जाता है, जैसे—३ दर्जन किताबें। इस राशि में '**दर्जन**' इकाई है।

संख्या दो प्रकार की होती है: (क) **सार्व** या **अनवच्छिन्न** (General) और (ख) **विशिष्ट** या **अवच्छिन्न** (Particular)। सार्व या अनवच्छिन्न वह संख्या है जिसका किसी विशेष इकाई के साथ कोई सम्बन्ध न हो, जैसे—तीन, चार, नौ, आदि।

विशिष्ट या अवच्छिन्न वह संख्या है जिसका सम्बन्ध किसी विशेष प्रकार की इकाई से हो, जैसे—तीन रुपये, चार लड़के, नौ पुस्तकें आदि। दोनों प्रकार की संख्याओं का निर्माण इकाइयों द्वारा ही होता है।

संख्या-लेखन (Numeration)

एक ही प्रकार की इकाइयों के बार-बार जोड़ने से भिन्न-भिन्न संख्याएँ बनती हैं और ये संख्यायें भिन्न-भिन्न चिह्नों (Symbols) द्वारा प्रकट की जाती हैं। इन चिह्नों को **अंक** (Digit) कहते हैं। संसार के भिन्न-भिन्न देशों में संख्या प्रकट करने के लिये भिन्न-भिन्न चिह्नों का प्रयोग किया जाता है, परन्तु संख्याओं को प्रकट करने के लिये सबसे सरल तथा वैज्ञानिक रीति हिन्दुओं ही ने निकाली थी। उन्होंने केवल दस चिह्नों द्वारा कुल संख्याओं को प्रकट करने की सुगम रीति निकाली थी। ये अंक आजकल अन्तर-राष्ट्रीय हो गये हैं। ये चिह्न निम्नलिखित हैं:—

एक	दो	तीन	चार	पाँच	छः	सात	आठ	नौ	शून्य
१	२	३	४	५	६	७	८	९	०

कुछ पाश्चात्य विद्वानों के मतानुसार सबसे पहले इन चिह्नों अर्थात् अंकों का ज्ञान अरबों को हुआ था, इसी कारण वे इन अंकों को अरबी चिह्न कहते हैं। परन्तु यह मत सर्वथा असंगत है। इन अंकों का ज्ञान सर्वप्रथम भारतवर्ष के विद्वानों को ही हुआ था। कुसुमपुर (आधुनिक

पटना) निवासी गणितज्ञ आर्यभट्ट (४९९ ई०) ने अपनी गणित की पुस्तक 'आर्य भट्टीय' के दूसरे अध्याय में इन अंकों का वर्णन इनके स्थानीय मान (Place Value) के अनुसार किया है। अरबवालों ने आठवीं शताब्दी में इन अंकों को भारतवर्ष से सीख कर अपने देश में इनका प्रचार किया। इटली देश के पीसा निवासी लियोनार्ड ने मिश्र में इन अंकों को अरबी माध्यम द्वारा सीख कर १३वीं शताब्दी में अपने देश इटली में इनका प्रचार किया। इसी कारण भ्रम में पड़ कर यूरोप के कुछ विद्वान इनको अरबी अंक कहते हैं; परन्तु आज संसार के सभी देश इन्हें **हिन्दू अंक** कहते हैं।

इन अंकों में से प्रथम नौ अंकों को **सार्थक** अथवा **ज्ञापक अंक** (Significant Digits) कहते हैं।

एक से लेकर नौ तक की संख्यायें उपरोक्त चिह्नों में से प्रथम नौ अंकों द्वारा निरूपित की जाती हैं। नौ से आगे की संख्यायें दो या दो से अधिक अंकों को पंक्ति में लिख कर प्रदर्शित की जाती हैं। एक अंक की सबसे बड़ी संख्या ९ है। इसमें नौ इकाइयाँ हैं। इसमें एक इकाई मिला देने से जो संख्या बनती है उसे **'दस'** कहते हैं और वह निम्नलिखित प्रकार से लिखी जाती हैः—

१०

इसमें दस इकाइयाँ हैं। इसको **दहाई'** कहते हैं। यह दूसरी श्रेणी की इकाई है और दो अंकों की सबसे छोटी संख्या है। दस से लेकर निन्यानवे तक की संख्यायें दो अंकों द्वारा प्रकट की जाती हैं। दो अंकों की सबसे बड़ी संख्या ९९ है। इसमें ९ इकाइयाँ और ९ दहाइयाँ हैं अर्थात् इसमें कुल ९९ इकाइयाँ हैं। इसमें एक इकाई और मिला देने से जो संख्या बनती है, उसे **सौ** कहते हैं और यों लिखी जाती हैः—

१००

इस संख्या में इकाई और दहाई के स्थान पर कोई सार्थक अंक नहीं है। इसमें केवल **१ सैकड़ा** है जो दस दहाइयों या सौ इकाइयों के बराबर है। सैकड़ा तीसरी श्रेणी की इकाई है। सौ तीन अंकों की सबसे

छोटी संख्या है। तीन अंकों की सबसे बड़ी संख्या ९९९ (नौ सौ निन्यानवे) है। १०० से लेकर ९९९ तक की संख्यायें तीन अंकों की सहायता से लिखी जाती हैं।

९९९ में ९ इकाइयाँ, ९ दहाइयाँ तथा ९ सैकड़े हैं। इसमें एक इकाई और मिला देने से जो संख्या बनती है, उसे **१ हजार** कहते हैं, जो यों लिखी जाती है :—

१०००

इस संख्या में इकाई, दहाई तथा सैकड़े के स्थान पर कोई सार्थक अंक नहीं है, केवल हजार के स्थान पर एक है। इसमें एक हजार अथवा दस सैकड़ा अथवा सौ दहाइयाँ अथवा एक हजार इकाइयाँ हैं। यह चार अंकों की सबसे छोटी संख्या है। हजार चौथी श्रेणी की इकाई है। इसी प्रकार इकाइयों को बार-बार मिलाकर पाँच, छः, सात, आठ,..... आदि अंकों की संख्यायें बनाई जाती हैं।

उपरोक्त बातों से यह स्पष्ट है कि ज्यों-ज्यों कोई अंक बाईं ओर को हटता जाता है, उसका मान पहले की अपेक्षा दस गुना बढ़ता जाता है; अतः यह स्पष्ट है कि अंक के दो मान होते हैं : (१) **शुद्ध, वास्तविक या निर्पेक्ष मान** (Absolute Value) और (२) **स्थानीय या आकस्मिक मान** (Place Value)।

शुद्ध, वास्तविक या निर्पेक्ष मानः—जब कोई अंक अकेले लिखा जाता है तब वह अपना शुद्ध या निर्पेक्ष मान प्रकट करता है, जैसे—जब हम तीन, चार या सात लिखते हैं तब हमको इनसे क्रमशः ३ इकाइयों, ४ इकाइयों अथवा ७ इकाइयों का बोध होता है।

स्थानीय या आकस्मिक मानः—जब एक से अधिक अंक एक पंक्ति में लिखे जाते हैं, तब प्रत्येक अंक के उस मान को जो उसको अपने स्थान के कारण प्राप्त हैं, स्थानीय या आकस्मिक मान कहते हैं, जैसेः— ८४ में ८ से आठ इकाइयों का बोध नहीं होता वरन् यह अंक आठ दहाई को निरूपित करता है। इस अंक को दहाई का मान उसके स्थान के कारण प्राप्त हुआ है; इसलिये आठ का यह मान **स्थानीय** या **आकस्मिक** है।

अंकगणित (Airthmetic) वह शास्त्र है जिसमें संख्याओं के गुणों सिद्धान्तों का और अंकों के प्रयोग करने के नियमों का अध्ययन होता है ।

संख्या पठन

१०. अंकों में लिखी हुई संख्या को शब्दों में पढ़ने की रीति को **संख्या पठन** कहते हैं। साधारणतः ऐसी ही संख्यायें काम में आती हैं, जिनमें उन्नीस अथवा उन्नीस से कम अंक हों। लैकिन ऐसी भी संख्यायें हो सकती हैं जिनमें उन्नीस से भी अधिक अंक हों। इन उन्नीस स्थानों के नाम निम्नलिखित हैं:—

१	इकाई
१०	दहाई
१००	सैकड़ा
१०००	हजार
१००००	दस हजार
१०००००	लाख
१००००००	दस लाख
१०००००००	करोड़
१००००००००	दस करोड़
१०००००००००	अरब
१००००००००००	दस अरब
१०००००००००००	खरब
१००००००००००००	दस खरब
१०००००००००००००	नील
१००००००००००००००	दस नील
१०००००००००००००००	पद्म
१००००००००००००००००	दस पद्म
१०००००००००००००००००	शंख
१००००००००००००००००००	दस शंख

संख्या पठन बाईं ओर से प्रारम्भ किया जाता है, जैसे—३२१६ को 'तीन हजार दो सौ सोलह' पढ़ते हैं और १८०३६ को 'अट्ठारह हजार छत्तीस' पढ़ते हैं।

सूचना:—शून्य (०) का स्वयं कुछ मान नहीं होता। जब यह इकाई के स्थान पर दूसरे अंकों के साथ लिखा जाता है तब यह इकाई का अभाव बतलाता है। इसी प्रकार सैकड़े के स्थान पर सैकड़े का और हजार के स्थान पर हजार का अभाव बतलाता है।

संख्या लेखन

शब्दों में लिखी हुई संख्या को अंकों में लिखने की रीति को **संख्या-लेखन** कहते हैं।

संख्या-लेखन बाईं ओर से प्रारम्भ किया जाता है। यदि कोई संख्या शब्दों में दी हो और उसको अंकों में लिखना हो तो बाईं ओर से लिखना प्रारम्भ करके प्रत्येक अंक को ऐसे स्थान पर लिखो, जो उसको संख्या-पठन के अनुसार प्राप्त हों और उस स्थान पर जिस पर कोई अंक न हो, **शून्य** (०) लिख दो, जैसे:—'तीन सौ पाँच' को अंकों में प्रकाशित करने के लिये ३ को सैकड़े के स्थान पर और ५ को इकाई के स्थान पर लिखो। इस संख्या में दहाई के स्थान पर कोई अंक नहीं है इसलिये उस स्थान पर शून्य (०) लिख दो। ऐसा करने से दी हुई संख्या ३०५ से निरूपित होती है।

प्रश्नावली १

निम्नलिखित संख्याओं को पढ़ो:—

(१) ३, ४०, २०१

[पढ़ने की क्रिया] तीन लाख, चालीस हजार, ो सौ एक।

(२) ३५८०, ४६००, ५००० और ७००३

(३) ६०१३, ५१०४ और ७१४३

(४) ३४५६७८ और ४००६००८

(५) दो भिन्न-भिन्न अंकों से बनी सबसे बड़ी तथा सबसे छोटी संख्याओं को शब्दों में लिखो।

(६) ८, २ और ५ से बनी हुई सबसे बड़ी संख्या को शब्दों में प्रकट करो।

निम्नलिखित संख्याओं को अंकों में लिखो:—

(७) **आठ हजार चालीस**

क्रिया:——उत्तर ८०४०।

(८) सात हजार तीन और एक हजार नौ सौ।

(९) पन्द्रह हजार तीन सौ अड़तालीस और सत्ताईस हजार पैंतीस।

(१०) छ लाख पाँच हजार छत्तीस।

(११) पन्द्रह करोड़ छः हजार तीन।

(१२) **तीन अंकों की सबसे छोटी और सबसे बड़ी संख्या बताओ।**

उत्तर : १०० और ९९९

(१३) पाँच अंकों की सबसे छोटी और सबसे बड़ी संख्या बताओ।

(१४) सात अंकों की सबसे बड़ी और सबसे छो ी संख्या बताओ।

(१५) **अंकों ३, ४, ५, ० और ७ से बनी छोटी से छोटी और बड़ी से बड़ी संख्या बताओ।**

उत्तर : छोटी से छोटी संख्या=३०४५७

और बड़ी से बड़ी संख्या=७५४३०

(१६) निम्नलिखित अङ्कोंसे छोटीसे छोटी तथा बड़ी से बड़ी संख्या बताओ:–

(क) १, ०, ६, ५, ७

(ख) २, ९, ५, ८, ६, १

(ग) ४, ७, ०, ३, ६, ९

(१७) **मोहन फलवाले ने सोनपुर मेले में नीबुओं की ढेरियाँ लगाईं, जो निम्न प्रकार की थीं:——**

लाख की,	दस हजार की,	हजार की,	सैकड़े की,	दहाई की,	इकाईकी
तीन	दो	पाँच	चार	छ	आठ

बताओ उसके पास कुल कितने नीबू थे ?

उत्तर : ३२५४६८ नीबु।

(१८) अङ्कों में लिखकर बताओ कि कुल कितने आलू है, जब आलूओं की ढेरियाँ निम्नप्रकार हैं:——

ढेरियाँ	लाख की	दस हजार की	हजार की	सैकड़े की	दहाई की	इकाईकी
(क)	पाँच	शून्य	तीन	दो	एक	चार
(ख)	तीन	सात	एक	चार	छ.	पाँच
(ग)	छः	तीन	नौ	शून्य	एक	सात

(१९) ८६३४५७ में प्रत्येक अंक का स्थानीय मान बताओ:–

उत्तर : ८ का स्थानीय मान ८ लाख

६ ,, ,, ६ दस हजार अथवा ६० हजार

३ ,, ,, ३ हजार

४ ,, ,, ४ सैकड़े अथवा ४००

५ ,, ,, ५ दहाई अथवा ५०

७ ,, ,, ८ काई

(२०) निम्नलिखित संख्याओं में प्रत्येक अंक का स्थानीय मान बताओ :—

[क] ३०४५६९, [ख] ५१३७०८ [ग] २४६८३१७

(२१) रामदीन फलवाले के पास २४६८५७ नीबू हैं। यदि वह इनकी लाख-लाख की, दस-दस हजार की, हजार-हजार की, सौ-सौ की और दस-दस की ढेरियां लगाये तो हर प्रकार की अलग-अलग कितनी ढेरियाँ होंगी और कितने नीबू बच जायेंगे ?

लाख की ढेरियाँ	दस हजार की ढेरियाँ	हजार की ढेरियाँ	सौ की ढेरियाँ	दस की ढेरियाँ
दो	**चार**	**छः**	**आठ**	**पाँच**

और सात नीबू बच जायेंगे

(२२) नीचे लिखे फलों को यदि लाख-लाख, दस-दस हजार, हजार-हजार, सौ-सौ और दस-दस फलों की अलग-अलग ढेरियाँ लगाई जायें तो हर प्रकार की अलग-अलग कितनी ढेरियाँ होंगी और हर दशा में कितने फल बच जायेंगे ?

(क) ३५०४८९ नीबू (ख) ८२१०३७ संतरे (ग) ७०५४३०८ केले।

(२३) नीचे लिखी संख्या में यदि ३ और ४ के बीच में शून्य लिख दिया जाय तो जो संख्या बनेगी उसे शब्दों में लिखो—

(क) ३४५ (ख) ६५३४ (ग) ३४५६७

(२४) ३४५६४१ में बाईं ओर का ४ दाहिनी ओर के ४ से कितने गुना बड़ा है ?

उत्तर : ज्यों-ज्यों कोई अङ्क बाईं ओर हटता है, त्यों-त्यों उसका मान पहले की अपेक्षा दस गुना बढ़ता जाता है। इसलिये बाईं ओर का चार, दाहिनी ओर के चार से हजार गुना बड़ा है।

(२५) निम्नलिखित संख्याओं में दाहिनी ओर के ६ से बाईं ओर का ६ कितने गुना बड़ा है ?

(क) ४६६५३, (ख) ४५६३६ (ग) ४६३५६ (घ) ६४३५६ ।

(२६) दो भिन्न-भिन्न अङ्कों से बनी सबसे बड़ी और सबसे छोटी संख्या बताओ ।

(२७) चार भिन्न-भिन्न अङ्कों से बनी सबसे बड़ी और सबसे छोटी संख्या बताओ ।

(२८) पाँच अङ्कों की वह बड़ी से बड़ी संख्या बताओ जो ५ से प्रारम्भ हो और ३ से समाप्त हो ।

(२९) छः अङ्कों की वह छोटी से छोटी संख्या बताओ जो ४ से प्रारम्भ हो और २ से समाप्त हो ।

(३०) चार अंकों की वह छोटी से छोटी संख्या बताओ जिसमें शून्य न हो और जो ७ से प्रारम्भ हो और ४ से समाप्त हो ।

चारों क्रियायें

प्रश्नावली २

१. भिन्न-भिन्न पाँच अंकों की सबसे बड़ी और सबसे छोटी संख्यायें बताओ और उनके अन्तर को शब्दों में लिखो ।

२. नीचे जादू के वर्ग (Magic Squares) दिये गये हैं । इनकी हरएक खड़ी, पड़ी और तिरछी पंक्ति का जोड़ क्रमशः १५ और ६० है । इनकी अज्ञात संख्याओं को ज्ञात करो :—

(क)

८		६
		२

(ख)

		३२
	२०	
	२८	

३. नीचे (क) जोड़ के प्रश्न में और (ख) घटाने के प्रश्न में क ख ग और घ ऐसे स्थानों पर लिखे गये हैं, जहाँ के अंक मिट गये हैं । उन मिटे हुए अंकों को ज्ञात करो :—

(क)
```
  ३ क ७ ६
  ख २ ८ १
  ४ ५ ग ६
  ७ ६ २ घ
 ---------
१ ७ ० ४ ८
```

(ख)
```
क ३ ख ७
२ ग ५ घ
-------
५ ८ ८ ८
```

४. नीचे लिखे गुणा के प्रश्नों में फूल के स्थानों पर छिपे अंकों को ज्ञात करो :—

(क)
```
    ✿ ✿ ✿ ✿ ✿
          ✿ ✿
--------------
२ ७ ६ ५ ३ ६
 ३ १ १ १ ० ३
--------------
३ ० ७ ६ ४ ६ ३
--------------
```

(ख)
```
      ४ ✿ ✿ २
          ✿ ✿
--------------
   ✿ ✿ ✿ ७ ४
 ✿ ✿ ४ ✿ ✿
--------------
 ✿ ✿ ✿ ८ ७ ४
--------------
```

५. निम्नलिखित भाग के प्रश्न में छूटे हुये अंकों को ज्ञात करो:—

(क) खण्ड भाग
```
३) ✿ ✿ ✿ ✿ ९
   -------------
४) ✿ ✿ ✿ ✿ ✿ —शेष ✿
   -------------
✿)   ४ ७ ✿ ✿ —शेष १
   -------------
       ९ ५ १ —शेष २
```

(ख) लम्बा भाग
```
              २ ✿ ✿ ✿
      ----------------
✿ ✿ ) ✿ ✿ ✿ ✿ ✿ ६
      १ १ ✿
      ------
        ✿ ✿ ✿
          ✿ ✿
        -------
          ✿ ✿ ✿
          ✿ ✿ ✿
          -------
              ✿ ६
              ✿ ६
              ----
```

६. किसी संख्या में २७ से भाग देने पर २२ शेष बचता है। यदि उसी संख्या में ९ से भाग दिया जाय तो कितना शेष बचेगा ?

क्रिया : वह संख्या $=$ २७ $\times$ य $+$ २२ $=$ ९ $\times$ ३य $+$ ९ $\times$ २ $+$ ४

$=$ ९ (३ य $+$ २) $+$ ४

शेष ४ है

उत्तर : ४

७. किसी संख्या में २४ से भाग देने पर २१ शेष बचता है। यदि उसी संख्या में १२ से भाग दिया जाय, तो कितना शेष बचेगा ?

८. एक संख्या में जब १५ जोड़ दिया जाता है, तब योगफल १२८ से विभाजित हो जाता है। यदि उस संख्या में ३२ से भाग दिया जाये तो शेष कितना बचेगा ?

९. छोटी से छोटी परन्तु दस हजार से बड़ी वह संख्या बताओ, जो १२३ से विभाजित हो जाय।

१०. एक लाख के निकटतम वह संख्या बताओ, जो २३४ से विभाजित हो जाय।

११. किसी संख्या में जब ७ से भाग दिया जाता है, तब शेष ४ बचता है। फिर जब भागफल (Quotient) में ९ से भाग दिया जाता है, तब शेष ६ बचता है। यदि क्रम बदलकर इस संख्या में पहले ९ का भाग दिया जाय और फिर भागफल में ७ से, तो क्रमानुसार शेष क्या बचेंगे ?

(**संकेत :** संख्या = ७ का अपवर्त्य (Multiple) + ४

= ७ (९ का अपवर्त्य + ६) + ४

= ७ × ९ का अपवर्त्य + ७ × ६ + ४

= ७ × ९ का अपवर्त्य + ४६

= ७ × ९ का अपवर्त्य + ९ × ५ + १

= ९ (७ का अपवर्त्य + ५) + १

इसलिये पहला शेष १ और दूसरा शेष ५ है।

१२. किसी संख्या में जब ११ से भाग दिया जाता है, तब शेष ६ बचता है। फिर भागफल में १४ से भाग दिया जाता है, तब शेष ३ बचता है। यदि क्रम बदलकर इस संख्या में पहले १४ से और फिर भागफल में ११ से भाग दिया जाय, तो क्रमानुसार शेष क्या बचेंगे ?

१३. किसी संख्या में ४, ५, ६ और ७ से लगातार छोटे भाग की रीति से भाग देने पर भाग-शेष क्रमशः २, ३, ४ और ५ बचते हैं, तो संख्या में ८४० से भाग देने पर क्या शेष बचेगा ?

१४. दो संख्याओं का जोड़ ७८९०२ है और उनका अन्तर ९८७६ है। दोनों संख्याओं को ज्ञात करो।

१५. दो संख्याओं का जोड़ २३४५६७ है और एक संख्या दूसरी से ७८९ बड़ी है। बड़ी संख्या बताओ।

१६. ७५०८३ को ४१६९६ से तीन पंक्तियों में गुणा करो।

१७. ३०१५०४ को ७२१६३ से तीन पंक्तियों में गुणा करो।

१८. राम के पास ३६६ रु० १३ आ० ६ पा० है और श्याम के पास ७०३ रुपया ८ आना है। यदि बलराम के पास राम के धन से उतना ही अधिक हो जितना श्याम के धन से कम, तो बताओ बलराम के पास कितने पये हैं?

१९. ३० ग० २ फु० ६ इं० लम्बी रस्सी कितनी बढ़ा दी जाय कि उसमें से ७ फु० ३ इं० के बराबर-बराबर टुकड़े हो सकें?

२०. मैंने कुछ पयों के ८६४ आम मोल लिये। यदि मेरे पास ७ रुपये और होते तो मैं ९४८ आम खरीद लिये होता। तो बताओ मेरे पास कितने रुपये थे?

२१. राम और श्याम के पास मिलाकर ७३३ रु० १२ आ० ८ पा० हैं, श्याम और बलराम के पास मिलाकर ६७८ रु० ८ आ० ६ पा० हैं तथा बलराम और राम के पास मिलाकर ७४९ रु० ८ आ० ८ पा० है; तो हर एक के पास कितना द्रव्य हैं?

२२. बाईस बोरे चावल १४७८ रु० २ आ० में, २६ रु० १४ आ० प्रति मन के भाव से मोल लिया। बताओ हर एक बोरे में कितना चावल है?

२३. १६ जून १९५४ को बुधवार था तो १६ जून १९५६ को कौन सा दिन होगा?

२४. विद्यालय १५ मई बुधवार को बन्द हुआ और उसी साल ८ जुलाई को खुला। बताओ विद्यालय कौन से दिन खुला?

२५. ३ भैंसों और ५ घोड़ों का मूल्य ७८७५ रु० है। यदि एक भैंस और एक घोड़े का मूल्य १८७५ रु० है, तो एक भैंस और एक घोड़े का मूल्य अलग-अलग बताओ?

२६. ४३९ पौं० १० शि०, १५ पुरुषों, २० स्त्रियों और २५ लड़कों में इस प्रकार बाँटा गया कि एक मर्द को उतना ही मिला जितना एक औरत और एक लड़के को मिलाकर मिला। यदि एक लड़के को ३ पौं० १८ शि० मिला, तो एक मर्द और एक औरत को अलग-अलग कितना मिला?

२७. एक आदमी दो महीने में जो कुछ कमाता है वह तीन महीने में खर्च कर देता है। यदि वह एक वर्ष में ४२७ ० १४ आ० कमाता है, तो उसकी एक महीने की बचत बताओ ?

२८. एक ग्वाले ने १० मन दूध ७ आ० प्रति सेर के भाव से खरीदा और उसमें से १५ सेर दूध चू गया, तो बताओ कि बचे हुए दूध में वह कितना पानी मिलाये कि मिलावट दूध को ५ आ० ६ पा० प्रति सेर के भाव से बेचने पर उसे ६ रु० ८ आ० का लाभ हो ?

२९. एक परिवार में ४८० ० मासिक व्यय होता है, जब चावल २२ ० ८ आ० मन बिकता है और ४९३ रु० १२ आ० व्यय होता है, जब चावल १८ रु० १२ आ० मन बिकता है, तो बताओ कितना अधिक चावल खर्च हुआ ?

३०. एक आदमी ४० दिनों के लिये १ ० ३ आ० ६ पा० प्रति दिन की मजदूरी पर इस शर्त पर रखा गया कि जब वह काम पर से अनुपस्थित रहेगा, एक दिन का ३ आ० ३ पा० जुर्माना देना पड़ेगा। यदि नियत समय के बाद उसको केवल ३४ ० ८ आ० ६ पा० मिले. तो वह काम पर कितने दिनों तक अनुपस्थित रहा ?

—:o:—

दूसरा अध्याय

गुणनखण्ड और रूढ़ संख्यायें

(Factors and Prime Numbers)

जब दो या दो से अधिक संख्यायें आपस में गुणित हों, तब प्रत्येक संख्या **गुणनीयक या गुणनखण्ड या खण्ड** कहलाती है, जैसे—२×३×४×५=१२० में २, ३, ४, और ५, १२० के गुणनखण्ड हैं और १२०, ३, ४, ५, का गुणितक (Multiple) है। इसी तरह ४×७×११=३०८ में ३०८ के गुणनखण्ड ४, ७, और ११ हैं।

इन उदाहरणों से स्पष्ट है कि सब संख्यायें अपने हर एक गुणनखण्ड से विभाजित हो जाती हैं। इसलिये गुणनखंड की परिभाषा निम्नलिखित भी हो सकती है—

'किसी दी हुई संख्या का गुणनखंड वह संख्या है जो दी हुई संख्या को पूरा पूरा विभाजित कर सके।'

गुणनखंड को **अपवर्तक** (Factor) और गुणितक को **अपवर्त्य** (Multiple) भी कहते हैं।

उस संख्या को जिसके गुणनखण्ड केवल वही संख्या और १ हों **रूढ़ संख्या** (Prime Number) कहते हैं। जैसे—२,३,५,७,११,१७,१९,२३ इत्यादि।

यौगिक संख्या (Composite Number) वह है जिसके उस संख्या और १ के अतिरिक्त दूसरे भी गुणनखंड हों, जैसे—१०, १२, १५, १६ इत्यादि।

दो संख्यायें आपस में रूढ़ संख्या उस समय कहलाती हैं जब उन संख्याओं में समापवर्तक (Common Factor) केवल १ ही हो। जैसे—५ और ८।

सूचना—(१) प्रारम्भिक गणित में किसी संख्या के गुणनखंडों में १ और उस संख्या को छोड़ दिया जाता है, क्योंकि प्रत्यक संख्या इनसे तो विभाजित हो ही जाती हैं।

(२) यह जानने के लिये कि कोई संख्या रूढ़ है अथवा यौगिक, उस दी ई संख्या में २, ३, ५, ७, ११, आदि रूढ़ संख्याओं से भाग देना चाहिये।

पूरे पूरे बँटने की पहचान

(क) वह संख्या २ से विभाजित हो जाती है, जिसके इकाई के स्थान पर शून्य हो अथवा ऐसा अंक हो जो दो से विभाजित हो जाय, जैसे—४०, २१६ आदि।

(ख) वह संख्या ४ से विभाजित हो जाती है, जिसके इकाई और दहाई के स्थानों पर ० हों अथवा ऐसे अंक हों, जिनसे बनी संख्या ४ से विभाजित हो जाय जैसे:—३००, २४०, २१६ आदि।

(ग) वह संख्या ८ से विभाजित हो जाती है, जिसके इकाई, दहाई और सैकड़े के स्थानों पर शून्य हों अथवा ऐसे अंक हों जिनसे बनी संख्या ८ से विभाजित हो जाय, जैसे—१०००, ३४००, २२४०, ३२१६ आदि।

(घ) वह संख्या ५ से विभाजित हो जाती है, जिसके इकाई के स्थान पर शून्य अथवा ५ हो, जैसे—२०, २५ आदि।

(ङ) वह संख्या २५ से विभाजित हो जाती है जिसके इकाई और दहाई के स्थानों पर शून्य हों अथवा ऐसे अंक हों जिनसे बनी संख्या २५ से विभाजित हो जाय, जैसे—१००, ३५०, ४२५ आदि।

(च) वह संख्या ३ और ९ से विभाजित हो जाती है, जिसके अंकों का जोड़ क्रमशः ३ और ९ से विभाजित हो जाय, जैसे—१२३, ३२४, आदि।

(छ) वह संख्या जो २, ३ से विभाजित हो जाती हो, ६ से भी विभाजित हो जाती है।

(ज) वह संख्या ११ से विभाजित हो जाती है, जिसके विषम स्थानों के अंकों के जोड़ और सम स्थानों के अंकों के जोड़ का अन्तर शून्य या कोई ऐसी संख्या हो जो ११ से विभाजित हो सके, जैसे—६७५४३१९ में

विषम स्थानों के अकों का जोड़=९+३+५+६=२३

सम स्थानों के अंकों का जोड़=१+४+७=१२

दोनों जोड़ो का अन्तर=११ जो ११ से विभाजित हो जाता है।

∴ ६७५४३१९ भी ११ से विभाजित होता है।

(झ) यदि किसी संख्या की दाहिनी ओर से बाईं ओर के अंकों को गिनकर तीन-तीन अंकों के टुकड़े किये जायँ और यदि विषम और सम

स्थानों के टुकड़ों के अलग-अलग जोड़ों का अन्तर शून्य हो या ऐसी संख्या हो जो ७, ११ या १३ से विभाज्य है, तो वह सम्पूर्ण संख्या भी ७, ११ या १३ से विभाज्य है, जैसे—४५६६५६२ में दाहिनी ओर से बाईं ओर के अंकों के टुकड़े ५६२, ५६६ और ४ हैं।

विषम तथा सम स्थानों के टुकड़ों का अन्तर=(५६२+४)−५६६=०

∴ ७, ११ **और** १३ **से** ४५६६५६२ **विभाजित हो जाती है।**

(ञ) यदि कोई संख्या दो ऐसी संख्याओं से, जिनका कोई समापवर्तक गणनखण्ड न हो, अलग-अलग विभाज्य है तो वह संख्या उन दोनों संख्याओं के गुणनफल से भी विभाज्य होगी, जैसे—४५, ३ और ५ से अलग-अलग विभाज्य है और ३ और ५ में कोई समापवर्तक नहीं है। इसलिये ४५, ३ और ५ के गुणनफल १५ से भी विभाज्य हैं।

(ट) यदि एक संख्या किसी दूसरी संख्या से विभाज्य है तो पहली संख्या के अपवर्त्य भी दूसरी संख्या से विभाज्य होंगे, जैसे—३०, ५ से विभाज्य है तो ३० का कोई गुणितक जैसे ३०×४ यानी १२० भी ५ से विभाज्य होगा।

(ठ) यदि दो संख्यायें अलग-अलग किसी तीसरी संख्या से विभाज्य हों तो पहली दो संख्याओं के जोड़ और अन्तर भी अलग अलग उस तीसरी संख्या से विभाज्य होंगे जैसे—५६ और ७२ अलग-अलग ८ से विभाजित हो सकते हैं।

∴ इनके जोड़ १२८ और अन्तर १६ भी ८ से विभाजित होते हैं।

रूढ़ संख्याओं को जानने के नियम

यदि किसी निर्दिष्ट संख्या तक की रूढ़ संख्याओं का पता लगाना हो, तो १ से लेकर उस संख्या तक की संख्याओं को पहले लिखो। मान लो कि १०० तक की रूढ़ संख्याओं का पता लगाना हो तो पहले नीचे लिखे अनुसार १ से १०० तक की संख्याओं को लगातार लिखो।

१, २,, ३, ~~४~~, ५, ~~६~~, ७, ~~८~~, ~~९~~, ~~१०~~, ११, ~~१२~~, १३, ~~१४~~, ~~१५~~, ~~१६~~, १७, ~~१८~~, १९, ~~२०~~, ~~२१~~, ~~२२~~, २३, ~~२४~~, ~~२५~~, ~~२६~~, ~~२७~~, ~~२८~~, २९, ~~३०~~, ३१, ~~३२~~, ~~३३~~, ~~३४~~, ~~३५~~, ~~३६~~, ३७, ~~३८~~, ~~३९~~, ~~४०~~, ४१, ~~४२~~, ४३, ~~४४~~, ~~४५~~, ~~४६~~, ४७, ~~४८~~, ~~४९~~, ~~५०~~, ~~५१~~, ~~५२~~, ५३, ~~५४~~, ~~५५~~, ~~५६~~, ~~५७~~, ~~५८~~, ५९, ~~६०~~, ६१, ~~६२~~, ~~६३~~, ~~६४~~, ~~६५~~, ~~६६~~, ६७, ~~६८~~, ~~६९~~, ~~७०~~, ७१, ~~७२~~, ७३, ~~७४~~, ~~७५~~, ~~७६~~, ~~७७~~, ~~७८~~, ७९, ~~८०~~, ~~८१~~, ~~८२~~, ८३, ~~८४~~ आदि।

फिर २ से प्रारम्भ करके हर एक दूसरी संख्या ४, ६, ८, १० आदि अर्थात् २ के अपवर्त्यों को काटो। २ के बाद ३ रूढ़ संख्या है, इसलिये ३ से प्रारम्भ करके प्रत्येक तीसरी संख्या ६, ९, १२....आदि अर्थात् ३ के अपवर्त्यों को काटो। ३ के बाद ५ रूढ़ संख्या है। इसलिये ५ से प्रारम्भ करके हर एक पाँचवीं संख्या १०, १५, २० अर्थात् ५ के अपवर्त्यों को काटो। इसी प्रकार ७, ११, १३ आदि से प्रारम्भ करके क्रमशः सातवीं, ग्यारहवीं, तेरहवीं आदि संख्याओं को काटो। इस प्रकार काटने के बाद जो संख्यायें बच जायेंगी वही रूढ़ संख्यायें होंगी। इस प्रश्न में ७ से आगे की संख्याओं को काटने की कोई आवश्यकता नहीं है क्योंकि ७ के बाद ११ रूढ़ संख्या है और ११ का वर्ग १२१ पंक्ति में लिखी हुई सभी संख्याओं से बड़ी है।

काटते समय यह याद रखना चाहिये कि अङ्कों के काटने का काम उसी रूढ़ संख्या तक जारी रखना चाहिये जिसका वर्ग अन्तिम काटने वाली संख्या के बराबर या उससे बड़ा हो।

ऊपर दिये हुए नियम को ईसा से तीसरी शताब्दी पूर्व यूनान देश के गणितज्ञ **इराटास्थनीज** ने निकाला था।

१०० से नीचे की रूढ़ संख्यायें नीचे दी जाती हैं—

१, २, ३, ५, ७, ९, १३, १७, १९, २३, २९, ३१, ३७, ४१, ४३, ४७, ५३, ५९, ६१, ६७, ७१, ७३, ७९, ८३, ८९, ९३, ९७।

ऊपर की संख्याओं से यह स्पष्ट है कि २ और ५ को छोड़ कर हर एक रूढ़ संख्या के इकाई के स्थान पर १, ३, ७ या ९ है।

किसी दी हुई संख्या की जाँच करना, कि वह रूढ़ है या नहीं

(क) रूढ़ संख्या के इकाई के स्थान पर १, ३, ७ या ९ होना चाहिये। यदि दी हुई संख्या के अन्त में इनमें से कोई अङ्क न हो, तो संख्या रूढ़ नहीं है।

(ख) यदि दी हुई संख्या के अन्त में ये अङ्क हों, तो देखो कि यह संख्या ३ से विभाज्य है या नहीं।

(ग) यदि नहीं, तो ऊपर दिये हुए नियमों द्वारा यह जांच करो कि दी हुई संख्या ७, ११ या १३ से विभाज्य है या नहीं।

२

(घ) यदि नहीं, तो १७ से भाग दो। इसके बाद १९ से। इसी तरह भाग देने का काम उस रूढ़ संख्या तक जारी रक्खो जिससे दी हुई संख्या में भाग देने पर भागफल उस संख्या के बराबर या उससे कम आये। यदि भागफल भाजक से कम है तो दी हुई संख्या रूढ़ संख्या है।

यौगिक संख्याओं के रूढ़ अपवर्तक निकालना

यौगिक संख्या अपने गुणनखण्डों द्वारा कई प्रकार प्रदर्शित की जा सकती है; परन्तु अपने रूढ़ गुणनखण्डों द्वारा एक ही प्रकार से प्रदर्शित हो सकती है, जैसे:—

८४=२×४२=३×२८=६×१४=७×१२

परन्तु ८४=२×२×३×७

प्रश्नावली ३

(मौखिक)

निम्नलिखित संख्याओं में छोटी से छोटी कौन सी संख्या जोड़ी जाय कि ये (क) ४ (ख) ९ और (ग) ११ से विभाजित हो जायँ:—

(१) ३४५ (२) ५३६१ (३) ७४९० ?

चिह्न लगे स्थानों पर ऐसे अंक लिखो कि निम्नलिखित संख्यायें ११ से विभाजित हो जायँ:—

(४) ३*४५ (५) ४५*७ (६) ५६७*

भाग की क्रिया किये बिना बताओ कि यदि निम्नलिखित संख्याओं में ९ से भाग दिया जाय तो शेष कितना बचेगा ?

(७) १२३४ (८) ४५६७ (९) ३४५६७८

(लिखित)

निम्नलिखित संख्याओं के खण्ड निकालो:—

(१०) २१०

क्रिया:—

२	२१०
३	१०५
५	३५
	७

∵ २१०=२×३×५×७

उत्तर : अभीष्ट खण्ड २, ३, ५, और ७ हैं।

(११) १५१५ (१२) ८६६७ (१३) ११७६०

(१४) १५३६१५

(१५) १०० और १५० के बीच की रूढ़ संख्याओं को ज्ञात करो:–

क्रिया:—

१०१, ~~१०२~~, १०३, ~~१०४~~, ~~१०५~~, ~~१०६~~, १०७, ~~१०८~~, १०९, ~~११०~~,
~~१११~~, ~~११२~~, ११३, ~~११४~~, ~~११५~~, ~~११६~~, ~~११७~~, ~~११८~~, ~~११९~~, ~~१२०~~,
~~१२१~~, ~~१२२~~, ~~१२३~~, ~~१२४~~, ~~१२५~~, ~~१२६~~, १२७, ~~१२८~~, ~~१२९~~, ~~१३०~~,
१३१, ~~१३२~~, ~~१३३~~, ~~१३४~~, ~~१३५~~, ~~१३६~~, १३७, ~~१३८~~, ~~१३९~~, ~~१४०~~,
~~१४१~~, ~~१४२~~, ~~१४३~~, ~~१४४~~, ~~१४५~~, ~~१४६~~, ~~१४७~~, ~~१४८~~, १४९, ~~१५०~~

∵ यौगिक संख्याओं के काटने के बाद बची हुई संख्यायें १०१, १०३, १०७, १०९, ११३, १२७, १३१, १३७, १३९, तथा १४९ हैं।

∴ यही अभीष्ट रूढ़ संख्यायें हैं।

उत्तर : १०१, १०३, १०७, १०९, ११३, १२७, १३१, १३७, १३९ तथा १४९।

(१६) १५० तथा २०० के बीच की रूढ़ संख्यायें ज्ञात करो।

(१७) २०० तथा २२५ के बीच की रूढ़ संख्यायें ज्ञात करो।

(१८) २७७ में किस रूढ़ संख्या से भाग दिया जाय कि शेष ५ बचे?

क्रिया:— २७७–५=२७२

२	२७२
२	१३६
२	६८
२	३४
	१७

∵ २७२=२×२×२×२×१७

∴ २७२ के गुणनखण्डों में १७ ही एक ऐसा गुणनखण्ड है जो ५ से बड़ा है।

अभीष्ट संख्या १७ हुई।

उत्तर : १७

(१९) २१५ में किस रूढ़ संख्या से भाग दिया जाय कि शेष ५ बचे ?

(२०) उन रूढ़ संख्याओं को बताओ जिनसे ८६ में भाग देने पर शेष ४ बचे।

(२१) उन रूढ़ संख्याओं को बताओ जिनसे ११५९ में भाग देने पर शेष ४ बचे।

—:०:—

तीसरा अध्याय

महत्तम समापवर्तक तथा लघुतम समापवर्त्य

(Greatest Common Factor and Least Common Multiple)

उस संख्या को जो दो या दो से अधिक दी हुई संख्याओं में से प्रत्येक को विभाजित कर सके, दी हुई संख्याओं का **समापवर्तक** (Common Factor) कहते हैं, जैसे—१८, २७, ३६ में से हर एक संख्या ३ और ९ से विभाज्य है, इसलिये इन संख्याओं के समापवर्तक ३ और ९ हैं। उस बड़ी से बड़ी संख्या को जो दो या दो से अधिक दी हुई संख्याओं को विभाजित करती हो, **महत्तम समापवर्तक** कहते हैं, जैसे—१८, २७, ३६ का महत्तम समापवर्तक ९ है।

उस संख्या को जो किसी दी हुई संख्या से विभाजित हो जाती है, दी हुई संख्या का **अपवर्त्य** (Multiple) कहते हैं, जैसे—४ का अपवर्त्य २४ है।

उस संख्या को जो दो या दो से अधिक दी हुई संख्याओं से विभाजित होती है, दी हुई संख्याओं का **समापवर्त्य** (Common Multiple) कहते हैं, जैसे—४, ६, और ९ के समापवर्त्य ३६, ७२ और १०८ हैं।

उस छोटी से छोटी संख्या को जो दो या दो से अधिक दी हुई संख्याओं से विभाजित हो जाती है, दी हुई संख्याओं का **लघुतम समापवर्त्य** कहते हैं, जैसे—५, ६ और ९ के समापवर्त्य ९०, १८०, २७० आदि है; परन्तु ९० सबसे छोटा समापवर्त्य है इसलिये ५, ६ और ९ का लघुतम समापवर्त्य ९० है।

प्रश्नावली ४

१. ४२०, ५२५ और ९४५ का महत्तम समावर्तक निकालो:—

क्रिया :

३	४२०,	५२५,	९४५
५	१४०,	१७५,	३१५
७	२८,	३५,	६३
	४,	५,	९

∴ अभीष्ट महत्तम समापवर्तक$=$३$\times$५$\times$७$=$१०५

उत्तर : १०५

निम्नलिखित का महत्तम समापवर्तक निकालो:—

(२) २६४, ३९६, ४६२, (३) ५८८, ९२४, १२६०

(४) ७८०, ११७०, १९९५ (५) २४०, ३७३६, १८३४३२

(६) ४८३; **१६१७**

क्रिया :

२	४८३	१६१७	३
	३३६	१४४९	
७	१४७	१६८	१
	१४७	१४७	
		२१	

२१ महत्तम समापवर्तक है

उत्तर : २१

(७) १४१६, २३५२ (८) ३६००, ४७५२ (९) ७११२, ६८८८

(१०) ७२१५, ९९४५

निम्नलिखित राशियों का महत्तम समापवर्तक निकालो:—

(११) **७ रु० ११ आ० ९ पा० और ४ रु० ६ आ०**

क्रिया : ७ रु० ११ आ० ९ पा०$=$२६८५ पा०

और ४ रु० ६ आ०$=$८४० पा०

५	८४०	२६८५	३
	८२५	२५२०	
	१५	१६५	११
		१६५	
		×	

∴ ८४० पा० और २६८५ पा० का महत्तम समापवर्तक ११ पा० है।

उत्तर : ११ पा०

(१२) ७ रु० ८ आ०, १० रु० ५ आ०

(१३) ३३ रु० ३ आ० ३ पा०, २६ रु० ४ आ० ६ पा०

(१४) २८ म० ५ से०, २८ म० ६ से० ११ छ०

(१५) १०० और २०० के बीच की वे संख्यायें बताओ, जिनका महत्तम समापवर्तक २८ है।

क्रिया :

१००=२८×३+१६ और १६=२८−१२। इसलिये यदि १०० में १२ जोड़ दिये जायं, तो योगफल २८ से विभाजित हो जायेगा। अतः एक संख्या १००+१२ अर्थात् ११२ हुई।

∵ ११२=२८×४, इसलिये दूसरी संख्यायें २८×५=१४०, २८×६=१६८ और २८×७=१९६ है।

उत्तर : ११२, १४०, १६८ और १९६ है।

(१६) ३०० और ४०० के बीच की वे संख्यायें बताओ, जिनका महत्तम समापवर्तक २४ है।

(१७) ४०० और ५०० के बीच की वे संख्यायें बताओ, जिनका महत्तम समापवर्तक ४८ है।

(१८) बड़ी से बड़ी वह कौन सी संख्या है जो ३८४, ४३२ और ४८० को विभाजित करती है। [**संकेत**—इष्ट संख्या दी हुई संख्याओं का महत्तम समापवर्तक है।]

(१९) बड़ी से बड़ी वह कौन सी संख्या है जो ६९६, ७२० और ७९२ को विभाजित करती है।

(२०) बड़ी से बड़ी वह राशि बताओ जो ६ रु० १२ आ० और १० रु० २ आ० में समाविष्ट है।

(२१) बड़े से बड़ा वह नाप बताओ जो ४ ग० १ फु० ६ इं०, ६ ग० १ फु० ६ इं० और २ ग० १ फुट ६ इं० में समाविष्ट हो।

(२२) बड़ी से बड़ी वह तौल बताओ जो ४ म० ७ से० १ छँ० और ४ म० १३ से० ४ छँ० में समाविष्ट है।

(२३) बड़ी से बड़ी वह संख्या बताओ जिससे २६०, १३२ और ११६ में भाग देने पर ४ शेष रहे।

क्रिया : २६०−४=२५६, १३२−४=१२८, ११६−४=११२

२	२५६,	१२८,	११२,
२	१२८,	६४,	५६
२	६४,	३२,	२८
२	३२,	१६,	१४
	१६,	८,	७

उत्तर : इष्ट संख्या २×२×२×२=१६

(२४) बड़ी से बड़ी वह संख्या बताओ जिससे २२३, २६५ और ३३१ में भाग देने पर ७ शेष बचे।

(२५) बड़ी से बड़ी वह कौन सी संख्या है, जिससे ३६०, ४३८ और ४८६ में भाग देने पर ६ शेष बचता है?

(२६) बड़ी से बड़ी वह कौन सी संख्या है जिससे ३००४, १६६० और ३५८ में भाग देने पर शेष १ बचेगा?

(२७) बड़ी से बड़ी वह संख्या बताओ जो ८७०, १७१६ और २८१४ को उस समय विभाजित करती है जब इनमें से हर एक में ३ जोड़ दिया जाता है।

क्रिया : ८७०+३=८७३, १७१६+३=१७१९, २८१४+३=२८१७

३	८७३,	१७१९,	२८१७
३	२९१,	५७३,	९३९
	९७,	१९१,	३१३

उत्तर : इष्ट संख्या ३×३=९ है।

(२८) बड़ी से बड़ी वह संख्या बताओ जो ४०७, ५५१ और ७४३ को उस समय विभाजित करती है, जब नमें से हर एक में १ जोड़ दिया जाता है।

(२९) बड़ी से बड़ी वह संख्या बताओ जो ४४६, ५५८ और ६७० को उस समय विभाजित करती है, जब इनमें से हर एक में २ जोड़ दिया जाता है।

(३०) बड़ी से बड़ी वह संख्या बताओ जो ५९२, ६९२, ७३२ और ८०२ को उस समय विभाजित करती है, जब नमें से हरएक में ३ जोड़ दिया जाता है।

(३१) बड़ी से बड़ी वह संख्या बताओ जिससे ४३४, ५७९ और ७२४ में भाग देने पर क्रमशः २, ३ और ४ शेष बचते हैं।

क्रिया : ४३४−२=४३२, ५७९−३=५७६, ७२४−४=७२०

२	४३२, ५७६, ७२०
२	२१६, २८८, ३६०
२	१०८, १४४, १८०
२	५४, ७२, ९०
३	२७, ३६, ४५
३	९, १२, १५
	३, ४, ५

उत्तर : इष्ट संख्या २×२×२×२×३×३=१४४

(३२) बड़ी से बड़ी वह संख्या बताओ जिससे ४६९, ५७७ और ७८५ में भाग देने पर शेष क्रमशः ७, १० और ८ बचते हैं।

(३३) बड़ी से बड़ी वह कौन सी संख्या है जिससे ७७२, ९६५ और ११५९ में भाग देने पर शेष क्रमशः ४, ५ और ७ बचते हैं ?

(३४) बड़ी से बड़ी वह कौन सी संख्या है जिससे ८९५, १३४६ और ३५८९ में भाग देने पर शेष क्रमशः ५५, ८६ और ८९ बचते हैं ?

(३५) राम ने एक दूकान से २० रु० की धोतियाँ, दूसरी दूकान से ३५ रु० की साड़ियाँ, तीसरी दूकान से ४५ रु० की छींट और चौथी दूकान से ५५ ० का मारकीन मोल लिया। यदि वह हर एक दूकानदार को पयों के एक ही प्रकार के नोटों से चुकाता है, तो हर एक नोट अधिक से अधिक कितने रुपयों का हो सकता है। [**संकेत**—इष्ट नोट २० रु०, ३५ रु०, ४५ रु० और ५५ रु० का **महत्तम समापवर्तक** है।]

(३६) श्यामलाल ने चार किसानों से १२० ०, १५० रु०, १६५ रु० और १९५ रु० का नाज खरीदा। बताओ वह अधिक से अधिक कितने रुपयों का बंडल बनाये कि हर एक किसान को पूरे-पूरे बंडलों का रुपया दे सके ?

(३७) चार ग्वाले एक हलवाई को २४ सेर, ३६ सेर, १ मन ६ सेर और १ मन १४ सेर दूध देते हैं। बताओ उस हलवाई के पास बड़े से बड़े कितने सेर का बर्तन हो सकता है जिससे वह हर एक ग्वाले का दूध पूरा-पूरा नाप सके ?

(३८) रामलाल बनिये को २ मन २० सेर, ६ मन १० सेर और १० मन नाज थोक में तौलना है। उसका बड़े से बड़ा बाट कितने सेर का हो सकता है ?

(३९) राम ने १ रु० १२ आ० कुछ भिखारियों में बराबर-बराबर बाँट दिये। उतने ही भिखारियों में श्याम ने २ रु० १० आ० और बलराम ने ४ रु० १४ आ० बराबर-बराबर बाँटे। अधिक से अधिक भिखारियों की संख्या बताओ और बताओ प्रत्येक को राम ने कितने पैसे दिये ?

(४०) मैंने एक दूकान से ७७ रु० ८ आ० की कुछ कुर्सियाँ मोल लीं और दूसरी दूकान से उसी भाव से १७० ० ८ आ० की कुर्सियाँ मोल लीं। बताओ कम से कम मैंने कुल कितनी कुर्सियाँ मोल लीं ?

[**संकेत**—कुर्सियों की कम से कम संख्या होने के लिये प्रत्येक कुर्सी का मूल्य अधिक से अधिक होना चाहिये। इसलिये पहले ७७ रु० ८ आ० और १७० रु० ८ आ० का महत्तम समापवर्तक निकालो।]

(४१) मोहन ने एक दूकान से कुछ कुर्सियाँ १८० रु० में और दूसरी दूकान से उसी भाव से कुछ कुर्सियाँ ११२ ० ८ आ० में मोल लीं। बताओ मोहन ने कम से कम कितनी कुर्सियाँ मोल लीं ? प्रत्येक कुर्सी का मूल्य बताओ।

(४२) रामू फलवाले ने ६ रु० ४ आ० के कुछ सन्तरे मोल लिये और उनमें से कुछ को उसने बिना किसी लाभ के ५ रु० ११ आ० १ पैसा में बेच दिया। सिद्ध करो कि उसके पास कम से कम ७ सन्तरे बच गये होंगे।

क्रिया:— ६ रु० ४ आ०=४०० पैसे

और ५ रु० ११ आ० १ पै०=३६५ पैसे

∵ ४०० और ३६५ का महत्तम समापवर्तक=५

∴ प्रत्येक सन्तरे का अधिक से अधिक मूल्य ५ पैसे होगा।
अर्थात् कम से कम उसने ४००÷५ यानी ८० सन्तरे मोल लिये। और ३६५÷५ यानी ७३ सन्तरे बेंचे।

∴ उसके पास बचे हुए सन्तरों की कम से कम संख्या
=८०−७३=७

(४३) रामदीन फलवाले ने कुछ सन्तरे ६ रु० १२ आ० के मोल लिये। उनमें से कुछ को उसने बिना किसी लाभ के ६ रु० ४ आ० २ पैसे में बेच दिया। सिद्ध करो कि उसके पास अब भी कम से कम ५ सन्तरे बच गये।

(४४) एक मजदूर ४२ रु० ८ आने पर कुछ दिन के लिये काम पर रक्खा गया। परन्तु कुछ दिन काम पर अनुपस्थित रहने के कारण उसको केवल ३६ रु० २ आ० मिले। बताओ कम से कम कितने दिनों तक वह काम पर से अनुपस्थित रहा? और उसकी प्रति दिन की अधिक से अधिक मजदूरी भी बताओ।

(४५) मोहन ने कुछ पुस्तकें २७ रु० में मोल लेकर उनमें से कुछ को २५ ० १२ आने में बिना किसी लाभ के बेच दिया। सिद्ध करो कि उसके पास कम से कम ३ पुस्तकें बच गईं।

(४६) बड़ी से बड़ी वह संख्या बताओ जिससे यदि ३९, ६७ और १०९ में भाग दिया जाय तो प्रत्येक दशा में शेष एक ही संख्या बचे।

क्रिया : मान लो कि प्रत्येक दशा में बचने वाला शेष **य** है।

तब ३९−य, ६७−य और १०९−य, इष्ट संख्या से विभाजित हो जायेंगे।

हम यह जानते हैं कि यदि किसी संख्या से दो दूसरी संख्यायें अलग-अलग विभाजित होती हैं, तो उसी संख्या से उन दोनों संख्याओं का योग अथवा अन्तर भी विभाजित होता है।

इसलिये {(६७−य)−(३९−य)} अर्थात् २८ और
{(१०९−य)−(६७−य)} अर्थात् ४२
भी इष्ट संख्या से विभाजित हो जायेंगे।

∴ इष्ट संख्या २८ और ४२ का महत्तम समापवर्तक अथवा १४ है

उत्तर : १४

(४७) बड़ी से बड़ी वह संख्या बताओ जिससे यदि ७२, ११४ और ३३८ में भाग दिया जाय तो प्रत्येक दशा में शेष एक ही संख्या बचे।

(४८) बड़ी से बड़ी वह कौन-सी संख्या है जिससे यदि ३१३, ३९७, ४९५ और ७४७ में भाग दिया जाय तो शेष प्रत्येक दशा में एक ही संख्या बचे ?

(४९) बड़ी से बड़ी वह कौन सी संख्या है, जिससे यदि ७८३, १७९९ और ४१४३ में भाग दिया जाय तो शेष प्रत्येक दशा में एक ही संख्या बचे ?

(५०) दो ऐसी संख्यायें बताओ जिनका जोड़ ३२४ हो और महत्तम समापवर्तक ३६ हो।

क्रिया : मान लो कि जब इष्ट संख्याओं में ३६ से भाग दिया जाता है तो भजनफल (Quotient) क्रमशः **य** और **र** आता है। तब एक संख्या ३६य और दूसरी संख्या ३६र हुई।

∴ ३६य+३६र=३२४,

अर्थात् य+र=९ (दोनों पक्षों को ३६ से भाग देने पर)।

∵ इष्ट संख्याओं का महत्तम समापवर्तक ३६ है

∴ य और र परस्पर रूढ़ संख्यायें हैं।

९=८+१=७+२=५+४

इसलिये इष्ट संख्याओं के जोड़ ३६×१ अर्थात् ३६ और ३६×८ अर्थात् २८८; ३६×७ अर्थात् २५२ और ३६×२=७२ और ३६×५ अर्थात् १८० और ३६×४ अर्थात् १४४ है

उत्तर : २८८,३६; २५२,७२; अथवा १८०,१४४।

(५१) दो ऐसी संख्याओं के जोड़े बताओ जिनका जोड़ ३२० और महत्तम समापवर्तक ४० हो।

(५२) दो ऐसी संख्याओं के जोड़े बताओ जिनका जोड़ ३७८ और महत्तम समापवर्तक ४२ हो।

(५३) दो संख्याओं का जोड़ ४३२ है और महत्तम समापवर्तक ७२। संख्याओं को ज्ञात करो।

(५४) दो संख्याओं को लम्बे भाग देकर महत्तम समापवर्तक निकालने में ज्ञात हुआ कि अन्तिम भाजक ६ है और भजनफल क्रमशः ३, ४, ५ और २ है। उन संख्याओं को निकालो।

क्रिया : महत्तम समापवर्तक निकालने की क्रिया निम्नलिखित ढंग की होगी:—

```
क) ... (३
-----------
     ख) क (४
     -----------
          ग) ख (५
          -----------
               ६) ग (२
               -----------
                   शून्य
```

∵ भाज्य = भाजक × भजनफल + शेष

∴ ग = ६ × २ = १८ (क्योंकि अन्तिम भाजक और भजनफल क्रमशः ६ और २ है)

ख = ग × ५ + ६
= १८ × ५ + ६ = ९६

क = ख × ४ + ग
= ९६ × ४ + १८ = ४१४

अतः एक संख्या ४१४ हुई और

दूसरी संख्या = क × ३ + ख
= ४१४ × ३ + ९६ = १३४१

उत्तर : ४१४ और १३४१

(५५) लम्बी रीति से भाग देकर दो संख्याओं का महत्तम समापवर्तक निकालने में ज्ञात हुआ कि अंतिम भाजक ७ है और भजनफल क्रमशः ३, ५ ४ और ६ है। तो उन संख्याओं को बताओ।

(५६) लम्बी रीति से भाग देकर दो संख्याओं का महत्तम समापवर्तक निकालने की क्रिया में ज्ञात हुआ कि अन्तिम भाजक २४ है और भजनफल क्रम से २, ५, ३ और ४ है। तो उन संख्याओं को निकालो।

प्रश्नावली ५

(१) २५, ९०, ८४ और १०५ का लघुतम समापवर्त्य निकालो।

क्रिया :

५	२५,	९०,	८४,	१०५
२	५,	१८,	८४,	२१
३	५,	९,	४२,	२१
७	५,	३,	१४,	७
	५,	३,	२,	१

∴ लघुतम समातवर्त्य = ५ × २ × ३ × ७ × ५ × ३ × २

= ६३००

उत्तर : ६३००

निम्नलिखित का लघुतम समापवर्त्य निकालो:—

(२) २७, ४२, ५६, ७२ (३) ८४, १४०, १५६, २२४

(४) ९१, १०५, ११७, १४० (५) २४५, ३८५, १००१, ५००५

(६) ९६३ और ३५३१ का लघुतम समापवर्त्य निकालो।

क्रिया :

१	९६३	३५३१	३
	६४२	२८८९	
	३२१	६४२	२
		६४२	
		×	

दी हुई संख्याओं का महत्तम समापवर्तक = ३२१ हुआ

इसलिये लघुतम समापवर्त्य = ९६३ ÷ ३२१ × ३५३१

= १०५९३

उत्तर : १०५९३

(७) ४८६५, ७६४५ (८) ६७४१, २४७१७

(९) १७१६, २२१७६, ११७९३६ (१०) २७५०, २८८७५, ३६७५०

(११) १ रु० १२ आ०, ३ रु० ६ आ० तथा ४ रु० ८ आ० का लघुतम समापवर्त्य निकालो।

क्रिया : १ रु० १२ आ० = २८ आ०; ३ ० ६ आ० = ५४ आ०

और ४ रु० ८ आ० = ७२ आ०

२	२८, ५४, ७२
२	१४, २७, ३६
९	७, २७, १८
	७, ३, २

∴ लघुतम समापवर्त्य = २ × २ × ९ × ७ × ३ × २ आ० = १५१२ आ०

उत्तर : ९४ रु० ८ आ०

(१२) ५ रु० २ आ० ६ पा०, ११ रु० ११ आ० ६ पा०

(१३) ९ पौं० ६ शि० ८ पें०, १० पौं० १० शि० ८ पे०

(१४) ३ ग० २ फु०, १० ग० ४ इ०

(१५) $\frac{३}{४}$, २$\frac{२}{५}$ **और** १$\frac{७}{८}$ **का (क) महत्तम समापवर्तक और लघतम समापवर्त्य ज्ञात करो।**

क्रिया : दिये हुये भिन्न क्रमशः $\frac{३}{४}$, $\frac{१२}{५}$ और $\frac{१५}{८}$ हैं।

(क) ३, १२ और १५ का महत्तम समापवर्तक = ३

और ४, ५ और ८ का लघुतम समापवर्त्य = ४०

∴ अभीष्ट महत्तम समापवर्तक $\frac{३}{४०}$ है

(ख) ३, १२ और १५ का लघुतम समापवर्त्य = ६०

और ४, ५ और ८ का महत्तम समापवर्तक = १

∴ अभीष्ट लघुतम समापवर्त्य = $\frac{६०}{१}$ = ६०

उत्तर : (क) $\frac{३}{४०}$ (ख) ६०

सूचना : लघुतम रूप में दिये हुये दो या दो से अधिक भिन्नों का

$$\text{महत्तम समापवर्तक} = \frac{\text{अंशों का महत्तम समापवर्तक}}{\text{हरों का लघुतम समापवर्त्य}}$$

और लघुतम रूप में दिये हुये दो या दो से अधिक भिन्नों का

$$\text{लघुतम समापवर्त्य} = \frac{\text{अंशों का लघुतम समापवर्त्य}}{\text{हरों का महत्तम समापवर्त्य}}$$

निम्नलिखित का महत्तम समापवर्तक तथा लघुतम समापवर्त्य ज्ञात करो:—

(१६) $\frac{७}{९}$, $\frac{१४}{१५}$ और $\frac{१}{१८}$ (१७) १$\frac{३}{८}$, २$\frac{१}{१६}$ और ४$\frac{७}{१२}$

(१८) १$\frac{३}{१०}$, १$\frac{१४}{२५}$ और $\frac{४}{५}$ (१९) ३$\frac{१}{१०}$, $\frac{१}{५}$, ५$\frac{१}{४}$ और ४$\frac{३}{८}$

(२०) एक गाड़ी के अगले और पिछले पहियों का घेरा क्रमश: ६$\frac{१}{२}$ फु० और ६$\frac{३}{४}$ फुट है; तो वह कौन-सी सबसे कम दूरी है, जिसमें दोनों पहिये पूरे-पूरे चक्कर करेंगे ?

(२१) चार घंटे एक ही साथ बजना प्रारम्भ करते हैं। वे क्रम से $\frac{१}{२}$, १$\frac{१}{४}$, १$\frac{१}{३}$ और १$\frac{३}{४}$ सेकण्ड के अन्तर से बजते हैं। बताओ कितनी देर पश्चात् वे फिर एक साथ बजेंगे ?

(२२) एक गाड़ी के एक पहिये का घेरा २ ग० ४ इं० है और दूसरे का २ गज १ फुट ११ इंच। छोटी से छोटी वह दूरी बताओ जिसमें दोनों पहिये पूरे-पूरे चक्कर लगा लें।

(२३) छोटी से छोटी वह कौन सी संख्या है जो ४२, ११२ और ८४० से विभाजित हो जाती है।

(२४) एक ग्वाला जब अपने दूध को ४ सेर, ६ सेर या १० सेर के बर्तन से नापता है, तो प्रत्येक दशा में उसका दूध पूरा-पूरा नप जाता है। उसके पास कम से कम कितना दूध है ?

(२५) तीन घंटे ६ सेकण्ड, १५ सेकंड और २० सेकण्ड के अन्तर से बजते हैं। ये तीनों घंटे एक साथ बजने के बाद कम से कम कितनी देर बाद फिर एक साथ बजेंगे ?

२६. छोटी से छोटी वह संख्या बताओ जिसमें ८, १२ और १८ का भाग देने पर प्रत्येक दशा में ४ शेष बचे।

क्रिया :

२	८,	१२,	१८
२	४,	६,	९
३	२,	३,	९
	२,	१,	३

८, १२ और १८ का लघुतम समापवर्त्य २×२×२×३×३=७२ है

इसलिये इष्ट संख्या ७२+४=७६।

(२७) वह छोटी से छोटी संख्या बताओ जिसमें ७५, ९० और १०५ से भाग देने पर प्रत्येक दशा में शेष ६ बच रहे।

(२८) मोहन ने कुछ पैसों को २५ भिखारियों में बराबर-बराबर बाँटा और उसके पास ३ पैसे बच गये। दूसरे दिन उसने उतने ही पैसों को ३० भिखारियों में बराबर-बराबर बाँटा और उसके पास ३

पैंसे बच गये। फिर तीसरे दिन उतने ही पैसों को ४० भिखारियों में बराबर-बराबर बाँट दिया। उस दिन भी उसके पास ३ पैसे बच गये। बताओ उसने प्रत्येक दिन कम से कम कितने पैसे बाँटे ?

(२९) एक लड़का जब अपनी गोलियों को बारी-बारी से २८, ४२, ४८ और ५६ की ढेरियों में रखता है तो उसके पास प्रत्येक दशा में ५ गोलियाँ बच जाती हैं। बताओ उसके पास कम से कम कितनी गोलियाँ हैं ?

३०. मोहन के पास कुछ गोलियाँ हैं। जब वह उनसे तीन तीन गोलियों की ढेरियाँ लगाता है तो २ गोलियाँ बच जाती हैं और जब ४–४ गोलियों की, ५–५ गोलियों की, ६–६ गोलियों की ढेरियाँ लगाता है तो क्रमशः ३, ४ और ५ गोलियाँ बच जाती हैं। बताओ उसके पास कम से कम कितनी गोलियाँ हैं।

यहाँ हम देखते हैं कि ३–२=१, ४–३=१, ५–४=१ और ६–५=१ अर्थात् प्रत्येक भाजक अपने अनुसारी (Corresponding) शेष से १ अधिक है।

इसलिये गोलियों की इष्ट संख्या में यदि १ जोड़ दिया जाये, तो वह संख्या ३, ४, ५ और ६ से विभाजित हो जायेगी अर्थात् ३, ३, ४, ४, ५, ५ और ६, ६ गोलियों की ढेरियाँ लगाने पर कोई गोली शेष नहीं बचेगी। ऐसी संख्या ३, ४, ५ और ६ का लघुतम समापवर्त्य है। और ३, ४, ५ और ६ का लघुतम समापवर्त्य ६० है। इसलिये गोलियों की इष्ट संख्या ६०–१=५९।

उत्तर : ५९ गोलियाँ

(३१) छोटी से छोटी वह कौन सी संख्या है, जिसमें १६, २४ और ३६ का भाग देने से क्रमशः १२, २० और ३२ शेष बचते है ?

(३२) छोटी से छोटी संख्या बताओ, जिसमें २८, ३५ और ४२ से भाग देने पर क्रमशः २५, ३२ और ३९ शेष बचते हैं।

(३३) एक फल वाला अपने अमरूदों की बारी-बारी से १६, १८, २४ और ३२ अमरूदों की ढेरियाँ लगाता है और प्रत्येक बार क्रम १२, १४, २० और २८ अमरूद बच जाते हैं। बताओ उसके पास कुल कितने अमरूद हैं।

३४. चार अंकों की बड़ी से बड़ी संख्या बताओ जो १८, २४ और ४० से विभाजित हो जायँ।

१८=२×३×३

२४=२×२×२×३

४०=२×२×२×५

१८, २४ और ४० का लघुतम समापवर्त्य=२×२×२×३×३×५=३६०

अब चार अंकों की सबसे बड़ी संख्या ९९९९ है।

३६० से ९९९९ में भाग देने पर शेष २७९ बचता है।

इसलिये इष्ट संख्या ९९९९−२७९=९७२० है।

(३५) मोहन के पास १०००० रुपये से कम ह। परन्तु वह उनको बारी-बारी से २५, ३५, ४५ और ५० की पोटरियाँ बना कर रखता है तो प्रत्येक दशा में पूरी पूरी पोटरियाँ बन जाती है। मोहन के पास अधिक से अधिक कितने रुपये हो सकते हैं ?

(३६) रामू फलवाले के पास १००००० से कम नीबू है। जब वह इन नीबुओं को १८, २४, ३६ और ४२ की ढेरियों में रखता है, तो प्रत्येक दशा में पूरी-पूरी ढेरियाँ लग जाती हैं। अधिक से अधिक उसके पास कितने नीबू हो सकते हैं ?

(३७) पाँच अंकों की बड़ी से बड़ी संख्या बताओ जो २४, ४० और ५६ से विभाजित हो सके।

३८. चार अंकों की छोटी से छोटी संख्या बताओ जो १८, २७ और ३० से विभाजत हो सके।

क्रिया :

२	१८,	२७,	३०
३	९.	२७,	१५
३	३,	९,	५
	१,	३,	५

१८, २७ और ३० का लघुतम समापवर्त्य=२×३×३×३×५=२७०

चार अंकों की छोटी से छोटी संख्या १००० है।

२७० से १००० में भाग देने पर १९० शेष बचता है, इसलिये १००० में यदि २७०−१९० यानी ८० जोड़ दिया जाय, तो योगफल

२७० से विभाजित हो जायेगा। इसलिये इष्ट संख्या १०००+८०
=१०८० है।

उत्तर : १०८०

(३९) राम के पास १००० से अधिक आम हैं। उनकी वह बारी-बारी से ९, २१ और २७ की ढेरियाँ लगाता है, तो पूरी-पूरी ढेरियाँ लग जाती हैं। बताओ उसके पास कम से कम कितने आम हैं?

(४०) पाँच अङ्कों की छोटी से छोटी संख्या बताओ जो १८, २४, ४० और ५६ से विभाजित हो सके।

(४१) दो संख्याओं का गुणनफल ८६४ है और उनका लघुतम समापवर्त्य ७२ है। उनका महत्तम समापवर्तक बताओ।

क्रिया : ∵ दो संख्याओं का गुणनफल=उनके लघुतम समापवर्त्य और महत्तम समापवर्तक के गुणनफल,

∴ ७२×महत्तम समापवर्तक=८६४

अर्थात् महत्तम समापवर्तक=८६४÷७२=१२

उत्तर : १२

(४२) दो संख्याओं के गुणनफल १४७० और उनका लघुतम समापवर्त्य २१० है। उनका महत्तम समापवर्तक बताओ।

(४३) दो संख्याओं का गुणनफल ३०७२ है। यदि उनका महत्तम समापवर्तक १६ है, तो उनका लघुतम समापवर्त्य क्या है?

(४४) दो संख्याओं के लघुतम समापवर्त्य और महत्तम समापवर्तक क्रमशः १९७६ और ८ है। यदि उनमें से एक १०४ है, तो दूसरी संख्या बताओ।

∵ लघुतम समापवर्त्य और महत्तम समापवर्तक का गुणनफल
=दोनों संख्याओं का गुणनफल

∴ १९७६×८=१०४×दूसरी संख्या

∴ दूसरी संख्या=१९७६×८÷१०४=१५२

उत्तर : १५२

(४५) दो संख्याओं का लघुतम समापवर्त्य १००८ और महत्तम समापवर्तक ३६ है। यदि उनमें से एक १४४ है, तो दूसरी संख्या बताओ।

(४६) दो संख्याओं के लघुतम समापवर्त्य और महत्तम समापवर्तक क्रमशः २०१६ और ५४ है। तो दूसरी संख्या बताओ यदि पहली संख्या ४३२ है।

(४७) वह छोटी से छोटी संख्या बताओ जिसमें १०, १२ और १५ से भाग देने पर १ शेष बचता है, परन्तु वह १३ से विभाजित हो जाती है।

क्रिया :

∵ १०, १२ और १५ का लघुतम समापवर्त्य ६० है

∴ वह संख्या ६० य + १ होगी (अथवा उसमें ६० से भाग देने पर १ शेष बचेगा।

अब ६० य + १ = १३ × ४य + ८य + १ (क्योंकि ६० = ४ × १३ + ८)

= ५२ य + ८ य + १

इसमें ५२ य तो १३ से विभाजित हो जाता है। ८य + १ को भी १३ से विभाजित होना चाहिये।

य का मान क्रम से, १, २, ३, ४, ५, ६, ७, और ८ रखने से मालूम हुआ कि य का मान ८ होंना चाहिये।

∵ इष्ट संख्या = ६० × ८ + १ = ४८१

उत्तर : ४८१

(४८) छोटी से छोटी ऐसी संख्या बताओ जिसमें ६, ८, ९ और १२ से भाग देने पर १ शेष बचता है, परन्तु जो ११ से विभाजित हो जाती है।

(४९) छोटी से छोटी वह संख्या बताओ जिसे १५, २० और २५ से भाग देने पर १ शेष रहता है, परन्तु जो १७ से विभाजित हो जाती है।

––––:०:––––

चौथा अध्याय

भिन्न (Fractions)

यदि कोई इकाई दो या दो से अधिक भागों में बँटी हो तो वह राशि या संख्या, जिससे उस इकाई के एक अथवा एक से अधिक भाग का बोध होता है, **भिन्न** कहलाती है, जैसे—१ रुपया के बराबर-बराबर १६ भाग किये गये तो एक आने, २ आने, ६ आने और १२ आने का बोध एक रुपये के क्रमशः एक सोलहवें, दो सोलहवें, छः सोलहवें और बारह सोलहवें भाग से होता है। इसलिये एक-सोलहवाँ, दो–सोलहवाँ, छ–सोलहवाँ, बारह–सोलहवाँ आदि भिन्न हैं।

प्रत्येक भिन्न से दो बातें ज्ञात होती हैं : (१) इकाई कितने बराबर भागों में बँटी है, (२) उन भागों में से कितने भाग लिये गये हैं। जैसे—छ–सोलहवें से ज्ञात होता है कि इकाई बराबर-बराबर सोलह भागों में बँटी है और उन सोलह बराबर भागों में से छः भाग लिये गये हैं।

उन बराबर भागों की संख्या को जितने में इकाई विभाजित है, **'हर'** (Denominator) कहते हैं और उन बराबर भागों की संख्या को जो बराबर भागों में से लिये जाते हैं **अंश** (Numerator) कहते हैं। छ–सोलहवें में ६ अंश और १६ हर हैं।

भिन्न को अंकों में प्रकट करने के लिये अंश को एक लकीर के ऊपर और हर को उसी लकीर के नीचे लिखते हैं, जैसे—दो–सोलहवाँ, छ–सोलहवाँ और बारह–सोलहवाँ क्रमशः $\frac{२}{१६}$, $\frac{६}{१६}$ और $\frac{१२}{१६}$ लिखे जाते हैं।

भिन्न उस संख्या को भी कहते हैं जो अंश में हर का भाग देने से प्राप्त होती है, जैसे— $\frac{२}{१६}$ से ज्ञात होता है कि २ में १६ का भाग दिया गया है।

दोनों परिभाषाओं का परिणाम एक ही होता है। यदि एक रुपया इकाई माना जाय तो $\frac{२}{१६}$ से पहली परिभाषा के अनुसार २ आने का बोध होता है और दूसरी परिभाषा के अनुसार ज्ञात होता है कि २ रु० में १६ का भाग दिया गया है।

∵ २ रु० = ३२ आना

∴ $\frac{३२}{१६}$ = २ आना

प्रश्नावली ६

मौखिक (Oral)

मान बताओ:—

(१) एक रुपये का तीन सोलहवाँ (२) एक रुपये का पाँच-सोलहवाँ

(३) एक मन का तीन-पाँचवाँ (४) एक मन का सात-आठवाँ

(५) एक सेर का तीन-आठवाँ (६) एक सेर का पाँच-आठवाँ

(७) एक पौंड का तीन-पाँचवाँ (८) एक पौंड का नौ-दसवाँ

(९) एक गज का सात-नवाँ (१०) एक गज का आठ-नवाँ

(११) १ पये का $\frac{३}{४}$ (१२) १ पये का $\frac{५}{८}$ (१३) १ मन का $\frac{३}{२०}$

(१४) १ मन का $\frac{११}{४०}$ (१५) १ घंटे का $\frac{१}{२}$ (१६) १ घंटे का $\frac{११}{६०}$

(१७) १ पौं० का $\frac{३}{४}$ (१८) १ पौं० का $\frac{७}{१०}$ (१९) १ गज का $\frac{११}{३६}$

(२०) यदि मैंने १ रुपये के $\frac{७}{१६}$ का आम खरीदा, तो मेरे पास कितने आने बच गये ?

भिन्नों के भेद

उन भिन्नों को जिनके अंश और हर दोनों पूर्णाङ्क होते हैं **सरल भिन्न** (Simple fraction) कहते हैं, जैसे— $\frac{४}{५}$, $\frac{५}{७}$ आदि।

अंश और हर के सम्बन्ध के विचार से भिन्नें दो प्रकार की होती हैं— (१) **सम भिन्न** (Proper fraction) (२) **विषम भिन्न** (Improper fraction)।

उस भिन्न को जिसका अंश उसके हर से छोटा होता है, **सम भिन्न** कहते हैं, जैसे— $\frac{९}{११}$, $\frac{१३}{१६}$ आदि।

उस भिन्न को जिसका अंश उसके हर से बड़ा होता है, **विषम भिन्न** कहते हैं, जैसे— $\frac{१६}{९}$, $\frac{७}{३}$ आदि।

सूचना:—सम भिन्न का मान एक से कम होता है और विषम भिन्न का मान एक से अधिक होता है।

उस भिन्न को जिसमें पूर्णाङ्क और भिन्न दोनों मिले रहते हैं मिश्र भिन्न (Complex fraction) कहते हैं। जैसे—$२\frac{७}{९}$, $७\frac{५}{१२}$

विषम भिन्न, मिश्र भिन्न के रूप में और मिश्र, भिन्न विषम भिन्न के रूप में बदली जा सकती है।

विषम भिन्न को मिश्र भिन्न के रूप में बदलने के लिये अंश में हर का भाग दिया जाता है। इस भाग में जो लब्धि आती है वह मिश्र भिन्न का पूर्णाङ्क होती है और शेष भिन्न वाले मान का अंश होता है, जैसे—$\frac{१२५}{९} = १३\frac{८}{९}$

मिश्र भिन्न से विषम भिन्न बनाने के लिये मिश्र भिन्न के पूर्णाङ्क को उसके भिन्न वाले भाग के हर से गुणा करके गुणनफल में भिन्न वाले भाग के अंश को जोड़ दिया जाता है। यही जोड़ अभीष्ट विषम भिन्न का अंश होता है और उसका हर मिश्र भिन्न के भिन्न वाले भाग का हर होता है, जैसे—$४\frac{५}{११} = \frac{४ \times ११ + ५}{११} = \frac{४९}{११}$

किसी भिन्न के अंश और हर दोनों को एक ही संख्या से गुणा या भाग देने से उसके मान में कुछ अन्तर नहीं पड़ता, जैसे—

$$\text{या } \frac{२}{७} = \frac{२ \times ४}{७ \times ४} = \frac{८}{२८} \text{ और } \frac{१०}{१५} = \frac{१० \div ५}{१५ \div ५} = \frac{२}{३}$$

भिन्नों का लघुतम रूप (Simplest form) में लाना

उस भिन्न को जिसके अंश और हर परस्पर रूढ़ संख्यायें होते हैं, लघुतम रूप में कहते हैं, जैसे—$\frac{२५}{४०} = \frac{५}{८}$

अतः $\frac{२५}{४०}$ का लघुतम रूप $\frac{५}{८}$ है।

भिन्नों का सरल करना

जब किसी भिन्न के पद में +, −, ×, ÷ और 'का' के चिह्नों में से कुल या थोड़े से चिह्न आये हों तो उसको सरल करते समय निम्नलिखित नियमों को याद रखना चाहिये:—

(क) भिन्न की भिन्न को एक भिन्न समझनी चाहिये, जैसे—$\frac{१}{३}$ का $\frac{३}{४} = \frac{१}{४}$। इसलिये उन पदों को पहले सरल करना चाहिये जिसमें 'का' हो।

(ख) 'का' की क्रिया के बाद क्रमशः भाग, गुणा, जोड़ और घटाने की क्रिया करनी चाहिये।

(ग) गुणा और भाग की क्रिया चिह्नों के क्रमानुसार बाईं से दाहिनी ओर को करनी चाहिये। जैसे—

उदाहरण (१) $\frac{१}{३} \div \frac{१}{२}$ का $\frac{२}{५} = \frac{१}{३} \div \frac{१}{५} = \frac{१}{३} \times \frac{५}{१} = \frac{५}{३} = १\frac{२}{३}$

उदाहरण (२) $\frac{२}{३} \times \frac{५}{६} \div \frac{३}{४} = \frac{२}{३} \times \frac{५}{६} \times \frac{४}{३} = \frac{२०}{२७}$

उदाहरण (३) $\frac{५}{८} \div \frac{१}{४} \times \frac{७}{१०} = \frac{५}{८} \times \frac{४}{१} \times \frac{७}{१०} = \frac{७}{४} = १\frac{३}{४}$

उदाहरण (४) $१\frac{३}{४} \div १\frac{१}{८} \div १\frac{२}{५} = \frac{७}{४} \div \frac{९}{८} \div \frac{७}{५} = \frac{७}{४} \times \frac{८}{९} \times \frac{५}{७} = \frac{१०}{९} = १\frac{१}{९}$

प्रश्नावली ७.

(१) $४\frac{४}{९} \div ३\frac{१}{५} \times \frac{३}{२५}$

(२) $३\frac{५}{११} \div २\frac{१३}{२२} \times \frac{१५}{२८}$

(३) $\frac{१०}{२१} \times १\frac{४}{१७} \div २\frac{७}{३४}$

(४) $२\frac{१}{१२} \times \frac{६}{१३} \div २\frac{३}{२६}$

(५) $\frac{४}{५} \div \frac{२}{१५} \div \frac{८}{९}$

(६) $\frac{७}{९} \div २\frac{१}{१०} \div \frac{५}{३६}$

(७) $३\frac{३}{१३} \div ३\frac{८}{९} \times ४\frac{१}{१६} \div १\frac{१}{१२}$

(८) $२\frac{११}{३५} \times २\frac{१३}{१८} \div ३\frac{३}{१७} \div ५\frac{१}{१०}$

(९) $१\frac{७}{४५} \div २\frac{५}{१७} \div ७\frac{५}{९} \times ३\frac{३}{७}$

(१०) $२\frac{६}{२५} \div २\frac{६}{३५}$ का $\frac{७}{८} \div १\frac{७}{५७}$

(११) $\frac{१}{२} + \frac{१}{५}$ का $\frac{२}{७} \times २\frac{१}{१०} - \frac{१}{१५} \div \frac{८}{४५}$

(१२) $३\frac{१}{७} - २\frac{१}{१४}$ का $\frac{५}{११} \div १\frac{२५}{३३} \times ३\frac{४}{१५}$

(१३) $\frac{३}{३५} + \frac{४}{१५} \times २\frac{५}{८}$ का $\frac{१}{९} \div ४\frac{९}{१०} - \frac{१}{२}$ का $\frac{२}{५}$

(१४) $१\frac{५}{१४} \times २\frac{६}{१३} \div १\frac{११}{३९}$ का $\frac{३}{५} \div ३\frac{५}{११}$ का $४\frac{२}{५}$

(१५) $१\frac{१}{२} \times १\frac{१}{३} \times १\frac{१}{४} \div १\frac{२}{५}$ का $\frac{१}{२} + \frac{१}{३}$ का $\frac{१}{७} - \frac{२}{५}$

(१६) $१\frac{५}{१४}$ का $\frac{२}{१९} - \frac{१}{१०५} \div २\frac{१}{१५} \times ५\frac{७}{११} + २\frac{१}{७} \div ३\frac{३}{१४}$

(१७) $३\frac{२}{५} \times \frac{१०}{११} \times ३\frac{१}{७}$ का $\frac{३}{१७} - \frac{१}{१०} + \frac{१}{१५} \div \frac{१}{३}$

(१८) $३\frac{३}{५} \div २\frac{४}{७} \div १\frac{५}{९} \times \frac{२}{३}$ का $१\frac{१}{४} - \frac{१}{४} + \frac{१}{३}$ का $\frac{१५}{१६} \div १\frac{१७}{२८}$

निम्नलिखित प्रश्नों में तारिकांकित स्थानों की पूर्ति करो:—

(१९) $२\frac{५}{*} \times * \frac{३}{७} = ९$

क्रिया : (२ + एक भिन्न) $\times$ (पूर्णाङ्क + $\frac{३}{७}$) = ९

(२ + एक भिन्न) पूर्णाङ्क + (२ + एक भिन्न) $\times \frac{३}{७} = ९$

(२ + एक भिन्न) पूर्णाङ्क + $\frac{६}{७} + \frac{३}{७} \times$ एक भिन्न = ९

(२ + एक भिन्न) पूर्णाङ्क + एक भिन्न $\times \frac{३}{७} = ९ - \frac{६}{७}$

$\therefore \circledast\frac{३}{७}$ का पूर्णाङ्क ३ हुआ

अतः $२\frac{५}{\circledast} \times ३\frac{३}{७} = ९$

अर्थात् $२\frac{५}{\circledast} = ९ \times \frac{७}{२४}$

$= \frac{२१}{८} = २\frac{५}{८}$

$\therefore$ $२\frac{५}{\circledast}$ का हर ८ हुआ।

उत्तर : अभीष्ट अंक क्रमशः ८ और ३ है।

(२०) $१\frac{४}{\circledast} \times \circledast\frac{१}{७} = २\frac{५}{७}$ (२१) $४\frac{६}{\circledast} \times \circledast\frac{५}{८} = १२$

(२२) $३\frac{६}{\circledast} \times \circledast\frac{१४}{४१} = ५$ (२३) $७\frac{६}{\circledast} \div \circledast\frac{३}{२२} = २$

(२४) $\circledast\frac{६}{७} \div ५\frac{३}{\circledast} = १\frac{५}{७}$ (२५) $७\frac{\circledast}{१८} \div ४\frac{\circledast}{९} = १\frac{३}{४}$

कोष्ठकों का प्रयोग (Use of Brackets)

कभी-कभी गणितीय पदों को लिखने में **कोष्ठकों** का प्रयोग किया जाता है। **कोष्ठक** (Brackets) चार प्रकार के होते हैं:—

(१) **गुरु कोष्ठक** [ ] (Crotchets) (२) **धनु कोष्ठक** { } (Braces) (३) **लघु कोष्ठक** ( ) (Parentheses) और (४) **शृंगल या रेखा कोष्ठक** (Vinculum) जो यों '—' लिखा जाता है।

गुरु कोष्ठक के भीतर धनु, धनु के भीतर लघु और लघु के भीतर रेखा कोष्ठक आता है, जैसे—$[२+\{३+(४-\overline{५-२})\}]$

एक कोष्ठक के अन्दर की सब राशियाँ अथवा भिन्न एक संख्या अथवा एक भिन्न समझी जाती है, जैसे—$[\frac{१}{३}+\{\frac{१}{४}-(\frac{१}{२}-\overline{\frac{१}{४}+\frac{१}{४}})\}]$ में रेखा कोष्ठक के भीतर का $\frac{१}{३}-\frac{१}{४}$ एक भिन्न है। अतः $\frac{१}{३}-\frac{१}{४}$ को पहले सरल किया जाता है। इसी प्रकार छोटे कोष्ठक के भीतर $\frac{१}{२}-\overline{\frac{१}{३}-\frac{१}{४}}$ भी एक ही भिन्न है। अतः जब कभी किसी ऐसे पद को सरल करना होता है, जिसमें कोष्ठकों का प्रयोग किया गया है, तब पहले उन क्रियाओं को किया जाता है जो कोष्ठकों के अन्दर हों, और कोष्ठकों के भीतर की क्रियाओं को करते समय सबसे पहले रखा कोष्ठक, फिर क्रमशः लघु कोष्ठक को, धनु कोष्ठक को और अन्त में गुरु कोष्ठक को तोड़ते हैं।

कोष्ठकों को प्रयोग में कोष्ठक के ठीक पहले, बाद में या दो कोष्ठकों के बीच में यदि कोई चिह्न न हो तो समझना चाहिए कि वहाँ गुणा का चिह्न छिपा है, जैसे—

$\frac{१}{३}(\frac{१}{२}-\frac{१}{४})$, $(\frac{१}{२}-\frac{१}{३})\frac{१}{४}$ और $(\frac{१}{२}-\frac{१}{३})(\frac{१}{२}+\frac{१}{३})$ का अर्थ क्रमशः—

$\frac{१}{२}\times(\frac{१}{२}-\frac{१}{४})$, $(\frac{१}{२}-\frac{१}{३})\times\frac{१}{४}$ और $(\frac{१}{२}-\frac{१}{३})\times(\frac{१}{२}+\frac{१}{३})$ है

प्रश्नावली ८

सरल करो—

(१) $\frac{१}{४}+(\frac{२}{३}-\overline{\frac{१}{३}+\frac{१}{४}})$

क्रिया : $\frac{१}{४}+(\frac{२}{३}-\overline{\frac{१}{३}+\frac{१}{४}})=\frac{१}{४}+(\frac{२}{३}-\frac{४+३}{१२})$

$=\frac{१}{४}+(\frac{२}{३}-\frac{७}{१२})$

$=\frac{१}{४}+(\frac{८-७}{१२})$

$=\frac{१}{४}+\frac{१}{१२}=\frac{३+१}{१२}=\frac{४}{१२}=\frac{१}{३}$

उत्तर : $\frac{१}{३}$

(२) $\frac{३}{५}+(\frac{३}{४}-\overline{\frac{१}{५}+\frac{१}{८}})$ (३) $\frac{१}{४}+(\frac{२}{३}-\overline{\frac{१}{५}+\frac{१}{६}})$

(४) $\frac{३}{४}-(\frac{१}{२}+\overline{\frac{१}{३}-\frac{२}{९}})$ (५) $२\frac{१}{५}-(\frac{२}{७}-\overline{\frac{३}{५}-\frac{५}{१४}})$

(६) $(\frac{२}{५}-\frac{१}{१०})(\frac{२}{३}+\frac{३}{४})$

क्रिया : $(\frac{२}{५}-\frac{१}{१०})(\frac{२}{३}+\frac{३}{४})=(\frac{४-१}{१०})(\frac{८+९}{१२})$

$$=\frac{\cancel{३}^{\,१}}{१०}\times\frac{१७}{\cancel{१२}_{\,४}}$$

उत्तर : $\frac{१७}{४०}$

(७) $(\frac{२}{३}-\frac{३}{५})(\frac{२}{३}+\frac{३}{५})$

(८) $(१\frac{३}{४}+२\frac{१}{३})(\frac{२}{७}-\frac{१}{८})$

(९) $(२\frac{१}{४}-१\frac{२}{५})(१\frac{१}{१७}-\frac{३}{४}-\frac{१}{१२})$

(१०) $(२\frac{४}{५}-\frac{१}{२}-\frac{१}{७})(१\frac{१}{१७}-\frac{२}{३})$

(११) $(\frac{१}{३}+१\frac{४}{५})(\frac{३}{४}-\frac{२}{७})$

(१२) $(\frac{१}{८}-\frac{१}{९})\div(\frac{१}{४}+\frac{१}{९})$

(१३) $\left(\frac{३}{७}-\frac{८}{२१}\right)\frac{३}{८}\div\frac{१}{४}\left(\frac{१}{७}-\frac{१}{९}\right)$

(१४) $\left(\frac{२}{५}-\frac{१}{७}\right)\left(\frac{३}{५}+\frac{२}{७}\right)\times२\frac{८}{३१}+\frac{१}{५}$

(१५) $४\frac{२}{३}-\left(१\frac{१}{३}\times३\frac{१}{२}\right)\left(\frac{१}{४}-\frac{१}{७}\right)$

(१६) $\frac{१}{५}+\left[\frac{१}{२१}\div\left\{\frac{१}{५}-\overline{\frac{५}{६}-\frac{४}{५})}\right\}\right]$

क्रिया : दिया हुआ पद $=\frac{१}{५}+\left[\frac{१}{२१}\div\left\{\frac{१}{४}-\left(\frac{१}{५}-\frac{२५-२४}{३०}\right)\right\}\right]$

$=\frac{१}{५}+\left[\frac{१}{२१}\div\left\{\frac{१}{४}-\left(\frac{१}{५}-\frac{१}{३०}\right)\right\}\right]$

$=\frac{१}{५}+\left[\frac{१}{२१}\div\left\{\frac{१}{४}-\left(\frac{६-१}{३०}\right)\right\}\right]$

$=\frac{१}{५}+\left[\frac{१}{२१}\div\left\{\frac{१५-१०}{६०}\right\}\right]$

$=\frac{१}{५}+\left[\frac{१}{२१}\div\frac{५}{६०}\right]$

$=\frac{१}{५}+\frac{१}{२१}\times\frac{६०}{५}$

$=\frac{१}{५}+\frac{४}{७}=\frac{७+२०}{३५}=\frac{२७}{३५}$

उत्तर : $\frac{२७}{३५}$

(१७) $१\frac{१}{५}-\left[\frac{३}{७}+\left\{\frac{१}{२}+\left(\frac{४}{५}-\overline{\frac{४}{७}+\frac{३}{१४}}\right)\right\}\right]$

(१८) $\frac{३}{४}+\left[\frac{५}{१२}-\left\{\frac{१}{६}-\left(\frac{१}{४}+\overline{\frac{१}{५}-\frac{१}{४}}\right)\right\}\right]$

(१९) $१\frac{१३}{१८}\div\left[१\frac{४}{९}-\frac{१}{६}\left\{\frac{२}{९}+\frac{३}{४}\div\left(\frac{५}{१२}-\frac{४}{१५}\right)\right\}\right]$

(२०) $१\frac{७}{१५}-४\frac{३}{४}$ का $\frac{१}{९}\div\left\{\frac{१}{७}+\frac{१}{३}\left(\frac{५}{८}-\frac{१}{४}\right)\right\}$

(२१) $३\frac{१}{७}\div\left(\frac{१}{१४}+\frac{२}{५}\right)$ का $\left\{\left(१\frac{१}{१९}-\frac{१}{२४}\right)\times२\frac{३}{८}\right\}$

(२२) $१\frac{१}{१४}\left(२\frac{१}{४}-१\frac{३}{८}\right)+४\frac{१}{५}$ का $\frac{९}{१३६}\div\frac{३}{४}$ का $\frac{१}{१७})$

(२३) $२\frac{१}{३४}\div\left(\frac{१}{६}+\frac{१}{१७}\right)$ का $\left\{\frac{१}{३}\left(१\frac{१}{५}-\frac{३}{४}\right)\div१\frac{४}{५}\right\}$

(२४) $३\frac{१}{७}$ का $\left(१\frac{५}{६}-१\frac{१}{९}\right)\div\left(१\frac{२}{२१}-\frac{४}{७}\right)+\frac{१}{३}-\left(\frac{१}{४}-\frac{१}{६}\right)$

(२५) $७\frac{१}{३}+२\frac{१}{७}\div\left\{\frac{१}{१४}+\left(\frac{१}{२}+\frac{१}{४}\right)\right\}$ का $\frac{५}{२३}$

(२६) $४\frac{१}{२}+\left[७\frac{१}{३}\right.$ का $\left.\frac{२}{११}\left(\frac{१}{२}+\frac{१}{४}\right)-\frac{३}{८}\left\{१\frac{१}{३}+\left(१\frac{२}{३}-१\frac{२}{५}\right)\right\}\right]$

(२७) $\frac{१}{५}\left[५+\frac{१}{५}\left\{५+\frac{१}{५}\left(५+१\frac{१}{४}\right)\right\}\right]+१\frac{७}{८}$

(२८) $\frac{१}{६}\left[६-\frac{१}{६}\left\{६-\frac{१}{६}\left(६-१\frac{१}{५}\right)\right\}\right]\div१\frac{१}{६}$

(१९) $\left(४\frac{१}{३}-३\frac{३}{४}\right)\times\left(७\frac{२}{५}-५\frac{३}{१४}\right)\div\frac{३}{५}$ का $\frac{५}{७}$ का $१\frac{१}{७}$ का $२\frac{१०९}{१७५}$

(पटना १९२६)

मिश्र भिन्न (Complex Fractions)

उस भिन्न को जिसके अंश या हर दोनों पूर्णाङ्क संख्या न हों **मिश्र भिन्न** (Complex Fraction) कहते हैं, जैसे :—

$$\frac{१\frac{१}{४}}{५},\quad \frac{२}{१\frac{१}{३}},\quad \frac{३\frac{१}{४}}{२\frac{१}{८}} \text{ और } \frac{\frac{१}{२}+\frac{१}{६}}{\frac{१}{४}-\frac{१}{८}} \text{ आदि}$$

मिश्र भिन्न $\frac{३\frac{१}{४}}{२\frac{१}{८}}$ को '$३\frac{१}{४}$ बँटे $२\frac{१}{८}$' पढ़ते हैं।

प्रश्नावली ६

सरल करो :—

(१) $\frac{१\frac{१}{४}}{५}$ **क्रिया :** $\frac{१\frac{१}{४}}{५}=\frac{\frac{५}{४}}{५}=\frac{५}{४}\times\frac{१}{५}=\frac{१}{४}$

उत्तर : $\frac{१}{४}$

(२) $\frac{२\frac{३}{४}}{११}$ (३) $\frac{३\frac{४}{७}}{१५}$ (४) $\frac{४\frac{२}{९}}{१९}$ (५) $\frac{३\frac{३}{८}}{१२}$

(६) $\frac{२}{१\frac{१}{३}}$ **क्रिया :** $\frac{२}{१\frac{१}{३}}=\frac{२}{\frac{४}{३}}=\frac{२}{१}\times\frac{३}{४}=\frac{३}{२}=१\frac{१}{२}$

उत्तर : $१\frac{१}{२}$

(७) $\frac{७}{१\frac{५}{९}}$ (८) $\frac{९}{२\frac{४}{७}}$ (९) $\frac{८}{५\frac{१}{८}}$

(१०) $\frac{३\frac{३}{४}}{२\frac{२}{८}}$ **क्रिया :** $\frac{३\frac{३}{४}}{२\frac{२}{८}}=\frac{\frac{१५}{४}}{\frac{१२}{८}}=\frac{१५}{४}\times\frac{५}{१२}=\frac{२५}{१६}=१\frac{९}{१६}$

उत्तर : $१\frac{९}{१६}$

(११) $\frac{२\frac{१}{३}}{१\frac{१}{१४}}$ (१२) $\frac{३\frac{२}{११}}{१\frac{२}{८}}$ (१३) $\frac{१\frac{३}{१०}}{५\frac{१}{८}}$

(१४) $\frac{१\frac{१}{९}}{३\frac{१}{३}}$ (१५) $\frac{२\frac{७}{२४}}{४\frac{१३}{१६}}$ (१६) $\frac{३\frac{३}{१३}}{१\frac{९}{२६}}$

(१७) $\dfrac{\frac{१}{२}+\frac{१}{६}}{\frac{१}{४}-\frac{१}{५}}$

क्रिया : $\dfrac{\frac{१}{२}+\frac{१}{६}}{\frac{१}{४}-\frac{१}{५}}=\dfrac{\frac{३+१}{६}}{\frac{५-४}{२०}}=\dfrac{\frac{४}{६}}{\frac{१}{२०}}$

$=\frac{४}{६}\times\frac{२०}{१}=\frac{४०}{३}=१३\frac{१}{३}$

उत्तर : $१३\frac{१}{३}$

(१८) $\dfrac{\frac{१}{६}+\frac{१}{७}}{\frac{१}{६}-\frac{१}{७}}$ (१९) $\dfrac{१\frac{२}{५}+\frac{७}{१०}}{\frac{१३}{१५}-\frac{३}{१०}}$ (२०) $\dfrac{\frac{१}{९}-\frac{१}{१०}}{\frac{१}{९}+\frac{१}{१०}}$

(२१) $\dfrac{२\frac{३}{७}-\frac{५}{१४}}{\frac{१}{२१}+\frac{१}{८}}$ (२२) $\dfrac{\frac{१}{३}\times\frac{१}{७}}{\frac{१}{७}+\frac{१}{५}}$ (२३) $\dfrac{३\frac{४}{१५}\text{ का }\frac{३}{७}}{\frac{१}{५}\div\frac{१}{६}}$

(२४) $\dfrac{२\frac{३}{११}\div२\frac{१}{२२}}{\frac{१}{३}\times\frac{५}{७}}$ (२५) $\dfrac{\frac{१}{३}\text{ का }५\frac{२}{३}\div\frac{७}{१०}}{\frac{२}{३}+\frac{१}{४}-\frac{१}{७}}$ (२६) $\dfrac{१\frac{१}{३}+१\frac{३}{४}+\frac{१}{५}}{१\frac{१}{२}-\frac{५}{६}+\frac{३}{१०}}$

(२७) $\dfrac{\frac{४}{९}+\frac{१}{८}-\frac{१}{७}}{\frac{१}{२}+\frac{१}{३}+\frac{१}{४}}$ का $\frac{६}{१७}$ (२८) $\dfrac{५\frac{१}{६}\text{ का }\frac{४}{५}\div३\frac{१}{३}}{२\frac{१}{१०}-\frac{७}{३०}\text{ का }\frac{१}{७}}$

(२९) $\dfrac{३\frac{१}{२१}\div३\frac{५}{९}\text{ का }\frac{३}{५}+\frac{१}{२}}{\frac{१}{३}\times\frac{२}{५}-\frac{१}{२}\text{ का }\frac{१}{७}}$ (३०) $४\frac{१}{२}\text{ का }\dfrac{\frac{२}{३}}{\frac{१}{३}}\text{ का }\dfrac{१\frac{४}{५}}{३\frac{६}{७}}$

(३१) $\dfrac{२\frac{२}{१५}}{\frac{१}{४५}}\div\dfrac{\frac{२}{३}\text{ का }\frac{५}{१२}}{\frac{१}{४}+\frac{१}{१५}}$ (३२) $\dfrac{५}{\frac{१०}{२१}\text{ का }\frac{१}{१५}}\times\dfrac{\frac{२}{५}}{\frac{३}{४}+\frac{१}{३}}\text{ का }\dfrac{१}{७}$

लंगड़ी भिन्न या वितत भिन्न (Continued fractions)

नीचे वितत या लंगड़ी भिन्न के उदाहरण दिये गये हैं:—

$$१+\cfrac{१}{२+\cfrac{१}{२-\cfrac{१}{१+\frac{१}{२}}}} \qquad १-\cfrac{२}{१+\cfrac{१}{२+\cfrac{३}{१-\frac{१}{९}}}}$$

इन भिन्नों को सरल करने की क्रिया नीचे से प्रारम्भ की जाती है।

प्रश्नावली १०

सरल करो:—

१, $$१+\cfrac{१}{२-\cfrac{२}{१+\cfrac{४}{२+\frac{२}{५}}}}$$

क्रिया : $$१+\cfrac{१}{२-\cfrac{२}{१+\cfrac{४}{२+\frac{२}{५}}}}=१+\cfrac{१}{२-\cfrac{२}{१+\cfrac{४}{\frac{१२}{५}}}}$$

$$=१+\cfrac{१}{२-\cfrac{२}{१+\frac{४}{१}\times\frac{५}{१२}}}$$

$$=१+\cfrac{१}{२-\cfrac{२}{१+\frac{५}{३}}}$$

$$=१+\cfrac{१}{२-\cfrac{२}{\frac{८}{३}}}$$

$$=१+\cfrac{१}{२-\frac{२}{१}\times\frac{३}{८}}=१+\cfrac{१}{२-\frac{३}{४}}$$

$$=१+\cfrac{१}{\frac{५}{४}}=१+१\times\frac{४}{५}$$

$$=१+\frac{४}{५}=१\frac{४}{५}$$ उत्तर : $१\frac{४}{५}$

२. $$२+\cfrac{१}{२+\cfrac{१}{२+\cfrac{१}{२+\cfrac{१}{२}}}}$$

३. $$१+\cfrac{१}{२+\cfrac{१}{२+\cfrac{१}{२+\cfrac{१}{\frac{१}{३}}}}}$$

४. $१+\cfrac{१}{२+\cfrac{३}{४+\cfrac{७}{५+\cfrac{४}{७+\frac{२}{३}}}}}$

५. $४-\cfrac{१}{२+\cfrac{३}{१+\cfrac{६}{२-\cfrac{५}{७}}}}$

६. $१+\cfrac{२}{२-\cfrac{३}{३+\cfrac{४}{४-\cfrac{५}{५+\cfrac{६}{१-\frac{१}{५}}}}}}$

७. $\cfrac{१}{३-\cfrac{३}{३+\cfrac{६}{३-\cfrac{९}{३+\cfrac{६२}{७}}}}}$

८. $१+\cfrac{१}{२-\cfrac{१}{३+\cfrac{२}{४-\cfrac{१}{५+\frac{१}{६}}}}}$

९. $+२\cfrac{२}{१-\cfrac{४}{+\cfrac{६}{४-\cfrac{८}{२+\frac{२}{७}}}}}$

१०. $\frac{१}{३}+\cfrac{\frac{१}{२}}{१+\cfrac{३}{२+\cfrac{\frac{१}{२}+\frac{१}{३}}{१+\cfrac{\frac{१}{४}-\frac{१}{५}}{१+\frac{१}{५}}}}}$

११. $३+\cfrac{१}{५+\cfrac{१३}{७+\cfrac{१७}{१+\cfrac{१}{\frac{१}{२}+\frac{१}{३}}}}}$

१२. $\cfrac{१}{४-\cfrac{१}{२-\cfrac{१}{१-\frac{५}{१३}}}}$

(क० वि० ए० १८९१)

१३. $२-\cfrac{५}{३+\cfrac{१}{२-\cfrac{१}{१+\frac{१}{२}}}}$

(क० वि० ए० १९१५)

प्रश्नावली ११

भिन्नोंके कठिन प्रश्न—

(१) $\frac{२}{३} \div \left\{ \dfrac{\frac{२८}{८१} \text{ का } \dfrac{१}{९\frac{१}{३}}}{\frac{४}{५} - \frac{३}{४}} \right\} - \left\{ \frac{१}{२} - \dfrac{१}{३ - \dfrac{१}{१ - \frac{२}{९}}} \text{ का } \frac{३}{५} \right\}$ का $\frac{१}{३}$ को सरल करो।

दिया हुआ व्यंजक (Expression)

$$= \frac{२}{३} \div \left\{ \dfrac{\frac{२८}{८१} \text{का} \dfrac{१}{\frac{२८}{३}}}{\frac{१६-१५}{२०}} \right\} - \left\{ \frac{१}{२} - \dfrac{१}{३ - \dfrac{१}{\frac{७}{९}}} \text{ का } \frac{३}{५} \right\} \text{ का } \frac{१}{३}$$

$$= \frac{२}{३} \div \left\{ \dfrac{\frac{२८}{८१} \text{का} \frac{३}{२८}}{\frac{१}{२०}} \right\} - \left\{ \frac{१}{२} - \dfrac{१}{३ - \frac{९}{७}} \text{ का } \frac{३}{५} \right\} \text{ का } \frac{१}{३}$$

$$= \frac{२}{३} \div \left\{ \dfrac{\frac{१}{२७}}{\frac{१}{२०}} \right\} - \left\{ \frac{१}{२} - \dfrac{१}{\frac{१२}{७}} \text{ का } \frac{३}{५} \right\} \text{ का } \frac{१}{३}$$

$$= \frac{२}{३} \div \frac{२०}{२७} - \left\{ \frac{१}{२} - \frac{७}{१२} \text{ का } \frac{३}{५} \right\} \text{ का } \frac{१}{३}$$

$$= \frac{२}{३} \times \frac{२७}{२०} - \left\{ \frac{१}{२} - \frac{७}{२०} \right\} \text{ का } \frac{१}{३}$$

$$= \frac{९}{१०} - \frac{३}{२०} \text{ का } \frac{१}{३} = \frac{९}{१०} - \frac{१}{२०} = \frac{१७}{२०} ।$$

इनको सरल करो—

(२) $\dfrac{\frac{१}{४} + \frac{१}{५}}{\frac{१}{४} - \frac{१}{५}} \text{ का } \frac{२}{२१} - \dfrac{३\frac{१}{२}}{२\frac{४}{५}} \times \frac{२}{५}$ ।

(३) $\dfrac{३\frac{१}{५}}{२\frac{२}{३}} + \dfrac{१\frac{२}{७} + \frac{१}{९}}{\frac{१}{३} - \frac{१}{१४}} + १\frac{२}{९} \text{ का } \frac{३}{२२}$ ।

(४) $\dfrac{\frac{१}{५} + \frac{१}{७}}{२ \text{ का } \frac{१}{३} - \frac{२}{७}} + \dfrac{१ - \frac{२}{३}}{१ + \frac{२}{३}} \times \dfrac{\frac{१}{१२} + \frac{१}{१४}}{\frac{१}{१२} - \frac{१}{१५}}$ ।

(५) $\dfrac{४\frac{१}{९} - १\frac{१}{४} + \frac{१७}{१८}}{\dfrac{२ - \frac{१}{३}}{\frac{१}{२} + \frac{१}{३}} + \dfrac{१ + \frac{४}{९}}{१ - \frac{१}{५}}} \text{ का } \dfrac{४ \times \frac{४}{७}}{\frac{१}{३} + \frac{१}{७}} + \frac{३}{८}$ ।

(६) $\dfrac{\frac{१}{१८}+\frac{१}{६५}}{\frac{१}{१२}-\frac{१}{२०}}-\dfrac{१\frac{१}{२}-\frac{६}{७}}{\frac{२७}{४९}}\times\dfrac{२}{२+\dfrac{१}{२+\frac{१}{२}}}$ का $(\frac{१}{३}-\frac{१}{७})$ ।

(७) $२\frac{११}{२६}$ का $\dfrac{\frac{३}{७}-\frac{२}{९}}{\frac{३}{७}+\frac{२}{९}}\div\dfrac{४}{१३-३\frac{६}{९}}+४\frac{१}{१६}\div\dfrac{३}{३-२\frac{१०}{१३}}$

(८) $\dfrac{\frac{२}{७}(\frac{४}{१३}\text{ का }\frac{३}{८}+१\frac{१}{५}\text{ का }\frac{१}{३})}{१\frac{१}{१४}\times\frac{१}{१९}\times१\frac{६}{१३}+\frac{३}{३५}\div१\frac{१}{५}}+\left\{\dfrac{\frac{१}{४}+\frac{१}{६}}{\frac{१}{८}}\text{ का }\overline{१-\frac{१}{१०}}\right\}$

(९) $\frac{२}{९}\div\left\{\dfrac{\frac{१}{९\frac{१}{२}}\text{ का }\frac{३}{८}\frac{६}{९}}{\frac{४}{५}-\frac{३}{४}}\right\}+\left\{\frac{१}{३}-\dfrac{१}{३+\dfrac{१}{१-\frac{२}{९}}}\right\}$ का $\frac{१}{३}$ ।

(१०) $\dfrac{\frac{१}{११}+\frac{१}{१५}}{\frac{१}{१२}+\frac{१}{१७}}$ का $\dfrac{\frac{४}{१३}-\frac{२}{१७}}{\frac{३}{२९}-\frac{१}{१५}}\div१\frac{३}{११}$ ।

(११) $\frac{३}{७}\div\left\{\dfrac{\frac{२\frac{३}{५}}{७}\text{ का }\dfrac{१}{१+\frac{५}{८}}}{\frac{४}{९}-\frac{१}{४}}\right\}-\left\{\frac{१}{१२}\div\dfrac{३\frac{१}{७}}{१\frac{२}{१३}}(\frac{७}{११}-\frac{७}{१३})\right\}$

(१२) $\dfrac{७}{५-२\frac{२}{३}}\div\dfrac{३-\dfrac{२}{३-\frac{२}{३}}}{४-\frac{३}{२}}-\left\{\dfrac{१}{१\frac{३}{७}}+\dfrac{३\frac{१}{३}-२\frac{१}{२}}{२\frac{५}{११}-२}\text{ का }\frac{३}{५}\right.$

(१३) $\dfrac{५\frac{१}{३}}{४\frac{१}{६}}+\dfrac{१\frac{१}{७}-\frac{२}{५}}{१\frac{१}{७}+\frac{२}{५}}$ का $\dfrac{१+\dfrac{१}{१+\frac{१}{२}}}{\frac{३}{११}\text{ का }४\frac{२}{५}}\div\frac{१३}{२७}$

(१४) $\dfrac{२+\dfrac{१}{३+\dfrac{१}{२+\frac{१}{५}}}}{\frac{१}{१३}-\frac{१}{२२}}$ का $\dfrac{\frac{१}{१५}-\frac{१}{२१}}{\frac{१}{१४}-\frac{१}{११}}+३\frac{३}{५}$

(१५) $\dfrac{१\frac{१}{५}\text{ का }१\frac{१}{६}-२\frac{१}{३}\text{ का }\frac{४}{७}}{\frac{२\frac{१}{३}}{१\frac{१}{२}}-\frac{३\frac{१}{४}}{५\frac{१}{५}}\div\frac{५}{७}}$

(१६) $\frac{३\frac{२}{७}}{१\frac{३}{४}} \div \frac{१\frac{१}{३}\div\frac{४}{५}}{\frac{३}{७}\text{ का }\frac{११}{१५}} + \frac{१}{३-\frac{१}{१-\frac{१}{२}}}$

(१७) $\frac{(२\frac{१}{५}+४\frac{६}{७})(७\frac{७}{८}-५\frac{५}{१२})}{६\frac{२}{९}-३\frac{७}{८}} - \frac{१}{१२५}$

(१८) $\frac{४\frac{१}{७}-२\frac{१}{४}}{३\frac{१}{२}+१\frac{१}{७}} \div \frac{१}{२+\frac{१}{२+\frac{१}{५-\frac{१}{५}}}}$ (प० वि० ए० १९१८)

(१९) $\left\{२\frac{३}{४}+\frac{५}{२}\text{ का }\frac{७}{३\frac{४}{५}}-\frac{१\frac{२}{३}}{२\frac{१}{२}}\right\}\div १\frac{७७}{२२८}$ (प० वि० ए० १९१९)

(२०) $\frac{५\frac{३}{८}+४\frac{३}{५}}{८\frac{३}{५}-५\frac{३}{४}}\div\left\{\frac{\frac{७}{८}-\frac{६}{७}+\frac{५}{१२}}{\frac{८}{७}-\frac{७}{१२}+\frac{१२}{५}}\text{ का }\left(१\frac{३}{११}\times ३\frac{४}{५}\right)\right\}$ (म० वि०ए० १८८४)

(२१) $\frac{१}{२-\frac{१}{३-\frac{१}{३}}}+\left(\frac{१}{३}+\overline{\frac{१}{५}-\frac{१}{७}}\right)\div\frac{१}{५+\frac{१}{१+\frac{१}{१०}}}$

(२२) $\frac{९\frac{३}{४}-(५\frac{४}{५}-३\frac{२}{१५})}{२\frac{१}{४}-(२\frac{१}{३}-\frac{७}{१५})\text{ का }\frac{१}{७}}\text{ का }\frac{१\frac{३}{४}}{१+\frac{२}{२+\frac{१}{३+\frac{१}{४}}}}$

(२३) $\frac{७\frac{१}{२}}{६\frac{१}{२}}+\frac{१\frac{१}{२}-\frac{२}{३}}{१\frac{१}{२}+\frac{२}{३}}\div\frac{१}{१+\frac{२}{४\frac{१}{२}}}\text{ का }\frac{१}{१३}$ (इ० वि० ए० १९०५)

(२४) $\frac{६\frac{१}{१२}+३\frac{७}{९}\text{ का }१\frac{१}{१७}-४\frac{१}{२०}}{१\frac{१}{३}-१\frac{१}{८}\div\frac{८१}{२०}+४\frac{१}{९}}$ (इ० वि० ए० १९१२)

(२५) $\frac{७\frac{१}{५}\times ५\frac{१}{७}}{७\frac{१}{५}-५\frac{१}{७}}\div\frac{५\frac{१}{३}\times ३\frac{१}{५}}{५\frac{१}{३}-३\frac{१}{५}}-\frac{२\frac{१}{४}-\frac{२}{३}\times १\frac{५}{१२}}{\frac{१}{५}\times ३\frac{१}{३}+\frac{१३}{१२}}\div\frac{४\frac{१}{५}}{५\frac{१}{४}}$ (इ० वि०ए० १९१३)

(२६) $\frac{१\frac{२}{३}}{५-\frac{१}{१\frac{१}{२}}}\times\frac{२\frac{१}{४}\times १\frac{१}{३}}{२\frac{१}{४}-१\frac{२}{३}}\times\frac{३\frac{१}{२}}{५\frac{७}{८}}\div १\frac{७}{१३}$ (इ० वि० ए० १९१७)

(२७) $\dfrac{८\frac{६}{७}-७\frac{५}{६}+६\frac{४}{५}-५\frac{३}{४}}{(४\frac{१}{३}+३\frac{१}{४})\div(३\frac{१}{२}+२\frac{१}{३})}-\dfrac{\frac{४}{७}-\frac{२}{५}}{\frac{२}{५}\times\frac{३}{४}}$ (म० वि० ए० १८९८)

(२८) $\dfrac{३\frac{१}{३}\text{ का }\frac{५}{७}-१\frac{३}{७}\text{ का }\frac{३}{४}}{(\frac{२}{३}+१\frac{५}{१४})\div(\frac{५}{६}-\frac{४}{१५})}\div\dfrac{११\frac{१}{७}-७\frac{१}{११}}{५\frac{४}{७}+७\frac{४}{५}}$ (म० वि० ए० १८९९)

(२९) $\dfrac{४\frac{१}{४}-१\frac{७}{१५}\text{ का }\frac{५}{६}}{१०\frac{१}{५}+११\frac{३}{१०}+१५\frac{४}{९}\text{ का }१\frac{४}{९}}\times\dfrac{९\frac{१}{४}-३\frac{१}{१२}}{१\frac{४}{९}-२\frac{१}{७}}$ (म० वि० ए० १९००)

(३०) $\dfrac{४\frac{१}{५}\times५\frac{१}{४}}{५\frac{१}{४}-४\frac{१}{५}}-\dfrac{७\frac{१}{६}\times६\frac{१}{७}}{७\frac{१}{६}-६\frac{१}{७}}\div\dfrac{१३\frac{५}{६}\times६\frac{५}{१३}}{१३\frac{५}{६}-६\frac{५}{१३}}$

(३१) $\dfrac{१\frac{७}{८}-२\frac{६}{७}+३\frac{५}{६}-४\frac{४}{५}}{(३\frac{४}{७}+५\frac{२}{५})\div(४\frac{१}{३}-३\frac{१}{४})}\text{ का }(२\frac{३}{८}\div९\frac{१}{२})$

(३२) $३+\dfrac{१}{२+\dfrac{२}{१-\dfrac{३}{१+\frac{१}{४}}}}\times\dfrac{२}{१+\dfrac{\frac{१}{२}+\frac{१}{३}}{१+\dfrac{\frac{१}{२}-\frac{१}{३}}{\frac{१}{४}}}}+\dfrac{१}{२+\dfrac{\frac{१}{३}-\frac{१}{५}}{१+\dfrac{१+\frac{१}{३}}{१-\frac{१}{३}}}}$

प्रश्नावली १२

निम्नलिखित भिन्नों को लघुतम रूप में लाओ:—

(१) $\frac{१४५}{११५५}$, $\frac{१२४}{१०९२}$ और $\frac{१३१९६}{१८३४८}$।

(२) $\frac{२}{३}$ का $\frac{१}{४}$ में क्या जोड़ा जाय कि जोड़ १ हो जाय ?

(३) वह कौनसी संख्या है जिसमें $\frac{१}{५}$ जोड़ने से $\frac{३}{७}$ हो जाता है ?

(४) $३\frac{१}{३}$ में से $\frac{१}{७}$ कितनी बार घटाया जा सकता है ?

(५) कौन बड़ा है $\dfrac{\frac{३}{४}+\frac{४}{५}}{३}$ या $\frac{५}{६}+\frac{६}{७}$?

(६) $\frac{३}{४}+\frac{४}{५}$ में $\frac{४}{५}-\frac{३}{४}$ कितनी बार सम्मिलित है ?

(७) वह संख्या बताओ जिसमें $\frac{६}{७}$ का भाग देने से १४ भागफल आये।

(८) $\frac{७}{९}$ में किस संख्या से भाग दें कि भागफल ४ आये ?

(९) एक लड़के को $\frac{१}{५}+\frac{१}{६}$ जोड़ने को कहा गया, उसने कहा कि $\frac{१}{५}+\frac{१}{६}=\frac{१}{११}$। उसको किस तरह समझाओगे कि उसने गलती की है ?

(१०) सिद्ध करो $\frac{५+६+७}{८+११+१०}$ का मान $\frac{५}{८}$, $\frac{६}{११}$ और $\frac{७}{१०}$ में से सबसे बड़ी भिन्न से कम और सबसे छोटी भिन्न से अधिक है।

(११) ९ मन कितने मन का $\frac{२}{३}$ है ?

(१२) $(\frac{१}{३}+\frac{१}{४})$ का $(\frac{१}{२}-\frac{१}{३})$ को नकल करते समय एक लड़का गलती से कोष्टों को भूल गया। बताओ उसके उत्तर में और असली उत्तर में कितना अन्तर है ?

(१३) यदि एक बोरे चीनी का वजन $२\frac{१}{५}$ मन है, तो १७५ बोरे चीनी का वजन बताओ।

(१४) दो भिन्नों का जोड़ $१५\frac{३}{१४}$ और उनका अन्तर $१०\frac{१}{२१}$ है, तो उन भिन्नों को बताओ।

(१५) $४\frac{१}{५}+५\frac{१}{४}$, $५\frac{१}{४}-४\frac{१}{५}$ और $५\frac{१}{४}\div४\frac{१}{५}$ में सबसे छोटी भिन्न कौन है ?

(१६) वह भिन्न बताओ जो $\frac{५}{११}$ से जितना अधिक है उतना ही $\frac{११}{५}$ से कम है।

(१७) वह संख्या बताओ जिसमें यदि $\frac{१}{३}+\frac{१}{४}$ घटाया जाय और अन्तर में $\frac{१}{३}$ और $\frac{१}{४}$ का गुणनफल जोड़ा जाय तो योगफल $१\frac{५}{१२}$ हो जांय।

(१८) वह संख्या बताओ जिसमें यदि $\frac{१}{५}-\frac{१}{७}$ जोड़ा जाय और जोड़ में $(\frac{५}{१२}\div२\frac{१}{२})$ जोड़ दिया जाय तो जोड़ $२\frac{१}{३५}$ हो जाय।

(१९) अंकगणित की पुस्तक में इस तरह का एक प्रश्न था "$२\frac{१}{५}$, $\frac{१\frac{१}{३}}{\frac{१}{२}}$, $\frac{३\frac{१}{६}}{\quad}$, $२\frac{१३}{१८}$ का $\frac{३}{७}$ को जोड़ो"। छापे की गलती की वजह से एक मिश्र भिन्न का हर छट गया था और उस पुस्तक के अन्त में इस प्रश्न के उत्तर में $८\frac{१}{१०}$ लिखा था। उत्तर को सही मानकर छूटे हुए हर को निकालो।

(२०) यदि रामने अपनी जायदाद का $\frac{२}{७}$ हिस्सा बेच डाला तो उसके पास जायदाद का कौन-सा हिस्सा बच गया ?

(२१) राम ने अपने धन का $\frac{१}{५}$ हिस्सा श्याम को दे दिया और उसके पास २०० रु० बच गये, तो बताओ उसके पास कुल कितना धन था ?

(२२) श्याम ने अपने धन का $\frac{५}{१२}$ दान दे दिया, $\frac{१}{६}$ तीर्थ में खर्च कर डाला और $\frac{१}{३}$ अपने लड़के को दे दिया। यदि उसके पास ३७५ रु० बच गये, तो उसके पास कुल कितना धन था ?

(२३) राम ने अपने धन का $\frac{१}{३}$ मोहन को, $\frac{१}{४}$ सोहन को और $\frac{१}{६}$ रोहन को दिया। यदि इतना धन देने के बाद उसके पास ३२० रु० बच गये, तो बताओ हर एक को अलग-अलग कितने रु० मिले ?

(२४) क के धन का $\frac{१}{३}$, ख के धन के $\frac{२}{५}$ के बराबर है। यदि क के पास ख से ३० रु० अधिक है, तो बताओ हर एक के पास कितना धन है?

(२५) सबसे छोटी वह पूर्ण संख्या बताओ जिससे $\frac{२५२}{४७७}$ को गुणा करने पर गुणनफल पूर्ण संख्या हो जाय?

(२६) एक आदमी अपनी मासिक आय का $\frac{१}{७}$ जेब खर्च के लिये रखता है और शेष का $\frac{२}{३}$ दूसरे मदों में खर्च करता है और महीने के अन्त में १० रु० ८ आ० बचा लेता है, तो बताओ उसकी मासिक आय क्या है?

(२७) वह संख्या बताओ जिसका $\frac{१}{५}$ उसके $\frac{१}{९}$ से अधिक है?

(२८) मोहन ने अपने धन का $\frac{२}{५}$ अपने बड़े लड़के को, शेष का $\frac{१}{३}$ छोटे लड़के को और बाकी को बराबर बराबर अपनी दो लड़कियों में बाँट दिया। यदि प्रत्येक लड़की को १३० रु० मिले, तो हर एक लड़के को कितना कितना मिला?

(२९) क एक रियासत के $\frac{५}{६}$ हिस्से का मालिक है। उसने अपने हिस्से का $\frac{२}{५}$ बेच दिया तो बताओ उसके पास रियासत का कौन-सा भाग बच गया?

(३०) दो संख्याओं का जोड़ १ है और उनमें से एक संख्या $\frac{१७३}{२६१}$ है तो दूसरी संख्या बताओ।

(३१) एक आदमी अपनी यात्रा का $\frac{१}{१२}$ पैदल, $\frac{१}{६}$ घोड़ागाड़ी में, $\frac{१}{४}$ रेलगाड़ी में और शेष १२ मील फिर पैदल चला, तो बताओ उसकी यात्रा कितनी लम्बी थी?

(३२) सबसे छोटी वह कौनसी संख्या है जो $\frac{७}{१२}$, $\frac{४}{१५}$, $\frac{५}{२१}$ और $\frac{१}{२७}$ से पूरा-पूरा विभाजित हो सके? सबसे छोटी वह पूर्ण संख्या बताओ जो हर एक दी हुई भिन्न से पूरा-पूरा विभाजित हो सके?

(३३) एक हौज ९० गैलन पानी से भर जाता है। उसमें तीन नल लगे हुए हैं जिनमें से एक नल १ मिनट में $\frac{२}{३}$ गैलन भरता है, दूसरा १ मिनट में $\frac{१}{६}$ गैलन भरता है और तीसरा $\frac{५}{७}$ गैलन पानी १ मिनट में निकालता है। यदि हौज बिलकुल खाली हो और तीनों नल साथ ही खोल दिये जायँ तो हौज कितनी देर में भर जायगा?

(३४) ७ ग० २ फी० लम्बे रस्से में से २ फी० ६ इं० के बराबर बराबर टुकड़े जितने सम्भव थे काटे गये, तो बताओ जो शेष रहा वह पूरे रस्से की लम्बाई का कौन-सा भाग है ?

(३५) ८ ग० २ फी० लम्बे रस्से में से $२\frac{३}{४}$ फी० के बराबर-बराबर जितने टुकड़े सम्भव थे काटे गये, तो बताओ जो शेष रहा वह एक टुकड़े की लम्बाई का कौन-सा भाग है ?

दशमलव भिन्न (Decimal Fractions)

हम जानते हैं कि ज्यों-ज्यों कोई अंक इकाई से बाईं ओर बढ़ता है त्यों-त्यों उसका मान दस गुना बढ़ता जाता है और कोई अंक ज्यों-ज्यों बाईं ओर से दाहिनी ओर बढ़ता है, त्यों-त्यों उसका मान दसवाँ भाग होता जाता है और जब वह अंक इकाई के स्थान पर पहुँच जाता है, तब केवल वह अपना शुद्ध मान ही व्यक्त करता है।

यदि संख्या-लेखन की इस रीति को और आगे बढ़ाया जाय, और इकाई की दाहिनी ओर भी अंक लिखे जायँ तो उपरोक्त नियमानुसार यदि कोई अंक इकाई के दाहिनी ओर लिखा जायगा तो उसका मान इकाई के मान का दशांश हो जायगा और यदि वह अंक एक स्थान और दाहिनी ओर हटाया जाय तो उसका मान पहले के मान का दसवाँ भाग हो जायगा। इसी प्रकार ज्यों-ज्यों अंक दाहिनी ओर बढ़ता जायगा त्यों-त्यों उसका मान दसवाँ भाग होता जायगा।

इकाई के स्थान के अंक को उसके दाहिनी ओर लिखे हुए अंकों से पृथक् करने के लिये इकाई के दाहिनी ओर सिरे पर एक (˙) विन्दु रख दिया जाता है, जैसे—३४·५६

इस (˙) विन्दु को **दशमलव विन्दु** (Decimal Point) कहते हैं। उन संख्याओं को जो दशमलव बिन्दु की सहायता से लिखी जाती हैं **दशमलव भिन्न** कहते हैं। दशमलव बिन्दु के बाईं ओर के अंक पूर्णाङ्क और दाहिनी ओर वाले अंक भिन्न होते हैं, जैसे—१२३४·५६७८ में १२३४ पूर्णाङ्क है और ·५६७८ भिन्न है। इसको 'एक हजार, दो सौ चौंतीस दशमलव पाँच, छ, सात, आठ पढ़ते हैं और $१२३४·५६७८ = १२३४ + \frac{५}{१०} + \frac{६}{१००} + \frac{७}{१०००} + \frac{८}{१००००}$ इससे स्पष्ट है कि वह भिन्न जिसका हर दस या दस का घात हो **दशमलव भिन्न** कहलाती हैं।

दशमलव भिन्न में शून्य का महत्व

$$\cdot३ = \frac{३}{१०}$$

$$\cdot०३ = \frac{०}{१०} + \frac{३}{१००} = \frac{३}{१००}$$

$$\cdot००३ = \frac{०}{१०} + \frac{०}{१००} + \frac{३}{१०००} = \frac{३}{१०००}$$

$$\cdot३० = \frac{३}{१०} + \frac{०}{१००} = \frac{३}{१०}$$

$$\cdot३०० = \frac{३}{१०} + \frac{०}{१००} + \frac{०}{१०००} = \frac{३}{१०}$$

इससे स्पष्ट है कि दशमलव भिन्न के अन्तिम अंक की दाहिनी ओर शून्य बढ़ाने से उसका मान नहीं बदलता, परन्तु दशमलव बिन्दु की दाहिनी ओर का शून्य, यदि इस शून्य की दाहिनी ओर कोई अंक हो, दशमलव भिन्न के मान को बदल देता है।

दशमलव भिन्न को सरल करते समय निम्नलिखित बातों को याद रखना चाहिये :—

(१) जब किसी दशमलव भिन्न को दस, सौ, एक हजार आदि से गुणा किया जाता है, तब दशमलव बिन्दु क्रमशः एक, दो, तीन, आदि स्थान दाहिनी ओर बढ़ जाता है, जैसे—$\cdot१२३४ \times १०००० = १२३४$

(२) जब किसी दशमलव भिन्न में दस, सौ, एक हजार आदि से भाग दिया जाता है तब दशमलव विन्दु उतने ही स्थान बाईं ओर हट जाता है, जितने शून्य भाजक में १ के दाहिनी ओर होते हैं, जैसे—$५६७८\cdot३ \div १०० = ५६\cdot७८३$

(३) किसी दशमलव भिन्न को साधारण भिन्न के रूप में लाने के लिये दिये हुये दशमलव भिन्न के सभी अंकों को, दशमलव बिन्दु को छोड़कर, अंश के स्थान पर लिखते हैं और हर के स्थान पर एक के बाद उतने ही शून्य लिखते हैं जितने कि दिये हुये दशमलव भिन्न में दशमलव विन्दु की दाहिनी ओर अंक होते हैं, जैसे—$१\cdot०२३ = \frac{१०२३}{१०००}$

(४) उस साधारण भिन्न को जिसका हर दस या दस का कोई घात न हो दशमलव भिन्न के रूप व्यक्त करने के लिय अंश में हर का भाग दिया जाता है, जैसे—$\frac{३}{१६}$ को दशमलव भिन्न में प्रकट करने के लिये ३ में १६ से भाग दिया जायगा।

प्रश्नावली १३

सरल करो:—

(१) $$\frac{\cdot७\times\cdot७-\cdot०७\times\cdot०७}{\cdot६\times\cdot६-\cdot०६\times\cdot०६}\div\frac{१}{४\cdot५}$$

क्रिया : $$\frac{\cdot७\times\cdot७-\cdot०७\times\cdot०७}{\cdot६\times\cdot६-\cdot०६\times\cdot०६}\div\frac{१}{४\cdot५}=\frac{\cdot४९-\cdot००४९}{\cdot३६-\cdot००३६}\div\frac{१}{४\cdot५}$$

$$=\frac{\cdot४८५१}{\cdot३५६४}\times४\cdot५$$

$$=\frac{\cdot४८५१}{\cdot०३९६}\times\cdot५$$

$$=\frac{४८५१}{३९६}\times\cdot५$$

$$=१२.२५\times\cdot५=६\cdot१\cdot२५$$

(२) $$\frac{\cdot२\times\cdot२+\cdot०३\times\cdot०३}{\cdot४\times\cdot४+\cdot०६\times\cdot०६}\div६\cdot२५$$

(३) $$\frac{\cdot०५\times\cdot४८\times३\cdot१५}{१\cdot६\times\cdot०१५\times\cdot२२५}$$

(४) $$\frac{५\frac{१}{३}+१\frac{१}{१२}}{४\frac{२}{३}+६\frac{७}{१२}}\div\frac{३\cdot२-२\cdot८८}{०\cdot९७+०.८३}$$

(५) $$\frac{\cdot००१६\times\cdot०२५}{\cdot०५ \text{ का } \cdot३२५}\div\frac{\cdot१२१६\times\cdot१०५\times\cdot००२}{\cdot८५१२\times\cdot६२५\times\cdot०३९}$$ (उ०प्र०१९३५)

(६) $$४+\cfrac{१}{१+\cfrac{२}{३\frac{१}{२}}}\times\frac{५ \text{ पौ० } १७ \text{ शि० } ४ \text{ पें० का } \cdot१२५}{१० \text{ पौ० } २ \text{ शि० का } \frac{४}{९}}$$

(७) $$\frac{५\cdot७५-\frac{३}{७}\times१५\frac{३}{४}+२\frac{२}{३५}\div१\cdot४४}{\frac{३}{४} \text{ का } ७\frac{३}{७}-५\cdot६\div३\frac{४}{१५}}$$ (उ० प्र० १९३१)

(८) $$\frac{\cdot३\times\cdot३+\cdot०३\times\cdot०३}{\cdot६\times\cdot६+\cdot०६\times\cdot०६}\div६\cdot२५$$ (उ० प्र० मि० प० १९३७)

(९) $\frac{\cdot००७५ \times २\cdot१}{\cdot०१७५} + \frac{४\cdot२५५ \times \cdot०६४}{\cdot०००३२}$ (उ० प्र० मि० प० १९३६)

(१०) $\frac{\cdot२२५ \times \cdot०१३}{\cdot१६९ \times \cdot३७५} \div \frac{\cdot०११२ \times \cdot०१५२ \times \cdot००३५ \times \cdot०१२५}{\cdot०१३३ \times \cdot०२२४ \times \cdot०६२५ \times \cdot०१०४}$

(उ० प्र० १९३५)

(११) $\frac{\text{२५ रु० का } (\frac{१}{४} - \frac{१}{५})}{\text{३२ रु० का } (\frac{१}{२} - \frac{१}{३})} + \frac{\text{८ पौ० का } \cdot३}{\text{४ पौ० का } \cdot५}$

(१२) $\frac{\frac{२}{३} \div \frac{३}{४} \text{ का } \frac{५}{६}}{\frac{२}{३} \div \frac{३}{४} \times \frac{५}{६}} \div \frac{३\frac{१}{५}}{३\frac{१}{३}}$ का ·३ (क० मै० १९३१)

(१३) ·७५ के ४·४ में से कितना घटाया जाय कि शेष पूर्णाङ्क बचे ?

(१४) राम ने किसी काम का ·०४५, श्याम ने उसी काम का ·५ और बलराम ने उसका .२५ किया। बताओ कितना काम करने को रह गया।

(१५) यदि एक पहिये का घेरा ८·४५ फुट है तो वह १६९ फुट में कितने चक्कर करेगा ?

(१६) चार घंटे एक साथ बजते हैं। फिर क्रम से १·४ मि०, २·१ मि०, ३·५ मि० और १·५ मिनट के अन्तर से बजते हैं। बताओ चारों घण्टे कितनी देर पश्चात् फिर एक साथ बजेंगे ?

(१७) एक आदमी ने अपनी सम्पत्ति का ·५ अपने बड़े लड़के को, शेष का ·२५ अपने छोटे लड़के को दिया। यदि उसके पास ३६७५ रु० की सम्पत्ति बच गई; तो उसकी कुल सम्पत्ति का मूल्य बताओ ?

बीज गणित के कुछ गुर जो अंकगणित की भिन्नों को सरल करने के लिये बड़े उपयोगी होते हैं, निम्नलिखित हैं:—

(१) $\text{य}^२ - \text{र}^२ = (\text{य} + \text{र})\ (\text{य} - \text{र})$

(२) $(\text{य}+\text{र})^२ - (\text{य}-\text{र})^२ = ४\ \text{य र}$

(३) $\text{य}^३ + \text{र}^३ = (\text{य} - \text{र})\ (\text{य}^२ + \text{यर} + \text{र}^२)$

(४) $\text{य}^३ - \text{र}^३ = (\text{य} - \text{र})\ (\text{य}^२ + \text{यर} + \text{र}^२)$

(५) $\text{य}^४ + \text{य}^२\text{र}^२ + \text{र}^४ = (\text{य}^२ + \text{यर} + \text{र}^२)\ (\text{य}^२ - \text{यर} + \text{र}^२)$

(६) $\text{य}^३ + \text{र}^३ + \text{ल}^३ - ३\ \text{यरल} = (\text{य} + \text{र} + \text{ल})\ (\text{य}^२ + \text{र}^२ + \text{ल}^२ - \text{यर} - \text{रल} - \text{लय})$

प्रश्नावली १४

सरल करो:–

१. $$\frac{\cdot२३४\times\cdot२३४-\cdot१५७\times\cdot१५७}{\cdot२३४-\cdot१५७}$$

क्रिया:– $$\frac{\cdot२३४\times\cdot२३४-\cdot१५७\times\cdot१५७}{\cdot२३४-\cdot१५७}$$

$$=\frac{(\cdot२३४)^२-(\cdot१५७)^२}{\cdot२३४-\cdot१५७}$$

$$=\frac{(\cdot२३४+\cdot१५७)\ (\cdot२३४-\cdot१५७)}{(\cdot२३४-\cdot१५७)}$$

$$=(\cdot२३४+\cdot१५७)=\cdot३९१$$

उत्तर : ·३९१

२. $$\frac{\cdot६५\times\cdot६५-\cdot५६\times\cdot५६}{\cdot६५+\cdot५६}$$

३. $$\frac{\cdot७२५\times\cdot७२५-\cdot०७५\times\cdot०७५}{\cdot७२५-\cdot०७५}$$

४. $$\frac{\frac{२}{२५}\times\frac{२}{२५}-\frac{१}{१५}\times\frac{१}{१५}}{\frac{२}{२५}+\frac{१}{१५}}$$

५. $$\frac{(१+\frac{३}{५})\ (१+\frac{३}{५})-(\frac{५}{८}+\frac{५}{८})}{१+\frac{३}{५}-\frac{५}{८}}$$

६. $$\frac{\left(१+\frac{१}{१+\frac{१}{२}}\right)\left(१+\frac{१}{१+\frac{१}{२}}\right)-(\frac{१}{२}-\frac{१}{३})\ (\frac{१}{२}-\frac{१}{३})}{१+\frac{१}{१+\frac{१}{२}}-\frac{१}{२}+\frac{१}{३}}$$

७. $$\left(\frac{\frac{१}{२}+\frac{१}{३}}{\frac{१}{२}-\frac{१}{३}}+\frac{\frac{१}{४}+\frac{१}{५}}{\frac{१}{४}-\frac{१}{५}}\right)^२-\left(\frac{\frac{१}{२}+\frac{१}{३}}{\frac{१}{२}-\frac{१}{३}}-\frac{\frac{१}{४}+\frac{१}{५}}{\frac{१}{४}-\frac{१}{५}}\right)^२$$

८. $$\frac{\cdot०७५\times\cdot०७५\times\cdot०७५+\cdot०१२\times\cdot०१२\times\cdot०१२}{\cdot०७५\times\cdot०७५-\cdot०७५\times\cdot०१२+\cdot०१२\times\cdot०१२}$$

क्रिया:– $\dfrac{\cdot ०७५\times\cdot ०७५\times\cdot ०७५+\cdot ०१२\times\cdot ०१२\times\cdot ०१२}{\cdot ०७५\times\cdot ०७५-\cdot ०७५\times\cdot ०१२+\cdot ०१२\times\cdot ०१२}$

$$=\frac{(\cdot ०७५)^{३}+(\cdot ०१२)^{३}}{(\cdot ०७५)^{२}-(\cdot ०७५\times\cdot ०१२)+(\cdot ०१२)^{२}}$$

$$=\frac{(\cdot ०७५+\cdot ०१२)\{(\cdot ०७५)^{२}-(\cdot ०७५\times\cdot ०१२)+(\cdot ०१२)^{२}\}}{\{(\cdot ०७५)^{२}-(\cdot ०७५\times\cdot ०१२)+(\cdot ०१२)^{२}\}}$$

$$=\cdot ०७५+\cdot ०१२=\cdot ०८७$$

उत्तर : .०८७

९. $\dfrac{\cdot १\times\cdot १\times\cdot १+\cdot ०२\times\cdot ०२\cdot ०२}{\cdot १\times\cdot १-\cdot १\times\cdot ०२+\cdot ०२\times\cdot ०२}$

१०. $\dfrac{\cdot ३\times\cdot ३\times\cdot ३+\cdot ०४\times\cdot ०४\times\cdot ०४}{\cdot ३\times\cdot ३-\cdot ३\times\cdot ०४+\cdot ०४\times\cdot ०४}$

११. $\dfrac{\cdot ३६\times\cdot ३६\times\cdot ३६+\cdot ०३६\times\cdot ०३६\times\cdot ०३६}{\cdot ३६\times\cdot ३६-\cdot ३६\times\cdot ०३६+\cdot ०३६\times\cdot ०३६}$

१२. $\dfrac{२\frac{१}{४}\times २\frac{१}{४}\times २\frac{१}{४}+३\frac{१}{२}\times ३\frac{१}{२}\times ३\frac{१}{२}}{२\frac{१}{४}\times २\frac{१}{४}-२\frac{१}{४}\times ३\frac{१}{२}+३\frac{१}{२}\times ३\frac{१}{२}}$

१३. $\dfrac{(१\frac{१}{२}\times १\frac{१}{२}\times १\frac{१}{२})+(\frac{३}{४}\times\frac{३}{४}\times\frac{३}{४})}{(१\frac{१}{२}+\frac{३}{४})}$

१४. $\dfrac{१\cdot ३५\times १\cdot ३५\times १\cdot ३५-\cdot ४५\times\cdot ४५\times ४५}{१\cdot ३५\times १\cdot ३५+१\cdot ३५\times\cdot ४५+\cdot ४५\times\cdot ४५}$

क्रिया : $\dfrac{१\cdot ३५\times १\cdot ३५\times १\cdot ३५-\cdot ४५\times\cdot ४५\times\cdot ४५}{१\cdot ३५\times १\cdot ३५+१\cdot ३५\times\cdot ४५+\cdot ४५\times\cdot ४५}$

$$=\frac{(१\cdot ३५)^{३}-(\cdot ४५)^{३}}{\{(१\cdot ३५)^{२}+(१\cdot ३५\times\cdot ४५)+(\cdot ४५)^{२}\}}$$

$$=\frac{(१\cdot ३५-\cdot ४५)\{(१\cdot ३५)^{२}+१\cdot ३५\times\cdot ४५+(\cdot ४५)^{२}\}}{\{(१\cdot ३५)^{२}\times(१\cdot ३५\times\cdot ४५)+(\cdot ४५)^{२}\}}$$

$$=\ १\cdot ३५-\cdot ४५\ =\ \cdot ९$$

उत्तर : ·९

१५. $\dfrac{\cdot२\times\cdot२\times\cdot२-\cdot०३\times\cdot०३\times\cdot०३}{\cdot२\times\cdot२+\cdot२\times\cdot०३+\cdot०३+\cdot०३}$

१६. $\dfrac{\cdot३८\times\cdot३८\times\cdot३८-\cdot०३८\times\cdot०३८\times\cdot०३८}{\cdot३८\times\cdot३८+\cdot३८\times\cdot०३८+\cdot०३८\times\cdot०३८}$

१७. $\dfrac{\cdot१२५\times\cdot१२५\times\cdot१२५-\cdot०१२५\times\cdot०१२५\times\cdot०१२५}{\cdot१२५\times\cdot१२५+\cdot१२५\times\cdot०१२५+\cdot०१२५\times\cdot०१२५}$

१८. $\dfrac{\frac{१}{१२५}\times\frac{१}{१२५}\times\frac{१}{१२५}-\frac{१}{२५०}\times\frac{१}{२५०}\times\frac{१}{२५०}}{\frac{१}{१२५}\times\frac{१}{१२५}+\frac{१}{१२५}\times\frac{१}{२५०}+\frac{१}{२५०}\times\frac{१}{२५०}}$

१९. $\dfrac{\cdot३\times\cdot३\times\cdot३\times\cdot३+\cdot३\times\cdot३\times\cdot२\times\cdot२+\cdot२\times\cdot२\times\cdot२\times\cdot२}{\cdot३\times\cdot३+\cdot३\times\cdot२+\cdot२\times\cdot२}$

क्रिया : $\dfrac{\cdot३\times\cdot३\times\cdot३\times\cdot३+\cdot३\times\cdot३\times\cdot२\times\cdot२+\cdot२\times\cdot२\times\cdot२\times\cdot२}{\cdot३\times\cdot३+\cdot३\times\cdot२+\cdot२\times\cdot२}$

$$=\frac{(\cdot३)^४+(\cdot३)^२(\cdot२)^२+(\cdot२)^४}{\{(\cdot३)^२+\cdot३\times\cdot२+(\cdot२)^२\}}$$

$$=\frac{\{(\cdot३)^२-(\cdot३)\times(\cdot२)+(\cdot२)^२\}\{(\cdot३)^२+\cdot३\times\cdot२+(\cdot२)^२\}}{\{(\cdot३)^२+\cdot३\times\cdot२+(\cdot२)^२\}}$$

$$=\{(\cdot३)^२-\cdot३\times\cdot२+(\cdot२)^२\}$$

$$=\cdot०९-\cdot०६+\cdot०४=\cdot०७$$

उत्तर : $\cdot०७$

२०. $\dfrac{\cdot४\times\cdot४\times\cdot४\times\cdot४+\cdot४\times\cdot४\times\cdot०४\times\cdot०४+\cdot०४\times\cdot०४\times\cdot०४\times\cdot०४}{\cdot४\times\cdot४+\cdot४\times\cdot०४+\cdot०४\times\cdot०४}$

२१. $\dfrac{(\cdot६)^४+(\cdot३)^२+(\cdot५)^४}{(\cdot६)^२-\cdot३+(\cdot५)^२}$ २२. $\dfrac{(\cdot१२)^४+(\cdot१८)^२+(१\cdot५)^४}{(\cdot१२)^२+\cdot१८+(१\cdot५)^२}$

२३. $\dfrac{\frac{२}{५}\times\frac{२}{५}\times\frac{२}{५}\times\frac{२}{५}+\frac{२}{५}\times\frac{२}{५}\times\frac{१}{१५}\times\frac{१}{१५}+\frac{१}{१५}\times\frac{१}{१५}\times\frac{१}{१५}\times\frac{१}{१५}}{\frac{२}{५}\times\frac{२}{५}-\frac{२}{५}\times\frac{१}{१५}+\frac{१}{१५}\times\frac{१}{१५}}$

२४. $\dfrac{\cdot५\times\cdot५\times\cdot५+\cdot४\times\cdot४\times\cdot४+\cdot३\times\cdot३\times\cdot३-३\times\cdot५\times\cdot४\times\cdot३}{\cdot५\times\cdot५+\cdot४\times\cdot४+\cdot३\times\cdot३-\cdot५\times\cdot४-\cdot४\times\cdot३-\cdot३}$

क्रिया : दी हुई भिन्न

$$= \frac{(\cdot ५)^३+(\cdot ४)^३+(\cdot ३)^३-३\times\cdot ५\times\cdot ४\times\cdot ३}{(\cdot ५)^२+(\cdot ४)^२+(\cdot ३)^२-\cdot ५\times\cdot ४-\cdot ४\times\cdot ३-\cdot ३\times\cdot ५}$$

$$= \frac{(\cdot ५+\cdot ४+\cdot ३)\ \{(\cdot ५)^२+(\cdot ४)^२+(\cdot ३)^२-\cdot ५\times\cdot ४-\cdot ४\times\cdot ३-\cdot ३\times\cdot ५\}}{\{(\cdot ५)^२+(\cdot ४)^२+(\cdot ३)^२-\cdot ५\times\cdot ४-\cdot ४\times\cdot ३-\cdot ३\times\cdot ५\}}$$

$$= \cdot ५+\cdot ४+\cdot ३ \quad = १\cdot २$$

उत्तर : १·२

२५. $$\frac{\cdot २\times\cdot २\times\cdot २+\cdot १\times\cdot १\times\cdot १+\cdot ०५\times\cdot ०५\times\cdot ०५-३\times\cdot २\times\cdot १\times\cdot ०५}{\cdot २\times\cdot २+\cdot १\times\cdot १+\cdot ०५\times\cdot ०५-\cdot २\times\cdot १-\cdot १\times\cdot ०५-\cdot ०५\times\cdot २}$$

२६. $$\frac{(\cdot १)^३+(\cdot ०१)^३+(\cdot ००१)^३-\cdot ००००००३}{\cdot १+\cdot ०१+\cdot ००१}$$

२७. $$\frac{(\cdot ५)^३+(\cdot ०५)^३+१-\cdot ३७५}{(\cdot ५)^२+(\cdot २५)^२+१-\cdot १२५-\cdot २५-\cdot ५}$$

२८. $$\frac{\frac{१}{२}\times\frac{१}{२}\times\frac{१}{२}+\frac{१}{३}\times\frac{१}{३}\times\frac{१}{३}+\frac{१}{४}\times\frac{१}{४}\times\frac{१}{४}-\frac{१}{८}}{\frac{१}{४}+\frac{१}{९}+\frac{१}{१६}-\frac{१}{६}-\frac{१}{१२}-\frac{१}{८}}$$

—:o:—

पाँचवाँ अध्याय

अपवर्तकों द्वारा वर्गमूल निकालना

किसी दी हुई संख्या का वर्गमूल (Square-root) वह संख्या है, जिसका वर्ग दी हुई संख्या के बराबर हो, जैसे—

$२^२=४,\ ३^२=९,\ ४^२=१६,\ ५^२=२५,$

इसलिये ४, ९, १६ और २५ का वर्गमूल क्रमशः २, ३, ४ और ५ है।

संख्या	१	२	३	४	५	६	७	८	९	१०	११	१२
वर्ग	१	४	९	१६	२५	३६	४९	६४	८१	१००	१२१	१४४

ऊपर की पाटी से ज्ञात होता है कि:—

(१) एक अंक की संख्याओं के वर्ग एक या दो अंकों की संख्यायें होती हैं।

(२) १ से लेकर ९ तक की किसी संख्या के वर्ग की इकाई के स्थान पर २, ३, ७ या ८ नहीं है। चूंकि प्रत्येक संख्या के, चाहे वह कितनी भी बड़ी क्यों न हो, इकाई के स्थान पर ०, १, २, ३, ४, ५, ६, ७, ८, ९ में से कोई एक अंक अवश्य होता है; इसलिये वह संख्या, जिसके अन्त में २, ३, ७ या ८ रहता है पूर्ण वर्ग नहीं हो सकती। और उस संख्या के इकाई के स्थान पर, जो पूर्ण वर्ग होती है, ०, १, ४, ५, ६ या ९ अवश्य होता है।

(३) प्रत्येक पूर्ण संख्या का वर्ग पूर्ण संख्या होती है, जैसे २ का वर्ग ४, ३ का वर्ग ९, ४ का वर्ग १६, इत्यादि। परन्तु हर एक पूर्ण संख्या का वर्गमूल पूर्ण संख्या नहीं होती, जैसे ४ का वर्ग १६ और ५ का वर्ग २५ होता है। १६ और २५ के बीच की संख्याओं का वर्गमूल ४ से बड़ा और ५ से छोटा होगा। इसलिये उस संख्या का वर्गमूल जो १६ और २५ के बीच में हो, अवश्य ही पूर्ण संख्या नहीं है।

वर्गमूल का चिह्न $\sqrt{}$ है। इस चिह्न को **करणी** चिह्न (Radical Sign) कहते हैं। $\sqrt{२५}$ से २५ का वर्गमूल समझा जाता है। यदि किसी संख्या का घात $\frac{१}{२}$ हो, तो उससे भी वर्गमूल ही समझा जाता है, जैसे—$२५^{\frac{१}{२}} = \sqrt{२५} = ५$

हम जानते हैं कि—

$$६^२ = ६\times६ = ३\times२\times३\times२ = ३^२\times२^२ = ३६$$
$$१४^२ = १४\times१४ = ७\times२\times७\times२ = ७^२\times२^२ = १९६$$
$$६५^२ = ६५\times६५ = १३\times५\times१३\times५ = १३^२\times५^२ = ४२२५$$
और $$१०५^२ = १०५\times१०५ = ७\times५\times३\times७\times५\times३ = ७^२\times५^२\times३^२ = ११०२५$$

इससे स्पष्ट है कि किसी संख्या का वर्ग उसके गुणनखण्डों के वर्गों के वितत गुणनफल (Continued Product) के बराबर होता है।

$$\sqrt{३६} = \sqrt{३^२ \times २^२} = ३ \times २ = ६$$
$$\sqrt{१९६} = \sqrt{७^२ \times २^२} = ७ \times २ = १४$$
$$\sqrt{४२२५} = \sqrt{१३^२ \times ५^२} = १३ \times ५ = ६५$$
$$\sqrt{११०२५} = \sqrt{७^२ \times ५^२ \times ३^२} = ७ \times ५ \times ३ = १०५$$

इससे स्पष्ट है कि किसी संख्या का वर्गमूल निकालने के लिये सबसे पहले **'रूढ़ गुणनखण्ड'** (Prime factors) निकाले जाते हैं। पूर्ण वर्ग में प्रत्येक रूढ़ गुणनखण्ड कम से कम दो बार अथवा समबार आता है। फिर हर दो बार आये हुए रूढ़ गुणन खण्डों का घितत गुणनफल निकाला जाता है। यही गुणनफल अभीष्ट वर्गमूल होता है, जैसे—
४०० का वर्गमूल निकालो।

$$\sqrt{४००} = २ \times २ \times २ \times २ \times ५ \times ५$$
$$= २^२ \times २^२ \times ५^२$$
$$\therefore \sqrt{४००} = २ \times २ \times ५ = २०$$

अभीष्ट वर्गमूल २० हुआ।

प्रश्नावली १५

निम्नलिखित का वर्गमूल निकालोः—

(१) २२५

क्रिया : $२२५ = ३ \times ३ \times ५ \times ५$

$= ३^२ \times ५^२$

$\therefore \sqrt{२२५} = ३ \times ५ = १५$

उत्तर : १५

(२) ३२४ (३) ७८४ (४) १२२५ (५) १६००

(६) २९१६ (७) ८१०० (८) ४४१०० (९) १६३८४

(१०) ५१०७६ (११) १०८९०० (१२) ११२८९६

(१३) ३९६९०० (१४) ४८०२४९ (१५) २२८६१४४

(१६) $१५ \times ३३ \times ५५$ (१७) $७७ \times २१ \times ४४ \times १२$

(१८) $३५ \times ५२ \times २१ \times २० \times ३९$

(१९) छोटी से छोटी वह कौन संख्या है जिससे ३९६ को गुणा करने से गुणनफल पूर्ण वर्ग होगा ?

क्रिया :

२	३९६
२	१९८
३	९९
३	३३
	११

अर्थात् $३९६=२\times२\times३\times३\times११=२^{२}\times३^{२}\times११$

(इस संख्या में ११ केवल एक बार सम्मिलित है, इसलिये ३९६ उसी समय पूर्णवर्ग हो सकता है, जब उसमें ११ एक बार और सम्मिलित हो। इसलिये ३९६ को पूर्ण वर्ग बनाने के लिये कम से कम ११ से गुणा करना पड़ेगा।) **उत्तर :** ११

(२०) छोटी से छोटी वह संख्या बताओ, जिससे १५७५ को गुणा करने से गुणनफल पूर्ण वर्ग हो जाय।

(२१) सबसे छोटी वह कौन संख्या है, जिससे ३६७५ को गुणा करने से गुणनफल पूर्ण वर्ग हो जाय ?

(२२) सबसे छोटी संख्या बताओ जिससे १४५८ को भाग देने से भजनफल पूर्ण वर्ग हो जाय।

(२५) लघुतम वह संख्या बताओ जिससे ४३६७५ को भाग देने से भजनफल पूर्ण वर्ग हो जाय।

(२४) सबसे छोटी पूर्ण वर्ग संख्या बताओ, जो ९, १२, २५ और ४० से विभाजित हो जाय।

(२५) सबसे छोटी वह पूर्ण वर्ग संख्या बताओ जो १५, २५, ४५ और ६० से विभाजित हो जाय।

(२६) कुल लड़कों ने २५६ आम खाये और प्रत्येक ने उतने ही आम खाये जितने कुल लड़के थे, तो बताओ प्रत्येक ने कितने आम खाये ?

(२७) एक माली ने एक बाग में १२९६ पेड़ लगाये। यदि प्रत्येक क्ति में उतने ही पेड़ लगाये गये, जितनी उस बाग में पंक्तियाँ थीं। बताओ माली ने कितनी पंक्तियाँ लगाईं ?

साधारण भिन्नोंका वर्ग मूल (Square-roots of Fractions)

किसी दिये हुये भिन्न का वर्ग मूल वह साधारण भिन्न है जिसका अंश दी हुई भिन्न के अंश का वर्गमूल होता है और जिसका हर दी हुई भिन्न के हर का मूल होता है, जैसे—$\sqrt{\frac{९}{१६}} = \frac{\sqrt{९}}{\sqrt{१६}} = \frac{३}{४}$

दशमलव भिन्नों का वर्ग मूल (Square-roots of Decimal fractions)

चूंकि $(१{\cdot}२)^२ = १{\cdot}०४$ $\quad ({\cdot}४)^२ = {\cdot}१६$

$({\cdot}०५)^२ = {\cdot}००२५$ $\quad ({\cdot}०१३)^२ = {\cdot}०००१६९$

$(१{\cdot}२)^२ = १{\cdot}४४$ $\quad (१{\cdot}०२)^२ = १{\cdot}०४०४$

इससे स्पष्ट है कि:—

(१) दशमलव भिन्न के वर्ग में दशमलव अंकों की संख्या सर्वदा सम रहती है।

(२) दशमलव भिन्न के वर्ग में दशमलव अंकों की संख्या वर्गमूल के दशमलव अंकों की संख्या से दूनी होती है।

(क) अतः यदि किसी दशमलव भिन्न का वर्ग मूल निकालना हो तो दशमलव बिंदु को हटा दो। साथ ही उन सब शून्यों को भी जो दशमलव बिन्दु के दाहिनी ओर हों, हटा दो परन्तु मिश्र दशमलव भिन्न में इन शून्यों को नहीं हटाना चाहिये।

(ख) बची हुई संख्या का गुणनखण्डों द्वारा वर्ग मूल निकालो।

(ग) वर्गमूल में दाहिनी ओर से गिनकर दशमलव बिन्दु एक ऐसे स्थान पर रखो कि इस में दशमलव अंकों की संख्या वर्ग के दशमलव अंकों की संख्या से आधी हो।

प्रश्नावली १६

वर्गमूल निकालो:—

(१) $\frac{२२५}{२५६}$

क्रिया : $२२५=३\times३\times५\times५=३^२=५^२$

$\sqrt{२२५}=३\times५=१५$

और $२५६=२\times२\times२\times२\times२\times२\times२\times२=२^२\ २^२\ २^२\ २^२$

$\sqrt{२५६}=२\times२\times२\times२=१५$

अत : $\sqrt{\frac{२२५}{२५६}}=\frac{\sqrt{२२५}}{\sqrt{२५६}}=\frac{१५}{१६}$

उत्तर : $\frac{१५}{१६}$

(२) $\frac{३६}{४९}$ (३) $\frac{१२१}{१४४}$ (४) $\frac{८१}{१६९}$ (५) $\frac{६२५}{७८४}$

(६) $\frac{१२२५}{१९३६}$ (७) $\frac{१२२५}{१७४६२४}$ (८) $\frac{९८०१}{३३१२४}$ (९) $\frac{१५६२५}{४५१५८४}$

(१०) $१\frac{४८}{१२१}$

क्रिया : $१\frac{४८}{१२१}=\frac{१६९}{१२१}$

$\sqrt{१६९}=\sqrt{१३\times१३}=१३$

और $\sqrt{१२१}=\sqrt{११\times११}=११$

$\therefore\ \sqrt{१\frac{४८}{१२१}}=\sqrt{\frac{१६९}{१२१}}=\frac{\sqrt{१६९}}{\sqrt{१२१}}=\frac{१३}{११}=१\frac{२}{११}$

उत्तर : $१\frac{२}{११}$

(११) $७\frac{५८}{८१}$ (१२) $२\frac{१७५३}{१९३६}$ (१३) $६\frac{१०८१}{१७४२४}$ (१४) $६५\frac{४०}{१६९}$

(१५) ६·२५

क्रिया : ६·२५ में से दशमलव विन्दु हटा देने से ६२५ बचा।

चूंकि $६२५=५\times५\times५\times५=५^२\times५^२$

$\therefore\ \sqrt{६२५}=५\times५=२५$

६·२५ में दशमलव अंकों की संख्या दो है। इसलिये इसके वर्गमूल में दशमलव अंक की संख्या दो की आधी एक होगी।

अतः $\sqrt{६·२५}=२·५$

(१६) ७·२९ (१७) ·१७६४ (१८) ४०·९६

(१९) ५·३३६१ (२०) ·६२४१ (२१) ·५०१२६४

(२२) ·८१९०२५ (२३) १८·६७१०४१ (२४) ·०००११०२५

क्रिया : ·०००११०२५ में से दशमलव विन्दु और दशमलव विन्दु के दाहिनी ओर के शून्यों को हटाने से ११०२५ बचा।

चूंकि ११०२५ = ३×३×५×५×७×७=३²×५²×७²

∴ √११०२५ = ३×५×७ = १०५

·०००११०२५ में दशमलव अंकों की संख्या ८ है, इसलिये इसके वर्गमूल में दशमलव अंकों की संख्या ८ की आधी चार होगी।

अतः √·०००११०२५ = ·०१०५

उत्तर : .०१०५.

(२५) ·००८१ (२६) ·०००२५६ (२७) ·०००००१६९
(२८) ·००१२२५ (२९) ·०००३२४ (३०) ·००००९८०१
(३१) २३४·०९

क्रिया : २३४.०९ एक मिश्र दशमलव भिन्न है, इसलिये इसमें दशमलव विन्दु के दाहिनी ओर का शून्य नहीं हटाया जायेगा। अब २३४·०९ में से दशमलव विन्दु हटाने से २३४०९ हुआ।

२३४०९=३×३×३×३×१७×१७=३²×३²×१७²

∵ √२३४०९=३×३×१७=१५३

अतः √२३४·०९=१५·३

उत्तर : १५·३

(३२) १·०८१६ (३३) ४·०४०१ (३४) १·००४००४

वर्गमूल (Square-root)

गुणनखण्डों द्वारा किसी संख्या का वर्ग मूल निकालना तुमने सीख लिया है, अब भाग की रीति से (लम्बी रीति से) वर्गमूल निकालना बताया जायगा।

हम जानते हैं कि :

(क) १ से ९ तक की संख्याओं में केवल एक ही अंक है परन्तु इनके वर्गों में एक या दो अंक हैं।

(ख) १० से ९९ तक की संख्याओं में दो अंक हैं और इनके वर्गों में तीन या चार अंक हैं।

(ग) १०० से ९९९ तक की संख्याओं में तीन अंक हैं और इनके वर्गों में पाँच या छः अंक हैं।

अर्थात् हम यह भी कह सकते हैं कि:

(क) एक या दो अंकों से बनी संख्या का वर्गमूल केवल एक अंक की संख्या होती है।

(ख) तीन या चार अंकों से बनी संख्या का वर्गमूल केवल दो अंकों की संख्या होती है।

(ग) पाँच या छः अंकों की संख्या का वर्ग मूल केवल तीन अंकों की संख्या होती है।

इससे हम निम्नलिखित परिणाम पर पहुँचते हैं:—

जिस वर्ग संख्या में न अंक होते हैं उसके वर्गमूल में $\frac{न}{२}$ या $\frac{न+१}{२}$ अंक होते हैं।

इसलिये जिस संख्या का वर्गमल निकालना हो, उस संख्या के अंकों के ऊपर दाहिनी ओर से प्रारम्भ करके एक एक अंक छोड़कर विन्दु रखते जाओ। इस प्रकार जितने विन्दु रखे जायेंगे, वर्गमूल में उतने ही अंक आयेंगे।

जैसे—$४\dot{२}३\dot{५}$ के वर्गमूल में २ अंक होंगे और $\dot{१}२\dot{३}२\dot{१}$ के वर्गमूल में तीन अंक होंगे क्योंकि इस संख्या पर तीन विन्दु हैं।

बीजगणित से हम जानते हैं कि—

$$(य+र)^२ = य^२+२\,यर+र^२$$
$$= य^२+(२य+र)\,र$$

या $(य+र)^२ - य^२ = (२य+र)\,र$

इसी प्रकार $६५^२ - ६०^२ = (२\times ६० + ५)\,५$

और $२३८^२ - २३०^२ = (२\times२३८+८)\,८$

उदाहरण (१) **४२२५ का वर्ग मूल निकालो:—**

पूरी क्रिया	संक्षिप्त क्रिया
६० × ५	६५
६०) ४ २̇ २ ५̇	६) ४ २̇ २ ५̇
३ ६ ० ०	३ ६
६०×२×५=) ६ २ ५	१ २ ५) ६ २ ५
६ २ ५	६ २ ५

पूरी क्रिया:—पहले दाहिनी ओर से प्रारम्भ करके एक-एक अंक छोड़कर दी हुई संख्या पर विन्दु दो। इससे ज्ञात होता है कि वर्गमूल में दो अंक होंगे। ४२२५, ३६०० से अधिक परन्तु ४९०० से कम है। इसलिये इसका वर्गमूल ६० से अधिक और ७० से कम होगा। इसलिये वर्गमूल के दहाई का अंक ६ अवश्य है। अब इकाई का अंक निकालना है।

उपरोक्त बीजगणित के गुर के अनुसार

४२२५ − ६०^{२} = (२×६०×इकाई का अंक)×इकाई का अंक

यानी ६२५ = (२×६०×इकाई का अंक)×इकाई का अंक

$$\text{या इकाई का अंक} = \frac{६२५}{२\times६०\times\text{इकाई का अंक}}$$

चूँकि इकाई के स्थान पर कोई अंक १ से ९ तक के बीच हो सकता है। इसलिये परीक्षण से ज्ञात हुआ कि यह अंक ५ है।

संक्षिप्त क्रिया:—४२२५ के ऊपर विन्दु लगाकर इसको दो-दो अंकों के समूह में बाँट दो। फिर देखो कि बाईं ओर से सबसे पहले समूह में बड़ा से बड़ा कौन वर्ग सम्मिलित है। ४२ में सबसे बड़ा वर्ग ३६ है, जिसका वर्गमूल ६ है। इसलिये ६ को वर्ग मूल के पहले स्थान पर रखो। ६ के वर्ग ३६ को ४२ में से घटाओ और बगल के समूह २५ को नीचे उतारो। इस प्रकार नया भाज्य ६२५ हो गया। फिर इसके बाईं ओर बिकारी खींचकर ६ के दूने १२ को रखो। अब १२ से नये

भाज्य अथवा ६२५ के अन्तिम अंक ५ को छोड़कर ६२ में भाग देकर देखो कि इसमें १२ कितनी बार सम्मिलित है। इस क्रिया की सहायता से संख्या ५ मिलती है: इस ५ को १२ की दाहिनी ओर रखो। इस प्रकार भाजक १२५ हो गया, जो ६२५ में ५ बार सम्मिलित है। इसलिये ५ को वर्गमूल के पहले अंक की दाहिनी ओर रखो। अब १२५ को ५ से गुणा करके गुणनफल को ६२५ में से घटाओ। चूँकि शेष कुछ नहीं बचा है, इसलिये अभीष्ट वर्गमूल ६५ है।

उदाहरण (२) **५१५५२४ का वर्गमूल निकालो:—**

क्रिया :

```
           ७१८
      ___________
    ७) ५ १ ५ ५ २ ४
       ४९
      ______
  १४१) २ ५ ५
       १ ४ १
      __________
 १४२८) १ १ ४ २ ४
       १ १ ४ २ ४
      __________
```

उत्तर : वर्गमूल = ७१८

क्रिया:—पहले दी हुई संख्या के ऊपर उतरोक्त रीति के अनुसार विन्दु रखो। चूँकि ५१ से छोटी, परन्तु बड़ी से बड़ी वर्ग संख्या ४९ है, जिसका वर्गमूल ७ है; इसलिये ७ वर्गमूल का पहला अंक हुआ। ५१ में से ७ के वर्ग ४९ को घटाने से पहला शेष २ आया। इसकी बगल में ५५ उतार कर लिखो, जिससे नया भाज्य २५५ हुआ। अब ७ के दूने १४ को प्रायोगिक भाजक और २५ को प्रायोगिक भाज्य बनाओ। इससे ज्ञात होता है कि वर्गमूल का दूसरा अंक १ होगा। १ को क्रमशः ७ और १४ के दाहिनी ओर रखकर इसका १४१ में गुणा करो और गुणनफल को २५५ में से घटाओ। इस प्रकार दूसरा शेष ११४ हुआ। इसकी बगल में २४ उतार कर लिखने से दूसरा नया भाज्य ११४२४ हुआ। अब ७१ के दूने यानी १४२ के प्रायोगिक भाजक और ११४२४ को प्रायोगिक भाज्य बनाओ। इससे मालूम होता है कि वर्गमूल का तीसरा अंक ८ है। इस प्रकार वर्गमूल ७१८ हुआ।

प्रश्नावली १७

निम्नलिखित का वर्गमूल निकालो:—

१. ८४१ २. ९६१ ३. १२२५
४. २७०४ ५. ३२४९ ६. ४६२४
७. ६८८९ ८. ८२८१ ९. १२५४४
१०. १५६२५ ११. २१३१६ १२. ३०६२५
१३. ४७०८९ १४. ५०१७६ १५. ८३५२१
१६. २७५६२५ १७. ५७६०८१ १८. १५२२७५६
१९. १९६४६४ २०. १८६७१०४१ २१. ३८६१३७९६
२२. ४३६८१

क्रिया :

```
          २०९
     ________________
  २) ४̇ ३ ६̇ ८ १̇
     ४
     ________________
४०९) ३ ६ ८ १
     ३ ६ ८ १
     ________
```

उत्तर : अभीष्ट वर्गमूल—२०९

सूचना:—जब प्रायोगिक भाजक (Trial Divisor) प्रायोगिक भाज्य (Trial Dividend) से अधिक होता है अथवा जब भजनफल १ हो, परन्तु इसको भाजक से गुणा करने पर गुणनफल नये भाज्य से बड़ा होता है, तब वर्गमूल में शून्य रखकर भाजक में भी एक शून्य बढ़ादिया जाता है। शेष क्रिया साधारण है।

२३. ५३०८४१६ २४. १०४६५२९ २५. ९६४१०२५
२६. २५०५००२५ २७. ६४२५६२५६ २८. ८११४४०६४
२९. १०४१०१२०९ ३०. ४२०८६५२२५ ३१. ५३१०७२०२५

३२. यदि २२३ का वर्ग ४९७२९ है, तो सरलतम रीति से ४९७६०२२४९ का वर्गमूल निकालो।

३३. एक दानी ने हर एक भिखारी को उतनी ही पाइयाँ दीं, जितनी भिखारियों की संख्या थी। यदि उसने कुल ३६ रु० १२ आ० दान किया, तो बताओ कुल कितने भिखारी थे?

दशमलव भिन्न का वर्गमूल

(·१)^{२} = ·०१	(·२)^{२} = ·०४
(·०१)^{२} = ·०००१	(·१२)^{२} = ·०१४४
(·००१)^{२} = ·०००००१	(·१२३)^{२} = ·०१५१२९

इससे स्पष्ट है कि—

(क) दशमलव भिन्न के वर्ग में दशमलव अंकों की संख्या सर्वदा सम होती है।

(ख) वर्ग में दशमलव अंकों की संख्या वर्गमूल के दशमलव अंकों की संख्या की दूनी होती है।

इसलिये दशमलव भिन्न का वर्गमूल निकालने के लिये

(क) देखो कि दशमलव अंकों की संख्या सम है या नहीं।

(ख) यदि दशमलव अंकों की संख्या सम न हो तो दाहिनी ओर एक शून्य बढ़ा लो।

(ग) दो-दो अंकों का समूह बनाने के लिये दशमलव के विन्दु दाहिनी ओर के पहले विन्दु को छोड़कर दूसरे अंक पर पहला विन्दु रखो, इस प्रकार एक-एक अंक छोड़कर बाईं ओर से दाहिनी ओर बढ़ते हुए विन्दु रखते जाओ।

(घ) यदि दशमलव विन्दु के पूर्व पूर्णाङ्क संख्या हो, तो उसमें पहला विन्दु इकाई के ऊपर रखो, फिर एक-एक अंक छोड़कर दाहिनी ओर से बाईं ओर बढ़ते हुए विन्दु रखते जाओ।

शेष क्रिया साधारण संख्या के वर्गमूल निकालने की क्रिया के समान होती है।

उदाहरण : ४·६२२५ **का वर्गमूल निकालो।**

```
         २ · १ ५
    २) ४̇ · ६ २̇ २ ५̇
        ४
   ४१)      ६२
            ४१
    ४२५)  २ १ २ ५
          २ १ २ ५
             ×
```

उत्तर : अभीष्ट वर्गमूल = २·१५

क्रिया : पहले उपरोक्त रीति से दी हुई संख्या पर विन्दु लगाओ। दिये हुये भिन्न के दशमलव भाग में पहला विन्दु २ और दूसरा विन्दु ५ के ऊपर होगा और पूर्णाङ्क भाग में पहला विन्दु ४ के ऊपर होगा। अब साधारण रीति से वर्गमूल निकालो।

सूचना:—वर्गमूल में दशमलव विन्दु ठीक उस समय रखना चाहिए, जब दशमलव विन्दु के दाहिनी ओर के अंकों का समह नीचे उतारा जाय।

प्रश्नावली १८

१. ·०००३६१ **का वर्गमूल निकालो।**

क्रिया :

```
      ·० १ ९
०) ·० ० ० ३ ६ १
    ० ०
१)    ० ३
        १
२९)     २ ६ १
        २ ६ १
          ×
```

संक्षिप्त **क्रिया :**

```
      ·० १ ९
१) ·० ० ० ३ ६ १
          १
२९)     २ ६ १
        २ ६ १
          ×
```

उत्तर : अभीष्ट वर्गमूल—·०१९

निम्नलिखित का वर्गमूल निकालो:—

२. ·०००२८९ ३. ·०००५२९ ४. .०००८४१ ५. ·००१४४४

६. ·००१७६४ ७. ·००२०२५ ८. ·३४८१ ९. ·७२२५

१०. ·९४०९ ११. १·०२०१ १२. ५·५२२५ १३. १९·००९६

१४. २९·९२०९ १५. ·३८५६४१ १६. ·५६८५१६ १७. ·६५४४८१

१८. ·९०८२०९ १९. १०३०·७३१०२५ २०. १·०४६५२९

२१. ४·६८२८९६ २२. १६·०५६०४९ २३. २६·२५५३७६

२४. ३६·५४२०२५ २५. ·४९०४२००९।

अपूर्ण वर्ग का वर्गमूल

यदि दिया हुआ दशमलव भिन्न, जिसका वर्गमूल निकालना है, पूर्ण वर्ग न हो, तो उसका वर्गमूल एक ऐसा दशमलव भिन्न होता है जिसका अन्त ही नहीं होता। ऐसी अवस्था में दिये हुये दशमलव भिन्न के दाहिनी ओर आवश्यकतानुसार शून्य बढ़ा लेना चाहिये। क्योंकि दशमलव भिन्न के दाहिनी ओर के शून्य का मान कुछ भी नहीं होता। फिर वर्गमूल निकटतम दशमलव अंक तक निकाल लेना चाहिये।

प्रश्नावली १९

तीन दशमलव अंक तक वर्गमूल निकालो :—

१. ·२७६

क्रिया :

[चूँकि वर्गमूल को तीन दशमलव अंक तक शुद्ध होना चाहिये। इसलिये वर्गमूल चार दशमलव स्थान तक निकालना चाहिये। इसके लिये वर्ग में आठ दशमलव अंक होने चाहिये। परन्तु दिये हुये दशमलव भिन्न में केवल तीन दशमलव अंक हैं, इसलिये इसके दाहिनी ओर पाँच शून्य बढ़ा लो।]

```
             ·५ २ ५ ३
        ५) ·२७ ६० ०० ०
             २ ५
      १०२)   २ ६ ०
             २ ० ४
     १०४५)     ५ ६ ० ०
               ५ २ २ ५
    १०५०३)       ३ ७ ५ ० ०
                 ३ १ ५ ० ९
                   ५ ९ ९ १
```

उत्तर : अभीष्ट वर्गमूल = ·५२५

२. २·६   ३. ३·३   ४. १६·९   ५. ·२२५   ६. ६·२२५३
७. १२·५३६   ८. ·८७६४१   ९. ·०५१८५   १०. ·०७
११. १·५   १२. १·३५   १३. २६·४।

१४. ५ का वर्गमूल चार दशमलव स्थान तक शुद्ध निकालोः—

क्रिया :

[इस दी हुई संख्या में दशमलव अंक नहीं है और वर्गमूल चार दशमलव स्थान तक शुद्ध होना चाहिये, इसलिये इसका वर्गमूल पाँच स्थान तक निकालना चाहिये। इसके लिये वर्ग में दस दशमलव अंक होने चाहियें। इसलिये ५ के दाहिनी ओर दशमलव विन्दु रख कर दस शून्य बढ़ा दो। फिर साधारण क्रिया करो।]

```
              २·२ ३ ६ ० ६
         ________________________
      २) ५·० ० ० ० ० ० ० ० ० ०
         ४
        ___
     ४२) १ ० ०
           ८ ४
         _______
    ४४३)   १ ६ ० ०
           १ ३ २ ९
         _________
   ४४६६)     २ ७ १ ० ०
             २ ६ ७ ९ ६
           ___________
  ४४७२०६)      ३ ० ४ ० ० ० ०
               २ ६ ८ ३ २ ३ ६
             _______________
               ३ ५ ६ ७ ६ ४
```

उत्तर : अभीष्ट वर्गमूल$=$२·२३६१

निम्नलिखित का वर्गमूल तीन दशमलव स्थान तक निकालो :—

१५. ३   १६. ११   १७. ११९   १८. २३०   १९. २७।

क्रिया : २७$=$३$\times$३$\times$३

$\therefore\ \sqrt{२७}=\sqrt{३\times३\times३}=३\sqrt{३}=३\times१·७३२०५$

$=५·१९६१५$

उत्तर : ५·१९६ तीन दशमलव स्थान तक शुद्ध

२०. ८ २१. १८ २२. ३२
२३. ४५ २४. ५४ २५. ६३

भिन्नों के वर्गमूल

यदि ऐसे भिन्नों के वर्गमूल निकालने हों, जिनके हर और अंश दोनों पूर्ण वर्ग हों, तो अंश और हर का वर्गमूल अलग-अलग निकालो।

$$\text{फिर अभीष्ट वर्गमूल} = \frac{\text{दिये हुये भिन्न के अंश का वर्गमूल}}{\text{दिये हुये भिन्न के हर का वर्गमूल}}$$

उदाहरण : $\frac{४}{९}$ का वर्गमूल निकालो।

$$\sqrt{\frac{४}{९}} = \frac{\sqrt{४}}{\sqrt{९}} = \frac{२}{३}$$

उत्तर : अभीष्ट वर्गमूल $= \frac{२}{३}$

परन्तु जब ऐसे भिन्नों के वर्गमूल निकालने हों, जिनके हर पूर्ण वर्ग न हों, तब दी हुई भिन्न के हर को किसी एक ऐसी संख्या से गुणा करो कि हर पूर्ण वर्ग हो जाय। फिर साधारण क्रिया करो।

उदाहरण : $\frac{२}{५}$ का वर्गमूल तीन दशमलव स्थान तक निकालो।

$$\sqrt{\frac{२}{५}} = \sqrt{\frac{२\times५}{५\times५}} = \frac{\sqrt{१०}}{५}$$

$$= \frac{३\cdot१६२२}{५}$$

$$= \cdot६३२४$$

अभीष्ट वर्गमूल $= \cdot६३२$

[तीन दशमलव स्थान तक]

उत्तर : .६३२

```
              ३ १ ६ २ २ ०
     ३) १० ·०० ०० ०० ०० ००
         ९
    ६१)  १ ००
           ६१
   ६२६)   ३९ ००
          ३७ ५६
  ६३२२)    १ ४४ ००
           १ २६ ४४
 ६३२४२)      १७ ५६ ००
              १२ ६४ ८४
               ४ ९१ १६
                 ×
```

प्रश्नावली २०

वर्गमूल निकालो :–

१. $\frac{१६}{२५}$ २. $\frac{२५}{३६}$ ३. $\frac{३६}{४९}$ ४. $\frac{४९}{६४}$ ५. $\frac{६४}{८१}$

६. $\frac{१००}{१२१}$ ७. $\frac{१६९}{९६१}$ ८. $\frac{३३६४}{८६४९}$ ९. $\frac{४९००}{८२८१}$

तीन दशमलव स्थान तक वर्गमूल निकालो :—

१०. $\frac{२}{३}$ ११. $\frac{३}{७}$ १२. $\frac{४}{११}$ १३. $\frac{५}{८}$

१४. $२\frac{३}{५}$ १५. $१\frac{२}{१३}$

प्रश्नावली २१

१. छोटी से छोटी वह संख्या बताओ, जिसको ६२१६ में जोड़ने से योगफल पूर्ण वर्ग हो जायेगा।

क्रिया :

```
        ७  ८
     ________
  ७) ६ं २ १ ६ं
     ४ ९
     ________
१४८) १ ३ १ ६
     १ १ ८ ४
     ________
       १ ३ २
```

यहाँ पर हम देखते हैं कि ७८ बड़ी से बड़ी ऐसी संख्या है जिसका वर्ग ६२१६ में सम्मिलित है।

∵ ७९ का वर्ग=७९×७९=६२४१

और ६२१६ से ६२४१ बड़ा है,

इसलिये छोटी से छोटी संख्या, जिसको ६२१६ में जोड़ने से जोड़ पूर्ण वर्ग हो जायेगा=६२४१ – ६२१६=२५

उत्तर : २५

२. छोटी से छोटी वह संख्या बताओ, जिसको ८२६२ में जोड़ने से योगफल पूर्ण वर्ग हो जायेगा ?

३. छोटी से छोटी वह संख्या बताओ, जिसको १२४३२ में जोड़ने से जोड़ पूर्ण वर्ग हो जायेगा ?

४. छोटी से छोटी वह कौन सी संख्या है, जिसको २१३०० में जोड़ने से योगफल पूर्ण वर्ग हो जायेगा ?

५. छोटी से छोटी वह कौन सी संख्या है, जिसको ५००३४ में जोड़ने से योगफल पूर्ण वर्ग हो जायेगा ?

६. छोटी से छोटी वह संख्या बताओ, जिसको ८३५०० में जोड़ने से योगफल पूर्ण वर्ग हो जाय ?

७. छोटी से छोटी वह संख्या बताओ, जिसको ३२७५ में से घटाने पर वियोगफल (अन्तर, शेष) पूर्ण वर्ग हो जायेगा।

क्रिया :

```
       ५ ७
   ५) ३ २ ७ ५
      २ ५
 १०७)   ७ ७ ५
        ७ ४ ९
          २ ६
```

हम देखते हैं कि ५७ बड़ी से बड़ी ऐसी संख्या है जिसका वर्ग ३२७५ में सम्मिलित है।

५७ का वर्ग=३२४९

३२७५ से ५७ का वर्ग ३२४९ से (३२७५ – ३२४९) या २६ अधिक है।

∴ अभीष्ट संख्या=२६

उत्तर : २६

८. छोटी से छोटी वह संख्या बताओ, जिसको ४७३५ में से घटाने पर वियोगफल पूर्ण वर्ग हो जाय ?

९. छोटी से छोटी वह कौन सी संख्या है, जिसको १५७०० में से घटाने पर वियोगफल पूर्ण वर्ग हो जायेगा ?

१०. छोटी से छोटी वह कौन सी संख्या है, जिसको ४३७०५ में से घटाने पर वियोगफल पूर्ण वर्ग हो जायेगाँ ?

११. छोटी से छोटी वह संख्या बताओ, जिसकी ८३६४३ में से घटाने पर वियोगफल पूर्ण व्रर्ग हो जाय ?

१२. छोटी से छोटी वह संख्या बताओ, जिसको १६६४६० में से घटाने पर वियोगफल पूर्ण वर्ग हो जाय ?

१३. छोटी से छोटी वह कौन सी संख्या है, जिससे २२६८ को गुणा करने से गुणन फल पूर्ण वर्ग हो जायेगा ?

क्रिया :

```
२|२२६८
  २|११३४
    ३|५६७
      ३|१८९
        ३|६३
          ३|२१
              ७
```

∴ २२६८=२×२×३×३×३×३×७

=२²×३²×३²×७

∵ प्रत्येक पूर्ण वर्ग में इसका प्रत्येक गुणनखण्ड कम से कम दो बार सम्मिलित रहता है और २२६८ में ७ केवल एक ही बार सम्मिलित है।

२२६८ उसी समय पूर्ण वर्ग हो सकता है, जब इसमें ७ एक बार और शामिल हो।

अभीष्ट संख्या ७ है।

उत्तर : ७

१४. छोटी से छोटी वह संख्या बताओ, जिससे ५०० को गुणा करने से गुणनफल पूर्ण वर्ग हो जाय ?

१५. सबसे छोटी वह कौन सी संख्या है, जिससे ४८०० को गुणा करने से गुणनफल पूर्ण वर्ग हो जाय ?

१६. छोटी से छोटी वह कौन सी संख्या है, जिससे ३६७५ को गुणा करने से गुणनफल पूर्ण वर्ग हो जायेगा ?

१७. छोटी से छोटी वह संख्या बताओ, जिससे ८४५ को गुणा करने से गुणनफल पूर्ण वर्ग हो जाय।

१८. सबसे छोटी वह कौन सी संख्या है, जिससे ६६१५ को गुणा करने से गुणनफल पूर्ण वर्ग हो जाय ?

१९. सबसे छोटी वह कौन सी संख्या है, जिससे ३६७५ को भाग देने से भजनफल पूर्ण वर्ग हो जायगा ?

क्रिया :—

३ | ३६७५
५ | १२२५
५ | २४५
७ | ४९
  ७

∴ ३६७५ = ३ × ५ × ५ × ७ × ७ = ३ × $५^२$ × $७^२$

∴ पूर्ण वर्ग में इसका प्रत्येक गुणन खण्ड कम से कम दो बार सम्मिलित रहता है और ३६७५ में ३ केवल एक ही बार सम्मिलित है।

∴ जब ३६२५ में ३ से भाग दिया जायेगा, तो भजनफल पूर्ण वर्ग हो जायेगा।

अतः अभीष्ट संख्या ३ है।

उत्तर : ३

२०. छोटी से छोटी वह संख्या बताओ, जिससे ९७२ में भाग दें तो भजनफल पूर्ण वर्ग हो जाय ?

२१. छोटी से छोटी वह संख्या बताओ, जिससे १५७५ में भाग देने पर भजनफल पूर्ण हो जाय।

२२. छोटी से छोटी वह कौन सी संख्या है, जिससे १४५८० में भाग देने से भजनफल पूर्ण वर्ग हो जायेगा ?

२३. छोटी से छोटी वह कौन सी संख्या है, जिससे ४९१५२ में भाग देने से भजनफल पूर्ण वर्ग हो जायेगा ?

२४. सबसे छोटी वह संख्या बताओ, जिससे ३५७५३२ को भाग देने पर भजनफल पूर्ण वर्ग हो जायेगा ?

२५. छोटी से छोटी वह वर्ग संख्या बताओ जो, १२,१६,२५ और ४० से विभाजित हो जाती है ?

क्रिया : १२,१६,२५ और ४० का लघुतम समापवर्त्य=१२००

और १२००=२×२×२×२×३×५×५

$=२^{२}\times२^{२}\times५^{२}\times३$

लघुतम अभीष्ट वर्ग $=२^{२}\times२^{२}\times३^{२}\times५^{२}$

=३६००

उत्तर : ३६००

२६. छोटी से छोटी वह वर्ग संख्या बताओ जिसमें १६,२४,४८ और ६४ पूरी पूरी सम्मिलित हैं ?

२७. सबसे छोटी वह कौन सी वर्ग संख्या है जो १५,२०, ४५ और ६० से विभाजित हो जाती है ?

२८. सबसे छोटी वर्ग संख्या बताओ जो ३२,४०,४८ और ६० से विभाजित हो जाती है ?

२९. एक सेनापति अपने सिपाहियों को १६,२४ या ३२ की पंक्तियों में या एक ठोस वर्ग के रूप में खड़ा कर सकता है। कम से कम सिपाहियों की संख्या कितनी हो सकती है ?

३०. एक सेनापति अपने सिपाहियों को ९,१२,२५ और ४० की पंक्तियों में या एक ठोस वर्ग के रूप में खड़ा कर सकता है। कम से कम सिपाहियों की संख्या कितनी है ?

३१. एक माली ने एक बाग में १६९ पौधे लगाये। यदि बाग में उतनी ही पंक्तियाँ हैं जितने प्रत्येक पंक्ति में पौधे, तो कितने पौधे प्रत्येक पंक्ति में हैं ?

क्रिया :

मान लिया कि उस बाग में य पंक्तियाँ हैं

तब प्रत्येक पंक्ति में य पौधे भी हैं

∴ उस बाग में कुल पौधों की संख्या $=$ य^{२}

अतः य^{२} $=$ १६९

या य $= \sqrt{१६९} =$ १३

उत्तर: १३ पंक्तियाँ

३२. एक कक्षा के विद्यार्थियों ने एक बार विद्यार्थी सहायक कोष में १० रु० ८ आ० ९ पा० जमा किये। यदि प्रत्येक ने उतनी ही पाइयाँ दी, जितने संख्या में विद्यार्थी उस कक्षा में थे। बताओ कक्षा में कुल कितने विद्यार्थी थे ?

३३. यदि कुछ लड़कों ने २३०४ आम मोल लिये, यदि प्रत्येक ने उतने ही आम मोल लिये जितने कुल लड़के थे तो बताओ कुल कितने लड़के थे ?

३४. एक बाग में एक माली ने १२२५ पेड़ इस प्रकार लगाये कि प्रत्येक पंक्ति में उतने ही पेड़ थे जितनी बाग में कुल पंक्तियाँ थीं। बाग में कितनी पंक्तियाँ थीं ?

३५. एक सेनापति ने अपने सिपाहियों की पंक्तियों में इस प्रकार खड़ा किया कि प्रत्येक पंक्ति में पंक्तियों की संख्या के दूने सिपाही थे। यदि कुल सिपाहियों की संख्या २४५० है तो बताओ प्रत्येक पंक्ति में कितने सिपाही थे ?

३६. क दानी ने कुछ भिखारियों को १५ रु० ३ आ० दान में दिया। यदि उसने प्रत्येक भिखारी को उनकी संख्या के तीनगुने पैसे दिये, तो भिखारियों की संख्या बताओ।

३७. तीन संख्याओं में से प्रत्येक जोड़े का गुणनफल क्रमशः ६,१० और १५ है तो उन संख्याओं को बताओ।

क्रिया :

मान लिया कि तीनों संख्यायें य, र और ल है

तब य र=६, र ल=१० और ल य=१५

$\therefore$ य र×र ल×ल य=६×१०×१५

या $य^{२} र^{२} ल^{२}=२\times३\times२\times५\times३\times५\times=२^{२}\times३^{२}\times५^{२}$

$\therefore$ य र ल=२×३×५=३०

इसलिये ३० में बारी-बारी से रल, लय और यर के मान से भाग देने पर

य=३, र=२ और ल=५

उत्तर : अभीष्ट संख्यायें ३, २ और ५ हैं।

३८. तीन संख्याओं में से प्रत्येक जोड़े का गुणनफल क्रमशः १२, २० और १५ है, तो उन संख्याओं को बताओ।

३९. तीन संख्याओं में से प्रत्येक जोड़े का गुणनफल क्रमशः १५, ३५ और २१ है, तो उन संख्याओं को बताओ।

४०. नीचे वर्गमूल निकालने के प्रश्न में रिक्त स्थानों की पूर्ति करो :—

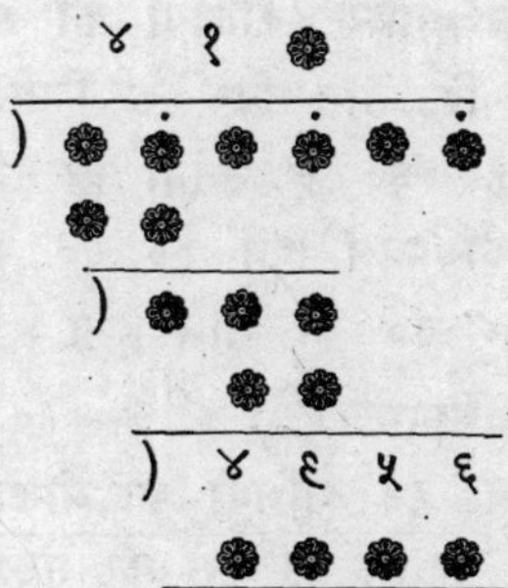

—:o:—

छठवाँ अध्याय

माध्य या औसत (Average)

एक ही जाति की दो या दो से अधिक राशियों का **औसत या माध्य** (Average) वह राशि है जो उनके जोड़ में उनकी संख्या का भाग देने से प्राप्त होती है। जैसे—एक आदमी ने पहले दिन १० रु० का, दूसरे दिन १२ रु० का और तीसरे दिन १४ ० का लाभ किया, तो उसके लाभ का औसत (Average)

$$= \frac{१० \text{ रु०} + १२ \text{ रु०} + १४ \text{ रु०}}{३} = १२ \text{ रु०}$$

यहाँ पर राशियों की संख्या तीन है और इन राशियों का जोड़ ३६ रु० है इसलिये राशियों के जोड़ में ३ से भाग दिया गया है। इस प्रकार से प्राप्त भजनफल ही **औसत** होता है।

यहाँ पर हम देखते हैं कि यदि प्रत्येक राशि के स्थान पर १२ रु० लिख कर जोड़ा जाय तो योगफल वही आयेगा जो इन राशियों को जोड़ने से आयेगा। इससे स्पष्ट है कि

राशियों का योगफल = माध्य × राशियों की संख्या

इसलिये यह कहना कि तीन दिन के लिये एक आदमी का प्रति दिन का औसत लाभ १२ रु० है उतना ही ठीक है जितना कि यह कहना कि एक आदमी को पहले दिन १० रु० का, दूसरे दिन १२ रु० का और तीसरे दिन १४ रु० का लाभ हुआ।

औसत निकालने का नियम

$$\text{औसत} = \frac{\text{दी हुई राशियों का योगफल}}{\text{दी हुई राशियों की संख्या}}$$

प्रश्नावली २२

मौखिक

निम्नलिखित का औसत (Average) बताओ:—

१. ३, ५ २. ५, ७, ६ ३. ८, १२, १३।

४. राम ने तीन भिखारियों को क्रम से ६ पैसे, १० पैसे और १४ पैसे दिये। उसने हर एक को औसतन कितने पैसे दिये ?

५. राम, श्याम और बलराम की आयु क्रमशः ५ वर्ष, ६ वर्ष और १० वर्ष है। उनकी औसत आयु बताओ।

६. पाँच लड़कों ने विद्यार्थी सहायक कोष में क्रम से १ रु०, २ रु०, ३ रु०, ४ रु० और ५ रु० दिया। बताओ हर एक के दान का औसत क्या है ?

७. चार लड़कों की आयु का औसत १० वर्ष है, उनकी आयु का जोड़ बताओ।

८. तीन पुस्तकों और दो अभ्यास-पुस्तिकाओं का औसत मूल्य ३ रु० ८ आ० है। यदि एक अभ्यास-पुस्तिका का औसत मूल्य ८ आना है तो एक पुस्तक का औसत मूल्य बताओ।

९. क्रिकेट के दो खिलाड़ियों के रनों का औसत १६ है। यदि उनमें से एक ने १८ रन बनाया हो, तो दूसरे ने कितने रन बनाये ?

१०. क्रिकेट के दो खिलाड़ियों के रनों का औसत १४ है, यदि तीसरा खिलाड़ी जिसने १७ रन बनाये हों, सम्मिलित कर लिया जाय, तो उनके रनों का औसत बताओ।

प्रश्नावली २३

लिखकर

निम्नलिखित संख्याओं का औसत निकालो :—

१. ८, १०, ११ और १५

क्रिया :

राशियों का योगफल = ८ + १० + ११ + १५ = ४४

और राशियों की संख्या = ४

∴ अभीष्ट औसत = $\frac{४४}{४}$ = ११

उत्तर : ११

२. २३ रु०, २७ रु०, ३२ रु०, ३८ रु० और ४५ रु०।

३. १०० मन, ६३ मन, ११३ मन, १२५ मन, और ८४ मन।

४. ४$\frac{१}{२}$ गज, १३$\frac{३}{८}$ गज, १६$\frac{१}{४}$ गज और १४ गज।

५. २५·५ पौण्ड, १७·६ पौं०, ३८·२ पौं० और ७५·४८ पौ०।

६. एक कक्षा में लड़कों की ६ दिन की उपस्थिति क्रम से २५, २६, २२, २८, २४ और २५ है, तो उस कक्षा की प्रतिदिन की उपस्थिति औसत क्या है?

७. ५ घोड़ों का मूल्य क्रम से ३६० रु०, ४५६ रु०, ५०० रु०, ७४४ रु० और ३४० रु० है। उनका औसत मूल्य बताओ।

८. ६ आदमियों की मासिक आय क्रम से ५५ रु०, ७० रु०, ७५ रु०, ८० रु० और ९० रु० है, तो उनकी मासिक आय का औसत क्या है?

९. एक आदमी के वर्ष के पहले ६ महीनों की आय का औसत ६० रु० है, और वर्ष के पिछले ६ महीनों की आय का औसत ७४ रु० है, तो पूरे वर्ष भर में उसकी औसत आय कितनी है?

१०. ८ आदमियों में से पहले चार आदमियों की औसत मासिक आय २३ रु० ८ आ० है और दूसरे चार आदमियों की औसत मासिक आय २५ रु० है, तो उन सबकी मासिक आय का औसत बताओ।

११. १२ लड़कों की आयु का औसत १६ वर्ष है, पहले ५ लड़कों की आयु का औसत १२ वर्ष और पिछले ६ लड़कों की आयु का औसत १९ वर्ष है, तो छठवें लड़के की आयु कितनी है?

क्रिया :

∵ १२ लड़कों की आयु का औसत १६ वर्ष है

∴ ,, ,, ,, योगफल = १६ × १२ वर्ष = १९२ वर्ष

इसी प्रकार पहले ७ लड़कोंकी आयु का योगफल = १२ × ५ वर्ष = ६० वर्ष

और पिछले ६ लड़कों की आयु का योगफल = १९ × ६ वर्ष = ११४ वर्ष

इसलिये ११ लड़कों की आयु का योगफल = ६० वर्ष + ११४ वर्ष = १७४ वर्ष

अतः छठवें लड़के की आयु = १९२ वर्ष − १७४ वर्ष = १८ वर्ष

उत्तर : १८ वर्ष

१२. किसी वर्ष एक आदमी की औसत मासिक आय ४८ रु० ८ आ० थी। उसी वर्ष के पहले ५ महीनों की औसत मासिक आय ४५ रु० और पिछले छः महीनों की औसत मासिक आय ५२ रु० है; तो छठवें महीने की आय बताओ।

१३. क्रिकेट के खेल में ११ खिलाड़ियों के रनों का औसत ५० है। इनमें से पहले ५ खिलाड़ियों के रनों का औसत ६० है और पिछले ५ खिलाड़ियों के रनों का औसत ३५ है। छठवें खिलाड़ी ने कितने रन बनाये।

१४. किसी परीक्षा में १५ लड़के सम्मिलित हुए। उनके प्राप्त अंकों का औसत ३७५ था। यदि पहले ७ लड़कों के प्राप्तांकों का औसत ४०० था और पिछले ७ लड़कों के प्राप्तांकों का औसत ३६२ था, तो आठवें लड़के के प्राप्तांकों की संख्या बताओ।

१५. चार गांवों की औसत जन-संख्या ४३२० है। उनमें से ३ गाँवों की औसत जन-संख्या ४१८० है, तो चौथे गाँव की जनसंख्या बताओ।

१६. तीन कुर्सियों और चार टेबुलों का औसत मूल्य १२ रु० १४ आ० है। यदि तीन कुर्सियों का औसत मूल्य १५ रु० १२ आ० है, तो टेबुलों का औसत मूल्य बताओ।

एक गाय, एक बैल और एक भैंस का औसत मूल्य २८५ रु० है और उसी गाय, उसी बैल और एक घोड़े का औसत मूल्य ३१५ रु० है। यदि घोड़े का मूल्य ४५० रु० है, तो उस भैंस का मूल्य बताओ।

पाँच लड़कों और उनके पिता की आयु का औसत १५ वर्ष है और केवल लड़कों की आयु का औसत इस औसत से ८ वर्ष कम है, पिता की आयु बताओ।

क्रिकेट के ११ खिलाड़ियों के रनों का औसत ५५ है। इनमें से पहले ६ खिलाड़ियों के रनों का औसत ६५ है और पिछले ६ खिलाड़ियों के रनों का औसत ५० है। बताओ छठवें खिलाड़ी ने कितने रन बनाये।

आठवीं कक्षा में ३५ विद्यार्थी हैं। इनके भार का औसत १०० पौण्ड है। जब उस कक्षा के शिक्षक का भार सम्मिलित कर

लिया जाता है, तब विद्यार्थियों और उनके शिक्षक के भार का औसत १ पौण्ड बढ़ जाता है। शिक्षक का भार बताओ।

२१. किसी कक्षा में ३० विद्यार्थी हैं। जब उस कक्षा के, शिक्षक जिनका भार १२० पौ० है, कक्षा के विद्यार्थियों के तौल में सम्मिलित कर लिये जाते हैं, तब उस कक्षा का औसत भार २ पौण्ड बढ़ जाता है। केवल विद्यार्थियों का औसत भार बताओ।

क्रिया :

∵ ३० विद्यार्थियों के तौल में शिक्षक का तौल सम्मिलित कर लेने से उनका औसत भार २ पौण्ड बढ़ जाता है

और तौले जाने वालों की संख्या ३० + १ यानी ३१ हो जाती है

∴ शिक्षक का भार = विद्यार्थियों के औसत भार + ३१ × २ पौण्ड

∴ १२० पौ० = विद्यार्थियों के औसत भार + ६२ पौण्ड

अर्थात् विद्यार्थियों का औसत भार = १२० पौ० − ६२ पौ० = ५८ पौ०

उत्तर : ५८ पौण्ड

२२. एक कक्षा में ४० विद्यार्थी हैं, उस कक्षा में जब एक नये विद्यार्थी का जिसका भार १०२ पौण्ड है, नाम लिख जाता है, तो उस कक्षा के विद्यार्थियों का औसत भार १ पौण्ड बढ़ जाता है। पहले विद्यार्थियों का औसत भार क्या था?

२३. क्रिकेट के एक खिलाड़ी ने सोलह पालियों (Innings) में कुछ रन बनाये। जब सत्रहवीं पाली के, जिसमें उसने १० रन बनाये, रनों को समाविष्ट कर लिया जाता है, तब उसके रनों का औसत २ रन बढ़ जाता है। उसके पहली १६ पालियों के रनों का औसत बताओ।

क्रिकेट के एक खिलाड़ी ने २० पालियों में कुछ रन बनाये। जब इक्कीसवीं पाली की रनों को, जिसमें उसने ३६ रन बनाये, सम्मिलित कर लिया जाता है, तब उनके रनों का औसत एक रन से घट जाता है। उसके पहली २० पालियों के रनों का औसत बताओ।

एक कक्षा में ३० विद्यार्थी थे। उनमें से एक विद्यार्थी, जिसका तौल ६० पौण्ड था चला गया और दूसरे लड़के ने नाम लिखा

लिया। परन्तु उस कक्षा के विद्यार्थियों का औसत भार एक पौण्ड कम हो गया। नये विद्यार्थी का भार बताओ।

२६. ८ आदमियों की औसत मासिक आय उस समय २ रु० बढ़ जाती है, जब नमें से एक आदमी जिसकी आय १२० रु० है चला जाता है और उसके स्थान पर कोई एक नया आदमी आ जाता है। नये आदमी की मासिक आय बताओ।

२७. किसी वर्ष एक आदमी की आय पहले तीन महीने तक ५० रु० मासिक, फिर २ महीने तक ४५ ० मासिक और इसके बाद के ४ महीने में ६० ० मासिक थी यदि उस आदमी की उस वर्ष औसत मासिक आय ५२ ० थी, तो पिछले तीन महीनों में उसकी मासिक आय बताओ।

२८. आठवीं कक्षा के कुल विद्यार्थियों की संख्या के $\frac{1}{4}$ ने वार्षिक परीक्षा में पूर्णाङ्क का $\frac{3}{4}$, $\frac{1}{3}$ ने पूर्णाङ्क का $\frac{3}{5}$, $\frac{2}{5}$ ने पूर्णांक का $\frac{3}{8}$ और शेष ने पूर्णांक का $\frac{1}{4}$ प्राप्त किया। यदि उस कक्षा का औसत प्राप्तांक ३२५ था तो उस परीक्षा का पूर्णांक बताओ।

क्रिया :

$$\frac{1}{4}+\frac{1}{3}+\frac{2}{5}=\frac{15+20+24}{60}=\frac{59}{60}$$

और $1-\frac{59}{60}=\frac{1}{60}$ अर्थात् विद्यार्थियों की संख्या का $\frac{1}{60}$ ने पूर्णांक का $\frac{1}{4}$ प्राप्त किया।

$$\because \text{औसत} = \frac{\text{राशियों का जोड़}}{\text{राशियों की संख्या}}$$

$$\because \text{पूर्णांक का } \frac{\frac{1}{4}\times\frac{3}{4}+\frac{1}{3}\times\frac{3}{5}+\frac{2}{5}\times\frac{3}{8}+\frac{1}{60}\times\frac{1}{4}}{\frac{1}{4}+\frac{1}{3}+\frac{2}{5}+\frac{1}{60}}=325$$

$$\text{अर्थात् पूर्णांक का } \left(\frac{3}{16}+\frac{1}{5}+\frac{3}{20}+\frac{1}{240}\right)=325$$

$$\text{या पूर्णाङ्क का } \frac{13}{24}=325$$

$$\therefore \text{पूर्णांक} = \frac{325\times24}{13}=600$$

उत्तर : ६००

किसी परीक्षा में सम्मिलित होने वाले परीक्षार्थियों की संख्या के $\frac{१}{३}$ ने पूर्णाङ्क का $\frac{३}{४}$, $\frac{१}{४}$ ने पूर्णाङ्क का $\frac{३}{५}$, $\frac{३}{१८}$ ने पूर्णाङ्क का $\frac{५}{६}$ और शेष ने पूर्णाङ्क का $\frac{१}{३}$ प्राप्त किया। यदि कुल परीक्षार्थियों का औसत प्राप्तांक २८५ था, तो उस परीक्षा का पूर्णाङ्क बताओ।

३०. किसी परीक्षा में सम्मिलित होने वाले परीक्षार्थियों की संख्या के $\frac{१}{६}$ ने पूर्णाङ्क का $\frac{३}{४}$, $\frac{३}{८}$ ने पूर्णाङ्क का $\frac{२}{३}$, $\frac{५}{१२}$ ने पूर्णाङ्क का $\frac{३}{१०}$ और शेष ने पूर्णाङ्क का $\frac{१}{५}$ प्राप्त किया। यदि कुल परीक्षार्थियों का औसत प्राप्तांक २९५ है तो उस परीक्षा का पूर्णाङ्क बताओ।

३१. एक आदमी को व्यापार में पहले वर्ष ४०० रुपये का लाभ दूसरे वर्ष ३२५ रु० का घाटा और तीसरे वर्ष ७७५ रुपये का लाभ हुआ। तीनों वर्ष के उसके लाभ का औसत बताओ।

३२. एक आदमी के पास ३० गायें थीं। एक महीने में उसने ९ गायें और खरीद लीं, तो उसका मासिक व्यय २३१ रुपया बढ़ गया; किन्तु प्रत्येक गाय का औसत व्यय १ रुपया कम हो गया। बताओ पहले एक गाय पर औसत मासिक व्यय कितना पड़ता था?

क्रिया : जब गायों की संख्या ९ बढ़ जाती है, तब मासिक व्यय २३१ रु० बढ़ जाता है परन्तु प्रति गाय १ रुपया व्यय कम हो जाता है।

∴ उस व्यय में से जो ३० गायों पर व्यय होता था, ३० रु० की बचत होती है।

∴ नई खरीदी हुई ९ गायों पर जो व्यय होता है वह (२३१ रु० + ३० रु०) अर्थात् २६१ रु० के बराबर है

∴ खरीदी हुई एक गाय पर का व्यय $= \frac{२६१}{९}$ रु० $=$ २९ रु०

∴ पहले एक पर का व्यय $=$ २९ रु० $+$ १ रु० $=$ ३० रु०

उत्तर : ३० रु०

३३. किसी गोशाला में ६० गायें थीं। किसी महीने में बाहर से १५ गायें और आ गईं, तो गोशाले का मासिक व्यय ४२० रु० बढ़ गया; किन्तु प्रत्येक गाय का औसत मासिक व्यय १ रु० कम हो गया। बताओ पहले एक गाय पर औसत मासिक व्यय कितना पड़ता था?

३४ किसी छात्रालय में ६० लड़के थे। एक महीने में १२ दूसरे लड़कों के बढ़ जाने से भोजनालय का मासिक व्यय ५६४ रु० बढ़ गया; किन्तु प्रत्येक लड़के पर मासिक औसत व्यय १ रु० कम हो गया। बताओ पहले एक लड़के पर कितना व्यय होता था ?

३५ किसी छात्रालय में ५० विद्यार्थी थे। एक महीने में १५ विद्यार्थियों के बढ़ जाने के कारण भोजनालय का मासिक व्यय ४६० रु० बढ़ गया; किन्तु प्रत्येक विद्यार्थी का औसत मासिक व्यय १ रु० कम हो गया। बताओ पहले एक लड़के पर मासिक व्यय कितना पड़ता था ?

३६. एक मनुष्य अपनी पूंजी के $\frac{१}{४}$ पर ३ प्रतिशत, $\frac{२}{३}$ पर ५ प्रतिशत और शेष पर ११ प्रतिशत ब्याज पाता है। उसे अपनी पूंजी पर कितना प्रतिशत ब्याज मिलता है।

क्रिया : मान लिया उसकी पूंजी १ रु० है

१ रु० का $\frac{१}{४} = \frac{१}{४}$ रु०

१ रु० का $\frac{२}{३} = \frac{२}{३}$ रु०

क्योंकि $\frac{१}{४}$ रु० $+ \frac{२}{३}$ रु० $= \frac{३+८}{१२}$ रु० $= \frac{११}{१२}$ रु०

$\therefore$ शेष पूंजी $= १ - \frac{११}{१२} = \frac{१}{१२}$ रु०

$$\therefore \text{१ रु० की पूंजी पर औसत लाभ} = \frac{\frac{१}{४}\times\frac{३}{१००}+\frac{२}{३}\times\frac{५}{१००}+\frac{१}{१२}\times\frac{११}{१२}}{\frac{१}{४}+\frac{२}{३}+\frac{१}{१२}}$$

$$= \frac{१}{२०} \text{ रु०}$$

$$\therefore \text{१०० रु० की पूंजी पर औसत लाभ} = \frac{१}{२०}\times १००$$

$$= ५$$

उत्तर : ५%

३७. किसी पूंजी के $\frac{१}{२}$ पर ५%, $\frac{१}{३}$ पर ६ प्रतिशत और शेष पर ८ प्रतिशत ब्याज मिलता है बताओ पूंजी पर प्राप्त ब्याज का औसत क्या है ?

एक व्यवसायी अपनी पूंजी के $\frac{१}{३}$ पर ५ प्रतिशत, $\frac{२}{५}$ पर ४ प्रतिशत और शेष पर ८ प्रतिशत लाभ करता है उसी पूंजी पर औसत प्रतिशत लाभ बताओ।

एक आदमी ने ७०००० रु० की पूंजी व्यवसाय में लगाई। उसके $\frac{१}{२}$ पर वह ३ प्रतिशत, $\frac{१}{४}$ पर ४ प्रतिशत और $\frac{१}{६}$ पर ५ प्रतिशत लाभ करता है; तो शेष पूंजी पर उसे कितने प्रतिशत लाभ होगा यदि उसकी कुल पूंजी पर प्राप्त लाभ का औसत प्रतिशत ४$\frac{१}{२}$ है।

४७. एक मनुष्य के पास २००० रु० है। ६०० रु० ४$\frac{१}{२}$ प्रतिशत व्याज की दर से और ७५० रु० ६ प्रतिशत व्याज की दर से उधार दे दिया। शेष रुपयों को वह कितने प्रतिशत ब्याज पर उधार दे कि उसके कुल रुपयों पर औसत प्रतिशत व्याज की दर ५$\frac{१}{४}$ हो।

—:o:—

सातवाँ अध्याय

प्रतिशतता (Percentage)

उस भिन्न को जिसका हर १०० होता है प्रतिशत कहते हैं।

जैसे— $\frac{३}{१००}$, $\frac{३७}{१००}$ आदि।

प्रतिशत का अर्थ 'एक सौ पर' अथवा 'प्रत्येक सौ पर' होता है। प्रतिशत, प्र० श० द्वारा अथवा इस % चिह्न द्वारा प्रगट किया जाता है। जैसे : $\frac{१३}{१००}$ = १३ प्र० श० = १३%

= १३ प्रतिशत

साधारण भिन्न को प्रतिशत में और प्रतिशत को भिन्न में बदला जा सकता है। किसी दी हुई भिन्न को प्रतिशत में बदलने के लिये भिन्न के अंश और हर को सौ से गुणा करते हैं फिर इस गुणनफल को ऐसी भिन्न में लिखते हैं जिसका हर सौ होता है। इस प्रकार से प्राप्त भिन्न का अंश अभीष्ट प्रतिशत प्रकट करता है। जैसे:—

$$\frac{३}{५}=\frac{३\times १००}{५\times १००}=\frac{\frac{३}{५}\times १००}{१००}=\frac{६०}{१००}=६० \text{ प्रतिशत}$$

प्रतिशत को भिन्न में प्रकट करने के लिये प्रतिशत की दर को अभीष्ट भिन्न का अंश तथा १०० को उसका हर बनाते हैं। जैसेः—

३० प्रतिशत $=\frac{३०}{१००}=\frac{३}{१०}$

प्रश्नावली २४

निम्नलिखित भिन्नों को प्रतिशत के रूप में प्रकट करो और प्रतिशत की दर बताओ :—

(१) $\frac{१}{३}$

क्रिया : $\frac{१}{३}=\frac{१}{३}\times\frac{१००}{१००}=\frac{\frac{१००}{३}}{१००}=\frac{३३\frac{१}{३}}{१००}=३३\frac{१}{३}$ प्रतिशत

उत्तर : $३३\frac{१}{३}$ प्रतिशत

और प्रतिशत की दर $=३३\frac{१}{३}$

(२) $\frac{१३}{१५}$ (३) $\frac{१५}{१६}$ (४) $\frac{१६}{२५}$ (५) $३\frac{५}{२४}$ (६) $७\frac{६}{२५}$
(७) $२\frac{७}{५०}$ (८) ६ (९) ·२४ (१०) ·०४

निम्नलिखित प्रतिशत को साधारण भिन्न में बदलो:—

(११) ३३ प्रतिशत (१२) ५० प्रतिशत (१३) $२८\frac{१}{३}$ प्रतिशत
(१४) $३०\frac{१}{८}$ प्रतिशत (१५) $३२\frac{४}{११}$ प्रतिशत (१६) $१०\frac{७}{३०}$ प्रतिशत
(१७) $१५\frac{३}{४०}$ प्रतिशत (१८) $७\frac{३}{१०}$ प्रतिशत

निम्नलिखित को दशमलव भिन्न में बदलो:—

(१९) $१६\frac{१}{२}$ प्रतिशत

क्रिया : $१६\frac{१}{२}$ प्रतिशत $=१६·५$ प्रतिशत $=\frac{१६·५}{१००}=·१६५$

उत्तर : ·१६५

(२०) १२ प्रतिशत (२१) १६ प्रतिशत (२२) २३ प्रतिशत
(२३) २५ प्रतिशत (२४) $२५\frac{१}{२}$ प्रतिशत (२५) $३०\frac{१}{४}$ प्रतिशत

प्रश्नावली २५

१. ७५ रु० के $१२\frac{१}{२}\%$ का मान बताओ :—

क्रिया :

$$७५ \text{ रु० का } १२\tfrac{१}{२}\% = ७५ \text{ रु० का } \frac{१२\frac{१}{२}}{१००}$$

$$= ७५ \text{ रु० का } \frac{\frac{२५}{२}}{१००}$$

$$= ७५ \text{ रु० का } \frac{२५}{२} \times \frac{१}{१००}$$

$$= \frac{७५}{८} \text{ रु०}$$

$$= ९ \text{ रु० } ६ \text{ आ०}$$

उत्तर : ९ रु० ६ आ०

निम्नलिखित का मान बताओ :—

२. १० रु० का १५%

३. ५० रु० का १६%

४. ४० मन का २०%

५. ६० मन का २५%

६. ८० गज का ३०%

७. ९० गज का ४०%

८. १२० रु० का $६\frac{१}{४}\%$

९. १२५ रु० का $१२\frac{१}{२}\%$

१०. १२५ रु० का $८\frac{१}{५}\%$

११. ८० मन का $१६\frac{१}{८}\%$

१२. ९६ मन का $४\frac{३}{८}\%$

१३. १३० मन का $५\frac{४}{५}\%$

१४. २१० पौण्ड का $२०\frac{१}{२}\%$

१५. २१६ पौण्ड का $३३\frac{१}{३}\%$

१६. २४० गज का $३३\frac{१}{३}\%$

१७. २६० गज का $१७\frac{१}{२}\%$

१८. ३६ रु० १० आ० ८ पा० का $१७\frac{१}{२}\%$

पहली रीति

क्रिया :

$$३६ \text{ रु० } १० \text{ आ० } ८ \text{ पा० } = \frac{११०}{३} \text{ रु०}$$

$$\therefore ३६ \text{ रु० } १० \text{ आ० } ८ \text{ पा० का } १७\tfrac{१}{२}\% = \frac{११०}{३} \text{ रु० का } १७\tfrac{१}{२}\%$$

$$= \frac{११०}{३} \text{ रु० का } \frac{३५}{२ \times १००}$$

$$= \frac{७७}{१२} \text{ रु०}$$

$$= ६ \text{ रु० } ६ \text{ आ० } ८ \text{ पा०}$$

उत्तर : ६ रु० ६ आ० ८ पा०

दूसरी रीति (व्यवहार गणित द्वारा)

	रु०	आ०	पा०		
	३६	१०	८	=	१००%
$१०\% = १००\%$ का $\frac{१}{१०}$	३	१०	८	=	१०%
$५\% = १०\%$ का $\frac{१}{२}$	१	१३	४	=	५%
$२\frac{१}{२}\% = ५\%$ का $\frac{१}{२}$	०	१४	८	=	$२\frac{१}{२}\%$
	६	६	८	=	$१७\frac{१}{२}$

उत्तर : ६ रु० ६ आ० ८ पा०

१९. ४० रु० ६ आ० ४ पा० का $६\frac{१}{४}\%$ ।

२०. ५० रु० ८ आ० ८ पा० का $७\frac{१}{२}\%$ ।

२१. ६० रु० १२ आ० ६ पा० का $३३\frac{१}{३}\%$ ।

२२. ११० मन २० सेर ८ छ० का १५% ।

२३. १२० मन २५ सेर १२ छ० का $८\frac{२}{३}\%$ ।

२४. २१० मन १५ सेर ६ छ० का $२०\frac{१}{३}\%$ ।

२५. ८० पौण्ड १० शि० ८ पें० का $२५\frac{१}{२}\%$ ।

२६. १६१ पौ० १० शि० ८ पें० का $३७\frac{१}{२}\%$ ।

२७. २३० पौ० १२ शि० ६ पें० का $३३\frac{१}{३}\%$ ।

२८. २६० गज २ फुट ८ इंच का ४०% ।

२९. २०० गज १ फुट ६ इंच का $३३\frac{१}{३}\%$ ।

३०. ४४ रु० का १५ रु० ८ आ० कौन-सा प्रतिशत है ?

पहली रीति

क्रिया :

$$१५ \text{रु०}\ ८ \text{आ०} = १५\frac{१}{२}\ \ ० = \frac{३१}{२}\ \ ०$$

$$४४ \text{ रु० का } \frac{३१}{२} \text{रु०} = \frac{३१}{२ \times ४४}$$

$$\text{परन्तु} \quad \frac{३१}{२ \times ४४} = \frac{३१}{८८} = \frac{\frac{३१}{८८} \times १००}{१००} = \frac{\frac{७७५}{२२}}{१००}$$

उत्तर : $३५\frac{५}{२२}\%$

दूसरी रीति

$$\frac{\text{१५ रु० ८ आ०}}{\text{४४}} \times \text{१००}\%$$

$$= \frac{\text{३१}}{\text{२}} \times \frac{\text{१}}{\text{४४}} \times \text{१००}\%$$

$$= \frac{\text{७७५}}{\text{२२}} = \text{३५}\frac{\text{५}}{\text{२२}}\%$$

उत्तर : $\text{३५}\frac{\text{५}}{\text{२२}}\%$

कितनी प्रतिशत है ? :—

३१. ७५ रु० का ३० रु० ।

३२. १२५ रु० का २२ रु० ८ आ० ।

३३. २२५ रु० का ४० ० ८ आ० ।

३४. ३३० पौण्ड का ३६ पौ० ६ शि० ८ पें० ।

३५. ३५ मन २० सेर का १ मन ३१ सेर ।

३६. ३८६ मन १० सेर का २५ मन ३० सेर ।

३७. १ फर्लांग का ८२ गज १ फुट ६ इंच ।

३८. ७·५ का २·१

३९. ·४५ का $\frac{\text{२}}{\text{३}}$

४०. किसी धन का १२$\frac{\text{१}}{\text{२}}$% ४५ रु० है, तो वह धन बताओ ।

पहली रीति (ऐकिक नियम द्वारा)

क्रिया :

∵ किसी धन का १२$\frac{\text{१}}{\text{२}}$% या $\frac{\text{२५}}{\text{२}}$% = ४५ रु०

∴ उस धन का १% $= \frac{\text{४५} \times \text{२}}{\text{२५}}$ रु०

∴ उस धन का १००% $= \frac{\text{४५} \times \text{२}}{\text{२५}}$ रु० × १०० रु०

उत्तर : ३६० रु० = ३६० रु०

दूसरी रीति (भिन्न द्वारा)

किसी धन का $१२\frac{१}{२}\%$ $= ४५$ रु०

या उस धन का $\frac{१२\frac{१}{२}}{१००}$ $= ४५$ रु०

या उस धन का $\frac{२५}{२} \times \frac{१}{१००}$ $= ४५$ ०

या उस धन का $\frac{१}{८}$ $= ४५$ रु०

या वह धन $= ४५ \times \frac{८}{१}$ रु० $= ३६०$ रु०

उत्तर : ३६० रु०

किस धन का—

४१. १५%, ६ रु० ८ आ० है ?

४२. $५\frac{१}{४}\%$, १० रु० ८ आ० है ?

४३. २०%, ४५ रु० ५ आ० ४ पा० है ?

४४. ६·२५%, ४३ पौ० १५ शि० है ?

४५. $१२\frac{१}{२}\%$, ७५ पौ० है ?

४६. ३३·३%, २८३ पौ० ३ शि० १० पें० है ?

४७. किसी नगर की जनसंख्या के ६०% पुरुष है। यदि पुरुषों की संख्या ४५००० है, तो उस नगर की जनसंख्या बताओ।

४८. एक लेखक अपनी पुस्तकों के विक्रय मूल्य का १५% पारिश्रमिक पाता है यदि उस लेखक को एक वर्ष में ३०० पये मिलें, तो कितने रुपयों की उसकी पुस्तकें बिकीं ?

४९. राम ने एक महीने में २३० रुपये व्यय कर दिय। यदि उसने अपनी आय का केवल $१२\frac{१}{२}\%$ व्यय किया तो बताओ उसकी मासिक आय कितनी थी ?

५०. हरि ने अपनी आय का $३३\frac{१}{३}\%$ व्यय करने के बाद २४० पये बचा लिये। हरि की कुल आय बताओ।

५१. किसी गाँव की जनसंख्या के ३.२ प्रतिशत पुरुष और स्त्री मिलकर शिक्षित हैं, यदि उस गाँव में अशिक्षितों की संख्या १२७५ है, तो उस गाँव की जनसंख्या बताओ।

प्रश्नावली २६

१. राम का मासिक वेतन २८० रु० है। यदि उसके वेतन में १७$\frac{१}{२}$% वृद्धि हो गयी; तो बताओ अब उसका मासिक वेतन कितना हो गया?

क्रिया :

(पहली रीति)

२८० रु० का १७$\frac{१}{२}$=२८० रु० का $\frac{३५}{२}$%

=२८० रु० का $\frac{३५}{२\times१००}$

=४९ रु०

∵ राम का मासिक वेतन बढ़ जाने के बाद=२८० रु०+४९ रु०
=३२९ रु०

उत्तर : ३२९ रु०

(दूसरी रीति)

मान लिया उसका वेतन १०० रु० है, तब उसके वेतन की वृद्धि १७$\frac{१}{२}$ रु० या $\frac{३५}{२}$ रु० है। और १०० रु० + $\frac{३५}{२}$ रु० = $\frac{२३५}{२}$ रु०

∴ १०० रु० बढ़कर $\frac{२३५}{२}$ रु० हो जाता है,

∴ १ रु० " $\frac{२३५}{२}\times\frac{१}{१००}$ रु० हो जाता है,

∴ २८० रु० " $\frac{२३५\times१\times२८०}{२\times१००}$ रु०=३२९ रु० हो जाता है।

उत्तर : ३२९ रु०

२. मोहन की आमदनी ३०% बढ़ गई। यदि उसकी आमदनी पहले ७५० रु० थी तो अब उसकी आमदनी कितनी हो गई?

३. किसी नगर की जनसंख्या प्रतिवर्ष १०% बढ़ जाती है। यदि उस नगर की जन-संख्या किसी वर्ष के आरम्भ में २५६५० थी तो उस वर्ष के अन्त में कितनी हो जायेगी?

४. किसी देश में विदेश से १००००० रु० का सामान आता है। यदि स्वदेशी आन्दोलन के कारण विदेश से सामान के आने में ३५% कमी हो गयी, तो बताओ अब कितने रुपये का सामान विदेश से आता है?

५. एक बाइसिकिल विक्रेता प्रति साइकिल का विक्रय मूल्य क्रय मूल्य का १६$\frac{१}{२}$% बढ़ाकर रखता है। यदि प्रत्येक बाइसिकिल का क्रय मूल्य १४० रु० है, तो उसका विक्रय मूल्य कितना है?

६. एक आदमी ने ३४५० रु० की पुस्तकें मँगाईं। परन्तु मार्ग में भीग जाने से कुछ पुस्तकें खराब हो गईं। इस कारण उस आदमी को किताबों के मूल्य में १२$\frac{१}{२}$% की कमी करनी पड़ी। बताओ उसने कुल पुस्तकें कितने रुपये में बेचीं?

७. एक व्यापारी माल पर १५% दस्तूरी देता है। यदि उसके माल का विक्रय मूल्य ३२५ रु० है, तो वह उसका मूल्य कितना पाता है?

८. एक आदमी की आय १२$\frac{१}{२}$% की दर से बढ़कर २७०० रु० हो गई। उसकी पहले की आय बताओ।

क्रिया :

मान लिया उस आदमी की पहले की आय १०० रु० थी।

यह आय १२$\frac{१}{२}$% बढ़कर अब (१००+१२$\frac{१}{२}$) ० या ११२$\frac{१}{२}$ रु०

या $\frac{२२५}{२}$ रु० हो गई।

∵ जब इस समय की आय $\frac{२२५}{२}$ रु० है, तब पहले की आय

१०० रु० थी

∴ जब इस समय की आय १ रु० है, तब पहले की आय

$\frac{१००\times२}{२२५}$ रु० थी

∴ जब इस समय की आय २७०० रु० है, तब पहले की आय

$\frac{१००\times२\times२७००}{२२५}$ रु०

२४०० रु० थी

उत्तर : २४०० रु०.

९. राम की आय १५% की दर से बढ़कर अब ३०४ रु० १२ आ० हो गई, तो उसकी पहले की आमदनी बताओ।

१०. मोहन अपने माल को क्रय मूल्य में २५% बढ़ाकर, ३२५ रु० में बेचता है उसके माल का क्रय मूल्य क्या है?

११. सोहन अपने माल को क्रय मूल्य में ६½% घटाकर ५६१ रु० में बेचता है। उसके माल का क्रय मल्य बताओ।

१२. किसी नगर की जनसंख्या एक वर्ष में १० प्रतिशत की दर से बढ़कर ६४५६७८ हो गई। बताओ १ वर्ष के आरम्भ में उस नगर की जनसंख्या कितनी थी?

१३. एक व्यापारी अपने माल को क्रय मूल्य में २०% की दर से कमी करके ४ पौण्ड ४ शिलिंग पर बेचता है। उसके माल का क्रय मूल्य बताओ।

१४ मोहन की आय ३५० रु० से बढ़कर ५०० रु० हो गई, तो बताओ उसकी आय कितने प्रतिशत की दर से बढ़ी?

क्रिया :—

∵ बढ़ी हुई आय = ५०० रु० और पहली आय = ३५० रु०

∴ उसकी आय (५०० रु० − ३५० रु०) अर्थात् १५० ० बढ़ गई।

∵ ३५० रु० पर १५० रु० बढ़ा

∴ १ रु० „ $\frac{१५०}{३५०}$ रु० बढ़ा

∴ १०० रु० „ $\frac{१५०}{३५०} \times १००$ रु० अर्थात् $\frac{३००}{७}$ रु०

अभीष्ट प्रतिशत = $\frac{३००}{७}\% = ४२\frac{६}{७}\%$

उत्तर : $४२\frac{६}{७}\%$

१५. एक बनिया २५ रु० के माल को ३० रु० पर बेचता है। बताओ वह अपने माल के मूल्य का कितना प्रतिशत बढ़ा कर बेचता है?

१६. एक व्यापारी २२५ रु० की बाइसिकिल को २७५ रु० पर बेचता है। बताओ वह बाइसिकिल के मूल्य को कितने प्रतिशत बढ़ा कर बेचता है?

१७. किसी गाँव की जनसंख्या दस वर्ष में ६००० से बढ़कर १०००० हो गई। बताओ उस गाँव की जनसंख्या पिछले दस वर्षों म कितने प्रतिशत बढ़ी ?

१८. एक आदमी की मासिक आय ५०० रु० है उसमें से वह ४३७ रु० ८ आ० प्रतिमास व्यय करता है। बताओ वह अपनी आय का कितना प्रतिशत बचा लेता है ?

१९. सोहन अपनी आय पर २$\frac{१}{१२}$% की दर से २५० रु० आय कर (Income Tax) देता है। उसकी आय बताओ।

२०. एक व्यापारी अपने माल के नकद खरीदार को माल के लिखित मूल्य पर १५% की छूट देता है। यदि उसने अपने माल को नकद ३८ रु० ४ आ० में बेचा हो, तो उसके माल का लिखित मूल्य बताओ।

२१. राम को आय श्याम की आय से १० प्रतिशत अधिक है और श्याम की आय बलराम की आय से १० प्रतिशत अधिक है। बताओ राम की आय बलराम की आय से कितने प्रतिशत अधिक है ?

२२. मोहन के पास सोहन से १५ प्रति सैकड़ा अधिक रुपया है, तो बताओ सोहन के पास मोहन से कितने प्रतिशत कम है ?

क्रिया :

मान लिया सोहन के पास १०० रु० है,

तब मोहन के पास १०० रु०+१५ रु० अर्थात् ११५ रु० है

∵ जब मोहन के पास ११५ रु० है, तब सोहन के पास १५ रु० कम है

∴ " " " १०० रु० है " " $\frac{१५\times १००}{११५}$ रु० कम है

$$\frac{१५\times १००}{११५}\text{ रु०}=\frac{३००}{२३}\text{ रु०}=१३\frac{१}{२३}\text{ रु०}$$

उत्तर : १३$\frac{१}{२३}$%

२३. राम के पास श्याम से १२ प्रति सैकड़ा रुपया अधिक है, तो बताओ श्याम के पास राम से कितने प्रति सैकड़ा कम है ?

२४. यदि किसी वस्तु का विक्रय-मूल्य क्रय-मूल्य से २० प्रतिशत अधिक है, तो उस वस्तु का क्रय-मूल्य विक्रय-मूल्य से कितने प्रतिशत कम होगा ?

२५. किसी वस्तु का क्रय-मूल्य विक्रय-मूल्य से २० प्रतिशत कम है, तो उसका विक्रय-मूल्य क्रय-मूल्य से कितने प्रतिशत अधिक है ?

२६. राम की आय मोहन की आय से २० प्रतिशत अधिक है, परन्तु सोहन की आय से २० प्रतिशत कम है। बताओ कि मोहन की आय सोहन की आय से कितने प्रतिशत कम है ?

२७. किसी वस्तु को राम श्याम से २५ प्रतिशत सस्ता बेचता है, परन्तु बलराम से २५ प्रतिशत महँगा बेचता है। बताओ श्याम से बलराम उस वस्तु को कितना प्रतिशत सस्ता बेचता है ?

२८. राम ने अपनी जमीन का ६ प्रति सैकड़ा मोहन को बेच दिया, फिर बची हुई जमीन का १० प्रति सैकड़ा सोहन को बेच दिया। इसके बाद उसके पास १६९२ बीघे जमीन बच गई। बताओ राम के पास कुल कितने बीघे जमीन थी ?

क्रिया :

∵ सोहन को बेचने के बाद बची जमीन का ९०% = १६९२ बीघा।

∴ ,, ,, ,, जमीन का $\frac{९०}{१००}$ = १६९२ बीघा

∴ ,, ,, पूर्व बची जमीन $= \frac{१६९२ \times १००}{९०}$ बीघा

= १८८० बीघा

∵ राम अपनी जमीन का ६% मोहन को बेच दिया

∴ मोहन को बेचने के बाद राम की कुल जमीन का ९४% बच गई है

∴ राम की कुल जमीन का ९४% = १८८० बीघा

राम की कुल जमीन $= \frac{१८८० \times १००}{९४}$ बीघा

= २००० बीघा

उत्तर : २००० बीघा

२९. रामदीन फलवाले के पास जितनी नारंगियाँ थीं उनका ८% सड़ गयीं। बची हुई नारंगियों का ७५% उसने बेच दिया। अभी

उसके पास ४६ नारंगियाँ बच गई, तो बताओ उसके पास पहले कितनी नारंगियाँ थीं ?

३०. राम ने अपनी सम्पत्ति का ४०% अपने लड़के को और बची हुई सम्पत्ति का ८०% अपनी लड़की को दे दिया। यदि इसके बाद १५६० रु० की सम्पत्ति बच गई, तो उसकी कुल सम्पत्ति का मूल्य बताओ।

३१. मोहन ने अपनी जमीन का १०% बेच दिया। फिर बची हुई जमीन का १५% और खरीद लिया। यदि अब उसके पास २१ बीघे जमीन अधिक हो गई, तो बताओ पहले उसके पास कितनी जमीन थी ?

३२. एक नगर की जनसंख्या के १०% लोग प्लेग से मर गये, बचे हुए आदमियों में से ६% हैजा से मर गये। इसके बाद जितने बचे उनकी सख्या २५३८० थी, तो उस नगर की जनसंख्या सबसे पहले कितनी थी।

३३. सन् १९३१ ई० में किसी देश की जनसंख्या ६०७५००० थी और प्रत्येक १००० पुरुषों पर १०२५ स्त्रियाँ थीं। कुल जनसंख्या के ७ प्रति सैकड़ा लिख और पढ़ सकते थे परन्तु स्त्रियों में से केवल २ ही प्रति सैकड़ा लिख-पढ़ सकती थीं, तो कितने प्रतिशत पुरुष लिख-पढ़ सकते थे ?

३४. यदि घी का मूल्य १५ प्रतिशत बढ़ जाय तो, एक मनुष्य कितने प्रतिशत कम घी खाये कि उसका व्यय पहले के बराबर ही हो ?

क्रिया :

मान लिया वह आदमी पहले १०० रु० का २० सेर घी खाता था अब २० सेर घी का मूल्य १५% बढ़कर ११५ रु० हो गया। परन्तु वह आदमी घी के मद में केवल १०० रु० खर्च करना चाहता है।

$\because$ ११५ रु० का घी २० सेर आता है

$\therefore$ १०० रु० का घी $\frac{२० \times १००}{११५}$ सेर या $\frac{४००}{२३}$ सेर आता है।

अर्थात् अब उसको २० सेर—$\frac{४००}{२३}$ सेर अर्थात् $\frac{६०}{२३}$ सेर घी कम खाना चाहिये

$\because$ २० सेर पर अब $\frac{६०}{२३}$ सेर की कमी की जायगी

$\therefore$ १०० सेर पर $\frac{६० \times १००}{२३ \times २०}$ सेर $= \frac{३००}{२३}$ सेर की कमी की जायेगी

अतः अभीष्ट प्रतिशत $\frac{३००}{२३} = १३\frac{१}{२३}$

उत्तर : $१३\frac{१}{२३}\%$

३५. यदि चीनी का मूल्य $१२\frac{१}{२}\%$ बढ़ जाय, तो एक आदमी चीनी का व्यवहार कितने प्रतिशत कम करे कि उसका खर्च पहले के ही बराबर हो।

३६. आटे का मूल्य २५ प्रतिशत बढ़ जाने के कारण उसका प्रयोग कितने प्रतिशत कम कर दिया जाय कि इस मद में खर्च बढ़ने न पावे ?

३७. कोयले का मूल्य २० प्रतिशत बढ़ जाने के कारण उसको कितने प्रतिशत कम कर दिया जाय कि उस मद में खर्च पहले के समान ही हो ?

३८. घी का मूल्य बढ़ जाने के कारण इसका प्रयोग २०% कम करना पड़ा कि इस मद में खर्च न बढ़ने पाये। बताओ घी का मूल्य कितने प्रतिशत बढ़ गया।

३९. चीनी का मूल्य $१२\frac{१}{२}\%$ कम हो जाने के कारण एक आदमी चीनी का प्रयोग कितना प्रतिशत बढ़ा दे कि उसका खर्च इस मद में पहले ही के बराबर हो ?

४०. २० प्रतिशत मूल्य बढ़ जाने के कारण ५ रुपये में अब १० आम कम मिलते हैं। बताओ आम पहले किस भाव से बिकता था ?

क्रिया :

५ रु० का २०% = ५ रु० का $\frac{२०}{१००}$ १ रु०

$\therefore$ जितने आम पहले ५ रुपये में आते थे, अब ५ रु०+१ रु० यानी ६ रु० में आयेंगे। यह अतिरिक्त १ रुपया, १० आमों का बढ़ा हुआ मूल्य हुआ।

५ रुपये में बढ़े हुए मूल्य के दर से १०×५ आम यानी ५० आम मिलेंगे।

उत्तर : पहले ५ रु० में ५० आम+१० आम यानी ६० आम बिकते थे

उत्तर : ५ रु० का ६० आम

४१. २५%मूल्य बढ़ जाने के कारण १ रुपये में अब २४ नीबू कम आते हैं। नीबू का पहला भाव बताओ।

४२. १० प्रतिशत मूल्य बढ़ जाने के कारण १ रुपये में ३ अमरूद कम मिलते हैं। बताओ पहले अमरूद किस दर से बिकता था?

४३. २० प्रतिशत मूल्य कम हो जाने से एक आदमी एक रुपये में अब पहले से ६ संतरे अधिक ले सकता है। संतरे की असली दर बताओ।

४४. २० प्रतिशत मजदूरी कम हो जाने के कारण एक ठीकेदार जो १५ रु० प्रति दिन खर्च करता है अब २ मजदूर और अधिक रख सकता है। एक मजदूर की प्रति दिन की पहली मजदूरी बताओ।

४५. आमों के मूल्य में कमी हो जाने के कारण एक आदमी जितने रुपयों में ६३ आम मोल ले सकता था, उतने ही रुपयों में अब १२ आम अधिक ले सकता है। बताओ आमों के मूल्य में कितने प्रतिशत की कमी हुई है?

४६. ३ गायों और ४ बैलों का मूल्य २५८० रु० है। यदि गायों का मूल्य २० प्रतिशत बढ़ जाय और बैलों का १५ प्रतिशत बढ़ जाये, तो उनका मूल्य ३०१२ रु० हो जायेगा। एक गाय और एक बैल का मूल्य अलग अलग बताओ?

क्रिया :

यदि गाय और बैल दोनों का मूल्य २०%बढ़ गया होता, तो उनका मूल्य ३०१२ रु० के बजाय २५८० रु०+२५ रु० तथा $\frac{२०}{१००}$

यानी २५८० (१+$\frac{१}{५}$) रु० या ३०९६ रु० होता

अर्थात् (३०९६ रु०–३०१२ रु०) या ८४ रु० अधिक मिला रहता

परन्तु बैलों का मूल्य केवल १५% बढ़ा है।

∴ ४ बैलों के मूल्य का (२०%−१५%) या ५% = ८४ रु०

∴ ४ „ „ $\frac{५}{१००}$ = ८४ रु०

∴ ४ बैलों का मूल्य $= \frac{८४ \times १००}{५}$ रु० = १६८० रु०

∴ १ बैल का मूल्य $= \frac{१६८०}{४}$ रु० = ४२० रु०

∴ ३ गायों का मूल्य = २५८० रु० − १६८० रु० = ९०० रु०

∴ १ गाय का मूल्य $= \frac{९००}{३}$ रु० = ३०० रु०

उत्तर : १ बैल का मूल्य = ४२० रु०

१ गाय का मूल्य = ३०० रु०

४७. मोहन ने ५ घोड़े और ४ बैल ३७८० रु० में खरीदे। यदि घोड़ों का मूल्य १२% और बैलों का मूल्य १५% बढ़ गया होता, तो उसके उतने ही घोड़ों और उतने ही बैलों का मूल्य ४२८४ रु० ८ आ० देना पड़ता। एक घोड़े और एक बैल का मूल्य अलग-अलग बताओ।

४८. किसी गाँव के पुरुष और स्त्री मिलकर ७५०० हैं। यदि पुरुषों की संख्या में १० प्रतिशत वृद्धि होती और स्त्रियों की संख्या में ८ प्रतिशत वृद्धि होती, तो उस गाँव की जनसंख्या ८१८० हो जाती। पुरुषों और स्त्रियों की संख्या अलग-अलग बताओ।

४९. राम ने कुछ आम और कुछ कटहल १२० रु० में खरीदे। यदि आमों का मूल्य १०% बढ़ गया होता और कटहल का मूल्य २० प्रतिशत कम हो गया होता, तो उसको कुल १२२ रु० देने पड़ते। बताओ उसने आम और कटहल अलग-अलग कितने पर खरीदे थे?

५०. एक परीक्षा में परिक्षार्थियों में से उनकी संख्या के ७० प्रतिशत अंग्रेजी में और ७५ प्रतिशत गणित में उत्तीर्ण हुए। यदि १० प्रतिशत परीक्षार्थी दोनों विषयों में अनुत्तीर्ण हुए, तो बताओ दोनों विषयों में कितने प्रतिशत परीक्षार्थी पास हुए।

क्रिया : ∵ ७०% परीक्षार्थी अंग्रेजी में उत्तीर्ण हैं

∴ अंग्रेजी में ३०% अनुत्तीर्ण हुए

∵ १०% परीक्षार्थी दोनों विषयों में अनुत्तीर्ण हैं

∴ (३०%−१०%) अर्थात् २०% परीक्षार्थी केवल अंग्रेजी में अनुत्तीर्ण हैं

फिर ∵ ७५% परीक्षार्थी गणित में उत्तीर्ण हैं
∴ गणित में २५ प्रतिशत अनुत्तीर्ण हुए
∵ १०% परीक्षार्थी दोनों विषयों म अनुत्तीर्ण हैं
∵ (२५%–१०%) अर्थात् १५% केवल गणित में अनुत्तीर्ण हैं

अतः एक विषय अथवा दोनों विषयों में अनुत्तीर्ण होने वालों की संख्या=२०% केवल अंग्रेजी में+१५% केवल गणित में+१०% दोनों विषयों में

=४५%

∴ दोनों विषयों में उत्तीर्ण होनेवालों की संख्या (१००%–४५%) अर्थात् ५५% है।

उत्तर : ५५

५१. किसी परीक्षा में परीक्षार्थियों की संख्या के ८०% अंग्रेजी में और ७०% गणित में उत्तीर्ण हुए। यदि उनमें से १५% दोनों विषयों में अनुत्तीर्ण हुए, तो बताओ कितने प्रतिशत परीक्षार्थी दोनों विषयों में उत्तीर्ण हुए?

५२. किसी परीक्षा में परीक्षार्थियों की संख्या के ७५% अंग्रेजी में और ८५% गणित में उत्तीर्ण हुए और १०% दोनों विषयों में अनुत्तीर्ण हुए। यदि परीक्षा में कुल २१० परीक्षार्थी दोनों विषयों में उत्तीर्ण हुए, तो कुल परीक्षार्थियों की संख्या बताओ।

५३. किसी परीक्षा में कुल परीक्षार्थियों की संख्या के ६०% गणित में और ६७% हिन्दी में उत्तीर्ण हुए और १२% परीक्षार्थी दोनों विषयों में अनुत्तीर्ण हुए। यदि दोनों विषयों में कुल ७८४ परीक्षार्थी उत्तीर्ण हुए, तो परीक्षार्थियों की संख्या बताओ।

५४. किसी नगर के ५% नागरिक अंधे और ४% लंगड़े हैं और ३% अंधे और लंगड़े दोनों हैं? यदि उस नगर में ३७६० नागरिक न अंधे हैं और न लँगड़े, तो उस नगर की जनसंख्या बताओ और बताओ कि कितने नागरिक अंधे हैं?

५५. एक आदमी अपनी आय का ८०% खर्च कर देता है। यदि उसकी आय १०% बढ़ जाय और व्यय १०% कम हो जाय, तो बताओ उसकी बचत कितने प्रतिशत बढ़ गई?

५६. एक आदमी अपनी आय का ४५% भोजन में, और ३०% दूसरे मदों में व्यय करता है। यदि उसकी आय २०% बढ़ जाय और वह भोजन में १०% अधिक और दूसरे मदों में १५% अधिक व्यय करे, तो उसकी बचत कितने प्रतिशत बढ़ गई?

---:०:---

आठवाँ अध्याय

लाभ और हानि (Profit and Loss)

उस मूल्य को जिस पर कोई वस्तु मोल ली जाती है, उस वस्तु का **क्रय मूल्य** कहते हैं, जैसे—एक कुर्सी १५ रु० में मोल ली गई। उस कुर्सी का क्रय मूल्य १५ रु० है।

वह मूल्य जिस पर कोई वस्तु बेची जाती है, उस वस्तु का **विक्रय मूल्य** कहलाता है, जैसे—एक कुर्सी २० रु० में बेची गई तो उस कुर्सी का विक्रय मूल्य २० रु० हुआ।

जब किसी वस्तु का विक्रय मूल्य उसके क्रय मूल्य से अधिक होता है तब कहते हैं कि लाभ हुआ। लाभ विक्रय मूल्य और क्रय मूल्य के अन्तर के बराबर होता है, जैसे—१ कुर्सी का क्रय मूल्य १५ रु० है और उसी कुर्सी का विक्रय मूल्य २० रु० है, तब कहते हैं कि कुर्सी बेचने वाले को लाभ हुआ। और लाभ २० रु० – १५ रु० अर्थात् ५ रु० हुआ।

जब किसी वस्तु का विक्रय मूल्य उसके क्रय मूल्य से कम होता है, तब कहते हैं कि हानि हुई। हानि क्रय मूल्य और विक्रय मूल्य के अन्तर के बराबर होती है, जैसे—एक कुर्सी का क्रय मूल्य २० रु० और

उसी कुर्सी का विक्रय मल्य १५ रु० है, तब कहते हैं कि कुर्सी बेचनेवाले को हानि हुई। और हानि २० रु० – १५ रु० अर्थात् ५ रु० हुई।

इससे स्पष्ट है कि :

लाभ =विक्रय मूल्य–क्रय मूल्य

और हानि =क्रय मूल्य–विक्रय मूल्य

प्रश्नावली २७

१. एक घोड़ा ५७५ रु० में खरीदकर ६२१ रु० में बेचा गया। बताओ कितना लाभ हुआ और लाभ प्रतिशत भी बताओ।

क्रियाः

लाभ=६२१ रु०–५७५ रु० = ४६ रु०

∵ ५७५ रु० पर लाभ = ४६ रु०

∴ १०० रु० „ „ = $\frac{४६}{५७५}$ × १०० रु०

= ८ रु०।

अतः लाभ=४६ रु० अथवा ८ प्रतिशत। उत्तर

२. एक गाय २५० ० में खरीदी गई और २८० रु० में बेच दी गयी। कितना लाभ हुआ? लाभ प्रतिशत भी बताओ।

३. एक बैल ४७५ रु० पर बेचा गया। यदि वह ३८० रु० पर खरीदा गया था, तो लाभ प्रतिशत बताओ।

लाभ अथवा हानि प्रतिशत बताओ, जब--

४. एक कुर्सी २० रु० पर खरीद कर २५ रु० पर बेची गई।

५. एक आदमी ने एक बाइसिकिल १६० रु० में खरीदी और १८० रु० ८ आ० पर बेच दी।

६. ६ आने दर्जन की नारंगियाँ खरीदकर ५ आने दर्जन बेची गईं।

७. ३० रु० मन चावल मोल लेकर १४ आने सेर की दर से बेचा गया।

८. एक आदमी ने कुछ नारंगियाँ ५ आने में ७ की दर से खरीद कर उनको ६ आने में ६ की दर से बेच दिया। उसका लाभ या हानि प्रतिशत बताओ।

क्रिया:

भिन्न से बचने के लिये मान लो कि उस आदमी ने ६३ नारंगियाँ खरीदीं। (७ और ९ का लघुतम समापवर्त्य=६३)

कुल नारंगियों का क्रयमूल्य $= \frac{६३ \times ५}{७}$ आ० =४५ आ०

और „ „ विक्रयमूल्य $= \frac{६३ \times ६}{९}$ आ० =४२ आ०

क्रयमूल्य विक्रयमूल्य से अधिक है, इसलिये उस आदमी को हानि ई।

हानि=४५ आ०–४२ आ०=३ आ०।

∴ ४५ आ० पर हानि=३ आ०।

∴ १०० „ „ $= \frac{३ \times १००}{४५}$ आ०

$= \frac{२०}{३}$ आ० $= ६\frac{२}{३}$ आ०

हानि $= ६\frac{२}{३}$ प्रतिशत। **उत्तर**

९. एक आदमी ने कुछ आम १० आने में १२ की दर से खरीद कर उनको १२ आने में १० की दर से बेच दिया। हानि या लाभ प्रतिशत बताओ।

१०. एक बुढ़िया ने ५ आने में ३ की दर से कुछ अण्डे खरीद कर उनको ११ आने में ५ की दर से बेच दिया। बताओ उसे कितना प्रति सैकड़े लाभ हुआ ?

११. एक आदमी ने १२ आने में १४ नारंगियाँ खरीदकर उनको १५ आने में १२ नारंगियों की दर से बेच दिया। उसका लाभ प्रतिशत बताओ।

१२. एक लड़के ने ८ आने में १० आम की दर से कुछ आम खरीद कर १० आने में ८ की दर से बेच दिये। उसको कितने प्रति सैकड़े लाभ हुआ ?

१३. १२ रु० ८ आने प्रति दर्जन के भाव के चाकू मोल लिये गये और २५ रु० प्रति कोड़ी की दर से बेच दिये गये। लाभ या हानि प्रतिशत बताओ।

१४. एक आदमी ने कुछ आम १० आने दर्जन की दर से मोल लिये। उसका दसवाँ भाग सड़ गया और शेष आमों को उसने १२ आने में ९ की दर से बेच दिया। उसको कितने प्रतिशत लाभ या हानि हुई ?

१५. १५ पुस्तकों का विक्रय मूल्य १६ पुस्तकों के क्रय-मूल्य के बराबर है। लाभ प्रतिशत बताओ।

क्रिया:

मान लो, १ पुस्तक का क्रयमूल्य १ रु० है।

और १५ पुस्तकें १५ रु० में खरीदी गईं।

∴ १६ पुस्तकों का क्रयमूल्य १६ रु० है।

∵ १५ पुस्तकों का विक्रयमूल्य १६ पुस्तकों के क्रयमूल्य के बराबर है

∴ १५ पुस्तकों का विक्रयमूल्य=१६ रु०

∴ १५ रु० पर लाभ =१६ रु० – १५ रु०=१ रु०

∵ १५ रु० पर लाभ =१ रु०

∴ १०० रु० ,, ,, $=\frac{1\times100}{15}$ रु०$=\frac{20}{3}$ रु०

लाभ=६$\frac{2}{3}$%। उत्तर

१६. २० पुस्तकों का विक्रयमूल्य २५ पुस्तकों के क्रयमूल्य के बराबर है। लाभ प्रतिशत बताओ।

१७. कुछ कुर्सियाँ दूकान में पड़ी-पड़ी खराब होने लगीं, तब व्यापारी ने २५ कुर्सियों को २४ कुर्सियों के क्रयमल्य पर बेच दिया। उसको कितने प्रतिशत की हानि हुई ?

१८. १२ कुर्सियों का विक्रयमूल्य वही है जो १८ कुर्सियों का क्रय-मूल्य है। लाभ प्रतिशत बताओ।

१९. २५ आम उसी मूल्य पर बेचे गये, जिस मूल्य पर ३० आम मोल लिये गये थे। लाभ प्रतिशत बताओ।

२०. यदि एक आदमी ३० गायों को उसी मूल्य पर बेच दे, जिस मूल्य पर उसने ४० गायों को खरीदा था, तो उसको कितने प्रति सैकड़े लाभ होगा ?

२१. ७५ बैलों को बेचने में व्यापारी को १५ बैलों के विक्रयमूल्य के बराबर लाभ होता है। उसको कितने प्रतिशत लाभ होता है ?

क्रियाः

∵ ७५ बैलों का विक्रयमूल्य=७५ बैलों का क्रयमूल्य+लाभ
परन्तु लाभ=१५ बैलों का विक्रयमूल्य,

∴ ७५ बैलों का विक्रयमूल्य=७५ बैलों का क्रयमूल्य+
१५ बैलों का विक्रयमल्य

∴ ७५ बैलों का विक्रयमूल्य − १५ बैलों का विक्रयमूल्य
=७५ बैलों का क्रयमूल्य

अथवा ६० बैलों का विक्रयमूल्य=७५ बैलों का क्रयमूल्य

∴ ६० बैलों का क्रयमूल्य+लाभ=७५ बैलों का क्रयमूल्य।

∴ ६० बैलों के क्रयमूल्य पर (७५−६०) बैलों या १५ बैलों के क्रयमूल्य के बराबर लाभ है

∴ ६० बैल : १५ बैल : १०० रु० : इष्ट लाभ

अतः इष्ट लाभ = $\frac{१००\times१५}{६०}$ रु०=२५ रु०

लाभ==२५ प्रतिशत। उत्तर

२२. १० गायों को बेचने में २ गायों का विक्रयमूल्य लाभ में मिलता है, लाभ प्रतिशत बताओ।

२३. यदि किसी आदमी को ३६० आम बेचने में ६० आमों के विक्रयमूल्य के बराबर लाभ होता है, तो उसको लाभ कितने प्रतिशत हुआ ?

२४. एक सौदागर अपना सामान बेचने में सामान के $\frac{२}{५}$ के विक्रय-मूल्य के बराबर लाभ करता है, तो उसका लाभ कितने प्रतिशत हुआ ?

२५. एक बनिया माल मोल लेते समय २० प्रतिशत ठगता है, और उसी माल को बेचते समय भी २० प्रतिशत ठगता है। उसका लाभ प्रतिशत बताओ।

क्रियाः

माल मोल लेते समय १०० रु० में १२० रु० का माल ले लेता है, इस प्रकार जब वह १०० रु० का माल बेचता है, तो ग्राहक से १२० ठग लेता है। अर्थात् १०० रु० के सामान को १२० रु० में बेचता है।

∵ १०० रु० के माल को वह १२० रु० में बेचता है,

∴ १२० रु० के „ $\frac{१२०\times१२०}{१००}$ रु० अर्थात् १४४ रु० में बेचता है।

उसका लाभ=१४४−१०० रु०=४४ रु०।

४४ प्रतिशत। **उत्तर**

२६. एक बनिया माल मोल लेते समय १० प्रतिशत ठगता है, और १० प्रतिशत बेचते समय भी ठगता है। उसको कितने प्रतिशत का लाभ होता है?

२७. एक बनिया दिखलाता है कि वह अपना सामान क्रयमूल्य पर ही बेचता है, परन्तु बेचते समय वह सामान १५ छटाँक के सेर से तौलता है। अपनी चालाकी से वह कितने प्रतिशत लाभ उठाता है?

२८. एक बनिया माल खरीदते समय १७ छटाँक के सेर से माल तौलता है और बेचते समय १५ छटाँक के सेर से माल तौलता है। यदि वह क्रयमूल्य के भाव से ही सामान बेचे, तो अपनी बेईमानी के कारण वह कितने प्रतिशत का लाभ उठायेगा?

२९. एक बनिये के पास दो प्रकार का सेर है। एक १५ छटाँक का है और दूसरा १७ छटाँक का सेर है। दिखावटी तौर पर वह क्रय-मूल्य पर ही सामान बेचता है, परन्तु १५ छटाँक वाले सेर से सामान बेचकर लाभ उठाता है। एक बार अपनी असावधानी के कारण उसने सामान १५ छटाँक वाले सेर से लेकर १७ छटाँक वाले सेर से सामान बेच दिया। बताओ उसे अपनी असावधानी के कारण कितने प्रतिशत की हानि हुई?

३०. एक मिठाई वाला १४ छटाँक के सेर से मिठाई बेचता है। उसको कितने प्रतिशत का लाभ होता है?

३१. एक बनियां अपने तराजू में पसंगा के कारण सामान खरीदते समय प्रति ढाई सेर में ४ छटाँक अधिक तौलता है और सामान बेचते समय प्रति ढाई सेर में ४ छटाँक कम तौलता है। उसका लाभ प्रतिशत बताओ जब वह क्रयमूल्य ही के भाव से सामान बेचता है।

३—विक्रयमूल्य मालूम करना

विक्रयमूल्य =क्रयमल्य+लाभ

=क्रयमूल्य−हानि।

प्रश्नावली २८

१. ६० रु० का सामान कितने रुपये पर बेचा जाय कि लाभ १५ प्रतिशत हो?

क्रिया :

(पहला ढंग)

मान लो कि सामान १०० रु० पर खरीदा गया।

∵ लाभ १५% है

∴ विक्रयमूल्य = १०० रु० + १५ रु० = ११५ रु०

∵ जब क्रयमूल्य १०० रु० है, तब विक्रयमूल्य ११५ रु०

∴ „ „ „ ६० रु० है, „ „ $= \frac{११५ \times ६०}{१००}$ रु०

= ६९ रु०

इष्ट विक्रयमूल्य = ६९ रु०। **उत्तर**

(दूसरा ढंग)

विक्रयमूल्य = क्रयमूल्य + क्रयमूल्य का १५%

= ६० रु० + ६० रु० का $\frac{१५}{१००}$,

= ६० रु० + ९ रु०

= ६९ रु०। **उत्तर**

२. एक घड़ी जो १७५ रु० पर खरीदी गई, ३० प्रतिशत लाभ उठाने के लिये कितने पर बेची जाय ?

३. कुछ छाते ८ रु० प्रति छाते की दर से मोल लिये गये। उनको बेचने के स्थान पर ले जाने में ५ आ० ४ पा० प्रति छाते की की दर से व्यय पड़ा। बताओ प्रत्येक छाता कितने रुपये पर बेचा जाय कि कुल लागत धन पर १४ प्रतिशत का लाभ हो ?

४. एक बनिये को सामान बेचने में १६ प्रतिशत का घाटा होता है। यदि उस सामान पर उसने कुल ३०० रु० व्यय किया है, तो उस सामान का विक्रयमूल्य बताओ।

५. एक फलवाले ने ६ आने दर्जन के भाव के केलों को २५% के लाभ पर बेच दिया। उसने किस भाव से केला बेचा ?

६. राम ने १०० चाक २५ रु० प्रति कोड़ी के भाव का खरीद कर २५% लाभ पर श्याम को बेच दिया। बताओ श्याम ने एक चाक के लिये कितना दाम दिया

७. एक आदमी ने ३ बैलों को २५० रु० प्रति बैल के भाव से खरीदा और उनको तीन महीने रखकर १० प्रतिशत के घाटे पर बेच

दिया। यदि प्रत्येक बैल को खिलाने में उसने ३० रु० मासिक खर्च किया, तो तीनों बैलों का विक्रयमूल्य बताओ।

८. किसी पुस्तक की छपाई, जिल्द बँधाई इत्यादि में ६ रु० ४ आ० व्यय होता है। यदि उसके बेचने में ८% और व्यय होता है, तो कुल लागत पर २५% लाभ उठाने के लिये उस पुस्तक को कितने पर बेचा जाय ?

९. राम ने एक घोड़ा ४५० रु० में खरीदा। उसने उस घोड़े को २०% लाभ पर श्याम को बेच दिया। श्याम ने १० प्रतिशत लाभ पर बलराम को बेच दिया और बलराम ने उस घोड़े को २५% लाभ पर हरि के हाथ बेच दिया। बताओ हरि ने उस घोड़े को कितने में खरीदा ?

क्रिया :

∵ राम ने २०% लाभ पर उस घोड़े को बेचा,

∴ राम ने ४५० रु०+४५० रु० का २०% अर्थात् ५४० रु० पर बेचा।

∵ श्याम ने उस घोड़े को १०% लाभ पर बेचा,

∴ श्याम ने बलराम के हाथ ५४० रु०+५४० का १०% अर्थात् ५९४ रु० पर बेचा।

∵ बलराम ने उस घोड़े को हरी के हाथ २५% लाभ पर बेचा,

∴ हरि ने उस घोड़े को ५९४ रु०+५९४ रु० का २५% अर्थात् ७४२ रु० ८ आ० पर खरीदा।

उत्तर : ७४२ रु० ८ आ०

१०. मोहन ने एक बाइसिकिल २७५ रु० में खरीद कर सोहन के हाथ १२½% लाभ पर बेच दिया। सोहन ने उस बाइसिकिल को २०% लाभ पर रोहन के हाथ बेच दिया। बताओ रोहन ने सोहन को कितने रुपये दिये ?

११. एक व्यापारी ने ३५ मन गेहूँ २२ रु० ८ आ० प्रति मन की दर से खरीदा और क्रयमूल्य पर उसने २½% दलाली दी। उसने अपनी कुल लागत पर २०% लाभ उठाकर कुल गेहूँ दूसरे व्यापारी के हाथ बेच दिया। इस व्यापारी ने ५% घाटे पर कुल खरीदा हुआ

गेहूँ तीसरे व्यापारी के हाथ बेच दिया। इस तीसरे व्यापारी ने कुल गेहूँ को कितने पर खरीदा? (उत्तर निकटतम आने में दो)।

१२. राम ने एक बैल ३५० रु० में खरीद कर २५% लाभ पर श्याम के हाथ बेच दिया। श्याम ने उस बैल को १०% घाटे पर बलराम के हाथ बेच दिया। बलराम ने भी उस बैल को १२% लाभ पर जैराम के हाथ बेच दिया। जैराम ने उस बैल को कितने में खरीदा।

१३. क ने ९०० रु० में एक घोड़ा खरीदा। उसने उसको १०% लाभ पर ख के हाथ बेच दिया। ख ने उसे ग के हाथ १२½% लाभ पर बेच दिया और ग ने उसे ३३⅓% घाटे पर बेचा। बताओ ग ने उस घोड़े को कितने रुपये में बेचा?

४. क्रयमूल्य निकालना

क्रयमूल्य = विक्रयमूल्य − लाभ
= विक्रयमूल्य + हानि।

प्रश्नावली २९

१. एक किसान ने एक गाय २२० रु० में बेच दी। यदि उसने १० प्रतिशत का लाभ उठाया, तो उस गाय का क्रयमूल्य बताओ।

(पहला ढंग) क्रयमूल्य + क्रयमूल्य का १०% = विक्रयमूल्य

अर्थात् क्रयमूल्य + क्रयमूल्य का $\frac{१}{१०}$ = २२० रु०

या क्रयमूल्य का $(१+\frac{१}{१०})$ = २२० रु०

या क्रयमूल्य का $\frac{११}{१०}$ = २२० रु०

∴ क्रयमूल्य $= \frac{२२० \times १०}{११}$ रु०

= २०० रु०

(दूसरा ढंग) मान लो, गाय का क्रयमूल्य = १०० रु०।

∵ लाभ = १०%।

∴ विक्रयमूल्य = १०० रु० + १० रु० = ११० रु०

∵ जब विक्रयमूल्य ११० रु० है, तब क्रयमूल्य = १०० रु०

∴ „ „ „ २२० रु० है, „ „ $= \frac{१०० \times २२०}{११०}$ रु०

= २०० रु०

उत्तर: २०० रु०

२. किसी सामान को ८६ रु० में बेचने से ७$\frac{1}{2}$ प्रतिशत का लाभ होता है। उस सामान का क्रयमूल्य बताओ।

३. १३ रु० ८ आने में एक छाता बेचने पर ८% का घाटा होता है। उस छाते का क्रयमूल्य बताओ।

४. एक दूकानदार ८ रु० १२ आ० प्रति गज की दर से १५० गज कपड़ा बेचता है। स सौदे में उसे २५ प्रतिशत का लाभ होता है। बताओ उसने कुल कपड़े के लिये कितने पये दिये थे?

५. एक आदमी ने एक गाय और एक बैल ३७४ रु० में बेच दिये। गाय पर उसे १०% का घाटा हुआ और बैल पर १५% का लाभ। यदि गाय का क्रयमूल्य १६० रु० था, तो बैल का क्रयमूल्य बताओ?

६. एक किसान, दो बैल, प्रत्येक ७५० रु० में बेचता है। ऐसा करने से एक बैल पर उसे २० प्रतिशत का लाभ और दूसरे बैल पर २० प्रतिशत का घाटा होता है। उन दोनों का क्रयमूल्य बताओ, और बताओ कि इस सौदे से उसको कितने का घाटा या लाभ होता है?

७. एक आदमी ने दो मकान प्रत्येक ६२१० रु० पर बेचे। एक मकान पर उसको ८% लाभ और दूसरे पर ८% की हानि हुई। उन दोनों मकानों का क्रयमूल्य बताओ और बताओ कि कुल पर उसे कितने का घाटा या लाभ हुआ?

८. एक आदमी ने २०० नारंगियाँ मोल लीं। इसमें से २०% सड़ गईं। शेष को उसने ७ आ० ६ पा० की १० की दर से चे कर कुल पर ८% का लाभ किया। कुल नारंगियों का क्रयमूल्य बताओ।

९. राम ने एक घोड़ा श्याम के हाथ बेच कर २० प्रतिशत का लाभ किया। श्याम ने उस घोड़े को बलराम के हाथ बेचकर ५ प्रतिशत का लाभ किया। यदि बलराम ने उस घोड़े को ६३० रु० में खरीदा तो राम ने उस घोड़े को कितने पर मोल लिया होगा?

क्रिया :

मान लिया, राम ने उस घोड़े को १०० रु० में मोल लिया ;

∵ राम घोड़े को बेचकर २०% लाभ उठाता है,

∴ श्याम ने उस घोड़े को १२० रु० में मोल लिया।

∵ श्याम उस घोड़े को बेच कर ५% का लाभ उठाता है,

∴ वह उस घोड़े को $\frac{१२० \times १०५}{१००}$ रु० अर्थात् १२६ रु० में बेचता है

जब श्याम उस घोड़े को १२६ रु० में बेचता है, राम उसको १०० रु० में खरीदता है।

,, ,, ,, ६३० रु० बेचता है, राम उसको $\frac{१०० \times ६३०}{१२६}$ रु०

अर्थात् ५०० रु० में खरीदता है।

उत्तर : ५०० रु०

१०. राम ने एक बैल १० प्रतिशत लाभ पर श्याम के हाथ बेच दिया। श्याम ने उस बैल को २० प्रतिशत लाभ पर बलराम के हाथ बेच दिया। यदि बलराम ने उस बैल को ३९६ रु० में २५ प्रतिशत लाभ उठा कर बेच दिया, तो बताओ राम ने उसको कितने रुपये पर मोल लिया था।

११. कारखाने वाले किसी वस्तु को बनाकर ४% लाभ पर अपने एजेण्ट को बेचते हैं। एजेण्ट उसे थोक माल खरीदनेवाले व्यापारी को ५% लाभ पर बेचता है। वह व्यापारी उसको २०% लाभ लेकर २७३ रु० में बेचता है। बताओ उस वस्तु को तैयार करने में कारखाने वाले को क्या लागत पड़ी?

१२. एक कारीगर अपना सामान लागत के मूल्य का $\frac{१}{४}$ लाभ लेकर दलाल के हाथ बेचता है। दलाल अपनी लागत पर २० प्रतिशत का लाभ उठाकर व्यापारी के हाथ उस सामान को बेचता है। यदि व्यापारी उस सामान को १६ रु० में २८ प्रतिशत लाभ पर बेचता है, तो उस सामान को तैयार करने में उस कारीगर को क्या लागत लगी होगी?

१३. एक किसान १२ प्रतिशत लाभ पर गेहूँ अपने गाँव के बनिये के हाथ बेचता है। बनिया उस गेहूँ को अढ़तिया के यहाँ २५ प्रतिशत लाभ पर व्यापारी के हाथ बेचता है। यदि व्यापारी उस गेहूँ को २२ रु० १२ आना प्रति मन के भाव से ३० प्रतिशत लाभ उठाकर

बेचता है, तो प्रति मन गेहूँ पैदा करने में किसान को कितनी लागत लगी थी ?

१४. एक व्यापारी ने अपनी पूँजी को चार बार लगातार व्यापार में लगाया। पहली बार उसे १०० प्रतिशत लाभ हुआ। इस कुल प्राप्त धन को उसने फिर व्यापार में लगाया। इस बार उसे २० प्रतिशत की हानि हुई। फिर इसी प्रकार उसने अपने कुल प्राप्त धन को दो बार लगातार व्यापार में लगाया और हर बार उसे २० प्रतिशत का घाटा हुआ। यदि अन्त में उसके पास ५१२ रु० बच गये, तो बताओ उसने कितने रुपये से व्यापार करना आरम्भ किया था ?

१५. कारखाने वाले ने एक मोटर १५% लाभ पर एजेण्ट के हाथ बेचा। एजेण्ट ने १०% लाभ पर उस मोटर को व्यापारी के हाथ बेच दिया और व्यापारी ने उस मोटर को २५% लाभ पर किसी ग्राहक को ७५९० रु० में बेच दिया। बताओ कारखाने वाले ने उस मोटर को तैयार करने में कितनी पूँजी लगाई थी ?

विविध प्रश्नावली ३०

क्रिया :

१. ३९२ ० में एक बैल बेचने से १२ प्रतिशत का लाभ होता है। वह बैल किस मूल्य पर बेचा जाय कि १५ प्रतिशत का लाभ हो ?

मान लो कि बैल का क्रयमल्य १०० रु० है।

१२ प्रतिशत लाभ करने के लिये यह बैल १०० रु० + १२ रु० अर्थात् ११२ रु० में बेचा जायगा।

∵ जब विक्रयमूल्य ११२ रु० है तब उस बैल का क्रयमूल्य = १०० रु०

∴ „ ३९२ रु० है तब उस बैल का क्रयमूल्य

$$= \frac{१०० \times ३९२}{११२} \text{ रु०}$$

$$= ३५० \ ०$$

अब १५% लाभ करने के लिये १०० रु० का बैल ११५ रु० पर बेचना चाहिये।

∵ जब क्रयमूल्य १०० रु० है तो विक्रयमूल्य $=$ ११५ रु०

∴ „ „ „ ३५० रु० „ „ $= \frac{११५ \times ३५०}{१००}$ रु०

$=$ ४०२ रु० ८ आ०

अभीष्ट क्रयमूल्य $=$ ४०२ रु० ८ आना। **उत्तर**

२. यदि ८०५ रु० में एक घोड़ा बेचने से १५% का लाभ होता है, तो १८% लाभ उठाने के लिये वह घोड़ा कितने में बेचा जाय ?

३. २७३ रु० में एक गाय बेचने से ९% का घाटा होता है। वह गाय किस मूल्य पर बेची जाय कि ९% लाभ हो ?

४. ३८ रु० में कुछ सामान बेचने से ५% की हानि होती है, १०% लाभ लेने के लिये वह सामान कितने पर बेचा जाय ?

५. एक रु० में ४० आम बेचने से ८ प्रतिशत का लाभ होता है, तो १ रु० में कितने आम बेचे जायँ कि २० प्रतिशत का लाभ हो ?

६. यदि एक-एक आने नारंगी बेचने से २ प्रतिशत की हानि होती है, तो १२ प्रतिशत लाभ उठाने के लिये १ रु० में कितनी नारंगियाँ बेची जायँ ?

७. एक गाय १६२ ० पर बेची गई तो १० प्रतिशत घाटा हुआ। १० प्रतिशत लाभ करने के लिये उसे कितने पर बेचना चाहिये ?

८. एक बैल २४० रु० में ९% घाटे पर बेचा गया। १३$\frac{३}{४}$% लाभ करने के लिये उसे कितने पर बेचना चाहिये ?

९. एक मकान को २२५० रु० में बेचने से १२$\frac{१}{२}$ प्रतिशत का लाभ होता है। यदि मकान १९०० रु० में बेचा जाता, तो कितने प्रतिशत की हानि होती ?

मान लो कि मकान का क्रय-मूल्य १०० रु० है,

तब १२$\frac{१}{२}$% लाभ उठाने के लिये इस मकान को

१०० रु० $+ \frac{२५}{२}$ ० अर्थात् $\frac{२२५}{२}$ रु० में बेचना चाहिये।

∵ जब मकान का विक्रयमूल्य $\frac{२२५}{२}$ रु० है, तब क्रयमूल्य
=१०० रु०

∴ „ „ „ =२२५० रु० है, तब क्रयमूल्य

$$=\frac{१००\times२\times२२५०}{२२५} \text{ रु०}$$

=२००० रु०

यदि मकान १९०० रु० पर बिका होता,

तब २००० रु०–१९०० ० यानी १०० रु० की हानि होती।

∵ २००० ब० पर हानि=१०० रु०,

$$∴ १०० \text{ रु० „ „ } =\frac{१००\times१००}{२०००} \text{ रु०}=५ \text{ रु०}$$

अभीष्ट हानि=५% **उत्तर**

१०. ३२० ० में कुछ सामान बेचने से २५ प्रतिशत का लाभ होता है। यदि वही सामान ३०४ रु० में बिके, तो कितने प्रतिशत का लाभ होगा ?

११. ६५० रु० में एक बैल ेच देने से २$\frac{१}{२}$ प्रतिशत का घाटा होता है। यदि वह बैल ९०० ० में बिका होता, तो उसे कितने प्रतिशत का घाटा अथवा लाभ हुआ होता ?

१२. ३३ रु० में एक कुर्सी बेचने से उसके क्रयमूल्य का $\frac{१}{१२}$ घाटा होता है। उस कुर्सी को ४८ रु० में बेचने पर कितने प्रतिशत का लाभ होगा ?

१३. ८०० रु० में एक घोड़ा बेचने से उसके क्रयमूल्य का $\frac{१}{७}$ लाभ होता है। यदि वह घोड़ा ७५० रु० में बेचा जाय, तो कितने प्रतिशत का लाभ होगा ?

१४. एक आदमी ने कुछ नारंगियाँ प्रति रुपये १२ नारंगियों की दर से और उतनी ही नारंगियाँ दूसरे प्रकार की प्रति पये ८ नारंगियों की दर से खरीदीं। यदि उसने दोनों प्रकार की नारंगियों को मिलाकर प्रति रुपये १० नारंगियों की दर से बेचा, तो उसे कितने प्रतिशत की हानि हुई ?

क्रिया :

भिन्न से बचने के लिये मान लो कि उस आदमी ने १२० नारंगियाँ (८, १०, और १२ का लघुत्तम समापवर्त्य १२० है) मोल ली।

∵ पहले प्रकार की १२ नारंगियों का क्रयमल्य = १ रु०

∴ „ „ १२० „ „ $= \frac{१२०}{१२}$

= १० रु०।

इसी तरह दूसरे प्रकार की १२० नारंगियों का क्रयमूल्य = १५ रु० (१२० + १२०) नारंगियाँ अर्थात् २४० नारंगियाँ १० रु० + १५ रु० अर्थात् २५ रु० में मोल ली गईं।

∵ १० नारंगियों का विक्रयमूल्य = १ रु०

∴ २४० „ „ „ $= \frac{२४०}{१०}$ रु० = २४ रु०

∴ २५ रु० − २४ रु० अर्थात् १ ० ही हानि हुई।

∵ २५ ० पर हानि = १ रु०

∴ १०० रु० „ $= \frac{१००}{२५}$ रु० × $\frac{१}{१}$ ०

इष्ट हानि = ४% उत्तर

१५. एक आदमी ने कुछ नारंगियाँ प्रति रुपये १८ की दर से और दूसरे प्रकार की उतनी ही नारंगियाँ प्रति रुपये १४ की दर से खरीदीं। दोनों प्रकार की नारंगियों को मिला कर उसने प्रति रुपये १५ की दर से बेच दिया। उसका लाभ प्रतिशत बताओ।

१६. एक फेरी वाले ने कुछ आम प्रति रुपये १२ आम की दर से मोल लिये। फिर उसने उतने ही आम प्रति रुपये १५ आम की दर से मोल लिये। यदि उसने दोनों प्रकार के आमों को मिलाकर प्रति रुपये १३ आम की दर से बेच दिया, तो उसको कितने प्रतिशत का घाटा या लाभ हुआ?

१७. एक औरत ने १ रु० ४ आने में ११ अण्डे की दर से कुछ अण्डे मोल लिये, फिर दूसरे प्रकार के उतने ही अण्डे प्रति रुपये १२ अण्डे की दर से मोल लिये। यदि उसने दोनों प्रकार के अण्डों को मिलाकर १ रु० ४ आ० में १३ अण्डे की दर से बेच दिया, तो उसे कितने प्रतिशत की हानि हुई?

१८. एक औरत ने ३०० अण्डे ४ आने में ३ अण्डे की दर से और ४०० अण्डे २ आने में ३ अण्डे की दर से खरीद कर मिला दिये, फिर उसने उनको ८ आने में ५ अण्डे की दर से बेच दिया। उसको कितने प्रतिशत लाभ हुआ ?

१९. एक आदमी ने कुछ नारंगियाँ १ रु० ८ आ० में एक दर्जन की दर से और उतनी ही नारंगियाँ दूसरे प्रकार की १ रु० १२ आ० में एक कोड़ी की दर से मोल लीं। उनको २ रु० ४ आ० में एक कोड़ी की दर से बेचकर उसने ५ रु० ४ आ० का लाभ उठाया। उसने कितनी नारंगियाँ मोल लीं ?

क्रिया :

∵ १२ और २० का लघुत्तम समापवर्त्य ६० है।

∴ मान लो कि उस आदमी ने हर प्रकार की ६० नारंगियाँ मोल लीं।

१ रु० ८ आ० $=\frac{३}{२}$ रु०, १ रु० १२ आ० $=\frac{७}{४}$ रु०

२ रु० ४ आ० $=\frac{९}{४}$ रु० और ५ रु० ४ आ० $=\frac{२१}{४}$ रु०

पहले प्रकार की ६० नारंगियों का क्रय-मूल्य $=\frac{३}{२}\times\frac{६०}{१२}$ रु०

$=\frac{१५}{२}$ रु०

और दूसरे ,, ,, ,, $=\frac{७}{४}\times\frac{६०}{२०}$ रु०

$=\frac{२१}{४}$ रु०

अर्थात् १२० नारंगियों का क्रय-मूल्य $=\frac{१५}{२}$ रु० $+\frac{२१}{४}$ रु०

$=\frac{५१}{४}$ रु०

∵ १२० नारंगियों का विक्रय-मूल्य $=\frac{९}{४}\times\frac{१२०}{२०}$ रु०

$=\frac{२७}{२}$ रु०

∴ १२० नारंगियों पर लाभ $=\frac{२७}{२}$ रु० $-$ ०$\frac{५१}{४}$ रु०

$=\frac{३}{४}$ रु०

∵ कुल लाभ $\frac{२१}{४}$ रु० है,

∴ $\frac{३}{४}$ रु० : $\frac{२१}{४}$ रु० :: १२० नारंगी : नारंगियों की इष्ट संख्या

अतः नारंगियों की इष्ट संख्या $=\frac{१२०\times२१}{४}\times\frac{४}{३}=८४०$

उत्तर : ८४० नारंगियाँ

२०. एक फलवाले ने २ रु० १२ आने में एक दजन की दर से कुछ नाशपातियाँ मोल लीं और उनको ३ रु० में १३ की दर से बेच दीं। यदि ऐसा करने से ४ रु० लाभ हुए, तो उसने कितनी नाशपातियाँ मोल ली थीं ?

२१. एक फल वाले ने १० आने में ११ की दर से कुछ नारंगियाँ खरीदीं और उनको ११ आने में १० की दर से बेच दिया। वह कितनी नारंगियाँ बेचे कि उसको १० रु० ८ आ० लाभ में मिले ?

२२. एक बुढ़िया ने कुछ अण्डे ६ आने में ४ की दर से मोल लेकर ८ आने में ५ की दर से बेच दिये। यदि उसको ३ रुपये लाभ में मिले, तो उसने कितने अण्डे मोल लिये थे ?

२३. कुछ वस्तुएँ ६ ०४ आने में १०० की दर से कितनी खरीदी जायँ कि १५ आने में १ दर्जन की दर से बेचने पर १५ रु० का लाभ हो ?

२४. एक आदमी ने कुछ आम १ आने में २ की दर से और दूसरे प्रकार के उसके आधे आम ३ आने में ४ की दर से खरीदे। दोनों को मिलाकर वह किस दर से बेचे कि उसको २० प्रतिशत का लाभ हो ? और बताओ कि ३ रु० ८ आ० का लाभ उठाने के लिये वह कितने आम खरीदे ?

२५. एक बैल १० प्रतिशत घाटे पर बेचा जाता है। यदि वह ७५ रु० और अधिक पर बिका होता, तो ५ प्रतिशत का लाभ हुआ होता। बैल का क्रयमूल्य बताओ।

क्रिया :

मान लो, बैल का क्रयमूल्य १०० रु० है।

१०% हानि पर बिकने के कारण बैल का विक्रयमूल्य = ९० रु०,

५% लाभ " " " " " = १०५ रु०

दोनों विक्रयमूल्यों का अन्तर = १०५ रु० − ९० रु० = १५ रु०,

परन्तु दोनों विक्रयमूल्यों का वास्तविक अन्तर = ७५ रु०.

∴ १५ रु० : ७५ रु० : : १०० ० : इष्ट क्रयमूल्य

अतः इष्ट क्रयमूल्य = $\frac{१०० \times ७५}{१५}$ रु०

उत्तर : ५०० रु०।

२६. एक घोड़ा १२ प्रतिशत घाटे पर बिका; परन्तु यदि बेचने वाले को ९५ पये और मिल गये होते, तब उसको ७ प्रतिशत का लाभ हुआ होता। उस घोड़े का क्रयमूल्य बताओ।

२७. एक घड़ी १० प्रतिशत लाभ पर बेची जाती है। यदि ग्राहक ने ३२ रु० ८ आने कम दिया होता, तब ३ प्रतिशत का घाटा हुआ होता। उस घड़ी का क्रयमूल्य बताओ।

२८. एक मकान १६ प्रतिशत लाभ पर बेचा गया। यदि उसका विक्रयमूल्य ६६ रु० और अधिक हो जाता तब वह मकान २०% लाभ पर बिका रहता। उस मकान का लागत मूल्य बताओ।

२९. यदि एक किसान ने अपनी गाय को २६० रु० में न बेचकर २७० ० में बेचा होता, तो उसका लाभ ५ प्रतिशत और बढ़ जाता। गाय का क्रयमूल्य बताओ।

३०. मोहन अपनी कुर्सी के विक्रयमूल्य में २ ० ८ आ० की कमी कर देने के कारण ५ प्रतिशत लाभ को ५ प्रतिशत घाटे में बदल देता है; बताओ कुर्सी को उसने कितने रुपये में मोल ली थी?

३१. एक किसान अपनी गाय १६ प्रतिशत लाभ पर बेचता है। यदि उसने उस गाय को पहले से ४ प्रतिशत कम मूल्य पर मोल लिया होता और ७ रु० अधिक पर बेचा होता, तो उसको २५ प्रतिशत लाभ हुआ होता। उस गाय का क्रयमूल्य बताओ।

मान लो, गाय का क्रयमल्य १०० रु० है।

पहली अवस्था में विक्रयमूल्य = १०० रु० + १६ रु० = ११६ रु०।

दूसरी अवस्था में क्रयमूल्य = १०० रु० − ४ रु० = ९६ रु०।

दूसरी अवस्था में विक्रयमूल्य $=\frac{१२५}{१००}\times$ ९६ रु० = १२० रु०

दोनों विक्रयमूल्यों का अन्तर = १२० रु० − ११६ रु० = ४ रु०।

परन्तु दोनों विक्रयमूल्यों का वास्तविक अन्तर = ७ रु०।

४ रु० : ७ ० :: १०० : इष्ट क्रयमूल्य,

अतः इष्ट क्रयमूल्य $=\frac{७\times१००}{४}$ रु०

= १७५ रु०, **उत्तर**

३२. एक बढ़ई एक कुर्सी बनाकर १० प्रतिशत लाभ पर बेचता है। यदि उस कुर्सी पर उसने १० प्रतिशत और कम खर्च किया होता और ८ आ० अधिक पर बेचा होता तो, उसको २५ प्रतिशत का लाभ हुआ होता। उस कुर्सी पर उसका लागत मूल्य बताओ ?

३३. राम ने एक बैल खरीद कर १२ प्रतिशत लाभ पर बेचा है। यदि उसने बैल को ५ प्रतिशत कम मूल्य पर खरीदा होता और ५ रु० अधिक मूल्य पर बेचा होता, तो उसको २० प्रतिशत का लाभ हुआ होता। राम ने उस बैल को कितने रुपये में खरीदा था ?

३४. एक आदमी अपने मकान को ८ तिशत घाटे पर बेचता है। यदि उस मकान को बनाने में उसने १० प्रतिशत कम खर्च किया होता और २१७ रु० अधिक मूल्य पर बेचा होता, तो उसको १० प्रतिशत का लाभ हुआ होता। मकान का लागत मूल्य बताओ ?

३५. एक आदमी अपना मकान ६ प्रतिशत लाभ पर बेचता है। यदि उसने उस मकान को ५ प्रतिशत कम मूल्य पर मोल लिया होता और १३५ ० कम पर बेचा होता, तो उसको ५ प्रतिशत का लाभ हुआ होता। उस आदमी ने इस मकान को कितने रुपये में लिया था ?

३६. एक बनिये ने कुछ सामान १०८० रु० में मोल लिया। इसका तीसरा भाग उसने १० प्रतिशत घाटे पर और आधा १० प्रतिशत के लाभ पर बेच दिया। बचे हुए सामान को वह कितने प्रतिशत लाभ से बेचे कि उसे कुल ५ प्रतिशत का लाभ हो ?

∵ बनिया अपने कुल सामान पर ५ प्रतिशत लाभ चाहता है।

$$\therefore \text{कुल सामान का विक्रयमूल्य} = \frac{१०८० \times १०५}{१००} \text{ रु०}$$

$$= ११३४ \text{ रु०।}$$

$$\text{सामान के तिहाई भाग का विक्रयमूल्य} = \frac{१}{३} \times १०८० \times \frac{९०}{१००} \text{ रु०}$$

$$= ३२४ \text{ रु०}$$

$$\text{सामान के आधे भाग का विक्रयमूल्य} = \frac{१}{२} \times १०८० \times \frac{११०}{१००} \text{ रु०}$$

$$= ५९४ \text{ रु०।}$$

बिके हुऐ सामान से ३२४ रु०+५९४ रु० अर्थात् ९१८ रु० मिल गये, परन्तु कुल सामान पर ५ प्रतिशत का लाभ उठाने के लिये ११३४ ० मिलना चाहिएँ। अर्थात् बचे हुए सामान को ११३४ रु० – ९१८ रु०=२१६ रु० पर बिकना चाहिए।

अभी १०८० रु०–१०८० रु० का $\left(\frac{1}{3}+\frac{1}{2}\right)$ अर्थात् १८० ० का सामान बचता है।

∵ १८० रु० के सामान का विक्रयमूल्य=२१६ रु०

∴ १०० रु० ,, ,, ,, $=\frac{२१६\times१००}{१८०}$ रु०

=१२० रु०

∴ इष्ट लाभ=१२० रु०–१०० रु०,=२० रु०

उत्तर २० प्रतिशत।

३७. एक आदमी की सम्पत्ति १८००० रु० की है। वह अपनी सम्पत्ति का तीसरा भाग १० प्रतिशत घाटे पर बेचता है और अपनी सम्पत्ति के $\frac{3}{8}$ भाग को १५ प्रतिशत लाभ पर बेचता है। सम्पत्ति के शेष भाग को वह कितने प्रतिशत लाभ पर बेचे कि उसको अपनी कुल सम्पत्ति पर १० प्रतिशत का लाभ हो?

३८. एक गड़ेरिये ने २४८ भेड़ें ३० रु० प्रति भेड़ के भाव से मोल लीं। इनमें से १२ भेड़ें खो गईं और ४० भेड़ों को उसने १३$\frac{1}{2}$ प्रतिशत घाटे पर बेच दिया। शेष भेड़ों को किस भाव से बेचे कि उसको कुल १४४० रु० लाभ में मिले?

३९. एक बनिये ने २००० मन चावल २६ रु० प्रति मन की दर से खरीदा। उसने उसका $\frac{1}{8}$ भाग ५ प्रतिशत लाभ पर, उसका आधा १२ प्रतिशत लाभ पर बेच दिया। बताओ शेष को वह कितने प्रतिशत लाभ से बेचे कि उसको कुल पर १५ प्रतिशत का लाभ हो?

४०. एक फल वाले ने ४०० आम खरीद कर उनके $\frac{1}{8}$ को १० प्रतिशत लाभ से, $\frac{1}{4}$ को १२ प्रतिशत लाभ से और शेष २$\frac{1}{2}$% घाटे के साथ बेच दिये। यदि कुल आमों को उसने ८$\frac{1}{4}$ प्रतिशत लाभ पर

बेचा होता, तो उसको २ रु० ७ आ० अधिक मिले होते। बताओ उसने एक आम कितने में खरीदा था ?

४१. एक व्यापारी ने २४० गज कपड़ा खरीदा, जिसके $\frac{१}{५}$ को ६$\frac{१}{४}$ प्रतिशत लाभ से, $\frac{२}{५}$ को १२$\frac{१}{२}$% लाभ से, $\frac{१}{३}$ को १५ प्रतिशत लाभ से, और शेष को ३० प्रतिशत घाटे से बेच दिया। यदि उसने कुल कपड़े को १४$\frac{१}{२}$ प्रतिशत लाभ से बेचा होता, तो उसको पहले से ३१ रु० ८ आ० अधिक मिला होता। बताओ व्यापारी ने एक गज कपड़े के लिए क्या दिया था ?

४२. एक व्यापारी अपनी वस्तुओं के लिखित मूल्य पर २० प्रतिशत कमीशन देने पर भी अपनी लागत पूंजी पर २५ प्रतिशत का लाभ करता है। यदि इस प्रकार सौदा करके प्रत्येक वस्तु पर वह २ रु० लाभ करता है, तो उसका लिखित मूल्य बताओ।

क्रिया:

मान लो कि उस वस्तु का लिखित मूल्य १०० रु० है।

∵ व्यापारी २० प्रतिशत कमीशन देता है,

∴ वह ग्राहक से केवल १०० रु०–२० रु० पर ८० रु० पाता है।

∵ इस ८० रु० में २५ प्रतिशत का लाभ भी सम्मिलित है।

∴ उस वस्तु का क्रयमूल्य $=\frac{१००}{१२५}\times$ ८० रु० = ६४ रु०

ऐसी अवस्था में व्यापारी का लाभ = ८० रु० – ६४ रु०

= १६ ०।

परन्तु वास्तविक लाभ = २ ०,

∴ १६ ० : २ रु० : : १०० रु० : ष्ट लिखित मूल्य

अतः इष्ट लिखित मूल्य $=\frac{२\times१००}{१६}$ रु० $=\frac{२५}{२}$ रु०

= १२ रु० ८ आ०। **उत्तर**

४३. पुस्तक-विक्रेता पुस्तकों के लिखित मूल्य पर ६$\frac{१}{४}$ प्रतिशत कमीशन देता है और ऐसा करने पर उसको २० प्रतिशत का लाभ होता है। यदि किसी एक पुस्तक पर उसको १ रु० ६ आने का लाभ होता है, तो उस पुस्तक का लिखित मूल्य बताओ ?

४४. एक व्यापारी बाइसिकिल के लिखित मूल्य पर ४ प्रतिशत कमीशन देता है, तब भी उसको २० प्रतिशत का लाभ होता है। उस बाइसिकिल का लिखित मूल्य बताओ, जिस पर उस व्यापारी को २८ रु० का लाभ होता है।

४५. एक व्यापारी अपनी वस्तुओं के लिखित मूल्य पर ८ प्रतिशत कमीशन देता है। उस वस्तु का लिखित मूल्य क्या होगा, जिसका क्रय-मूल्य १५० रु० है, और जिस पर वह १५ प्रतिशत का लाभ उठाना चाहता है ?

४६. एक कारीगर अपनी वस्तुओं के लिखित मूल्य पर ७ प्रतिशत कमीशन देने पर भी १६$\frac{१}{४}$ प्रतिशत का लाभ करता है। यदि प्रत्येक वस्तु तैयार करने में उसके १२० रु० व्यय होते हैं, तो उस वस्तु का लिखित मूल्य बताओ।

४७. एक व्यापारी नकद दाम पाने पर ग्राहक को विक्रयमूल्य पर २$\frac{१}{२}$ प्रतिशत का बट्टा देता है, परन्तु उसे २५ प्रतिशत का लाभ ही होता है। यदि किसी वस्तु के बेचने पर उस व्यापारी को ३ रु० ४ आ० लाभ में मिलते हैं, तो उस वस्तु का विक्रयमूल्य बताओ।

४८. एक व्यापारी अपने घोड़े के क्रयमूल्य को कितने प्रतिशत बढ़ा कर, उसका विक्रयमूल्य माँगे कि विक्रयमूल्य पर ६ प्रतिशत कमीशन देकर २५ प्रतिशत का लाभ उठाये ?

क्रिया:

मान लिया कि घोड़े का माँगा हुआ विक्रयमूल्य १०० रु० है।

$\because$ व्यापारी ६$\frac{१}{४}$ प्रतिशत कमीशन देता है,

$\therefore$ वह ग्राहक से केवल १०० रु० $-\frac{२५}{४}$ रु० $=\frac{३७५}{४}$ रु० पाता है।

$\because$ $\frac{३७५}{४}$ रु० में २५ प्रतिशत का लाभ सम्मिलित है,

$\therefore$ घोड़े का मूल्य $=\frac{१००}{१२५}\times\frac{३७५}{४}$ रु०

$=$ ७५ रु०

जब घोड़े का क्रयमूल्य ७५ रु० है, तब माँगा हुआ विक्रयमल्य $=१००$ रु०

$\therefore$ „ „ १०० रु० „ „ माँगा हुआ विक्रयमूल्य

$$=\frac{१००\times१००}{७५} \text{ रु०}$$

$$=\frac{४००}{३} \text{ रु०}$$

इष्ट बढ़ाया हुआ प्रतिशत $=(\frac{४००}{३}-१००)$ या $\frac{१००}{३}$

$=३३\frac{१}{३}$ प्रतिशत उत्तर

४९. किसी वस्तु का विक्रय-मूल्य उसके क्रय-मूल्य से कितने प्रतिशत अधिक बढ़ाकर माँगा जाय कि विक्रय-मूल्य पर १० प्रतिशत कमीशन देकर २० प्रतिशत का लाभ उठाया जाय ?

५०. एक व्यापारी विक्रय-मूल्य पर ५ प्रतिशत बट्टा उन ग्राहकों को देता है जो नकद दाम देते हैं। वह क्रय-मूल्य से कितना प्रतिशत बढ़ाकर विक्रय-मूल्य माँगे कि उसे १४ प्रतिशत का लाभ हो ?

५१. एक सौदागर अपनी वस्तु के क्रय-मूल्य को कितने प्रतिशत बढ़ाकर विक्रय-मूल्य बतलाये कि विक्रय-मूल्य पर १२ प्रतिशत कमीशन देने पर भी उसे ११ प्रतिशत लाभ हो ?

५२. ६ मन गेहूँ और १० मन चना ३०५ रु० में खरीद कर एक आदमी ने गेहूँ को १०% लाभ पर और चने को १५% लाभ पर बेच दिया। उसको कुल ३४४ रु० मिले। गेहूँ और चने के प्रति मन क्रय-मूल्य अलग-अलग बताओ।

क्रियाः

मान लो कि गेहूँ और चना दोनों १५% लाभ से बेचे गये।

$\because$ ६ मन गेहूँ और १० मन चने का क्रय-मूल्य ३०५ रु० है और लाभ १५% है,

$\therefore$ ६ मन गेहूँ और १० मन चने का विक्रयमूल्य $=\frac{३०५\times११५}{१००}$ रु०

$=\frac{१४०३}{४}$ रु०

परन्तु गेहूँ केवल १०% लाभ पर बेचा गया,

$\therefore$ ६ मन गेहूँ के क्रयमूल्य का १५% $-$ १०%

अर्थात् ५% $=\frac{१४०३}{४}$ रु० $-$ ३४४ रु०

$=\frac{२७}{४}$ रु०,

∵ ६ मन गेहूँ के क्रयमूल्य का $\frac{५}{१००} = \frac{२७}{४}$ रु०

∴ ६ मन गेहूँ का क्रयमूल्य $= \frac{२७}{४} \times \frac{१००}{५}$ रु० = १३५ रु०

∴ १ मन गेहूँ का क्रयमूल्य = २२ रु० ८ आ०

अब ∵ १० मन चने का क्रयमूल्य = ३०५ रु० − १३५ रु०

= १७० रु०

∴ १ मन चने का क्रयमूल्य $= \frac{१७०}{१०}$ रु०

= १७ रु०

गेहूँ प्रति मन २२ रु० ८ आ०
और चना प्रति मन १७ रु० } उत्तर

५३. एक आदमी ने ३ टेबुल और ४ कुर्सियाँ २३० रु० में मोल लेकर टेबुलों को १० प्रतिशत लाभ पर और कुर्सियों को २० प्रतिशत लाभ पर बेच दिया। उसको कुल २६१ रुपये मिले। प्रति टेबुल तथा कुर्सी का क्रयमूल्य अलग-अलग बताओ।

५४. एक व्यापारी ने दो घोड़े २७०० रु० में मोल लिये। एक घोड़ा बीमार हो गया, इसलिये उसने उसको $७\frac{१}{२}$ प्रतिशत घाटे पर बेच दिया, परन्तु दूसरे को उसने ६ प्रतिशत लाभ पर बेचा। इस तरह वह केवल अपनी लागत पूंजी निकाल सका। प्रत्येक घोड़े का क्रयमूल्य बताओ।

५५. एक आदमी ने एक जोड़ी बैल ९०० रु० में मोल लेकर कुछ दिनों पश्चात् एक को ६% घाटे पर और दूसरे को ६ प्रतिशत लाभ पर बेच दिया। ऐसा करने से उसे केवल ६ रु० लाभ में मिले। प्रत्येक बैल का क्रयमूल्य बताओ।

५६. किसी आदमी ने दो घोड़े मोल लिये। इनमें से एक घोड़े का मूल्य दूसरे घोड़े के मूल्य से ४०० रु० अधिक था। यदि उसने पहले घोड़े को ६ प्रतिशत के लाभ पर और दूसरे को ८ प्रतिशत लाभ पर बेचकर कुल १५८ रु० लाभ में प्राप्त किया, तो प्रत्येक घोड़े का क्रयमूल्य बताओ।

५७. राम ने अपनी गाय को २६४ रु० में बेचकर उतने ही प्रतिशत लाभ किया जितने रुपयों पर उसने इसको मोल ली थी, तो गाय का क्रयमूल्य बताओ।

क्रिया :

मान लिया राम ने उस गाय को य रुपये में मोल ली थी
तब लाभ=य प्रतिशत

य रुपये पर लाभ= य का य प्रतिशत

$$= \text{य का } \frac{\text{य}}{\text{१००}} \text{ रु०}$$

$$= \frac{\text{य}^{2}}{\text{१००}} \text{ रु०}$$

$$\text{अतः } \frac{\text{य}^{2}}{\text{१००}} + \text{य} = \text{२६४ रु०}$$

$$\text{या } \text{य}^{2} + \text{१०० य} = \text{२६४००}$$

$$\therefore \text{ य } = \frac{-\text{१००} \pm \sqrt{\text{१००}^{2} + \text{४} \times \text{२६४००}}}{\text{२}}$$

$$= \frac{-\text{१००} \pm \text{३४०}}{\text{२}}$$

$$= \text{१२०}$$

उत्तर : १२० रु०

५८. मोहन ने अपनी गाय को ४१६ रु० में बेच कर उतने ही प्रतिशत लाभ उठाया जितने रुपयों में उसने उसको मोल लिया था, तो उसका क्रयमूल्य बताओ।

५९. सोहन ने अपने घोड़े को ८७५ ० में बेच कर उतन ही प्रतिशत का लाभ किया जितने रुपयों में उसने उसको मोल लया था, तो उसको कितने रुपये में मोल लिया थ: ?

६०. फकीर ने अपनी बकरी को २४ रु० में बेच कर उतने ही प्रतिशत की हानि उठाई जितने रुपयों में उसने उसको मोल लिया था, तो उस बकरी का क्रय-मूल्य बताओ।

—:०:—

नवाँ अध्याय

निष्पत्ति, अनुपात, अनुपाती भाग और साझा

निष्पत्ति (Ratio)

एक ही प्रकार की दो राशियों के उस सम्बन्ध को, जिससे यह ज्ञात हो कि एक राशि दूसरी राशि के कितने गुना अथवा उसका कौन-सा भाग है, **निष्पत्ति** कहते हैं, जैसे—

मान लिया कि राम के पास ६ रुपये हैं और श्याम के पास १२ रुपये। हम जानते हैं कि १२ रुपये के आधे ६ पये होते हैं। इसलिये हम कह सकते हैं कि राम और श्याम की पूंजी का सम्बन्ध $\frac{१}{२}$ के बराबर हुआ। इस $\frac{१}{२}$ को निष्पत्ति कहते हैं। अतः ६ रुपये और १२ रुपये की निष्पत्ति $\frac{६}{१२}$ आर्थात् $\frac{१}{२}$ हुई। इसी प्रकार १२ रु० और ६ रुपये की निष्पत्ति $\frac{१}{६}$ अथवा $\frac{२}{१}$ हुई।

इससे स्पष्ट है कि एक ही प्रकार की दो राशियों का सम्बन्ध वह लघुतम भिन्न है जो एक राशि में दूसरी राशि से भाग देने से प्राप्त होती है। साधारणतः दो राशियों की निष्पत्ति उनके बीच में नीचे-ऊपर दो विन्दु लगाकर प्रकट करते हैं, जैसे—३ मन और ५ मन की निष्पत्ति ३:५ है। निष्पत्ति की दो राशियों में से पहली राशि को **आदिम पद** (First term) और दूसरी राशि को **अन्तिम पद** (Last term) कहते हैं जैसे—$\frac{}{५}$ या ३:५ में ३ **आदिम पद** और ५ **अन्तिम पद** है। आदिम पद को **पूर्वगामी** (Antecedent) और अन्तिम पद को **अनुगामी** (Consequent) भी कहते हैं।

निष्पत्ति के सम्बन्ध में यह स्मरणीय है कि :

(१) निष्पत्ति की दोनों राशियाँ एक ही प्रकार की होती हैं। ३ रुपये और ५ रुपये की निष्पत्ति ३:५ है, परन्तु ३ रुपये और ५ घोड़े में कोई निष्पत्ति नहीं हो सकती। इसी प्रकार ३ पये और

५) आने में भी कोई निष्पत्ति नहीं हो सकती। ३ रुपये और ५ आने की निष्पत्ति बताने के लिये ३ रुपये के आने बनाने पड़ेंगे।

(२) दो राशियों की निष्पत्ति केवल एक सार्व संख्या हो सकती है। इसके मान का सम्बन्ध इसकी राशियों के साथ नहीं होता, जैसे—३ रु० : ५ रु०, ३ मन : ५ मन, ३ पौण्ड : ५ पौण्ड, ३ गज : ५ गज आदि में से प्रत्येक अनुपात $\frac{३}{५}$ अर्थात् ३ : ५ है।

(३) किसी निष्पत्ति की दोनों राशियों में से एक ही संख्या से गुणा करने अथवा भाग देने से, निष्पत्ति का मान नहीं बदलता, जैसे—

$$\frac{३}{५} = \frac{३ \times २}{५ \times २} = \frac{३ \times ७}{५ \times ७} \text{ अर्थात् } ३ : ५ = ६ : १० = २१ : ३५$$

$$\text{और } \frac{३५}{७०} = \frac{३५ \div ५}{७० \div ५} = \frac{३५ \div ३५}{७० \div ३५} \text{ अर्थात् } ३५ : ७० = ७ : १४ = १ : २$$

उस निष्पत्ति को जिसके आदिम और अन्तिम एक एक-दूसरे के बराबर होते हैं, **समता निष्पत्ति** कहते हैं, जैसे— ३ रु० और ३ रुपये की निष्पत्ति समता निष्पत्ति है।

उस निष्पत्ति को जिसका आदिम पद अन्तिम पद से बड़ा हो, **दीर्घ असमता** का अनुपात कहते हैं, जैसे— ५ : ३।

और उस अनुपात को जिसका आदिम पद अन्तिम पद से छोटा हो, **लघु असमता** का अनुपात कहते हैं, जैसे— ३ : ५।

लघु असाम्यता के अनुपात का मान बढ़ जाता है, जब उसकी दोनों राशियों में एक ही संख्या जोड़ी जाती है, जैसे— ३ : ५ की दोनों राशियों में ८ जोड़ने से नया अनुपात ११ : १३ प्राप्त होता है।

$$\text{नया अनुपात } \frac{११}{१३} = \frac{११ \times ५}{१३ \times ५} = \frac{५५}{६५}$$

$$\text{और दिया हुआ अनुपात} \frac{३}{५} = \frac{३ \times १३}{५ \times १३} = \frac{३९}{६५}$$

इससे स्पष्ट है कि नया अनुपात बड़ा है।

दीर्घ असाम्यता के अनुपात का मान घट जाता है, जब उसकी दोनों राशियों में एक ही संख्या जोड़ दी जाती है, जैसे— ५ : ३ की दोनों राशियों में ८ जोड़ने से नया अनुपात १३ : ११ हुआ।

नया अनुपात $\frac{१३}{११}=\frac{१३\times३}{११\times३}=\frac{३९}{३३}$

और पुराना अनुपात $\frac{५}{३}=\frac{५\times११}{३\times११}=\frac{५५}{३३}$

इससे स्पष्ट है कि नया अनुपात दिये हुए अनुपात से छोटा है।

उस निष्पत्ति को जो किसी दी हुई निष्पत्ति के वर्ग के बराबर हो, **वर्गिक निष्पत्ति** कहते हैं, जैसे—२ : ३ की वर्गित निष्पत्ति ४ : ९ है।

उस निष्पत्ति को जो किसी दी हुई निष्पत्ति के घन के बराबर हो, **घनित निष्पत्ति** कहते हैं, जैसे—२ : ३ की घनित निष्पत्ति ८ : २७ है।

उस निष्पत्ति को जो किसी दी हुई निष्पत्ति के वर्गमूल के बराबर हो, **वर्गमूलित निष्पत्ति** कहते हैं, जैसे—४ : ९ की वर्गमूलित निष्पत्ति २ : ३ है।

उस निष्पत्ति को जो किसी दी हुई निष्पत्ति के घनमूल के बराबर हो, **घनमूलित निष्पत्ति** कहते ह, जैसे—८ : २७ की घनमूलित निष्पत्ति २ : ३ है।

प्रश्नावली ३१

मौखिक

१. नीचे दी हुई राशियों की निष्पत्ति सरलतम रूप में निकालो :—
(क) ७ रु० और १२ रु० (ख) ६ म० और ३६ म० (ग) २० ग० और ४० ग० (घ) २ और $\frac{1}{2}$ (ङ) $\frac{1}{2}$ और $\frac{1}{3}$ (च) $\frac{1}{4}$ और $\frac{1}{8}$ (छ) $\frac{3}{4}$ और $\frac{2}{3}$ (ज) $\frac{५}{२}$ और $\frac{१०}{3}$ (झ) १ आ० और १ रु० (ञ) १ शि० और १ पौ० (ट) २ फु० और १ ग० (ठ) १० से० और २ म०।

२. (क) ३:४ (ख) २:५ (ग) ४:७ की वर्गित निष्पत्ति और घनित निष्पत्ति बताओ।

३. (क) १६:२५ (ख) ९:१६ और (ग) २५:३६ की वर्गमूलित निष्पत्ति बताओ।

४. (क) २७:६४ (ख) ६४:१२५ की घनमूलित निष्पत्ति बताओ।

५. नीचे दी हुई राशियों की लिखित निष्पत्ति सरलतम रूप में लिखो :—

(क) ३ रु० ४ आ० और ५ रु० ८ आ०

क्रिया: ३ रु० ४ आ० $= \frac{१३}{४}$ रु० और ५ रु० ८ आ० $= \frac{११}{२}$ रु०

(प्रथम ढङ्ग) अभीष्ट निष्पत्ति ३ रु० ४ आ० : ५ रु० ८ आ०

$$= \frac{\text{३ रु० ४ आ०}}{\text{५ रु० ८ आ०}}$$

$$= \frac{\frac{१३}{४}\text{ रु०}}{\frac{११}{२}\text{ रु०}} = \frac{\frac{१३}{४}}{\frac{११}{२}} = \quad \frac{\overset{१}{\cancel{२}}}{११} = १३:२२$$

२

अर्थात् १३:२२

(द्वितीय ढङ्ग) ३ रु० ४ आ० = ५२ आ० और

५ रु० ८ आ० = ८८ आ०

अभीष्ट निष्पत्ति = ३ रु० ४ आ० : ५ रु० ८ आ०

= ५२ आ० : ८८ आ०

= ५२ : ८८ = १३ : २२

(ख) १ रु० ५ आ० ३ पा० और २ रु० ३ आ० ५ पा०

(ग) ५ रु० १२ आ० और ८ रु० ६ आ० ८ पा०

(घ) ११ म० और १५ म० २० से०

(ङ) १४ म० १५ से० और ३५ म० २५ से०

(च) १० ग० १ फु० और १६ ग०

(छ) १८ ग० और ३६ फु० ६ इं०

(ज) ८ पौ० ६ शि० ८ पे० और २० पौ० १५ शि०

(झ) ४ घं० १५ मि० और ३६ घं०

(ञ) ४ रु० ६ आ० का $\frac{२}{३}$ और ५ रु० ४ आ० का $\frac{१}{३}$

(ट) ३ रु० ६ आ० का $\frac{३}{३}$ और २ रु० ४ आ० का $\frac{१}{४}$

६. निम्नलिखित निष्पत्तियों की परस्पर तुलना करो अर्थात् यह बताओ कि उनमें कौन सबसे बड़ी है और कौन सबसे छोटी :—

(क) ३ : ४, ४ : ५ और ५ : ६

क्रियाः ३ : ४ $=\frac{३}{४}$, ४ : ५ $=\frac{४}{५}$ और ५ : ६ $=\frac{५}{६}$

$\frac{३}{४}, \frac{४}{५}$ और $\frac{५}{६} = \frac{४५,\ \ ४८,\ \ ५०}{६०}$

अर्थात् सभी भिन्नो का सम्म हर बनाने पर—

$\frac{३}{४}=\frac{४५}{६०}, \frac{४}{५}=\frac{४८}{६०}$ और $\frac{५}{६}=\frac{५०}{६०}$

अब यह स्पष्ट है कि $\frac{५०}{६०}$ या $\frac{५}{६}$ या ५ : ६ सबसे बड़ा है और $\frac{४५}{६०}$ या $\frac{३}{४}$ या ३ : ४ सबसे छोटा है।

(ख) २ : ५, ७ : १० और १३ : १६

(ग) १५ : २६, ११ : १३ और ११ : १५

(घ) १४ : २३, १५ : ३६ और ६१ : ९२

७. उस निष्पत्ति का **आदिम** पद बताओ, जिसका मान $\frac{३}{५}$ है और जिसका अन्तिम पद ७५ है।

क्रियाः $\because \frac{\text{आदिम}}{\text{अन्तिम}}=\frac{३}{५}$ $\therefore$ आदिम = अन्तिम का $\frac{३}{५}$

$\therefore$ आदिम $=\frac{७५}{७५}$ का $\frac{३}{५}$

$=४५$

८. उस निष्पत्ति का आ दम बताआ, जिसका मान $\frac{४}{९}$ और अन्तिम ६३ है।

९. उस निष्पत्ति का अन्तिम बताओ, जिसका मान $\frac{३}{७}$ है और आदिम २३६ का $\frac{५}{६}$ है।

१०. यदि किसी निष्पत्ति का मान $\frac{१}{१२}$ हो और उसका आदिम ६$\frac{१}{४}$ हो, तो उसका अन्तिम क्या है?

११. उस निष्पत्ति के आदिम को बताओ, जिसका मान $\frac{१}{४}$ है और जिसका अन्तिम १३ है।

१२. एक गाड़ी ३ घण्टे में ६९ मी० चलती है और दूसरी गाड़ी ११ घण्टे में ४८४ मी० चलती है। दोनों की प्रति घण्टा चालों की निष्पत्ति बताओ।

१३. एक गाड़ी ४ घण्टे में ६० मील जाती है और दूसरी गाड़ी ३ घण्टे में ७५ मी० चलती है। दोनों गाड़ियों की प्रति घण्टा चाल की निष्पत्ति निकालो।

१४. एक रेलगाड़ी बिना रुके हुए ५ घण्टे में ६० मील जाती है और दूसरी गाड़ी २० मि० में १० मी० जाती है। दोनों गाड़ियों की चाल की निष्पत्ति निकालो।

१५. मोहन की वार्षिक आय २४३६ रु० है और सोहन की मासिक आय ६७ रु० है। सोहन और मोहन की मासिक आय की निष्पत्ति बताओ।

१६. एक आदमी की वार्षिक आय ३१०० रु० है। दूसरे आदमी की मासिक आय १७५ रु० है। दोनों की आय की निष्पत्ति बताओ।

१७. राम और श्याम की आमदनियों में ३ और ४ की निष्पत्ति है। यदि राम की आमदनी ३५ रु० है, तो श्याम की आमदनी बताओ।

१८. राम और श्याम की मासिक आय में ७:६ की निष्पत्ति है। यदि दोनों की मासिक आय में ३० रु० का अन्तर हो, तो उनकी मासिक आय अलग-अलग बताओ।

१९. उन दोनों संख्याओं को बताओ जिनमें २० का अन्तर है और जिनकी निष्पत्ति ४:५ है।

२०. १४७ को ३:४ की निष्पत्ति में बाँटो।

२१. १७ को ३:२ की निष्पत्ति में बाँटो।

२२. ३:४, ४:५ और २:४ की सम्मिलित निष्पत्ति निकालो।

टिप्पणी:—कई निष्पत्तियों की मिश्र निष्पत्ति (Compound Ratio) निकालने के लिये समस्त निष्पत्तियों की आदिम राशियों के गुणनफल को मिश्र निष्पत्ति की आदिम राशि मान लेना चाहिये और उनकी अन्तिम राशियों के गुणनफल को मिश्र निष्पत्ति की अन्तिम राशि समझना चाहिये। अतः

३:४, ४:५ और ५:४ की मिश्र निष्पत्ति $\frac{३}{\cancel{४}} \times \frac{\cancel{४}}{\cancel{५}} \times \frac{\cancel{५}}{४} = \frac{३}{४}$

२३. ५:३, ६:५, ७:११ और १३:१४ की सम्मिलित निष्पत्ति बताओ।

२४. यदि अ=ब का $\frac{२}{३}$, ब=स का $\frac{३}{५}$ और स=द का $\frac{५}{७}$, तो अ और द में क्या सम्बन्ध है?

२५. यदि क=ख का $\frac{३}{४}$, ख=ग का $\frac{८}{१५}$ और ग=घ का $\frac{५}{२४}$, तो क और घ में क्या सम्बन्ध है?

२६. यदि एक संख्या का ·२ दूसरी संख्या के ·०४ के बराबर हो, तो दोनों संख्याओं में क्या निष्पत्ति है?

२७. जब राम को ४ रु० का लाभ होता है, तो श्याम को ५ रु० का लाभ होता है। जब श्याम को ६ रु० का लाभ होता है, तो रहीम को ७ रु० का लाभ होता है। यदि रहीम को ३५ रु० का लाभ हो तो राम का लाभ ज्ञात करो।

२८. एक दूध वाला २५ सेर दूध में ४ सेर पानी मिलाता है और दूसरा दूध वाला २८ सेर दूध में ७ सेर पानी मिलाता है। बताओ कौन दूध वाला बड़ा ठग है।

२९. एक अहीर २० सेर दूध में ४ सेर पानी मिलता है और दूसरा अहीर २३ सेर दूध में ५ सेर पानी मिलाता है। दोनों में कौन अधिक बेईमान है।

३०. १२ आ० ९ पाई सेर वाली चीनी को १ रु० २ आना सेर वाली चीनी के साथ किस निष्पत्ति में मिलाया जाय कि मिश्रित चीनी का भाव १ रु० सेर हो जाय?

क्रिया : जब मिश्रित चीनी १ रु० सेर बिकती है, तो सस्ती चीनी के प्रति सेर पर ३ आ० ३ पाई अर्थात् ३९ पाई का लाभ होता है।

और मँहगी चीनी के प्रति सेर पर २ आ० अर्थात् २४ पाई की हानि होती है।

∴ हानि या लाभ न होने के लिये चीनी ऐसे अनुपात में मिलाई जायगी कि लाभ और हानि बराबर हो।

∵ २४ पाई का घाटा होता है १ सेर पर

∴ ३९ पाई ,, ,, $=\frac{३९}{२४}$

$=\frac{१३}{८}$ सेर

अतः १ सेर सस्ती चीनी में $\frac{१३}{८}$ सेर मँहगी चीनी मिलाई जायगी।

$\therefore$ अभीष्ट निष्पत्ति $= १ : \frac{१३}{८}$

अर्थात् ८ : १३

उत्तर ८ : १३

यही क्रिया नीचे संक्षेप में निम्न प्रकार से हो सकती है :—

मिश्रित चीनी का औसत मूल्य	चीनियों का अलग अलग मूल्य प्र० से०	प्रति सेर लाभ या हानि	अभीष्ट निष्पत्ति
१ रु.	१२ आ० ९ पा०	३९ पा० लाभ	२४ : ३९
	१ रु०	२४ पा० हानि	अर्थात् ८ : १३

उत्तर ८ : १३

सूचना:—देखने से स्पष्ट है कि जो निष्पत्ति चीनियों के मूल्यों में और औसत मूल्य के अन्तरों में है, उस की विलोम निष्पत्ति में चीनियाँ मिलाई गई हैं।

३१. १२ आने सेर और १ रु० १ आने सेर की चीनी किस निष्पत्ति में मिलाई जाय कि मिली हुई चीनी का मूल्य १४ आ० ३ पाई प्रति सेर हो जाय?

३२. ३ शि० प्रति पौ० की चाय के साथ ४ शि० ६ पे० प्रति पौ० की चाय किस निष्पत्ति में मिलाई जाय कि मिश्रित चाय का मूल्य ३ शि० ८ पे० हो जाय?

३३. २० रु० प्रति मन वाले दूध के साथ किस निष्पत्ति में पानी मिलाया जाय कि मिश्रित दूध बिना लाभ या हानि उठाये १६ रु० प्रति मन के हिसाब से बेचा जा सके।

३४. एक सौदागर के पास ३६ रु० टन, ४२ रु० टन और ४६ रु० ८ आने टन के कोयले हैं। यदि वह पहले दो प्रकार के कोयलों का बराबर-बराबर मिलाकर तीसरे प्रकार के कोयले के साथ मिलाना चाहता है, तो किस निष्पत्ति में मिलाये कि मिश्रित कोयले को ४३ रुपये प्रति टन की दर से बेचने पर उसको कोई हानि या लाभ न हो?

३५. एक घड़ा दूध से भरा है। उसमें से ६ सेर दूध निकाल कर उतना ही पानी मिला दिया जाता है। फिर मिश्रित दूध में से ६ सेर निकाल कर बदले में पानी डाल दिया जाता है। अब दूध और पानी में ३६ : १३ की निष्पत्ति है। बताओ घड़े में पहले कितना दूध था ?

३६. एक घड़ा दूध से भरा है। उसमें से ८ सेर दूध निकाल लिया जाता है और बदले में उतना ही पानी डाल दिया जाता है। फिर मिश्रित दूध में से ८ सेर निकाल लिया जाता है। अब दूध और पानी में २५:११ का अनुपात हो गया। बताओ उस घड़े में पहले कितना दूध था ?

३७. २५ रु० ८ आने प्रति मन की चीनी ३२ रु० ८ आने प्रति मन की चीनी के साथ मिलाकर ३५ रु० प्रति मन के भाव से बेचने पर ५ प्रतिशत का लाभ होता है। बताओ दोनों चीनियाँ किस निष्पत्ति में मिलाई गईं ?

३८. ३६ रु० प्रति मन की चीनी में २८ रु० १२ आने प्रति मन की चीनी किस निष्पत्ति में मिलाई जाय कि २७ रु० प्रति मन के भाव से बेचने पर ८ प्रतिशत का घाटा हो ?

अनुपात (Proportion)

अनुपात उन दो निष्पत्तियों के सम्बन्ध को कहते हैं जो परस्पर बराबर हों, जैसे—५:७ और १५:२१ बराबर हैं। इसलिये इन निष्पत्तियों के सम्बन्ध को **अनुपात** कहते हैं और इस सम्बन्ध को निम्न प्रकार से लिखते हैं:—

$$\frac{५}{७}=\frac{१५}{२१}$$

अथवा ५ : ७ = १५ : २१

अथवा ५ : ७ : : १५ : २१

अनुपात में चार राशियाँ होती हैं। पहली और दूसरी राशि की निष्पत्ति, तीसरी और चौथी राशि की निष्पत्ति के बराबर होती है। इन चारों राशियों को **अनुपाती** (Proportional) कहते हैं। उपरोक्त अनुपात में ५, ७, १५ और २१ चार राशियाँ हैं और यही चारों राशियाँ इस अनुपात के चार अनुपाती कहलायेंगी। प्रत्येक निष्पत्ति में दोनों राशियों को एक ही जाति का होना आवश्यक है, परन्तु अनुपात की चारों राशियों को एक ही जाति का होना आवश्यक नहीं है।

अनुपात की चारों राशियों में से प्रत्येक को **पद** (Term) कहते हैं। पहले और चौथे पद को **बाह्य पद** (Extremes) और दूसरे तथा तीसरे पद को **माध्यमिक पद** (Means) कहते हैं और चौथी राशिको पहली, दूसरी और तीसरी राशि का **चतुर्थ अनुपाती** (Fourth Proportional) कहते हैं, जैसे—

५ : ७ : : १५ : २१ में ५ तथा २१ बाह्य पद हैं। ७ और १५ माध्यमिक पद हैं और ५, ७, और १५ का चतुर्थ अनुपाती २१ है।

जब तीन सजातीय राशियों में से पहली और दूसरी राशि की निष्पत्ति, दूसरी और तीसरी राशि की निष्पत्ति के बराबर हो तब उनको **सतत अनुपाती** (Continual Proportional) कहते हैं, जैसे—४, ६ और ९ सतत अनुपाती हैं क्योंकि ४:६=६:९

दूसरी राशि को पहली और तीसरी राशि का **मध्य अनुपाती** (Mean Proportional) कहते हैं और तीसरी राशि को पहली और दूसरी राशि का **तृतीय अनुपाती** (Third Proportional) कहते हैं, जैसे—४, ६ और ९ में से ४ और ९ का मध्य अनुपाती ६ है तथा ४ और ६ का तृतीय अनुपाती ९ है।

कल्पना करो कि क, ख, ग और घ चार अनुपाती राशियाँ हैं।

$$\text{तब} \quad \frac{\text{क}}{\text{ख}} = \frac{\text{ग}}{\text{घ}}$$

दोनों पक्षों को ख×घ से गुणा करने से

$$\frac{\text{क}}{\text{ख}} \times \text{ख} \times \text{घ} = \frac{\text{ग}}{\text{घ}} \times \text{ख} \times \text{घ}$$

$$\text{अर्थात्} \quad \text{क} \times \text{घ} = \text{ग} \times \text{ख}$$

इससे स्पष्ट है कि मध्यराशियों का गुणनफल बाह्यराशियों के गुणनफल के बराबर होता है। इस समीकरण की सहायता से किसी अनुपात की चारों राशियों में से कोई तीन राशियाँ ज्ञात हों, तो चौथी राशि सरलतापूर्वक ज्ञात की जा सकती है।

कल्पना करो कि क, ख और ग **सतत अनुपाती** हैं।

$$\text{तब} \quad \frac{\text{क}}{\text{ख}} = \frac{\text{ख}}{\text{ग}}$$

दोनों पक्षों को ख×ग से गुणा करने से

$$\frac{\text{क}}{\text{ख}} \times \text{ख} \times \text{ग} = \frac{\text{ख}}{\text{ग}} \times \text{ख} \times \text{ग}$$

$$\text{क} \times \text{ग} = \text{ख}^2$$

इससे स्पष्ट है कि जब तीन राशियाँ सतत अनुपाती होती हैं तब **मध्य अनुपाती** का वर्ग बाह्य पदों के गुणनफल के बराबर होता है।

प्रश्नावली ३२

क्या निम्नलिखित राशियाँ अनुपाती हैं?

(१) ५, १३, १५, ३९

क्रिया: प्रथम दो राशियों की निष्पत्ति $=\frac{५}{१३}=५:१३$

अंतिम दो राशियों की निष्पत्ति $=१५:३९=५:१३$

यह स्पष्ट है कि दोनों निष्पत्तियाँ परस्पर बराबर हैं

इसलिये यह चारों राशियाँ समानुपाती हैं

उत्तर : हाँ।

(२) ३, ७, ५१, ११९ (३) ८, ९, १६, २७ (४) $२\frac{१}{२}$, ३, $४\frac{१}{३}$, $५\frac{१}{८}$ (५) ·३, १·५, ·०६, ·२१

निम्नलिखित अनुपातों में छूटी हुई संख्यायें ज्ञात करो—

(६) (क) ❁ : १८ :: ९ : २७ (ख) १६ : ❁ :: २८ : ५७

(ग) २१ : २८ :: ❁ : ६० (घ) २४ : ३६ :: ५६ : ❁

क्रिया: मान लिया कि छूटी हुई राशि य है, इसलिये

(क) $\because$ य : १८ :: ९ : २७

$\therefore$ य$\times$२७ $=$ १८$\times$९

या य $=\frac{१८\times९}{२७}=६$

(ख) $\because$ १६ : य :: ३८ : ५७

$\therefore$ य$\times$३८ $=$ १६$\times$५७

या य $=\frac{१६\times५७}{३८}=२४$

(ग) $\because$ २१ : २८ :: य : ६०

$\therefore$ य$\times$२८ $=$ २१$\times$६०

या य $=\frac{२१\times६०}{२८}=४५$

(घ) $\because$ २४ : ३६ :: ५६ : य

$\therefore$ २४$\times$य $=$ ३६$\times$५६

या य $=\frac{३६\times५६}{२४}=८४$

(७) ❁ : ३० :: ५४ : १६२

(८) ❁ : १०२ :: २१४ : १२८४

(९) ८४ : ❁ :: ५२५ : ४००

(१०) २२५ : ❁ :: ४१६ : ३७३४

(११) १२६ : १७१ :: ❁ : २२९९

(१२) ६२४ : ८३२ :: ८०३ : ❁

(१३) ७०५ : ९०० :: ७८९ : ❁

(१४) वह कौन-सी संख्या है, जिसका १६० के साथ वही सम्बन्ध है जो ४० और २०० में है?

(१५) वह कौन-सी तौल है, जिसका २ मन १८ सेर के साथ वही सम्बन्ध है जो १५ पौ० और ३५ पौ० में है?

निम्नलिखित में चतुर्थ अनुपाती ज्ञात करो—

(१६) (क) ४$\frac{१}{३}$, ९$\frac{३}{४}$, ८$\frac{१}{३}$ (ख) १५, २२$\frac{१}{२}$, ६४

(ग) ४२, ५४, ·१५ (घ) ·३६, ·४८, ·७५

निम्मलिखित की मध्य अनुपाती संख्या ज्ञात करो:—

(१७) **३ और २७**

क्रिया: मान लिया कि अभीष्ट संख्या य है

∴ ३ : य = य : २७

अथवा य^{२} = २७ × ३ = ८१

अतः य = ९

उत्तर : ९

(१८) (क) ४, १६ (ख) ४, २५ (ग) ९, १६ (घ) २५, ९

(१९) (क) ८, ३२ (ख) ·४, ४·९ (ग) ४$\frac{४}{७}$, ५$\frac{११}{१४}$ (घ) ३$\frac{३}{२०}$, ५$\frac{३}{५}$

निम्नलिखित का तृतीय अनुपाती ज्ञात करो:—

(२०) **१८, और ६**

क्रिया: मान लिया कि अभीष्ट तृतीय अनुपाती य है

∴ १८ : ६ :: ६ : य

∴ १८ × य = ६ × ६

अर्थात य = $\frac{६ \times ६}{१८}$

= २

उत्तर : २

(२१) (क) ९, १५ (ख) २७ और ४५ (ग) $\frac{१}{३}$ और $\frac{१}{२}$
(घ) $२\frac{०}{२}$ और $३\frac{३}{४}$ (ङ) ·३ और ·०६

(२२) क, ख, ग और घ सजातीय राशियाँ हैं। क : ख = ३ : ५, ख : ग = १५ : २६, ग : घ = १३ : १४, तो क और घ की निष्पत्ति ज्ञात करो।

(२३) राम और श्याम की आयु का योगफल ७२ वर्ष है और ४ वर्ष पहले उनकी आयु में ३:५ की निष्पत्ति थी, तो उनमें से प्रत्येक की आयु आज क्या है?

क्रिया : मान लिया कि राम की वर्तमान आयु य वर्ष की है, तो श्याम की आयु ७२–य वर्ष की हुई।

४ वर्ष पहले राम की आयु य–४ वर्ष थी और श्याम की आयु ७२–य–४ वर्ष अथवा ६८–य वर्ष की थी,

$$\frac{य-४}{६८-य} = \frac{३}{५}$$

अथवा ५ य–२० = २०४–३य

५य + ३य = २२४

८ य = २२४

य = २८

राम की वतमान आयु = २८ वर्ष

श्याम की वर्तमान आयु = ४४ वर्ष

उत्तर : राम २८ वर्ष
श्याम ४४ वर्ष

(२४) मोहन और सोहन की आयु का योगफल ६४ वर्ष है। यदि उनकी आयु में ३:५ की निष्पत्ति है, तो दोनों की आयु कितनी है?

(२५) राम और श्याम की आयु का योगफल ८८ वर्ष है और ५ वर्ष पहले उनकी आयु में ४:७ की निष्पत्ति थी, तो दोनों की आयु कितनी थी?

(२६) राम और श्याम की आयु का जोड़ ५५ वर्ष है। ५ वर्ष पश्चात् उनकी आयु में ६:७ की निष्पत्ति हो जायगी, तो उनकी वर्तमान आयु बताओ।

(२७) वृत्त की परिधि और व्यास में २२:७ की निष्पत्ति है। यदि किसी वृत्त की परिधि और व्यास का योगफल ९ फु० ८ इं० है, तो व्यास बताओ।

(२८) दो संख्याओं का अन्तर १२ है। उन संख्याओं की निष्पत्ति ५:६ है, तो संख्याओं को ज्ञात करो।

(२९) दो संख्यायें २८ और ४५ की निष्पत्ति में हैं और उनका लघुतम समापवर्त्य ५०४० है, तो उन संख्याओं को बताओ।

क्रिया : मान लिया कि यह संख्यायें २८ ल और ४५ ल हैं,

तब इनका लघुतम समापवर्त्य २८×४५ ल=१२६०ल

∴ १२६० ल = ५०४०

अर्थात् ल $= \frac{५०४०}{१२६०} = ४$

अभीष्ट संख्यायें =२८×४=११२

और =४५×४=१८०

उत्तर : ११२, १८०

(३०) दो संख्यायें २८ और ३५ की निष्पत्ति में हैं और उनका लघुतम समापवर्त्य ४२० है, तो संख्याओं को बताओ।

(३१) उन दो संख्याओं को बताओ, जो ३६ और ४८ की निष्पत्ति में हैं और जिनका लघुतम समापवर्त्य ७२० है।

(३२) ४० और ४८ में कौन-सी संख्या जोड़ी जाय कि योगफलों की निष्पत्ति १३ : १५ की हो?

क्रिया : मान लिया कि दोनों राशियों में य जोड़ा जाता है,

तब ४०+य : ४८+य=१३:१५।

अर्थात् (४०+य)×१५ =(४८+य) १३

६००+१५ य =६२४+१३ य

१५ य–१३ य =६२४–६००

२ य =२४

य =१२

अर्थात् १२ जोड़ा जायगा

उत्तर : १२

(३३) ७२ और ८० में कौन-सी संख्या जोड़ी जाय कि योगफलों की निष्पत्ति ११ : १२ की हो ?

(३४) ५४ और ६० में से कौन-सी संख्या घटाई जाय कि शेष फलों की निष्पत्ति ६:७ की हो जाय ?

(३५) राम का से खा के लिये और श्याम खा से का के लिये एक ही समय चलना आरम्भ करते हैं। मिलने के पश्चात् वे दोनों अपने निर्दिष्ट स्थान पर क्रमानुसार ४ और ३ घण्टे के बाद पहुँच जाते हैं। सिद्ध करो कि उनकी चालों की निष्पत्ति √३ : २ है।

का ——— **गा** ——— **खा**

क्रिया : मान लिया राम और श्याम **गा** पर मिलते हैं। तब राम **गा खा** की दूरी को ४ घंटे में और श्याम **गा का** की दूरी को ३ घण्टे में तै करता है। **इसलिये** राम और श्याम की प्रति घण्टे की चाल क्रमशः $\frac{\text{गा खा}}{४}$ और $\frac{\text{गा का}}{३}$ है।

प्रश्न से यह स्पष्ट है कि जितनी देर में राम **का गा** की दूरी तै करता है, उतनी ही देर में श्याम **खा गा** की दूरी तै करता है।

$$\therefore \text{ का गा} \div \frac{\text{गा खा}}{४} = \text{गा खा} \div \frac{\text{गा का}}{३}$$

$$\text{या} \quad \frac{\text{का गा}}{\frac{\text{गा खा}}{४}} = \frac{\text{गा खा}}{\frac{\text{गा का}}{३}}$$

$$\text{या} \quad ४\left(\frac{\text{गा खा}}{४}\right)^२ = ३\left(\frac{\text{का गा}}{३}\right)^२$$

$$\text{या} \quad \frac{\left(\frac{\text{गा खा}}{४}\right)^२}{\left(\frac{\text{का गा}}{३}\right)^२} = \frac{३}{४}$$

$$\text{या} \quad \frac{\frac{\text{गा खा}}{४}}{\frac{\text{का गा}}{३}} = \sqrt{३} : २ \qquad \therefore \text{ राम की चाल : श्याम की चाल} = \sqrt{३} : २$$

(३६) मोहन बनारस से इलाहाबाद के लिये और सोहन इलाहाबाद से बनारस के लिये एक ही समय चलना आरम्भ करते हैं। एक-दूसरे से मिलने के पश्चात् वे अपने अपने निर्दिष्ट स्थान पर ४ और ५ घंटे में पहुँच जाते हैं। सिद्ध करो कि उनकी चालों की निष्पत्ति $\sqrt{\text{५}}$:२ है।

त्रैराशिक (Rule of Three) का प्रश्न उस प्रश्न को कहते हैं, जिसमें तीन राशियाँ दी रहती हैं और चौथी राशि निकालनी पड़ती है। त्रैराशिक के प्रश्न **ऐकिक विधि** (Unitary) से हल किये जा सकते हैं, परन्तु ये प्रश्न साधारण अनुपातों के प्रश्नों की तरह भी हल हो सकते हैं, जैसे—६ मन गेहूँ का मूल्य २७ रु० है, तो १० मन गेहूँ का मूल्य बताओ।

इस प्रश्न में हम देखते हैं कि:—

(क) गेहूँ के प्रत्येक मन का मूल्य बराबर है

(ख) २ मन, ३ मन,...आदि गेहूँ का मूल्य एक मन के मूल्य का दुगना, तिगुना,...है।

इसलिये १० मन गेहूँ के मूल्य और ६ मन गेहूँ के मूल्य में वही निष्पत्ति है, जो १० मन और ६ मन में है। ऐसे अनुपातों को साधारण अनुपात कहते हैं।

∴ इष्ट मूल्य : २७ रु० = १० मन : ६ मन

∴ ष्ट मूल्य $= \frac{\text{२७} \times \text{१०}}{\text{६}} =$ ४५ रु०

प्रश्नावली ३३

१. १२ कुर्सियों का मूल्य ५४ रु० ३ आ० है, तो ३८ कुर्सियों का मूल्य बताओ।

क्रिया : ३८ कुर्सियों के मूल्य और १२ कुर्सियों के मूल्य में वही निष्पत्ति है, जो ३८ कुर्सियों और १२ कुर्सियों में है।

∴ इष्ट मूल्य : ५४ रु० ३ आ० = ३८ कुर्सियाँ : १२ कुर्सियाँ

∴ इष्ट मूल्य : $\frac{\text{८६७}}{\text{१६}}$ रु० = ३८ कुर्सियाँ : १२ कुर्सियाँ

इष्ट मूल्य $= \frac{\text{८६७} \times \text{३८}}{\text{१६} \times \text{१२}} = \frac{\text{५४९१}}{\text{३२}}$ रु०

= १७१ रु० ९ आ० ६ पा०

उत्तर : १७१ रु० ९ आ० ६ पा०

२. यदि १५ घोड़ों का मूल्य २२५० रु० है, तो ३३ घोड़ों का मूल्य बताओ।

३. यदि ५१ मन गुड़ का मूल्य १२७ रु० ८ आ० है, तो ७१ मन गुड़ का मूल्य बताओ।

४. ८० संतरों का मूल्य १ शि० ६ पे० है, तो ७ शि० में कितन संतरे मिलेंगे ?

५. १३८० रु० में ४६ थान कपड़ा मिलता है, तो ३०९० रु० में कितने थान कपड़ा मिलेगा ?

६. यदि एक गाड़ी १५ घं० में ३३० मील चलती है, तो उसी गति से २७ घंटे में कितनी दूर तक जायेगी ?

७. यदि एक आदमी २१ सप्ताहों में ११२ रु० बचाता है, तो १ वर्ष में वह कितना बचायेगा ?

८. एक आदमी की वार्षिक आय ६१३० रु० है, तो १२२६ रु० कितने दिनों की आय है ? (१ वर्ष=३६५ दिन)

९. १० आदमी मिलकर एक खेत को २४ दिन में काटते हैं, तो १६ आदमी उसी खेत को कितने दिनों में काटेंगे ?

क्रिया : इस प्रश्न में आदमियों की संख्या ज्यों-ज्यों बढ़ती जायगी, त्यों-त्यों दिनों की संख्या घटती जाती है। इसलिये यदि य इष्ट दिनों की संख्या हो तो

$$\text{आदमी : आदमी = दिन : दिन}$$
$$१६ : १० = २४ : य$$
$$\therefore १६ \times य = १० \times २४$$
$$\text{अथवा } य = \frac{१० \times २४}{१६} = १५ \text{ दिन}$$

उत्तर : १५ दिन

१०. यदि ५ आदमी किसी काम को १६ दिन में कर सकते हैं, तो उसी काम को ८ आदमी कितने दिनों में समाप्त कर देंगे ?

११. १२ आदमी किसी काम को १० दिन में कर सकते हैं, तो उसी काम को ८ आदमी कितने दिनों में कर सकते हैं ?

१२. यदि २४ मनुष्य क खेत को ३९ दिन में काट सकते हैं, तो १८ मनुष्य उसी खेत को कितने दिनों में काट लेंगे ?

१३. १२ घोड़े किसी मैदान की घास को ३० दिन में चर सकते हैं तो १६ घोड़े उस घास के मैदान को कितने दिनों में चर डालेंगे ?

१४. यदि २८ मन का बोझ कुछ रुपयों में ४५ मील जा सकता है, तो २१ मन का बोझ उतने ही रुपयों में कितनी दूर जा सकता है ?

१५. यदि ६ मन चना १० घोड़ों को १२ दिन के लिये होता है, तो ३ घोड़ों को उतना ही चना कितने दिनों के लिये होगा ?

१६. १० छ० प्रति दिन प्रति आदमी के हिसाब से कुछ आदमियों के लिये ३० दिन का सामान है, तो १२ छ० प्रति दिन प्रति आदमी के हिसाब से उतने ही आदमियों को उतना ही सामान कितने दिनों के लिये पर्याप्त होगा ?

१७. यदि ६ आदमी या १० लड़के किसी काम को १२ दिन में कर लेते हैं, तो उस काम को ९ आदमी और ३ लड़के कितने दिनों में कर सकेंगे ?

क्रिया :

आदमी		आदमी		लड़के		लड़के
६	:	९	::	१०	:	इष्ट संख्या

$$\therefore \text{ लड़कों की इष्ट संख्या} = \frac{९ \times १०}{६} = १५$$

१५ लड़के और ३ लड़के मिलकर १८ लड़कों के बराबर हुए

	लड़के		लड़के		दिन		दिन
∴	१८	:	१०	::	१२	:	य

$$\therefore \quad य = \frac{१० \times १२}{१८} = ६\tfrac{२}{३} \text{ दिन}$$

उत्तर : ६$\frac{२}{३}$ दिन

१८. ३ मनुष्य या ५ औरतें एक काम को १९ दिन में कर सकते हैं, तो २ मनुष्य और ३ औरतें मिल कर उसी काम को कितने दिनों में कर लेंगे ?

१६. ४ मनुष्य या ८ लड़के एक खेत को १४ दिन में काट लेते हैं, तो १२ मनुष्य और ४ लड़के मिल कर उसी खेत को कितने दिनों में काट लेंगे ?

२०. २ मनुष्य या ३ औरतें या ५ लड़के किसी काम को ५८ दिन में कर सकते हैं, तो उसी काम को ३ मनुष्य, ४ औरतें और १० लड़के मिल कर कितने दिनों में कर डालेंगे ?

२१. यदि ५ मनुष्य या ८ स्त्रियाँ या १० लड़के किसी काम को १२२ दिन में करते हैं, तो ३ मनुष्य, १० स्त्रियाँ और १२ लड़के उस काम को कितने दिन में कर डालेंगे ?

मिश्र अनुपात (Mixed Proportion)

हम देख चुके हैं कि साधारण अनुपात के प्रश्नों में केवल दो प्रकार की राशियाँ दी रहती हैं, जैसे—

१० आदमी किसी खाई को १२ दिन में खोद सकते हैं, तो उसी खाई को १५ आदमी कितने दिनों में खोद डालेंगे ?

इस प्रश्न में केवल दो राशियाँ हैं—(१) आदमी और (२) दिन।

अब निम्नलिखित प्रश्न पर विचार करो:—

१० आदमी ३६ गज लम्बी खाई ६ घंटे प्रति दिन काम करके १२ दिन में खोदते हैं, तो १५ आदमी ४८ गज लम्बी खाई १२ घंटे प्रति दिन काम करके कितने दिनों में खोद डालेंगे ?

इस प्रश्न में ४ राशियाँ हैं : (१) आदमी, (२) लम्बाई, (३) समय प्रतिदिन और (४) दिन। इस प्रश्न को तीन छोटे-छोटे प्रश्नों में विभाजित किया जा सकता है :—

(क) १० आदमी एक खाई १२ दिन में खोदते हैं, तो उसी खाई को १५ आदमी कितने दिनों में खोद लेंगे ?

१५ आदमी : १० आदमी : : १२ दिन : इष्ट दिनों की संख्या

$\therefore$ इष्ट दिनों की संख्या $= \frac{१० \times १२}{१५}$

(ख) १५ आदमियों द्वारा ३६ गज लम्बी खाई $\frac{१० \times १२}{१५}$ दिनों में खोदी जाती है, तो उतने ही आदमियों द्वारा ४८ गज लम्बी खाई कितने दिनों में खोदी जायेगी ?

प्रश्न (क) व्युत्क्रम अनुपात (Reciprocal Proporation) का प्रश्न था। क्योंकि आदमियों की संख्या बढ़ने पर दिनों की संख्या घटती है।

परन्तु प्रश्न (ख) समक्ष अनुपात (Direct Proportion) का प्रश्न है। क्योंकि जब खाई की लम्बाई बढ़ती है, तब दिनों की संख्या भी बढ़ती है, अतः

३६ गज : ४८ गज :: $\frac{१० \times १२}{१५}$ दिन : इष्ट दिनों की संख्या

∴ इष्ट दिनोंकी संख्या $= \frac{१० \times १२ \times ४८}{१५ \times ३६}$

(ग) ९ घंटे प्रतिदिन काम होने पर खाई $\frac{१०}{१५} \times १२ \times \frac{४८}{३६}$ दिनों में खोदी जाती है, तो १२ घण्टे प्रतिदिन काम होने पर खाई कितने दिनों में खुद जायगी ?

यह व्युत्क्रम अनुपात का प्रश्न है। क्योंकि घण्टों की संख्या जब घटती हैं, तो दिनों की संख्या बढ़ती है। अतः

१२ घं० : ९ घं० :: $\frac{४८}{३६} \times \frac{१०}{१५} \times १२$ दिन : दिनों की इष्ट संख्या।

∴ दिनों की इष्ट संख्या $= \frac{९}{१२} \times \frac{४८}{३६} \times \frac{१०}{१५} \times १२ = ८$।

यही प्रश्न थोड़े में निम्न प्रकार से हो सकता है:—

$$\left.\begin{array}{lll} \text{आदमी} & १५ & : & १० \\ \text{गज} & ३६ & : & ४८ \\ \text{घंटा} & १२ & : & ९ \end{array}\right\} :: १२ : \text{दिनों की इष्ट संख्या}$$

अर्थात् १५ × ३६ × १२ : १० × ४८ × ९ :: १२ : दिनों की इष्ट संख्या

∴ दिनों की इष्ट संख्या $= \frac{१० \times ४८ \times ९ \times १२}{१५ \times ३६ \times १२} = ८$

उत्तर : ८ दिन

इस प्रकार के प्रश्नों को हल करने के लिये इष्ट उत्तर और उसी जाति की राशि को क्रमशः अनुपात के चौथे तथा तीसरे पद के स्थान पर रखो। फिर दिये हुए सजातीय जोड़ों को लो और उन को तीसरी और

चौथी राशियों के अनुपात के साथ समक्ष तथा व्युत्क्रम अनुपात के अनुसार पहले और दूसरे पद पर रखो। तब एक नया अनुपात बनाओ जिसका पहला पद उपर्युक्त बने हुये अनुपातों की प्रथम राशियों का गुणनफल हो और दूसरा पद उपर्युक्त बने हुये अनुपातों की द्वितीय राशियों का गुणनफल हो। और इस अनुपात के तीसरे और चौथे पद वही होंगे, जो पहले बने हुए अनुपात के तीसरे और चौथे पद हों।

प्रश्नावली ३४

१. यदि ६ आदमी प्रति दिन ६ घंटे काम करके किसी काम को १४ दिन में कर सकते हैं, तो ६ आदमी उसका दूना काम ७ घंटे प्रति दिन काम करके कितने दिनों में समाप्त कर देंगे ?

क्रिया : आदमी ९ : ६ ; घंटा ७ : ९ ; काम १ : २ } : : १४ दि० : दिनों की इष्ट संख्या

∴ ९ × ७ × १ : ६ × ९ × २ :: १४ : दिनों की इष्ट संख्या।

अर्थात् दिनों की इष्ट संख्या $= \frac{६ \times ९ \times २ \times १४}{९ \times ७ \times १} = २४$

उत्तर : २४ दिन

२. यदि १२ आदमी किसी काम को १५ दिन में समाप्त कर देते हैं जब वे ८ घंटे प्रतिदिन काम करते हैं, तो उसी काम को १६ आदमी १० घंटे प्रति दिन काम करके कितने दिनों में समाप्त कर देंगे ?

३. किसी काम को १५ आदमी ७ घंटे प्रतिदिन काम करके १२ दिन में करते हैं, तो उसी काम को २१ आदमी १२ घंटे प्रतिदिन काम करके कितने दिनों में कर लेंगे ?

४. यदि २० आदमी ९ घंटे प्रतिदिन काम करके किसी काम को १२ दिन में समाप्त करते हैं, तो उसके दूने काम को २४ आदमी १० घंटे प्रतिदिन काम करके कितने दिनों में समाप्त कर लेंगे ?

५. यदि २८ आदमी ८ घंटे प्रतिदिन काम करके क काम को १५ दिन में समाप्त करते हैं, तो २० आदमी उसी काम को कितने घंटे रोज काम करके २४ दिन में समाप्त कर देंगे ?

६. यदि ३ मर्द या ६ औरतें ८ घंटे प्रति दिन काम करके किसी खेत को ३९ दिन में काट सकते हैं, तो ८ मर्द और १० औरतें मिल कर ९ घंटे प्रति दिन काम करके उस खेत का दूना कितने दिनों में काट डालेंगे ?

७. यदि ५ मर्द ८ औरतें और १० लड़के ७ घंटा प्रतिदिन काम करके ३ बीघा खेत ४ दिन में काटते हैं, तो १४ मर्द, १२ औरतें और १६ लड़के १२ बीघा खेत ८ घंटे रोज काम करके कितने दिनों में काट डालेंगे। जब एक मर्द, एक औरत और १ लड़के के काम में ३ : २ : १ का अनुपात है ?

८. ४ पुरुष या ६ लड़के, ९ घंटे प्रति दिन काम करके १५ बीघा खेत ५ दिनों में काट डालते हैं, तो ६ पुरुषों के साथ कितने लड़के काम करें कि ४० बीघा खेत ८ दिनों में कट जाय, जब कि काम केवल ५ घंटे होता हो।

९. १२ आदमी २४ गज लम्बी, २$\frac{२}{३}$ गज चौड़ी और ५ गज गहरी खाई ८ घंटे रोज काम करके ३० दिन में खोदते हैं, तो ४० गज लम्बी, २ गज चौड़ी और ६ गज गहरी खाई ३६ दिनों में कितने आदमी ६ घंटे प्रति दिन काम करके खोद डालेंगे ?

∵
लम्बाई	२४	:	४०	:: १२ आदमी : आदमियों की इष्ट संख्या
चौड़ाई	$\frac{८}{३}$	:	२	
गहराई	५	:	६	
घंटा	६	:	८	
दिन	३६	:	०	

∴ २४ × $\frac{८}{३}$ × ५ × ६ × ३६ : ४० × २ × ६ × ८ × ३०

: : १२ आदमियों की इष्ट संख्या

या आदमियों की इष्ट संख्या $= \dfrac{४० \times २ \times ६ \times ८ \times ३० \times १२ \times ३}{२४ \times ८ \times ५ \times ६ \times ३६} = २०$

उत्तर : २० आदमी

१०. ८ घंटे प्रतिदिन काम करके १२ आदमी २५ गज लम्बी, ७ फीट चौड़ी, और ४ फीट गहरी खाई २१ दिन में खोद डालते हैं,

तो ४५ गज लम्बी १० फीट चौड़ी और ३ फीट गहरी खाई १८ दिन में ६ घंटे प्रतिदिन काम करके कितने आदमी मिलकर खोद डालेंगे ?

११. यदि २० राजगीर मिलकर १०० फीट लम्बी, २ फीट चौड़ी, १४ फीट ऊँची दीवाल ७ घंटे प्रतिदिन काम करके २४ दिन में बना सकते हैं, तो कितने राजगीर मिलकर ६ दिन में १० घंटे प्रतिदिन काम करके २५० फीट लम्बी, ४ फीट चौड़ी, और १२ फीट ऊँची दीवाल बनायेंगे ?

१२. १० आदमी ५६ गज लम्बी, ६ फीट चौड़ी, ५ फीट गहरी खाई ३० दिन में ६ घंटा प्रति दिन काम करके खोद सकते हैं, तो १५ दिनों में ८४ गज लम्बी, ८ फीट चौड़ी और ४$\frac{१}{२}$ फीट गहरी खाई ८ घंटे प्रति दिन काम करके कितने आदमी खोद डालेंगे ?

१३. यदि ४८ आदमी ६ दिन में ९ घंटे प्रतिदिन काम करके १४० गज लम्बी, ४ गज चौड़ी और २ गज गहरी खाई खोद सकते हैं, तो ५४ आदमी ४९० गज लम्बी, ३ गज चौड़ी और ४ गज गहरी खाई २१ दिन में कितने घंटे प्रतिदिन काम करके खोद डालेंगे ?

१४. १५०० सिपाहियों के लिये १२ छटाँक प्रतिदिन के हिसाब से ४० दिन का भोजन है। यदि ३०० सिपाही दूसरे स्थान से आ गये, तो बताओ सिपाहियों को प्रतिदिन कितना भोजन दिया जाय कि कुल सिपाहियों के लिये भोजन ५० दिन के लिये पर्याप्त हो ?

१५. एक जहाज पर ३० मल्लाह थे। इस जहाज ने ९० दिन की यात्रा आरम्भ की। उस पर पूरी यात्रा के लिये इन मल्लाहों को १२ छटाँक प्रतिदिन प्रति आदमी के हिसाब से भोजन रखा था। ३० दिन यात्रा करने के बाद जहाज २० दिनों तक विवश होकर एक ही स्थान पर रुका रह गया। फिर से यात्रा आरम्भ करते समय ६ मल्लाह मर गये। बताओ मल्लाहों को अब भोजन प्रतिदिन किस हिसाब से दिया जाय कि भोजन पूरी यात्रा के लिये पर्याप्त हो ?

संकेत : (३०+२०) दिन का भोजन समाप्त हो गया, परन्तु भोजन को (९०－३०) अर्थात् ६० दिन तक चलना चाहिये।

१६. एक ठीकेदार ने किसी काम को ५० दिन में पूरा करने का ठीका लिया और २४ आदमियों को प्रति दिन ८ घंटे काम करने के लिये काम पर लगाया। परन्तु ३० दिन के बाद उसने देखा कि काम का केवल $\frac{1}{3}$ भाग हुआ है। तब उसने कुछ और आदमियों को काम पर लगाया। यदि सब आदमियों ने ६ घंटे प्रति दिन काम करके ठीक समय पर काम समाप्त कर दिया, तो बताओ उसने बाद में कितने आदमियों को काम पर लगाया था?

१७. ३० दिन में एक कमरा बनाने के लिये ठीकेदार ने ४८ आदमियों को काम पर लगाया। परन्तु २० दिनों के बाद उसने देखा कि काम का केवल $\frac{2}{5}$ भाग हुआ है। तब उसने कुछ और आदमियों को काम पर लगाया। यदि नये आदमी १२ घंटा रोज काम करें और पहले के आदमी बराबर ८ घंटे रोज काम करें, तो बताओ कि ठीक समय में कमरा तैयार हो जाने के लिये उसने कितने नये आदमियों को काम पर लगाया था?

१८. एक ठीकेदार ने कुछ आदमियों को काम पर लगाया। इन आदमियों ने ३६ दिन में केवल $\frac{1}{2}$ काम किया। तब उसने दूसरे १६ आदमियों को काम पर लगाया और काम १२ दिनों में समाप्त हो गया, यदि पहले काम पर लगाये हुये आदमी ८ घंटे प्रति दिन काम करते रहे और बाद वाले केवल ६ घंटे प्रति दिन काम करते थे; तो बताओ काम पर पहले कितने आदमी लगाये गये थे?

१९. किसी काम को ६ मर्द और ८ लड़के मिलकर १० दिन में कर सकते हैं और उसी काम को ११ मर्द और २८ लड़के ४ दिन में कर सकते हैं। बताओ उसी काम को ५ मर्द और १४ लड़के मिलकर कितने दिनों में कर लेंगे?

क्रिया :

∵ १० दिन में पूरा काम ६ मर्दों और ८ लड़कों द्वारा होता है,

∴ १ दिन में पूरा काम ६० मर्दों और ८० लड़कों द्वारा होगा।

फिर ∵ ४ दिनों में पूरा काम ११ मर्दों और २८ लड़कों द्वारा होता है,

∴ १ दिन में पूरा काम ४४ मर्दों और ११२ लड़कों द्वारा होगा।

∴ काम करने की क्षमता के विचार से—

६० मर्द + ८० लड़के = ४४ मर्द + ११२ लड़के

अथवा ६० मर्द – ४४ मर्द = ११२ लड़के – ८० लड़के

„ १६ मर्द = ३२ लड़के

„ १ मर्द = २ लड़के

६ मर्द + ८ लड़के = (१२ + ८) लड़के = २० लड़के,

और ५ मर्द + १४ लड़के = (१० + १४) लड़के = २४ लड़के

[अब प्रश्न हो गया कि २० लड़के किसी काम को १० दिन में कर सकते हैं, तो उसी काम को २४ लड़के कितने दिनों में कर लेंगे ?]

∴ २४ लड़के : २० लड़के : : १० : दिनों की इष्ट संख्या

दिनों की इष्ट संख्या $= \frac{२० \times १०}{२४} = \frac{२५}{३} = ८\frac{१}{३}$

उत्तर : $८\frac{१}{३}$

२०. ४ मर्द और ६ लड़के किसी काम को ८ दिन में कर सकते हैं और उसी काम को ३ मर्द और १० लड़के ७ दिन में कर सकते हैं। बताओ वह काम कितने दिनों में ६ मर्द और ४ लड़कों द्वारा हो सकता है ?

२१. ३ मर्द और ४ लड़के किसी काम को २० दिन में कर सकते हैं और ५ मर्द और १५ लड़के उसी काम को ८ दिन में कर सकते हैं। तो बताओ उसी काम को ४ मर्द और ८ लड़के मिलकर कितने दिनों में कर लेंगे ?

२२. २ मर्द और ८ लड़के मिलकर किसी काम को ८ दिन में कर सकते हैं और ५ मर्द और ६ लड़के उसी काम को ६ दिन में करते हैं। तो बताओ ७ मर्द और ४ लड़के मिलकर उस काम को कितने दिनों में कर लेंगे ?

२३. ७ मर्द और ६ औरतें मिलकर किसी काम को १४ दिन में करते हैं और ५ मर्द और ३ औरतें उसी काम को २२ दिन में करते हैं। वही काम १२ मर्दों और १५ औरतों द्वारा कितने दिनों में होगा ?

२४. ६ मर्द और ८ लड़के मिलकर किसी काम को ३ दिन में करते हैं और ६ मर्द और २ लड़के मिलकर उसी काम को ४ दिन में करते हैं। यदि उसी काम को ४ लड़के और ५ औरतें मिलकर ६ दिन में करते ह, तो १ औरत उस काम को कितने दिन में कर लेगी?

२५. ३ बैल और २ गायें किसी खेत को ६० दिन में चरती हैं; और उसी खेत को २ बैल और ३ गायें ७० दिन में चरती हैं। इसी खेत को ३६ बैल और २४ गायें कितने दिनों में चर डालेंगी?

अनुपाती भाग (Proportional Parts)

जब कोई राशि ऐसे भागों में विभाजित की जाय जो किसी निर्दिष्ट निष्पत्ति में हों तब कहा जाता है कि वह राशि **अनुपाती** भागों में विभाजित हुई है अथवा उस राशि के **अनुपाती भाग** किये गए हैं।

प्रश्नावली ३५

१. ७५० रु० को राम और श्याम में इस तरह बाँटो कि उनके भागों में ७ : ८ की निष्पत्ति हो।

क्रिया :

∵ ७+८=१५

∴ प्रत्येक १५) रु० में राम ७) रु० पाता है और श्याम ८) रु० पाता है।

∴ १५ रु० : ७ रु० : : ७५० ० : राम का भाग,

$$\text{अर्थात् राम का भाग} = \frac{७५० \times ७}{१५} \text{ रु०} = ३५० \text{ रु०।}$$

और १५ रु० : ८ रु० : : ७५० रु० : श्याम का भाग,

$$\text{अर्थात् श्याम का भाग} = \frac{७५० \times ८}{१५} \text{ रु०} = ४०० \text{ रु०।}$$

२. १६०० रु० को मोहन और सोहन में इस तरह बाँटो कि उनके भागों में ३ : ५ की निष्पत्ति हो।

३. एक कंडाल में २ म० ८ से० मिश्रित दूध है। यदि दूध और पानी में ७ : ४ की निष्पत्ति है, तो उस कण्डाल में कितना दूध और कितना पानी है?

४. एक खेत का क्षेत्रफल ५ बीघा १२ बिस्वा है। उसको दो भाइयों में इस तरह बाँटो कि उनके हिस्सों में ७ : ९ की निष्पत्ति हो।

५. राम और श्याम ने साझे में किसी खेत में आलू बोया। फसल में कुल आलू ८५० रु० में बिका। यदि राम और श्याम ने क्रम से उस खेत में १८० रु० और १६० रु० का धन लगाया, तो बताओ उनको अलग-अलग कितने रुपये मिले ?

६. २७६० रु० मोहन, सोहन और रोहन में इस तरह बाँटो कि उनके भागों में ४ : ८ : ११ का अनुपात हो।

क्रिया :

(पहली विधि) $\because$ ४+८+११=२३

$\therefore$ प्रत्येक २३ रु० में से मोहन, सोहन और रोहन क्रम से ४ रु०, ८ रु० और ११ रु० पाते हैं।

$\therefore$ २३ रु० : ४ रु० : : २७६० रु० : मोहन का हिस्सा,

अर्थात् मोहन का हिस्सा $= \frac{२७६० \times ४}{२३}$ रु० = ४८० रु०।

और २३ रु० : ८ रु० : : २७६० रु० : सोहन का हिस्सा,

अर्थात् सोहन का हिस्सा $= \frac{२७६० \times ८}{२३}$ रु० = ९६० रु०।

और २३ रु० : ११ रु० : : २७६० रु० : रोहन का हिस्सा,

अर्थात् रोहन का हिस्सा $= \frac{२७६० \times ११}{२३}$ रु० = १३२० रु०

अतः मोहन, सोहन और रोहन के हिस्से क्रम से ४८० रु०, ९६० रु० और १३२० रु० के हैं।

(दूसरी विधि) $\because$ ४+८+११=२३

$\therefore$ मोहन, सोहन और रोहन को क्रम से कुल धन का $\frac{४}{२३}$, कुल धन का $\frac{८}{२३}$ और कुल धन का $\frac{११}{२३}$ मिला।

अतः मोहन का हिस्सा = २७६० का $\frac{४}{२३}$ = ४८० रु०
सोहन का हिस्सा = २७६० का $\frac{८}{२३}$ = ९६० रु०
और रोहन का हिस्सा = २७६० का $\frac{११}{२३}$ = १३२० रु० } **उत्तर**

७. ५२५० रु० राम, श्याम और बलराम में इस तरह बाँटो कि उनके भाग १०, १२ और १३ के अनुपात में हों।

८. ३०८ रु० ५ आ० ४ पा० को तीन भागों में इस प्रकार बाँटो कि वे ७, ८ और १० के अनुपात में हों।

९. राम, श्याम और बलराम ने क्रम से १५० रु०, १६० रु० और १७० रु० लगाकर व्यापार किया। अन्त में यदि उन्हें ९६६ रु० ४ आ० लाभ में मिले, तो प्रत्येक को क्या मिला?

१०. ८२८ रु० १३ आ० ६ पा० के तीन ऐसे खण्ड करो, जो आपस में ६, ७ और ८ के अनुपाती हों।

११. १२० रु० १२ आ० को $\frac{१}{२}$, $\frac{२}{३}$ और $\frac{३}{४}$ के अनुपात में खण्ड करो।

क्रिया :

∴ $\frac{१}{२} : \frac{२}{३} : \frac{३}{४} = ६ : ८ : ९$

∴ १२० रु० १२ आ० को ६, ८ और ९ के समानुपात में खण्ड करना है।

$$६ + ८ + ९ = २३ \text{ और } १२० \text{ रु० } १२ \text{ आ०} = \frac{४८३}{४} \text{ रु०}$$

∴ **पहला खण्ड** $= \frac{४८३}{४}$ रु० का $\frac{६}{२३} = ३१$ रु० ८ आ०

दूसरा खण्ड $= \frac{४८३}{४}$ रु० का $\frac{८}{२३} = ४२$ रु०

और तीसरा खण्ड $= \frac{४८३}{४}$ रु० का $\frac{९}{२३} = ४७$ रु० ४ आ०

} **उत्तर**

१२. १०५ रु० १२ आ० को $\frac{१}{३}$, $\frac{१}{४}$ और $\frac{१}{८}$ के अनुपात में खण्ड करो।

१३. १२ मन १८ सेर १२ छटाँक चावल की तीन ऐसी राशियाँ बनाओ कि उनका वजन $\frac{२}{३}$, $\frac{३}{४}$ और $\frac{४}{८}$ के अनुपात में हो।

१४. १४२ पौं० १३ शि० ४ पे० को क, ख, ग में इस तरह बाँटो कि उनके भाग २·५, और ३·४ और ४·८ के अनुपाती हों।

१५ २६६ रु० ५ आ० ४ पा० को कल्लू, मल्लू और लल्लू में इस तरह बाँटो कि उनके भाग में $\frac{१}{३}$, $\frac{१}{४}$ और $\frac{१}{८}$ का अनुपात हो।

१६. किसी त्रिभुजाकार खेत का घेरा ३७० गज है। यदि उसकी भुजायें $\frac{१}{४}$, $\frac{१}{८}$ और $\frac{१}{९}$ के अनुपात में हैं, तो प्रत्येक भुजा की लम्बाई बताओ।

१७. एक परीक्षक १०० नम्बरों को तीन प्रश्नों में २·२, ३·३ और ४·५ के समानुपात में बाँटना चाहता है। बताओ प्रत्येक प्रश्न कितने नम्बर का होगा?

१८. एक व्यापारी ने अपने तीन लड़कों को व्यापार करने के लिये ३, ५ और ७ के अनुपात में धन दिया। यदि सबसे अधिक धन पहले वाले लड़के को ५७४ रु० १० आ० ६ पा० मिले, तो उसने कुल कितना धन दिया और शेष दो लड़कों को कितने रुपये मिले ?

क्रिया:

$\because$ ३+५+७=१५; ५७४ रु० १० आ० ६ पा० $=\frac{१८३८९}{३२}$ ०

$\therefore$ प्रत्यक १५ रु० में से व्यापारी ने एक लड़के को ३ रु० दूसरे को ५ रु० और तीसरे को ७ रु० दिया।

अर्थात् सबसे अधिक पानेवाला लड़का १५ रु० में से ७ रु० पाता है।

$\therefore$ ७ : १५ : : $\frac{१८३८९}{३२}$ रु० : कुल मूल धन,

$\therefore$ कुल मूल धन $=\frac{१८३८९}{३२}\times\frac{१५}{७}$ रु० $=\frac{३९४०५}{३२}$ रु०

=१२३१ रु० ६ आ० ६ पाई

पहले लड़के को १२३१ रु० ६ आ० ६ पा० का $\frac{३}{१५}$ अर्थात् २४६ रु० ४ आ० ६ पा० मिले।

और दूसरे लड़के को १२३१ रु० ६ आ० ६ पा० का $\frac{३}{१५}$ अर्थात् ४१० रु० ७ आ० ६ पाई मिले।

१९. एक संख्या का $\frac{१}{३}$, $\frac{१}{४}$ और $\frac{१}{९}$ के अनुपात में खण्ड किया गया है। यदि सबसे बड़ा खण्ड ४८ है, तो वह संख्या बताओ।

२०. कुछ नारंगियाँ चार आदमियों में $\frac{१}{४}$, $\frac{१}{५}$, $\frac{१}{६}$ और $\frac{१}{८}$ के अनुपात में बाँटी गईं। नारंगियों की कम से कम संख्या बताओ, जिससे नारंगियाँ बिना काटे बाँटी जा सकें। यदि सबसे अधिक पाने वाले आदमी को ४५ नारंगियाँ मिलती हैं, तब कुल कितनी नारंगियाँ हैं।

२१. एक मिश्रित धातु में सोना, चाँदी और ताँबा १५, १२, १० के अनुपात में हैं, यदि उसमें चाँदी ३० सेर है, तो मिश्रित धातु की तौल बताओ।

२२. कुछ धन तीन आदमियों में २·१, २·५ और ३·२ के अनुपात में बाँटे गये। यदि सबसे कम पानेवाले को ३१ रु० ८ आ० मिले तो शेष दो आदमियों को कितने रुपये मिले ?

२३. अंग्रेजी बारूद में शोरा, गन्धक और कोयला ७५, १० और १५ के अनुपात में मिलाये गये हैं। यदि बारूद में ११ हण्डरवेट १ क्वार्टर शोरा है, तो बारूद की तौल बताओ।

२४. एक पलटन लड़ाई पर गई। लड़ाई में प्रत्येक ८० सिपाहियों में से ४ सिपाही घायल हुए और २ सिपाही मारे गये। यदि लड़ाई पर से १११० सिपाही बिना चोट खाये सुरक्षित लौट आये, तो लड़ाई पर जाते समय उस पलटन में कितने सिपाही थे?

२५. ९१० रु० राम, श्याम और बलराम में इस तरह बाँटे गये कि राम के भाग का चार गुना, श्याम के भाग के तीन गुने के, और बलराम के भाग के दो गुने के बराबर है। बताओ प्रत्येक को कितने रुपये मिले?

क्रिया:

मान लो राम को १ रु० मिला।

श्याम के भाग का तीन गुना, राम के भाग के चार गुने के बराबर है,

∴ श्याम को भाग का तीन गुना = ४ रु०,

अर्थात् श्याम को ४/३ रु० मिला।

इसी प्रकार बलराम को ४/२ रु० अर्थात् २ रु० मिले।

राम, श्याम और बलराम के भागों में १, ४/३ और २ यानी ३, ४ और ६ का अनुपात है।

∴ राम का भाग = ९१० रु० का ३/१३ = २१० रु०

श्याम का भाग = ९१० रु० का ४/१३ = २८० रु०

और बलराम का भाग = ९१० रु० का ६/१३ = ४२० रु०।

२६. १८४० रु० राम, श्याम और बलराम में इस तरह बाँटे गये कि राम के भाग का तीन गुना, श्याम के भाग के सात गुने के बराबर है और श्याम के भाग का १४ गुना बलराम के भाग के ५ गुने के बराबर है। बताओ प्रत्येक को कितने पये मिले?

२७. २१० रु० क, ख और ग में इस तरह बाँटो कि क और ख के हिस्सों में २ : ३ का तथा ख और ग के हिस्सों में ४ : ५ का अनुपात हो।

२८. १०३२ रु० क, ख, ग और घ में इस तरह बाँटो कि क ख के हिस्सों में ३ : ४ का ख ग के हिस्सों में ५ : ६ का और ग घ के हिस्सों में ८ : ९ का अनुपात हो।

२९. २६०० रु० क, ख, ग और घ में इस तरह बाँटो कि क और ख के भागों में ३ : २, ख और ग के भागों में ६ : ५ और ग और घ के भागों में ७ : ८ का अनुपात हो।

३०. १९०२० रु० क, ख, ग, और घ में इस तरह बाँटे गये कि क के भाग का $\frac{1}{2}$=ख के भाग का $\frac{2}{3}$, ख के भाग का $\frac{3}{4}$=ग के भाग $\frac{4}{5}$ का और ग के भाग का $\frac{4}{9}$=घ के भाग का $\frac{1}{2}$। बताओ प्रत्येक को कितने रुपये मिले ?

३१. एक थैले में रुपयों, अठन्नियों और चवन्नियों के ७०० सिक्के हैं और हर प्रकार के सिक्के मूल्य में बराबर हैं, तो बताओ उस थैले में कुल कितनी रकम है और हर प्रकार के कितने सिक्के हैं ?

क्रिया :

मान लो थैले में रुपये का १ सिक्का है।

∵ सब सिक्के मूल्य में बराबर हैं,

∴ उस थैले में अठन्नी के सिक्के २ और चवन्नी के सिक्के ४ होंगे।

∵ १+२+४=७

∴ पयों के सिक्कों की संख्या =७०० का $\frac{1}{7}$=१००

अठन्नियों के " " " =७०० का $\frac{2}{7}$=२००

और चवन्नियों के " " " =७०० का $\frac{4}{7}$=४०० } **उत्तर**

कुल रकम=३०० रु०।

३२. एक थैली में ६२४ सिक्के हैं। इनमें रुपयों, अठन्नियों और चवन्नियों के सिक्के १, २ और ३ के अनुपात में हैं, तो बताओ उसमें कुल कितनी रकम है और अठन्नियों की संख्या कितनी है ?

३३. एक थैली में १६८१ रु० की रकम है। उसमें रुपये, अठन्नियों चवन्नियों और दुअन्नियों के सिक्के २, ३, ४, और ५ के अनुपात में हैं, तो प्रत्येक प्रकार के सिक्कों की संख्या बताओ ?

३४. एक थैले में रुपयों, अठन्नियों और चवन्नियों की संख्या १४२६ है। यदि रुपयों, अठन्नियों और चवन्नियों के सिक्कों के मूल्य में ३, ४ और ५ का अनुपात हो, तो प्रत्येक प्रकार के सिक्कों की संख्या और उस थैले की रकम बताओ।

३५. ५ पुरुषों, ८ नारियों और ९ लड़कों ने मिलकर ७२० रु० कमाये। यदि २ नारियाँ ३ लड़कों के बराबर काम करती हैं और १ पुरुष २ नारियों के बराबर काम करता है, तो बताओ प्रत्येक पुरुष, नारी और लड़के को कितना मिला ?

∵ १ पुरुष २ नारियों के बराबर काम करता है,
∴ १ पुरुष और एक नारी के काम में २:१ का अनुपात है।
और ∵ २ नारियों का काम ३ लड़कों के काम के बराबर है,
∴ १ नारी और १ लड़के के काम में ३:२ का अनुपात है,
अतः १ पुरुष, १ नारी और १ लड़के के काम में २ : १ : $\frac{२}{३}$
यानी ६ : ३ : २ का अनुपात है।
∵ ५ पुरुषों, ८ नारियों और ९ लड़कों ने मिलकर ७२० रु० कमाये हैं,
∴ ७२० रुपये, ३०, २४ और १८ के अनुपात में बटने चाहियें
∵ ३०+२४+१८=७२
∴ प्रत्येक ७२ रु० में से १ पुरुष को ६ रु० मिलते हैं।
∵ १ पुरुष को ७२० रु० का $\frac{६}{७२}$ या ६० रु० मिले,
∴ १ नारी को ६० रु० का $\frac{१}{२}$ या ३० मिले,
और १ लड़के को ३० रु० का $\frac{२}{३}$ या २० रु० मिले।

३६. ८ पुरुषों, १२ नारियों और १६ लड़कों को मजदूरी में ७३६ रु० मिले। यदि २ पुरुष मिलकर ३ नारियों के बराबर और ४ नारियाँ ५ लड़कों के बराबर काम करती हैं तो लड़कों को कितने रुपये मिले ?

३७. एक पुरुष और १ स्त्री ने १५२ रु० का काम किया। पुरुष ने १२ दिन और स्त्री ने २० दिन काम किया, परन्तु पुरुष जितना काम २ दिन में कर सकता है, स्त्री उतना काम ३ दिन में करती है। प्रत्येक को कितनी मजदूरी मिलनी चाहिये ?

३८. एक पुरुष, एक नारी और एक बालक ने मिलकर १४४ रु० का काम किया। पुरुष ने १२ दिन, नारी ने १५ दिन और बालक ने २० दिन काम किया। यदि पुरुष, स्त्री और बालक के एक दिन के काम में $\frac{1}{2}$, $\frac{1}{3}$ और $\frac{1}{4}$ का अनुपात है, तो प्रत्येक को कितनी मजदूरी मिलेगी ?

३९. किसी कारखाने में काम करने वाले मर्दों, औरतों और लड़कों में ३, ४ और ५ का अनुपात है; तथा एक मर्द, एक औरत और १ लड़के के एक दिन के काम में ६ : ३ : २ का अनुपात है। यदि उस कारखाने में ६० मर्द काम करते हैं और कुल साप्ताहिक मजदूरी २८०० ० की बँटती है, तो कुल लड़कों की साप्ताहिक मजदूरी बताओ।

४०. हाई स्कूल की परीक्षा में किसी परीक्षार्थी ने हिन्दी, अंग्रेजी, गणित, संस्कृत और भूगोल में परीक्षा दी। प्रत्येक विषय में पूर्णाङ्क १०० थे। यदि उसको उपरोक्त विषयों में ४ : ५ : ६ : ३ : २ के अनुपात में अंक मिले और कुल मिलाकर उसको ६०% अंक मिले, तो बताओ उसको किन विषयों में ६०% या ६०% से अधिक अंक मिल ?

क्रिया :

कुल विषयों के पूर्णाङ्क मिलकर $=$ ५००

प्राप्ताङ्क $=$ ५०० का ६०%

$=$ ५०० का $\frac{६०}{१००}$

$=$ ३००

३०० अङ्कों में से विभिन्न प्राप्ताङ्कों का अनुपात ४ : ५ : ६ : ३ : २ है

∴ अनुपाती राशियों (Proportionate Quantities)

का योग $=$ ४ + २ + ६ + ५ + ३ $=$ २०

अतः हिन्दी में प्राप्ताङ्क $=$ ३०० का $\frac{४}{२०}$ $=$ ६०

अंग्रेजी में प्राप्ताङ्क $=$ ३०० का $\frac{२}{२०}$ $=$ ३०

गणित ,, ,, $=$ ३०० का $\frac{६}{२०}$ $=$ ९०

संस्कृत ,, ,, $=$ ३०० का $\frac{५}{२०}$ $=$ ७५

और भूगोल ,, ,, $=$ ३०० का $\frac{३}{२०}$ $=$ ४५

उत्तर : हिन्दी, गणित और संस्कृत।

४१. किसी परीक्षार्थी ने हाई स्कूल परीक्षा में हिन्दी, अंग्रेजी, गणित, इतिहास और नागरिक-शास्त्र में परीक्षा दी। प्रत्येक विषय के प्रश्नपत्र सौ नम्बर के थे। उपरोक्त विषयों में उसने ३ : ४ : १ : २ : ५ के अनुपात में अंक पाये। यदि उसको कुल पूर्णाङ्कों के योग के ४०% अंक मिले, तो उसको किन विषयों में ४५% या ४५% से अधिक अंक प्राप्त हुए?

४२. किसी प्रतियोगिता की परीक्षा में ६ विषय थे और प्रत्येक विषय में पूर्णाङ्क १०० थे। विभिन्न विषयों में किसी परीक्षार्थी के प्राप्ताङ्कों में ४ : ५ : ७ : ३ : १ का अनुपात था। यदि उसको कुल पूर्णाङ्कों के योगफल का ७०% मिला, तो बताओ किन विषयों में उसे ७५% से कम अंक मिले?

४३. मोहन ने अपनी सम्पत्ति को अनन्त, वसन्त और जयन्त में ६ : ५ : ४ के अनुपात में बाँट दिया। यदि अनन्त अपने भाग का $\frac{१}{५}$ वसन्त को और बसन्त अपने भाग में से २२० रु० जयन्त को दे दे, तो बसन्त और जयन्त के भाग परस्पर बराबर हो जायेंगे। मोहन की कुल सम्पत्ति ज्ञात करो।

४४. एक आदमी, उसकी औरत और उसके लड़के ने मिलकर एक खेत में काम किया। सब की मजदूरी मिलकर १० रु० हुई। आदमी ने २ दिन काम किया, औरत ने ३$\frac{१}{२}$ दिन और लड़के ने ४ दिन, तो प्रत्येक की प्रतिदिन की मजदूरी क्या है, जब कि आदमी और औरत की प्रतिदिन की मजदूरी में ७ : ४ की निष्पत्ति है तथा आदमी और लड़के की प्रति दिन की मजदूरी में ७ : ३ की निष्पत्ति है?

साझा (Partnership)

उन दो या दो से अधिक व्यक्तियों को, जो मिल कर एक साथ कोई व्यवसाय करते हैं, **साझी** (Partners) कहते हैं और उन साझीदारों के परस्पर सम्बन्ध को **साझा** कहते हैं। सभी उस व्यवसाय के हानि और लाभ को अपनी लगाई हुई पूंजी अथवा अपने लगाये हुये परिश्रम के अनुसार आपस में बाँट लेते हैं। जैसेः—राम, श्याम और बलराम ने क्रमशः २०० रु०;

३०० रु० और ४०० रुपये लगाकर एक व्यापार किया और एक वर्ष के अन्त में उनको ३०० रु० का लाभ हुआ। तब राम, श्याम और बलराम को साझीदार कहेंगे और लाभ में प्राप्त ३०० रु० को २०० रु०, ३०० रु० और ४०० रु० अथवा २, ३ और ४ के अनुपात में आपस में बाँट लें।

साझे दो प्रकार के होते हैं :— (१) **साधारण** (Simple) और (२) **मिश्र** (Mixed)।

उस साझे को जिसमें समस्त साझी अपनी पूँजी एक ही अवधि के लिये लगाते हैं, **साधारण साझा** कहते हैं, जैसे—राम, श्याम और बलराम ने क्रम से २०० रु०, ३०० रु० और ४०० रु० किसी व्यापार में ६ महीने के लिये लगाये। इस साझे में प्रत्येक साझी की लगी हुई पूँजी भिन्न-भिन्न है परन्तु सब की पूँजी की लगी रहने की अवधि एक ही अथवा ६ महीना है। इस प्रकार के साझे में प्रत्येक साझी को उसकी लगी हुई पूँजी के अनुपात में ही लाभ या हानि होती है।

उस साझे को जिसमें भिन्न-भिन्न साझियों की पूँजी भिन्न-भिन्न समय के लिये लगाई जाती है, **मिश्र साझा** कहते हैं। इस प्रकार के साझे में प्रत्येक साझी की लगी हुई पूँजी तो भिन्न-भिन्न होती ही है, साथ ही व्यापार में लगी हुई पूँजी की अवधि भी भिन्न-भिन्न होती है, जैसे—राम, श्याम और बलराम ने मिलकर एक व्यापार करना आरम्भ किया। उन्होंने इस व्यापार में क्रम से ३०० रु०, ४०० रु० और ५०० रुपये लगाये। परन्तु राम ने अपनी पूँजी ६ महीने पश्चात् और श्याम ने अपनी पूँजी ८ महीने के पश्चात लौटा ली। इस साझे में राम, श्याम और बलराम की पूँजी तो भिन्न-भिन्न है ही, साथ ही उनकी पूँजी के लगे रहने की अवधि भी भिन्न-भिन्न है। मिश्र साझे में लाभ या हानि का बँटवारा करते समय पूँजी और अवधि दोनों का विचार किया जाता है।

साझी भी दो प्रकार के होते हैं—(१) **क्रियाशील साझी** (Active Partner) और (२) **सुप्त साझी** (Sleeping Partner)।

उस साझी को जो व्यापार में पूँजी भी लगाता है और साथ ही अन्य साझियों की भाँति व्यापार में काम भी करता है, **क्रियाशील साझी**

कहते हैं और उस साझी को जो व्यापार में केवल अपनी पूँजी लगाता है, किन्तु व्यापार में किसी प्रकार का परिश्रम नहीं करता, **सुप्त साझी** कहते हैं।

प्रश्नावली ३६

१. मोहन, सोहन और राधे किसी व्यापार में साझी हैं। मोहन ने ६०० रु०, सोहन ने ४५० रु० और राधे न ३५० रु० लगाये। यदि सबके रुपये बराबर समय तक व्यापार में लगे रहे और ५६० रु० का लाभ हुआ तो बताओ प्रत्येक को कितना लाभ हुआ ?

क्रिया :

मोहन, सोहन और राधे को लाभ ६००, ४५० और ३५० की निष्पत्ति में मिलेगा।

∴ मोहन का भाग : सोहन का भाग : राधे का भाग
= ६०० : ४५० : ३५०
= १२ : ६ : ७

∵ १२+६+७=२८

∴ मोहन का भाग = ५६० रु० का $\frac{१२}{२८}$ = २४० ०

सोहन का भाग = ५६० रु० का $\frac{९}{२८}$ = १८० रु०

राधे का भाग = ५६० रु० का $\frac{७}{२८}$ = १४० रु०

उत्तर

२. क, ख और ग ने मिलकर साझे में एक दुकान खोली। क ने ४५० रु०, ख ने ५०० रु० और ग ने ५५० रु० लगाये। यदि वर्ष के अन्त में ३०० रु० का लाभ हुआ, तो प्रत्येक साझीदार को क्या मिला ?

३. राम और श्याम ने मिलकर एक खेत ४२६० ० में खरीदा। राम ने २५०० रु० दिया और श्याम ने शेष रुपया दिया। यदि उन्होंने उस खेत को ५११२ रु० में बिक्री कर दिया, तो बताओ प्रत्येक को कितना लाभ हुआ ?

४. एक घास के मैदान की चराई की मालगुजारी ७२ रु० है। यदि राम ने ३६ भेड़ें और श्याम ने २४ भेड़ें बराबर समय तक उस खेत में चराईं, तो प्रत्येक को कितनी मालगुजारी देनी पड़ेगी ?

५. क, ख और ग ने एक खेत को २४०० रु० में खरीदा। क ने ७२० ०, ख ने ६६० रु० और शेष रुपये ग ने दिये। यदि उस खेत से वार्षिक लाभ ६३० रु० का है, तो प्रत्येक साझीदार को कितना लाभ मिलता है ?

६. गणेश, रमेश और महेश ने मिलकर किसी व्यापार में १४०० रु० की पूंजी लगाई। यदि उनके लाभ में निष्पत्ति १२ : ६ : ७ की हो, तो बताओ उस व्यापार में प्रत्येक ने कितनी पूँजी लगाई ?

७. राम, श्याम और बलराम ने साझे में एक व्यापार शुरू किया। जिसमें कुल लाभ ५७५ रु० हुआ। यदि राम ने ३५० रु० ७ महीने के लिये, श्याम ने ५०० रु० ४ महीने के लिये और बलराम ने ६५० रु० २ महीने के लिये लगाये, तो प्रत्येक साझीदार का लाभ बताओ।

क्रिया :

३५० रु० ७ महीने के लिये $= ३५० \times ७ = २४५०$ रु० १ महीने के लिये
५०० रु० ४ महीने के लिये $= ५०० \times ४ = २०००$ ० ,, ,, ,,
६५० रु० २ महीने के लिये $= ६५० \times २ = १३००$ रु० ,, ,, ,,

$\therefore$ राम का भाग : श्याम का भाग : बलराम का भाग
$= २४५० : २००० : १३००$
$= ४९ : ४० : २६$

$\because ४९ + ४० + २६ = ११५$

$\therefore$ राम का भाग = ५७५ रु० का $\frac{४९}{११५}$ = २४५ रु०
श्याम का भाग = ५७५ रु० का $\frac{४०}{११५}$ = २०० रु०
बलराम का भाग = ५७५ रु० का $\frac{२६}{११५}$ = १३० रु०
} **उत्तर**

८. एक घास के मैदान में मोहन ने ३० बैलों को ४ महीने तक और सोहन ने ३६ बैलों को ३ महीने तक चराया। यदि दोनों ने मिलकर २५ रु० ५ आ० ४ पा० चराई के बदले में दिये, तो प्रत्येक को कितना देना पड़ा ?

९. राधे और बनवारी ने साझे में व्यापार शुरू किया। राधे ने ६ महीने के लिये ६२५ रु० लगाये और बनवारी ने ५५० रु० ५ महीने के लिये लगाये। यदि साल के अन्त में ७८० रु० का घाटा लगा, तो प्रत्येक को कितने रुपये की हानि उठानी पड़ी ?

१०. क, ख और ग ने चराई का एक मैदान ७८५ रु० वार्षिक मालगुजारी पर साझे में लिया। यदि उस मैदान में क ३० बैलों को ८ महीने तक, ख ४५ बैलों को ६ महीने तक और ग ५५ बैलों को ५ महीने तक चराता है, तो बताओ प्रत्येक को चराई के लिये कितना देना पड़ा ?

११. राम ने एक काम ३००० ० से आरम्भ किया। ४ महीने बाद उसने श्याम से २००० ० लेकर उसको उसी काम में साझीदार बना लिया। साल के अन्त में ७८० रु० का लाभ हुआ, तो बताओ श्याम को कितना मिला ?

१२. राम ने वर्ष के आरम्भ में एक काम ४०० रु० से प्रारम्भ किया। ५ महीने के बाद बलराम से ८०० ० लिया। यदि वर्ष के अन्त में २६० रु० लाभ हुआ, तो प्रत्येक साझीदार को कितना मिलेगा ?

१३. मोहन, सोहन और राधे ने साझे में व्यापार प्रारम्भ किया, जिसमें कुल ६४० रु० का लाभ हुआ। मोहन ने ३५० रु० ६ महीने के लिये, सोहन मोहन, से दूने रुपये ४ महीने के लिये तथा राधे ने मोहन के बराबर रुपये २ महीने के लिये लगाये, तो प्रत्येक साझीदार का लाभ बताओ।

१४. २ आदमियों ने क्रमशः ३००० और ४५०० रुपये की पूंजी से एक व्यापार प्रारम्भ किया। ८ महीने बाद कम पूंजी वाले साझीदार ने २५०० रु० और दिया। ७ महीने और बीत जाने के बाद उन दोनों ने ५२० रुपये का लाभ पाकर व्यापार बन्द कर दिया। यह लाभ किस प्रकार बाँटा जायगा ? [पंजाब, १६२६]

१५. क और ख ने २:३ के अनुपात से धन लगाकर व्यापार प्रारम्भ किया। ८ महीने बाद क ने अपनी पूंजी का $\frac{3}{4}$ और दो महीने बाद ख ने अपनी पूंजी का $\frac{1}{2}$ निकाल लिया। साल के अन्त में २१२ रु० ८ आ० का लाभ हुआ। बताओ प्रत्येक को अलग-अलग कितना लाभ हुआ ?

क्रिया :

मान लिया २ रु० क ने लगाया और ३ रु० ख ने लगाया।
२ रु० ८ महीने के लिये = १६ ० एक महीने के लिये
८ महीने के बाद क ने अपनी पूँजी का $\frac{1}{4}$ निकाल लिया, अर्थात् क की पूँजी २ रु० — २ रु० का $\frac{1}{4}$ अर्थात् $\frac{3}{2}$ रु० ४ महीने तक रही।

∴ $\frac{3}{2}$ रु० ४ महीने के लिये = $\frac{3}{2}\times$४ अर्थात् ६ ० १ महीने के लिये

∴ क की कुल पूँजी = (१६ + ६) = २२ रु० १ महीने के लिये
ख का ३ ० १० महीने के लिये = ३ × १० = ३० रु० १ महीने के लिये

१० महीने बाद ख अपनी पूँजी का $\frac{1}{2}$ निकाल लेता है, अर्थात् ख का (३ रु० — ३ रु० का $\frac{1}{2}$) अर्थात् $\frac{3}{2}$ रु० २ महीने तक रहा।

$\frac{3}{2}$ ० २ महीने के लिये = $\frac{3}{2}$ रु० × २ अथवा ३, ० १ महीने के लिये अर्थात् ख की कुल पूँजी = ३० रु० + ३ रु० = ३३ रु० १ महीने के लिये

लाभ में क के भाग का ख के भाग के साथ २२:३३ अर्थात् २:३ की निष्पत्ति है।

∴ २ + ३ = ५

∴ क का लाभ = $\frac{४२५}{२}$ रु० का $\frac{२}{५}$ = ८५ रु०

और ख का लाभ = $\frac{४२५}{२}$ रु० का $\frac{३}{५}$ = १२७ रु० ८ आ०

उत्तर

१६. क, ख ने साझे में व्यापार प्रारम्भ किया और उन्होंने ३:४ की निष्पत्ति में रुपया लगाया। ४ महीने के पश्चात् क ने अपने रुपये का $\frac{1}{3}$ और ६ महीने पश्चात् ख ने अपने रुपये का $\frac{1}{4}$ निकाल लिया। यदि १२ महीने के पश्चात् उनको ५०० ० का लाभ हुआ, तो बताओ क को कितने रुपये मिलेंगे?

१७. क, ख और ग एक व्यवसाय में साझीदार थे और उनके भागों $\frac{1}{2}:\frac{1}{3}:\frac{1}{4}$ की निष्पत्ति में थीं। ४ महीने पश्चात् क ने अपनी पूँजी का आधा निकाल लिया। ८ महीने और व्यतीत हो जाने पर २०२४ रु० का लाभ आपस में बाँट लिया गया। क को क्या मिला? [पंजाब, १९१०]

१८. क, ख और ग ने १ : २ : ३ के अनुपात में धन लगाकर वर्ष के आरम्भ में एक दूकान खोली। ४ महीने पश्चात् ग ने अपनी पूँजी का $\frac{1}{2}$ निकाल लिया और ६ महीने पश्चात् ख ने अपनी पूँजी का $\frac{1}{3}$ निकाल लिया। यदि वर्ष के अन्त में दूकान से ४८० रु० लाभ में मिले, तो प्रत्येक साझीदार को कितने रुपये मिले ?

१९. मोहन ने वर्ष के आरम्भ में ६०० रु० से एक काम प्रारम्भ किया। ४ महीने के पश्चात् सोहन भी कुछ पया देकर उसमें साझीदार हो गया। यदि वर्ष के अन्त में दोनों को लाभ में बराबर-बराबर रुपये मिले, तो बताओ सोहन ने कितना धन लगाया था ?

२०. राम और श्याम ने क्रमशः ३००० रु० और ५००० रु० लगाकर एक व्यापार प्रारम्भ किया। वर्ष के अन्त में ९२० रु० का लाभ हुआ। यदि व्यापार में काम करने के लिये राम को २०० रु० अधिक मिलते हैं, तो श्याम को कितने रुपये लाभ के मिले ?

२१. राम, श्याम और घनश्याम ने साझे में एक व्यापार प्रारम्भ किया। उन्होंने क्रमशः ५००० रु०, ९००० ० और १३०० रु० जमा किये। कुछ दिनों के पश्चात् १००० रु० की और आवश्यकता पड़ी, इस रुपये को राम ने अकेले दिया। १२ महीने के पश्चात् १४६६ ० १० आ० ८ पा० का लाभ हुआ। उसमें से घनश्याम को ६५० रु० मिले, तो बताओ कितने महीने पश्चात् राम ने अधिक रुपये जमा किये थे ?

२२. क, ख और ग ने एक खेत २८७८ रुपये लगान पर लिया। क ने ५ महीने के लिये १२ घोड़े तथा ३ महीने के लिये ४५ भेड़ें रखीं। ख ने ६ महीने के लिये १५ बैल तथा २ महीने के लिये ५४ भेड़ें रखीं। ग ने ६ घोड़े और ४८ बैल ३ महीने तक रखे। ४ घोड़े और ३ भेड़ें मिलकर उतना ही खाते हैं जितना ५ बैल और १ घोड़ा; और २ बैल उतना ही खाते हैं जितना ७ भेड़ें। क, ख और ग में प्रत्येक को कितना लगान देना पड़ेगा ? [**बम्बई**, १८७७]

—:०:—

दसवाँ अध्याय

साधारण ब्याज

(Simple Interest)

साधारणतः ऐसा होता है कि आवश्यकता पड़ने पर एक आदमी दूसरे आदमी से रुपया उधार लेता है। उस आदमी को जो रुपया उधार लेता है, '**कर्जदार**' या '**ऋणी**' कहते हैं। उस आदमी को जो रुपया उधार देता है, '**महाजन**', 'साहूकार' या '**धनी**' कहते हैं और उस '**मूल' धन** को जो महाजन से ऋणी उधार लेता है, '**मूलधन**', '**असल**' या केवल (Principal) कहते हैं। महाजन से ऋणी रुपया उधार लेकर अपने किसी काम में लगाता है। इसलिये महाजन को मूलधन से कुछ अधिक धन देता है। उस अधिक धन को मूलधन का '**सूद**' या '**ब्याज**' (Interest) कहते हैं, जैसे---यदि राम ने श्याम से १०० रु० लिये और वर्ष के अन्त में १०५ रु० लौटा दिये, तो राम ऋणी हुआ, श्याम महाजन हुआ। १०० रुपया मलधन हुआ और १०५ ० – १०० रु० या ५ रु० एक वर्ष में १०० ० का ब्याज हुआ।

उस धन को जो मूलधन और ब्याज के जोड़ के बराबर होता है **मिश्रधन** (Amount) कहते हैं, जैसे---यदि मूलधन १०० रु० और ब्याज ५ ० है, तो १०० रु० + ५ रु० या १०५ रु० मिश्रधन हुआ।

प्रायः बड़े धन पर ब्याज वार्षिक प्रतिशत के हिसाब से तै होता है और थोड़े धन पर ब्याज प्रति पया प्रति मास के हिसाब से तै किया जाता है।

उस ब्याज को जो एक रुपये का एक मास का या १०० ० का एक वर्ष का तै किया जाता है, ब्याज की **दर** (Rate of Interest) कहते हैं।

उस ब्याज को जो केवल मूलधन पर ही लगाया जाता है, **साधारण ब्याज** कहते हैं।

ब्याज के सम्बन्ध में निम्नलिखित बातें याद रखनी चाहियें:—

१. मूलधन अथवा वह धन जो ऋणी महाजन से लेता है।

२. ब्याज अथवा वह धन जो ऋणी महाजन को मूलधन के अतिरिक्त चुकाता है।

३. मिश्रधन अथवा वह धन जो मूलधन और ब्याज के जोड़ के बराबर होता है।

मिश्रधन = मूलधन + ब्याज

४. ब्याज की दर अथवा एक रुपये का एक मास का ब्याज या १०० रु० का १ वर्ष का ब्याज।

५. समय अथवा ऋण लेने के दिन से लेकर ऋण चुकाने तक के बीच का समय।

उपरोक्त प्रथम तीन बातों में से केवल दो बातें ज्ञात होने पर तीसरी बात सरलतापूर्वक ज्ञात हो जाती है, क्योंकि—

(क) मिश्रधन = मूलधन + ब्याज।

(ख) मूलधन = मिश्रधन − ब्याज।

(ग) ब्याज = मिश्रधन − मूलधन।

साधारण ब्याज के प्रश्नों में चार बातों में से (मलधन, ब्याज या मिश्रधन, समय और ब्याज की दर) कोई तीन बातें ज्ञात रहने पर चौथी बात निकालनी होती है।

ब्याज निकालना

(क) ७५ रु० का ७ महीने का २ पैसा प्रति रुपया मासिक की दर से ब्याज निकालो।

क्रिया :

∵ १ महीने का १ रुपये का ब्याज $= २$ पैसा $= \frac{१}{३२}$ रु०

∴ ७ ,, ,, ,, ,, $= \frac{१}{३२} \times ७$ रु०

∴ ,, ,, ७५ ,, ,, $= \frac{१ \times ७ \times ७५}{३२}$ रु० $= \frac{५२५}{३२}$ रु०

$=$ १६ रु० ६ आ० २ पैसा

उत्तर : १६ रु० ६ आ० २ पैसा

(ख) ४५० रु० का ५ वर्ष का ३ प्रतिशत वार्षिक की दर से ब्याज निकालो।

क्रिया :

∵ १ वर्ष का १०० रु० का ब्याज = ३ रु०

∴ ५ ,, ,, ,, ,, = ३ × ५ रु०

∴ ,, ,, ४५० ,, ,, = $\frac{३ \times ५ \times ४५०}{१००}$ रु० = $\frac{१३५}{२}$ रु०

= ६७ रु० ८ आ०

उत्तर : ६७ रु० ८ आ०

ऊपर के प्रश्न से ज्ञात होता है कि जब ब्याज की दर प्रतिशत हो, तब ब्याज निकालने के लिये मूलधन, समय और दर को आपस में गुणा करके गुणनफल को १०० से भाग देना चाहिये।

$$\therefore \text{ब्याज} = \frac{\text{मूलधन} \times \text{समय} \times \text{ब्याज की दर}}{१००}$$

परन्तु जब ब्याज की दर प्रति रुपया दी हो, तब

ब्याज = मूलधन × समय × ब्याज की दर

प्रश्नावली ३७

(मौखिक)

१. एक पैसा प्रति रुपया मासिक की दर से १० रु० का ३ महीने का ब्याज निकालो।

२. एक पैसा प्रति पया मासिक की दर से २० रुपये का ४ महीने का ब्याज निकालो।

३. दो पैसे प्रति रुप ा मासिक की दर से १६ रुपये का ४ महीने का ब्याज निकालो।

४. दो पैसे प्रति रुपया मासिक की दर से २० रुपये का ५ महीने का ब्याज निकालो।

५. एक पैसा प्रति रुपया मासिक की दर से ५० रुपये का २ महीने का ब्याज निकालो।

६. एक पैसा प्रति रुपया मासिक की दर से ८० रुपया का ४ महीने का ब्याज बताओ।

७. ४ प्रतिशत वार्षिक ब्याज की दर से २०० ० का २ वर्ष का ब्याज बताओ।

८. ५ प्रतिशत वार्षिक ब्याज की दर से ३०० रु० का ३ वर्ष का ब्याज बताओ।

(लिखित)

सूचना :—

(क) ब्याज के प्रश्नों में आधी पाई या पेंस या उससे अधिक को क्रम से पूरी पाई या पेंस मान लो। आधी से कम पाई या पेंस को छोड़ दो।

(ख) ३० दिन का महीना तथा ३६५ दिन का वर्ष माना जाता है, (जब तक इसके विपरीत कुछ कहा न जाय)।

९. ३५० रु० का साधारण ब्याज ४ महीने का २ पैसे प्रति रुपया मासिक की दर से बताओ।

१०. ६०० रु० का ब्याज ६ महीने का ४ पाई प्रति रुपया मासिक की दर से निकालो।

११. ४६० रु० का ब्याज ५$\frac{1}{2}$ महीने का १$\frac{1}{2}$ पैसे प्रति रुपया मासिक की दर से बताओ।

१२. ३०० रु० का ब्याज ८ महीने का २ पैसे प्रति रुपया मासिक की दर से बताओ।

१३. ४९० रु० का ब्याज २७० दिन का ५ पाई प्रति रुपया मासिक की दर से निकालो।

१४. ५४० ० का ब्याज ३१५ दिन का ४ पाई प्रति रुपया मासिक की दर से निकालो।

१५. ४५० रु० का ब्याज एक वर्ष ६ महीने का १ पैसा प्रति पया मासिक की दर से कितना होगा ?

१६. ४७५ रु० १० आ० ८ पा० का ब्याज ५ महीने का १$\frac{1}{2}$ प्रतिशत माहवारी की दर से बताओ।

१७. ६३१ रु० ४ आ० का ब्याज २ वर्ष ८ महीने का ३/४ प्रतिशत मासिक की दर से बताओ।

१८. ३२५ रुपये का ब्याज ४ वर्ष का ३ प्रतिशत वार्षिक की दर से कितना होगा ?

१९. ६२५ पये का ब्याज ४ वर्ष ६ महीने का ५ प्रतिशत वार्षिक की दर से निकालो।

२०. ४८० पौण्ड १२ शि० ६ पें० का ४ वर्ष का २ १/२ प्रतिशत वार्षिक की दर से ब्याज बताओ।

२१. ७५० रुपये का ब्याज ४ वर्ष का ५ प्रतिशत वार्षिक की दर से बताओ।

२२. ८४० रुपये का ब्याज ३ वर्ष में ४ प्रतिशत वार्षिक की दर से कितना होगा ?

२३. १०२० रु० ८ आ० का ५ वर्ष में ३ प्रतिशत वार्षिक की दर से कितना ब्याज होगा ?

२४. ६६६ रु० १० आ० ८ पा० का ६ वर्ष में ३ १/२ प्रतिशत वार्षिक की दर मे कितना ब्याज होगा ?

२५. ७२० पौ० का ७ वर्ष में ३ प्रतिशत वार्षिक की दर से कितना ब्याज होगा ?

२६. ५०० पौ० १३ शि० ४ पें० का ४ वर्ष ६ महीने का ५ प्रति सैकड़े वार्षिक की दर से ब्याज बताओ।

२७. ६२५ रु० का ब्याज ३९२ दिन का ५ ३/१४ प्रतिशत वार्षिक की दर से बताओ।

२८. ८०० रु० का ब्याज ४ वर्ष ७ महीने १५ दिन का ४ प्रतिशत वार्षिक की दर से बताओ।

२९. राम ने मोहन से ६५० रु० ऋण लिया और ३ १/२ वर्ष के बाद उसने ४ प्रतिशत वार्षिक ब्याज़ की दर से ऋण चुका दिया। बताओ राम ने ब्याज में कितना रुपया दिया ?

३०. राम ने १२०० रु० ऋण ५ वर्ष के लिये ४ १/२ प्रतिशत वार्षिक ब्याज की दर पर लिया। यदि नियत समय के बाद उसने ब्याज का १० प्रतिशत कम चुकाया, तो बताओ उसने ब्याज कितना दिया ?

निम्नलिखित में निकटतम पाई या पेंस तक उत्तर दो—

३१. ३४२ रु० ४ आ० का $५\frac{१}{२}$ वर्ष का $२\frac{१}{२}$ प्रतिशत वार्षिक की दर से ब्याज बताओ।

३२. १२०३ रु० २ आ० का $१\frac{१}{४}$ वर्ष का $२\frac{३}{४}$ प्रति सैकड़े वार्षिक की दर से ब्याज बताओ।

एक नियत तिथि से दूसरी नियत तिथि तक का ब्याज निकालना

तुम जानते हो कि जब समय केवल दिनों में या वर्षों और दिनों में दिया हो, तब वर्ष में ३६५ दिन समझने चाहियें। इस बात को ध्यान में रख कर हम कह सकते हैं कि

७३ दिन $=\frac{१}{५}$ वर्ष, १४६ दिन $=\frac{२}{५}$ वर्ष, २१९ दिन $=\frac{३}{५}$ वर्ष और २९२ दिन $=\frac{४}{५}$ वर्ष।

जब किसी धन का ब्याज एक नियत तिथि से दूसरी नियत तिथि तक निकाला जाता है, तो प्रचलित रीति के अनुसार दोनों नियत तिथियों में से केवल एक दिन गिना जाता है, जैसे—यदि ऋण १५ अगस्त १९५४ को लिया गया और २० दिसम्बर, ५४ को लौटाया गया, तो १५ अगस्त '५४ से २० दिसम्बर, ५४ तक दिनों को गिनने के लिये १५ अगस्त या २० दिसम्बर ही सम्मिलित किया जाता है और विशेष कर अन्तिम दिन ही ब्याज का हिसाब करने के लिये गिना जाता है तथा प्रथम दिन छोड़ दिया जाता है।

प्रश्नावली ३८

१. ३५० रु० का २५ जनवरी सन् १९१६ ई० से ७ अप्रैल सन् १९१६ ई० तक का ब्याज ५ प्रति सैकड़े की दर से बताओः—

क्रिया :

दिनों की संख्या $=$ (३१–२५) या ६ जनवरी $+$ २९ फरवरी $+$ ३१ मार्च $+$ ७ अप्रैल $=$ ७३

७३ दिन $=\frac{७३}{३६५}$ वर्ष $=\frac{१}{५}$ वर्ष

∵ १०० रुपये का १ वर्ष का ब्याज = ५ रु०

∴ " " $\frac{१}{५}$ " " = ५ × $\frac{१}{५}$ रु०

∴ १ रुपये का " " " = ५ × $\frac{१}{५}$ × $\frac{१}{१००}$ ०

∴ ३५० " " " " " = ५ × $\frac{१}{५}$ × $\frac{१}{१००}$ × ३५० रु०

= $\frac{७}{२}$ रु० = ३ रु० ८ आ०

उत्तर : ३ रु० ८ आ०।

निम्नलिखित प्रश्नों के उत्तर निकटतम पाई या पेंस तक दो :—

२. ४१५ रु० का ब्याज १५ मार्च सन् १९११ ई० से उसी साल के २८ अगस्त तक ४ प्रतिशत वार्षिक ब्याज की दर से निकालो।

३. ४०० रु० का ४ अप्रैल सन् १९३६ से उसी साल के १६ जून तक ३$\frac{१}{२}$ प्रतिशत वार्षिक ब्याज की दर से कितना होगा?

४. ५०० पौण्ड का ब्याज ७ मई सन् १९३७ से उसी साल के ३० सितम्बर तक ४ प्रतिशत वार्षिक ब्याज की दर से कितना होगा?

५. ६५० रु० का ब्याज ५ जुलाई सन् १९३७ से २८ नवम्बर १९३८ ई० तक ४$\frac{१}{२}$ प्रतिशत वार्षिक ब्याज की दर से बताओ।

६. ८१२ पौ० १० शि० का ब्याज १० नवम्बर सन् १९३५ ई० से ३ अप्रैल सन् १९३६ ई० तक ३ प्रतिशत वार्षिक ब्याज की दर से बताओ।

७. ५६२ रु० ८ आ० का ब्याज ४ मई सन् १९४० ई० से १६ जुलाई सन् १९४१ ई० तक ४ प्रतिशत वार्षिक की दर से बताओ।

८. ५५० रु० का ब्याज ८ जून सन् १९४१ से २ मार्च सन् १९४३ तक ८ प्रतिशत वार्षिक ब्याज की दर से कितना होगा?

९. ४३३ पौण्ड ६ शि० ८ पें० का ब्याज ५ अक्टूबर सन् १९४० से १७ दिसम्बर १९४१ ई० तक ६ प्रतिशत वार्षिक ब्याज की दर से कितना होगा?

१०. ८६६ रु० १० आ० ८ पा० का ब्याज १० मार्च सन् १९४२ ई० से उसी साल के १५ अक्टूबर तक ८ प्रतिशत की दर से बताओ।

११. ३३३ रु० ५ आ० ४ पा० का ब्याज १० दिसम्बर सन् १९४५ ई० से ५ मई सन् १९४६ ई० तक १० प्रतिशत ब्याज की दर से कितना होगा ?

१२. ८६६ पौण्ड १३ शि० ४ पें० का ब्याज १० जुलाई से उसी साल के ३ दिसम्बर तक ६ प्रति सैकड़े ब्याज की दर से कितना होगा ?

१३. ५३३ पौ० ६ शि० ८ पें० का ब्याज १५ जुलाई सन् १९४६ ई० से २० अक्टूबर सन् १९४६ ई० तक $९\frac{१}{८}$ प्रतिशत वार्षिक ब्याज की दर से कितना होगा ?

१४. ७३० रु० का १२५ दिन का $४\frac{१}{४}$ प्रतिशत वार्षिक ब्याज की दर से कितना ब्याज होगा ?

१५. ६१५ रु० का १४६ दिन का साधारण ब्याज $३\frac{१}{२}$ प्रतिशत वार्षिक ब्याज की दर से कितना होगा ?

१६. ९२० रु० १० आ० का ब्याज ४ महीने १२ दिन में $५\frac{१}{२}$ प्रतिशत वार्षिक ब्याज की दर से कितना होगा ?

१७. ५२५ रु० का ब्याज २ वर्ष ४ महीने २४ दिन में $४\frac{१}{२}$ प्रति सैकड़ा वार्षिक की दर से कितना होगा ?

१८. मोहन ने २२५ रु० १० जनवरी सन् १९४८ ई० को $२\frac{१}{३}$ प्रतिशत वार्षिक ब्याज की दर से ऋण लिया और उसी वर्ष की १५ जून को ब्याज सहित ऋण चुका दिया। बताओ उसने कितना ब्याज दिया ?

१९. राम ने २४६० रु० ५ प्रति सैकड़ा वार्षिक ब्याज की दर से ऋण लिया। १२५ दिन के बाद उसने मूलधन के आधे रुपये और उस समय तक का कुल ब्याज लौटा दिया। फिर ७ मही ने ६ दिन बाद उसने ब्याज सहित कुल रुपया लौटा दिया। बताओ उस ने कुल कितना ब्याज दिया ?

२०. श्याम ने ७५० रु० $४\frac{१}{२}$ प्रतिशत वार्षिक ब्याज की दर से ऋण लिया। दो महीने के बाद ब्याज की दर एक प्रतिशत गिर गई। परन्तु ३ महीने के बाद फिर ब्याज की दर ४ प्रतिशत हो गई। वर्ष के अन्त में उसने अपना ऋण ब्याज सहित चुका दिया। बताओ उसने कुल कितना ब्याज दिया ?

मिश्रधन निकालना

हम जानते हैं कि मिश्रधन=मूलधन+ब्याज

इसलिये मिश्रधन निकालने के लिये पहले ब्याज ज्ञात करो, फिर इसको मूलधन में जोड़ दो। यही जोड़ मिश्रधन होगा।

परन्तु मिश्रधन निम्न प्रकार से बिना ब्याज निकाले भी निकाला जा सकता है।

[उदाहरण] ४५० रु० का ५ वर्ष में ३ प्रतिशत वार्षिक ब्याज की दर से कितना मिश्रधन होगा?

क्रिया :

मान लिया कि मूलधन १०० रु० है।

∵ १०० रु० का १ वर्ष का ब्याज =३ रु०

∴ " " " ५ " " " =३×५ रु०=१५ रु०

∴ १०० रु० का ५ वर्ष का मिश्रधन=१००+१५ रु०=११५ रु०

∴ १ " " " " " " $=\frac{११५}{१००}$ रु०

∴ ४५० " " " " " " $=\frac{११५\times४५०}{१००}$ रु०

$=\frac{१०३५}{२}$ रु०

=५१७ रु० ८ आ०

उत्तर : ५१७ रु० ८ आ०।

प्रश्नावली ३९

मौखिक

१. १०० रु० का २ वर्ष का ३ प्रतिशत वार्षिक ब्याज की दर से कितना मिश्रधन होगा?

२. २०० रु० का ३ वर्ष का २ प्रतिशत वार्षिक ब्याज की दर से कितना मिश्रधन होगा?

३. ३०० रु० का ४ वर्ष में ३ प्रति सैकड़ा ब्याज की दर से कितना मिश्रधन होगा?

४. ५० रु० का ३ वर्ष में ४ प्रति सैकड़ा ब्याज की दर से कितना मिश्रधन होगा ?

५. राम ने श्याम से २०० रु० ५ प्रतिशत ब्याज की दर से ऋण लिया और ४ वर्ष में उसने कुल ऋण ब्याज सहित लौटा दिया। बताओ श्याम को कुल कितने रुपये मिले ?

लिखित

मिश्रधन बताओ :—

६. ३३५ रु० का २ वर्ष ६ महीने का ४ प्रति सैकड़े वार्षिक ब्याज की दर से।

७. ४२५ पौं० ६ शि० ८ पें० का ४ वर्ष का ४$\frac{१}{२}$ प्रतिशत वार्षिक ब्याज की दर से।

८. ५७५ पौं० ६ शि० ३ पें० का ५ वर्ष का २$\frac{३}{८}$ प्रतिशत वार्षिक ब्याज की दर से।

९. ९१० रु० ९ आ० ४ पा० का ४ वर्ष ६ महीने का २$\frac{३}{७}$% वार्षिक ब्याज की दर से।

१०. १२०० रु० का ३ वर्ष का ४$\frac{१}{२}$ प्रति सैकड़ा वार्षिक ब्याज की दर से।

११. ९५० पौं० का ७$\frac{१}{२}$ वर्ष का ३$\frac{१}{३}$ प्रतिशत वार्षिक ब्याज की दर से।

१२. १५३४ रु० ६ आ० का २ वर्ष ८ महीने का ४$\frac{१}{२}$ प्रतिशत वार्षिक ब्याज की दर से।

१३. ८१५ रु० ८ आ० का ५ वर्ष ६ महीने का १ पैसे प्रति रुपया मासिक ब्याज की दर से।

१४. ६६६ पौं० १३ शि० ४ पें० का २ वर्ष ३ महीने का ९$\frac{१}{३}$ प्रतिशत वार्षिक ब्याज की दर से।

१५. ९७१ रु० १० आ० ८ पा० का १० महीने में १$\frac{१}{२}$ प्रतिशत मासिक ब्याज की दर से।

१६. ८३३ पौं० ६ शि० ८ पें० का ८ मार्च सन् १९५० ई० से उसी वर्ष की पहली अगस्त तक का ४ प्रतिशत वार्षिक ब्याज की दर से।

१७. राम ने ६६६ पौं० १३ शि० ४ पें० १८ जून को ६% वार्षिक ब्याज की दर से ऋण लिया। यदि उसने उसी वर्ष के ३० अगस्त को ब्याज सहित ऋण चुका दिया, तो बताओ राम ने कुल कितने पौंड दिये ?

१८. राम ने श्याम से ७ अगस्त को ८०० रु० ३½ प्रतिशत वार्षिक ब्याज की दर से ऋण लिया। फिर उसी वर्ष की १६ अक्तूबर को ४५० रु० ४ प्रतिशत वार्षिक ब्याज की दर से ऋण लिया। यदि राम ने उसी वर्ष के ३१ दिसम्बर को कुल ऋण ब्याज सहित लौटा दिया, तो बताओ उसने कुल कितने रुपये दिये ?

१९. मोहन ने सोहन से पहली जनवरी को ३५० रु० ३ प्रतिशत वार्षिक ब्याज की दर से ऋण लिया। २ महीने बाद उसने ५० रुपये और उस समय तक का कुल ब्याज लौटा दिया। बताओ वर्ष के अन्त में कुल ऋण चुकाने के लिए अब उसको कितने रुपये देने पड़ेंगे ?

२०. एक आदमी ने ७५० रु० ३⅓ प्रतिशत वार्षिक ब्याज की दर से ऋण लिया। उसने कुल मूलधन को किस्त में प्रति मास ५० रु० और ऋण का उस समय तक का कुल ब्याज दे कर चुका दिया। बताओ उसने कुल कितने रुपये दिये ?

प्रश्नावली ४०

मूलधन ज्ञात करना

१. कितने मूलधन का ब्याज ३ वर्ष में ४½ प्रति सैकड़े वार्षिक ब्याज की दर से ३० रु० ६ आ० होगा ?

क्रिया :

$$३० \text{ रु० } ६ \text{ आ०} = \frac{२४३}{८} \text{ रु०}$$

मान लिया कि मूलधन १०० रु० है।

$\because$ १०० रु० का १ वर्ष का ब्याज = ४½ रु० = $\frac{९}{२}$ रु०

$\therefore$ „ „ „ ३ „ „ „ = $\frac{९}{२} \times ३$ रु० = $\frac{२७}{२}$ रु०

$\because \frac{२७}{२}$ रु० ब्याज है, तो मूलधन $= १००$ रु०

$\therefore$ १ " " " " $= \frac{१०० \times २}{२७}$ रु०

$\therefore \frac{२४३}{८}$ " " " " $= \frac{१०० \times २}{२७} \times \frac{२४३}{८}$ रु०

$= २२५$ रु०

उत्तर : २२५ रु० ।

ऊपर की क्रिया से स्पष्ट है कि

$$\text{मूलधन} = \frac{\text{ब्याज} \times १००}{\text{ब्याज की दर} \times \text{समय}}$$

कितने मूलधन का ब्याज--

२. ३ वर्ष ६ महीने में ३$\frac{१}{७}$ प्रतिशत वार्षिक ब्याज की दर से १०४ रु० ८ आ० होगा ?

३. ५ वर्ष ३ महीने में ४$\frac{१}{३}$ प्रतिशत वार्षिक ब्याज की दर से १३६ रु० ८ आ० होगा ?

४. ३ वर्ष ५ महीने १० दिन में $\frac{१}{२}$ प्रतिशत मासिक ब्याज की दर से १४४ पौं० १३ शि० ४ पें० होगा ?

५. ३ वर्ष ९ महीने में २$\frac{३}{८}$ प्रतिशत वार्षिक ब्याज की दर से १२८ रु० ४ आ० होगा ?

६. ५ जनवरी १९४१ ई० से १९ मार्च सन् १९४२ ई० तक ६$\frac{२}{३}$ प्रतिशत वार्षिक ब्याज की दर से ३३ रु० होगा ?

७. कितना मूलधन ४ वर्ष में ५ प्रतिशत वार्षिक ब्याज की दर से ५१० रु० हो जायेगा ?

क्रिया :

मान लिया कि मूलधन १०० रु० है

१०० रु० का ब्याज ४ वर्ष का ५% की दर से $= ४ \times ५$ रु०

$= २०$ रु० ।

और १०० रु० का ४ वर्ष का ५% की दर से मिश्रधन

$= १००$ रु० $+ २०$ रु० $= १२०$ रु०

∵ जब मिश्रधन १२० रु० है, तब मूलधन = १०० रु०

∴ ,, ,, १ रु० ,, ,, ,, $= \frac{१००}{१२०}$ रु०

∴ ,, ,, ५१० रु० है ,, ,, ,, $= \frac{१०० \times ५१०}{१२०}$ रु०

= ४२५ रु०

उत्तर : ४२५ रु० ।

ऊपर की क्रिया से स्पष्ट है कि

$$मूलधन = \frac{मिश्रधन \times १००}{१०० \text{ रु०} + ब्याज \text{ की सैकड़े दर} \times समय}$$

कितना मूलधन—

८. ४ वर्ष में ५$\frac{१}{२}$ प्रति सैकड़े वार्षिक ब्याज की दर से ४२७ रु० हो जायेगा ?

९. ४ वर्ष ६ महीने में ३$\frac{१}{३}$ प्रति सैकड़े वार्षिक ब्याज की दर से ५७ पौं० १० शि० हो जायेगा ?

१०. १४६ दिन में $\frac{३}{४}$ प्रतिशत मासिक ब्याज की दर से ३१० पौं० १६ शि० हो जायेगा ?

११. १ वर्ष ७३ दिन में ७$\frac{१}{२}$ प्रतिशत वार्षिक ब्याज की दर से २४५ रु० ४ आ० हो जायेगा ?

१२. ३ वर्ष ६ महीने पहले मैंने कुछ रुपये ५ प्रति सैकड़े वार्षिक ब्याज की दर से ऋण लिया। वे रुपये अब ब्याज सहित ४२३ रुपये हो गये हैं। बताओ मैंने कितना ऋण लिया था ?

१३. मैंने १६ जनवरी सन् १९४० ई० को कुछ रुपये ३ प्रतिशत वार्षिक ब्याज की दर से ऋण दिया। उसी साल के १० जून को मुझे २९२ रु० १४ आ० मिले। बताओ मैंने कितने रुपये ऋण दिये थे ?

१४. वह कौन-सा धन है, जो १$\frac{१}{३}$ प्रतिशत त्रैमासिक ब्याज की दर से ४ वर्ष में ७२८ रु० हो जायेगा ?

१५. मोहन ने कुछ रुपये ३$\frac{३}{४}$ प्रतिशत वार्षिक ब्याज की दर से बैंक में जमा किये और सोहन ने दूसरे बैंक में ४% ब्याज की दर

से ४५२५ रु० जमा किये। यदि दोनों को ब्याज बराबर-बराबर मिलता था, तो बताओ मोहन ने कितने रुपये बैंक में जमा किये थे ?

प्रश्नावली ४१

समय निकालना

१. कितने समय में ३५० रु० ३$\frac{१}{२}$ प्रति सैकड़े वार्षिक ब्याज की दर से ४२३ रु० ८ आने हो जायेंगे ?

क्रिया :

∵ मिश्रधन = ४२३ रु० ८ आ० और मूलधन = ३५० रु०

∴ ब्याज = ४२३ रु० ८ आ० − ३५० रु० = ७३ रु० ८ आ० = $\frac{१४७}{२}$ रु०

∵ १०० रु० का ब्याज १ वर्ष का $\frac{७}{२}$ रु० है

∴ १ रु० का „ „ $\frac{७}{२\times१००}$ रु० है

∴ ३५० रु० का „ „ $\frac{७\times३५०}{२\times१००}$ रु० या $\frac{४९}{४}$ रु० है

∵ $\frac{४९}{४}$ रु० ब्याज १ वर्ष का है

∴ १ रु० „ $\frac{१\times४}{४९}$ वर्ष का है

∴ $\frac{१४७}{२}$ रु० „ $\frac{१\times४\times१४७}{४९\times२}$ वर्ष या ६ वर्ष का है

उत्तर : ६ वर्ष

ऊपर की क्रिया से ज्ञात होता है कि—

$$\text{समय} = \frac{१००\times\text{ब्याज}}{\text{मूलधन}\times\text{ब्याज की दर}}$$

कितने समय में—

२. ४२५ रु० ४% ब्याज की दर से ४८४ रु० ८ आ० हो जायेंगे ?

३. ३७५ पौ० १३ शि० ४ पें० २$\frac{१}{३}$% प्रतिशत वार्षिक ब्याज की दर से ३८५ पौं० १४ शि० ७ पें० होना ?

४. ६२० रु० १० आ० $८\frac{१}{३}$ प्रति सैंकड़े ब्याज की दर से ६४१ रु० ५ आ० होगा ?

५. मैंने राम से ६७५ रु० कुछ समय के लिये $३\frac{१}{३}\%$ ब्याज की दर से ऋण लिया और नियत समय के अन्त में मैं ने उसको ब्याज सहित ७४७ रु० दिये। बताओ मैंने कितने समय के लिये रुपया लिया था ?

६. मोहन ने राधे से ४ फरवरी सन् १९३६ ई० को ७२५ रु० कुछ समय के लिये २ प्रतिशत ब्याज की दर से ऋण लिया। कुछ दिनों बाद १४ रु० ८ आ० ब्याज के रूप में राधे को दिये। बताओ उसने किस तारीख को सूद दिया था ?

७. कितने समय में ६५० पौं० का मिश्रधन $५\frac{१}{४}$ प्रतिशत ब्याज की दर से ९९१ पौं० ५ शि० हो जायगा ?

८. कितने दिनों में १ पैसा प्रति रुपया प्रति मास ब्याज की दर से ३२६ रु० ६ आ० ८ पा० का ब्याज २४ रु० ८ आ० होगा ?

९. राम ने श्याम से १००० पौं० उधार लिये और कुछ दिनों बाद १२०० पौं० उसको दिये। यदि ब्याज की दर $३\frac{१}{८}$ प्रति सैंकड़ा है, तो बताओ कितने दिनों बाद राम ने श्याम के रुपयों को लौटाया था ?

१०. मैंने ३५४६ रु० $३\frac{१}{२}$ प्रतिशत ब्याज की दर से ऋण लिया और महाजन से वादा किया कि जब मूलधन ब्याज सहित ७६८३ रु० हो जायेगा, तो ऋण लौटा दूँगा। बताओ मैंने रुपयों को अपने पास कितने दिनों तक रखा ?

प्रश्नावली ४२

ब्याज की दर निकालना

१. कितने सैंकड़े ब्याज की दर से ४ वर्ष में ३७५ रुपये का मिश्रधन ४१२ रु० ८ आ० हो जायगा ?

क्रिया :

∵ मिश्रधन = ४१२ रु० ८ आ०, मूलधन = ३७५ रु०

∴ ब्याज = ४१२ रु० ८ आ० − ३७५ रु० = ३७ रु० ८ आ०

$= \frac{७५}{२}$ रु०

∵ ३७५ रु० का ४ वर्ष का ब्याज $= \frac{७५}{२}$ रु०

∴ १ रु० का ,, ,, ,, $= \frac{७५}{२ \times ३७५}$ ०

∴ ,, ,, १ वर्ष का ,, $= \frac{७५}{२ \times ३७५ \times ४}$ रु०

∴ १०० रु० का ,, ,, ,, $= \frac{७५ \times १००}{२ \times ३७५ \times ४}$ रु० $= \frac{५}{२}$ रु०

$=$ २½ रु०

उत्तर : २½ प्रति सैकड़ा।

ऊपर की क्रिया से ज्ञात होता है कि—

$$\text{प्रतिशत ब्याज की दर} = \frac{\text{ब्याज} \times १००}{\text{मूलधन} \times \text{समय}}$$

कितने प्रतिशत ब्याज की दर से—

२. ३ वर्ष में ४२५ रुपये का ब्याज ३४ रु० होगा ?

३. ४ वर्ष ६ महीने में ५५० रु० का ब्याज ७६ रु० १२ आ० होगा ?

४. १ वर्ष ३ महीने में २७५ रु० का मिश्रधन २८९ रु० ५ आ० ४ पा० होगा ?

५. ३३० रु० ८ आ० ३ पा० ४ वर्ष ५ महीने १० दिन में ३७० रु० ९ आ० ३ पा० हो जायेगा ?

६. ३० वर्ष में कोई मूलधन अपना दूना हो जायेगा ?

७. यदि ८६६ पौ० १३ शि० ८ पे० का १४६ दिन का ब्याज १७ पौ० ६ शि० ४ पें० हो जायेगा, तो ब्याज की प्रतिशत दर बताओ।

८. श्याम ने ४३२ रु० ८ आ० ४ नवम्बर सन् १९५१ ई० से २९ मार्च सन् १९५२ ई० तक के लिये १० रु० १३ आ० ब्याज पर उधार दिये, तो बताओ उसने कितने सैकड़े ब्याज की दर से ऋण दिया था ?

९. यदि ५ महीने में ६२१ रु० ९ आ० का ब्याज ५२३ रु० ३ आ० ८ पा० के ब्याज से २ रु० ७ आ० ४ पा० अधिक हो जाता है, तो ब्याज की दर प्रति सैकड़े बताओ।

१०. मोहन ६२५ रु० ४ वर्ष के लिये देकर उतना लाभ करता है जितना सोहन ८०० रु० ३ वर्ष के लिए ३½ प्रति सैकड़े ब्याज की

दर से देकर कमाता है। बताओ मोहन ने कितने सैकड़े ब्याज की दर से ऋण दिया था ?

११. एक व्यापारी अहमदाबाद से ३३७ पौं० ६ शि० ८ पें० का कपड़ा मँगाता है और ४½ महीने बाद ३४३ पौं० १३ शि० २ पें० देता है। प्रति सैकड़े ब्याज की दर बताओ।

प्रश्नावली ४३

१. किसी धन का ब्याज ७ महीने में ४% ब्याज की दर से, ५ महीने में ३½% ब्याज की दर से उसी धन के ब्याज से १ रु० १२ आ० अधिक है, तो मूलधन बताओ।

१ रु० १२ आ० $=\frac{७}{४}$ रु०

क्रिया :

मान लिंया मूलधन १०० रु० है।

∵ १०० रु० का ब्याज १२ महीने का ४ रु० है

∴ " " " ७ महीने का $\frac{४\times७}{१२}$ ० या $\frac{७}{३}$ रु० है

∵ १०० रु० का ब्याज १२ महीने का $\frac{७}{२}$ रु० है

∴ " " " ५ महीने का $\frac{७\times५}{२\times१२}$ रु० या $\frac{३५}{२४}$ रु० है

दोनों ब्याजों का अन्तर $=\frac{७}{३}$ रु० $-\frac{३५}{२४}$ रु० $=\frac{२१}{२४}$ रु० $=\frac{७}{८}$ ०

∵ जब दोनों ब्याजों में $\frac{७}{८}$ रु० का अन्तर है, तब मूलधन १०० रु० है

∴ " " " $\frac{७}{४}$ रु० का " " " $\frac{१००\times८\times७}{७\times४}$

$=$२०० रु० है

उत्तर ∴ २०० रु०।

२. १ वर्ष ३ महीने में ३½ प्रतिशत ब्याज की दर से किसी मूलधन का ब्याज, १ महीने में ४ प्रति सैकड़े ब्याज की दर से उसी धन के ब्याज से २ रु० ८ आ० अधिक है, तो मूलधन बताओ।

३. किसी धन का ब्याज २ वर्ष ६ महीने में $४\frac{१}{२}$ प्रति सैकड़े ब्याज की दर से, २ वर्ष में ५ प्रति सैकड़े ब्याज की दर से उस धन के ब्याज से ७ रु० ८ अधिक है, तो वह मूलधन बताओ।

४. मोहन ने कुछ रुपये $३\frac{१}{२}\%$ ब्याज की दर पर ३ वर्ष १० महीने के लिये उधार लिये और सोहन ने उतने ही रुपये २ वर्ष ११ महीने १० दिन के लिये $२\frac{३}{४}\%$ ब्याज की दर से उधार लिये। यदि मोहन ने सोहन से १६ रु० ४ आ० ब्याज अधिक दिया, तो बताओ दोनों ने अलग-अलग कितने रुपये लिये थे?

५. यदि एक वर्ष ६ महीने में ३२४ पौं० ७ शि० ६ पें० का ब्याज ३५१ पौं० ९ शि० के ब्याज से ४ पौं० १० शि० ३ पे० कम है, तो ब्याज की दर बताओ।

६. किसी धन का मिश्रधन ५ वर्ष में २९१ रु० ४ आ० और ७ वर्ष में ३१५ रु० १२ आ० होता है, तो मूलधन बताओ।

क्रिया :

मूलधन + मूलधन का ७ वर्ष का ब्याज = ३१५ रु० १२ आ०...(१)

मूलधन + मूलधन का ५ वर्ष का ब्याज = २९१ रु० ४ आ०...(२)

(१) में से (२) को घटाने से—

मूलधन का २ वर्ष का ब्याज = २४ रु० ८ आ० = $\frac{४९}{२}$ रु०

∴ मूलधन का ५ वर्ष का ब्याज = $\frac{४९}{२} \times \frac{५}{२}$ रु० = $\frac{२४५}{४}$ रु०

∵ ५ वर्ष का मिश्रधन २९१ रु० ४ आ० या $\frac{११६५}{४}$ रु० है

∴ मूलधन = $\frac{११६५}{४}$ रु० − $\frac{२४५}{४}$ रु० = २३० रु०

उत्तर : २३० रु०।

७. किसी धन का मिश्रधन ५ वर्ष में ७६७८ रु० ५ आ० और ७ वर्ष ६ महीने में ८२१४ रु० १५ आ० ६ पा० होता है; तो वह धन और ब्याज की दर बताओ।

८. किसी धन का मिश्रधन ४ वर्ष ६ महीने में ३४७ रु० ४ आ० होता है और उसी धन का मिश्रधन उसी ब्याज की दर से ७ वर्ष में ३७३ रु० ८ आ० होता है, तो वह धन और ब्याज की दर बताओ।

९. एक आदमी ने कुछ रुपया ५ प्रति सैकड़े ब्याज की दर से ऋण लिया। जब नियत समय पर वह ऋण नहीं लौटा सका, तो उसको ६ महीने का समय और दिया गया; परन्तु ब्याज की दर ८ प्रतिशत कर दी गई। यदि ब्याज की दर नहीं बढ़ी होती, तो उसको ३१ रु० ८ आ० कम देना पड़ता। बताओ उसने कितना कर्ज लिया था?

१०. कोई धन साधरण ब्याज से ३ वर्ष में ५६० रु० और ५ वर्ष में ६०० रु० हो जाता है, ब्याज की दर बताओ।

(क० मैं० प०, १९३८)

११. किस प्रति सैकड़े ब्याज की दर से ६०० रु० का ५ वर्ष में उतना ही ब्याज होगा, जितना ४६८ रु० १२ आ० का ब्याज ६ वर्ष में ५$\frac{१}{३}$% की दर से होगा?

क्रिया : ४६८ रु० १२ आ० $= \frac{१८७५}{४}$ रु०

$\because$ १०० रु० का ब्याज १ वर्ष में $= ५\frac{१}{३}$ रु० $= \frac{१६}{३}$ रु०

$\therefore$ $\frac{१८७५}{४}$ रु० का „ „ „ $= \frac{१६}{३} \times \frac{१}{१००} \times \frac{१८७५}{४}$ रु०

$\therefore$ $\frac{१८७५}{४}$ रु० का „ ६ वर्ष में $= \frac{१६ \times १ \times १८७५ \times ६}{३ \times १०० \times ४}$ रु० $=$ १५० रु०

प्रश्न के अनुसार—

$\because$ ६०० रु० का ब्याज ४ वर्ष में $=$ १५० रु०

$\therefore$ १०० रु० का „ „ $= \frac{१५० \times १००}{६००}$ रु०

$\therefore$ „ „ „ १ „ $= \frac{१५० \times १००}{६०० \times ४} = \frac{२५}{४}$ रु०

$= ६\frac{१}{४}$ रु०

उत्तर : ६$\frac{१}{४}$ रु०।

१२. किस प्रति सैकड़े ब्याज की दर से १०० रु० का ६ वर्ष में उतना ही ब्याज होगा, जितना १२०० रु० का ब्याज ३ वर्ष में ६ प्रति सैकड़े ब्याज की दर से होगा?

१३. किस प्रति सैकड़े ब्याज की दर से ८०० रु० का ४ वर्ष में उतना ही ब्याज होगा, जितना ६२५ रु० का ब्याज ८ वर्ष में ४ प्रति सैकड़े ब्याज की दर से होगा ? (क० मै० प०, १६२७)

१४. कितने दिनों में १२०० रु० का ब्याज ४ प्रति सैकड़े ब्याज की दर से उतना ही होगा, जितना १६०० रु० का ब्याज ३ वर्ष में ६ प्रति सैकड़े की दर से होता है ?

१५. कितने समय में १०० रु० का साधारण ब्याज ६ प्रतिशत ब्याज की दर से उतना ही होगा, जितना ५४० रु० का ब्याज ८ वर्ष में ५ प्रति सैकड़े की दर से होता है ? (क० मै० प०, १६२८)

१६. किस धन का साधारण ब्याज ४ वर्ष में ५ प्रति सैकड़े ब्याज की दर से उतना ही होगा जितना २५० रु० का ब्याज ६ वर्ष में ३ प्रति सैकड़े ब्याज की दर से होता है ? (क० मै० प०, १६३०)

१७. कितने धन का ब्याज ४ प्रतिशत ब्याज की दर से १० वर्ष में उतना ही होगा, जितना ७५० रु० का ब्याज $४\frac{१}{२}$ प्रतिशत की दर से ४ वर्ष में होता है ?

१८. यदि ४ वर्ष में ५२५ रु० का मिश्रधन ६३० रु० होता है, तो उसी प्रति सैकड़े ब्याज की दर से कितने रुपये का मिश्रधन ५ वर्ष में १३२५ रु० हो जायेगा ?

१६. यदि कोई धन २५ वर्ष में अपना दूना हो जाता है, तो कितने दिनों में उसी प्रति सैकड़े ब्याज की दर से अपना ढाई गुना हो जायेगा ?

क्रिया :

मान लिया कि धन १०० रु० है ।

∵ २५ वर्ष में १०० रु० का मिश्रधन २०० रु० हो जाता है,

∴ २५ वर्ष में १०० रु० का ब्याज = १०० रु० ।

∴ १ वर्ष में " " " = $\frac{१००}{२५}$ रु० = ४ रु०

ब्याज की दर = ४%

अब प्रश्न है कि कितने दिनों में ४% ब्यांज की दर से १०० रु० का ब्याज (२५० रु०–१०० ०) या १५० रु० होगा ?

∵ ४ रु० ब्याज है १०० रु० का १ वर्ष में

∴ १५० रु० " " " $\frac{१५०}{४}$ वर्ष या ३७½ वर्ष में

उत्तर : ३७½ वर्ष या ३७ वर्ष ६ महीने।

२०. यदि कोई धन २० वर्ष में अपना दूना हो जाता है, तो कितने दिनों में उसी प्रति सैकड़े ब्याज की दर से अपना तीन गुना हो जायेगा ?

२१. यदि कोई धन ३ वर्ष ६ महीने में अपना $\frac{१७}{१०}$ गुना हो जाता है, तो बताओ कितने समय में वही धन उसी प्रति सैकड़े ब्याज की दर से अपना तीन गुना हो जायगा ?

२२. यदि कोई धन १६ वर्ष में अपना ड्योढ़ा हो जाता है, तो उसी प्रति सैकड़े ब्याज की दर से कितने दिनों में अपना ढाई गुना हो जायेगा ?

२३. किस प्रति सैकड़ा ब्याज की दर से २५० रु० का ब्याज उतने समय में २३ रु० ७ आ० हो जायेगा, जितने समय में ३६० रु० का मिश्रधन ४ प्रतिशत ब्याज की दर से ४०५ रु० हो जाता है ?

२४. किस प्रति सैकड़ा ब्याज की दर से ३०० रु० का मिश्रधन उतने समय में ३९९ रु० हो जायेगा, जितने समय में १३० रु० का मिश्रधन ५ प्रति सैकड़े ब्याज की दर से १६५ रु० १२ आ० हो जाता है ?

२५. मोहन ने दो महाजनों से कुछ रुपये ऋण में लिये। ३ वर्ष ६ महीने में ५ प्रतिशत की दर से उसने उनको ब्याज में १८५ रु० ८ आ० दिये। यदि एक महाजन को दूसरे से २४ रु० ८ आ० ब्याज अधिक मिला, तो बताओ हर एक महाजन से मोहन ने कितने-कितने रुपये उधार लिये थे ?

क्रिया :

पहले मूल का ब्याज + दूसरे मूल का ब्याज = १८५ रु० ८ आ० = $\frac{३७१}{२}$ रु०

पहले मूल का ब्याज – दूसरे मूल का ब्याज = २४ रु० ८ आ० = $\frac{४९}{२}$ रु०

∴ जोड़ने से—

पहले मूल के ब्याज का दूना $=\frac{३७१}{२}$ रु० $+\frac{४९}{२}$ रु० $=$ २१० रु०

या पहले मूल का ब्याज $=$ १०५ रु०

∴ दूसरे मूल का ब्याज $=$ १८५ रु० ८ आ० $-$ १०५ रु०

$=$ ८० रु० ८ आ० $=\frac{१६१}{२}$ रु०

∵ ५ रु० ब्याज है १ वर्ष में १०० रु० का

∴ १०५ रु० „ „ „ „ $\frac{१००\times१०५}{५}$ रु० का

∴ „ „ „ $\frac{७}{२}$ वर्ष में $\frac{१००\times१०५\times२}{५\times७}$ रु० या ६०० रु० का

फिर ∵ ५ रु० ब्याज है १ वर्ष में १०० रु० का

∴ $\frac{१६१}{२}$ रु० „ „ $\frac{७}{२}$ वर्ष में $\frac{१००\times१६१\times२}{५\times२\times७}$ रु० या ४६० रु०

उत्तर : ६०० रु० और ४६० रु०।

२६. मैंने दो महाजनों से कुछ रुपये ऋण में ४ प्रतिशत ब्याज की की दर से लिये। ५ वर्ष ६ महीने के अन्त में मैंने उनको कुल ७७ रु० ब्याज के रूप में दिये। यदि एक महाजन को दूसरे से ११ रु० अधिक मिले, तो बताओ मैंने प्रत्येक महाजन से अलग-अलग कितने रुपये लिये थे ?

२७. ७ प्रति सैकड़े ब्याज की दर से मैंने दो महाजनों से कुछ रुपये ८ वर्ष के लिये उधार लिये। नियत समय पर मैंने उन दोनों को मिलाकर १३८ रु० ब्याज के रूप में दिये। यदि एक महाजन को दूसरे से १८ रु० अधिक मिले, तो बताओ मैंन प्रत्येक महाजन से कितने रुपये लिये थे ?

२८. ५ प्रति सैकड़े ब्याज की दर से २ वर्ष ६ महीने में दो मूलधनों के ब्याज के जोड़ तथा अन्तर क्रमशः १५० रु० और ७५ रु० है। उन मूलधनों को अलग-अलग बताओ।

२९. ३ प्रति सैंकड़े ब्याज की दर से ४ वर्ष में दो मूलधनों के मिश्रधन का जोड़ २८० रु० है और उनका अन्तर ५६ रु० है। उन मूलधनों को अलग-अलग बताओ।

३०. मोहन ने एक महाजन से ३२० रु० ऋण लिया। उसमें से कुछ रुपया ३ प्रतिशत ब्याज की दर पर और कुछ रुपया ४ प्रतिशत ब्याज की दर पर लिया। यदि २ वर्ष ६ महीने बाद उसने ब्याज सहित कुल ऋण ३४७ रु० देकर चुका दिया, तो बताओ मोहन ने पहले ब्याज की दर पर कितना रुपया लिया था?

क्रिया :

२ वर्ष ६ महीना $=\frac{५}{२}$ वर्ष

मिश्रधन $=$ ३४७ रु० और मूलधन $=$ ३२० रु०

$\therefore$ ब्याज $=$ ३४७ रु० $-$ ३२० रु० $=$ २७ रु०

मान लो कि ४% ब्याज की दर से ३२० रु० लिया गया।

$\because$ १०० रु० का ब्याज १ वर्ष में $=$ ४ रु०

$\therefore$ ३२० रु० का " $\frac{५}{२}$ वर्ष में $=\frac{४\times ३२०}{१००}\times\frac{५}{२}$ रु० $=$ ३२ रु०

$\therefore$ ४% ब्याज की दर से (३२ रु० $-$ २७ रु०) अर्थात् ५ रु० अधिक देना पड़ा, परन्तु ४% ब्याज की दर से ३% ब्याज की दर की अपेक्षा $\frac{५}{२}$ वर्ष में १०० रु० पर $\frac{५}{२}$ रु० अधिक देना पड़ता है।

$\because$ $\frac{५}{२}$ रु० अधिक देने पर मूलधन $=$ १०० रु०

$\therefore$ ५ रु० " " " $=\frac{१००\times २\times ५}{५}$ रु० $=$ २०० रु०

उत्तर : २०० रु०।

३१. राम ने श्याम से १००० रु० ४ वर्ष के लिये ऋण लिये। कुछ रुपये उसने ४ प्रति सैंकड़े और शेष रुपये ५ प्रति सैंकड़े वार्षिक ब्याज की दर पर लिये थे। नियत समय के अन्त में उसने श्याम को ११८४ रुपये देकर कुल ऋण चुका दिया। बताओ उसने कितने रुपये ४ प्रति सैंकड़े वार्षिक ब्याज की दर पर लिये थे?

३२. मोहन ने एक महाजन से १५०० रुपये ऋण लिये। महाजन ने उसमें से कुछ रुपये ६ प्रतिशत और शेष रुपये ४ प्रतिशत वार्षिक ब्याज की दर पर दिये। ३ वर्ष ६ महीने में मोहन ने महाजन को १८२ रुपये ब्याज के रूप में दिये। बताओ ६ प्रतिशत ब्याज की दर से महाजन ने कितने रुपये दिये थे?

३३. मैंने २००० रुपये में से कुछ रुपये मोहन को ३$\frac{१}{२}$ प्रति सैकड़े और शेष सोहन को ४$\frac{१}{४}$ प्रति सैकड़े ब्याज की दर पर ऋण दिये। इससे मुझको दोनों से कुल ८५ रु० वार्षिक ब्याज के रूप में मिले। बताओ मैंने सोहन को कितने रुपये दिये थे?

३४. ३ वर्ष के लिये मैंने ३५०० रुपये में से कुछ रुपये राम को ६$\frac{१}{४}$ प्रति सैकड़े और शेष रुपये श्याम को ५ प्रति सैकड़े ब्याज पर ऋण दिये। नियत समय के अन्त में मुझे कुल ब्याज के रूप में ६०० रुपये मिले। बताओ राम को मैंने कितने रुपये दिये थे?

३५. १००० रुपये में से एक महाजन ने कुछ रुपये मोहन को ६ वर्ष के लिये ५% ब्याज पर और शेष रुपये सोहन को २ वर्ष ६ महीने के लिये ४% ब्याज पर दिये। यदि मोहन ने सोहन से दूना ब्याज दिया, तो बताओ प्रत्येक को महाजन ने कितने रुपये दिये थे?

क्रिया :

२ वर्ष ६ महीने = $\frac{५}{२}$ वर्ष

मान लिया महाजन ने मोहन को १०० रु० दिये।

∵ १०० रुपये का ब्याज १ वर्ष में = ५ रु०

∴ ,, ,, ,, ६ वर्ष में = ५ × ६ रु० = ३० रु०

∵ सोहन का दूना ब्याज मोहन देता है,

∴ सोहन ३० रु० का आधा अर्थात् १५ रु० ब्याज में देता है।

∵ १ वर्ष में ४ रु० ब्याज होता है १०० ० का

∴ $\frac{५}{२}$ वर्ष में १५ रु० ,, ,, $\frac{१००\times१५\times२}{४\times५}$ रु० = १५० रु०

इससे ज्ञात होता है कि जब मोहन ने १०० रु० ऋण लिया, तो सोहन ने १५० रु० ऋण लिया।

∵ (१०० रु० + १५० रु०) यानी २५० रु० में से मोहन का ऋण = १०० रु०

∴ १००० रु० में से मोहन का ऋण $= \frac{१०० \times १०००}{२५०}$ रु०

= ४०० रु०

और सोहन का ऋण = १००० रु० − ४०० रु० = ६०० रु०

उत्तर : मोहन को ४०० रु० और सोहन को ६०० रु०।

३६. १५०० रु० को दो ऐसे भागों में बाँटो कि यदि पहला भाग ३ वर्ष के लिये ४% ब्याज पर और दूसरा ७ वर्ष के लिये ५¼% ब्याज पर दिया जाय, तो पहले मूलधन का ब्याज दूसरे मूलधन के ब्याज का आधा हो।

३७. ४००० रु० को दो ऐसे भागों में बाँटो कि यदि पहला भाग ३ वर्ष के लिये ५% ब्याज पर और दूसरा भाग ५ वर्ष के लिये ४½% ब्याज पर दिया जाय, तो पहले मूलधन का ब्याज दूसरे मूलधन के ब्याज के बराबर हो।

३८. राम ने मोहन और सोहन को मिला कर ५००० रु० दिये। उसने मोहन को ५ वर्ष के लिये ३½% की दर से और सोहन को ७ वर्ष के लिये ७½% ब्याज पर रुपये दिये। यदि सोहन ने मोहन का दूना ब्याज दिया, तो बताओ सोहन ने कितने रुपये ऋण लिये थे?

३९. राम ने मोहन को ३ वर्ष के लिये ४०० रुपये किसी ब्याज दर पर दिये। उसने सोहन को २ वर्ष के लिये ५०० रुपये उसी ब्याज की दर पर दिये। यदि सोहन और मोहन ने मिलकर कुल ११० रुपये ब्याज के रूप में दिये, तो ब्याज की दर बताओ।

क्रिया :

मान लिया ब्याज की दर १ प्रति सैकड़ा है।

∵ १०० रु० का ब्याज १ वर्ष में = १ रु०

∴ ४०० रु० का „ ३ वर्ष में $= \frac{४०० \times ३}{१००}$ रु० = १२ रु०

फिर ∵ १०० रु० का ब्याज १ वर्ष में = १ रु०

∴ ५०० रु० का ब्याज २ वर्ष में $=\frac{५००\times२}{१००}$ रु० = १० रु०

अब कुल ब्याज = १२ रु० + १० रु० = २२ रु०

∵ जब कुल ब्याज २२ रु० है, तब ब्याज को दर प्रति सैकड़ा = १ रु०

∴ ,, ,, ,, ११० रु० ,, ,, ,, $=\frac{११०}{२२}$ रु० = ५ रु०

उत्तर : ५%

४०. मोहन ने सोहन को ५०० रु० ४ वर्ष के लिये किसी ब्याज दर पर और रोहन को उसी ब्याज की दर पर ७०० रु० ३ वर्ष के लिये दिये। यदि सोहन और रोहन ने मिलकर १४३ रु० ८ आ० ब्याज के रूप में मोहन को दिये तो ब्याज की दर बताओ?

४१. राम ने मोहन को ५ वर्ष के लिये ३०० रु०, सोहन को २ वर्ष ६ महीने के लिये ४०० रु० और रोहन को ४ वर्ष के लिये ५०० रु० एक ही ब्याज दर पर दिये। यदि मोहन, सोहन और रोहन ने मिलकर १८० रु० ब्याज के रूप में दिये तो ब्याज की दर बताओ।

४२. मैंने एक ही ब्याज की दर पर राम, श्याम और बलराम को क्रम से २ वर्ष के लिये ५०० रु०; ३ वर्ष के लिये ७०० रु० और ५ वर्ष के लिये ९०० रु० दिये। यदि उन तीनों से कुल ४१८ रु० मुझे ब्याज के रूप में मिले तो ब्याज की दर बताओ।

४३. एक खोमचे वाले ने किसी महाजन से ११ रुपये इस शर्त पर लिये कि १२ महीने में एक एक रुपया मासिक कर के लौटा देगा। बताओ उसको किस साधारण ब्याज की दर से रुपये लौटाने पड़े?

क्रिया :

११ रु० का १२ महीने में मिश्रधन

= ११ रु० + १ रु० का (११ + १० + ९ + ८ + ७ + ६ + ५ + ४ + ३ + २ + १) महीने का ब्याज

= ११ रु० + १ रु० का ६६ महीने का ब्याज = १२ रु०

अर्थात् १ रु० का ६६ महीने का ब्याज १ रु० हुआ

∵ १ रु० का ६६ महीने का ब्याज=१ रु०

∴ १०० रु० का १२ महीने का ब्याज=$\frac{१००\times१२}{६६}$रु० =$\frac{२००}{११}$रु०

=१८$\frac{२}{११}$रु०

उत्तर : १८$\frac{२}{११}$ प्रति सैकड़ा

४४. मोहन ने एक बाइसिकिल जिसका नकद मूल्य १८० रु० था, इस शर्त पर मोल ली कि चालीस चालीस रुपये की ५ किश्तों में वह साइकिल का मूल्य चुका देगा। यदि पहली किश्त उसने उसी समय दे दी, तो बताओ उसको किस दर से ब्याज देना पड़ा।

४५. राम ने एक गाय जिसका मूल्य ३०० रु० था, मोल ली। उसने ५० रु० उसी समय दे दिये और शेष रुपयों को उसने ३५ रु० मासिक आठ किश्तों में चुका दिया। बताओ उसको किस दर से ब्याज देना पड़ा ?

४६. सोहन ने एक भैंस इस शर्त पर खरीदी कि वह ८० रु० की ५ मासिक किश्तों में उसका मूल्य चुका देगा। यदि साधारण ब्याज की दर ६ प्रतिशत वार्षिक है, तो भैंस का मूल्य बताओ।

४७. राम ने मोहन से १०६० रु० ३ प्र० श० ब्याज की दर से इस शर्त पर उधार लिये कि वह रुपयों को ५ वार्षिक किश्तों में चुका देगा। बताओ कितने रुपये वार्षिक वह किश्त में देगा ?

क्रिया :

यदि मोहन एक एक रुपये ५ किश्त में देता है

तब उसका चुकाया हुआ ऋण=५ रु०+१ रु० का ४ वर्ष का ब्याज +१ रु० का ३ वर्ष का ब्याज +१ रु० का २ वर्ष का ब्याज +१ रु० का १ वर्ष का ब्याज

अर्थात् ५ रु० + १ रु० का १० वर्ष का ब्याज

५ रु० $+ १ \times \frac{१० \times ३}{१००}$ रु०

५ रु० $+ \frac{३}{१०}$ रु० $= \frac{५३}{१०}$ रु०

और १०६० रु० का ५ वर्ष में ३% की दर से मिश्रधन

$= \frac{१०६० \times ११५}{१००}$ रु० $= १२१९$ रु०

$\because$ $\frac{५३}{१०}$ रु० का ऋण चुकाने के लिये १ रु० की किश्त देता है

$\therefore$ १२१९ ,, ,, $= \frac{१०}{५३} \times १२१९$ रु० $= २३०$ रु०

उत्तर : २३० रु० ।

४८. मोहन ने एक घोड़ा १२१८ रु० में इस शर्त पर खरीदा कि वह घोड़े का कुल मूल्य ६ प्र० श० वार्षिक ब्याज सहित ४ वार्षिक किश्तों में चुका देगा तो बताओ प्रत्येक किश्त कितने रुपयों की थी ?

४९. राम ने २४७ रु० ८ आ० की एक साइकिल का मूल्य बराबर ६ वार्षिक किश्तों में चुकाने का वचन दिया । यदि दूकानदार ने ४ प्र० श० ब्याज लगाया तो प्रत्येक किश्त कितने रुपये की थी ?

५०. एक खोंमचे वाले ने किसी महाजन से कुछ रुपये उधार लिये । यदि उसने ६३ रु० मासिक किश्त देकर कुल ऋण को ५ प्र० श० ब्याज सहित एक वर्ष में चुका दिया तो उसने कितने रुपये उधार लिये थे ?

चक्रवृद्धि ब्याज (Compound Interest)

जब नियत समय के (तीन मास, छः मास अथवा एक वर्ष, जैसा तै हुआ हो) अन्त में ब्याज मूलधन में जोड़ दिया जाता है और ब्याज पर भी ब्याज लगता है, तब इसको **चक्रवृद्धि ब्याज** कहते हैं, जैसे—यदि मोहन ने ८००० रुपये ५% चक्रवृद्धि ब्याज की दर से ३ वर्ष के लिए लिये, तो पहले वर्ष का ब्याज ४०० रु० हुआ । एक वर्ष के अन्त में यह ब्याज मूलधन में जोड़ दिया जायेगा और दूसरे वर्ष मोहन को ८००० रु० + ४०० रु० अथवा ८४०० रुपये पर ब्याज देना पड़ेगा । दूसरे वर्ष के अन्त में १२००० रु० का ५% की दर से ४२० रु० ब्याज हुआ । यह रुपया भी मूलधन में जोड़ दिया जायेगा । अब तीसरे वर्ष मोहन को ८४०० रु० + ४२० रु० अथवा ८८२० रुपये पर ब्याज

देगा। तीसरे वर्ष के अन्त में ८८२० रु० का ब्याज ४४१ रु० हुआ। तीन वर्ष के अन्त में मोहन को ८८२० रु० + ४४१ रु० अर्थात् ९२६१ रुपये देने पड़ेंगे। मोहन को ब्याज में ९२६१ रुपये−८००० रुपये या १२६१ रुपये देने पड़े। परन्तु यदि मोहन ने ८००० रुपये ५% साधारण ब्याज की दर पर ३ वर्ष के लिये लिये होते, तो उसको केवल $\frac{८००० \times ३ \times ५}{१००}$ रु० अर्थात् १२०० रुपये ब्याज में देने पड़ते।

मिश्रधन तथा चक्रवृद्धि ब्याज निकालना

प्रश्नावली ४४

१. २००० रुपये का ३ वर्ष में ५ प्र० सै० वार्षिक चक्रवृद्धि ब्याज की दर से मिश्रधन और ब्याज बताओ।

क्रिया :

[पहली विधि]

$\because$ १०० रु० का ब्याज १ वर्ष का = ५ रु०

$\therefore$ २००० रु० " " " $= \frac{२००० \times ५}{१००}$ रु०

पहले वर्ष के अन्त में मिश्रधन $= २०००$ रु० $+ \frac{२००० \times ५}{१००}$ रु०

$= २०००\left(१ + \frac{५}{१००}\right)$ रु०

यह मिश्रधन दूसरे वर्ष के लिये मूलधन हो जायेगा

$\because$ १०० रु० का ब्याज १ वर्ष का = ५ रु०

$\therefore$ $२०००\left(१ + \frac{५}{१००}\right)$ रु० का ब्याज १ वर्ष का $= २०००\left(१ + \frac{५}{१००}\right) \times \frac{५}{१००}$ रु०

दूसरे वर्ष के अन्त में मिश्रधन $= २०००\left(१ + \frac{५}{१००}\right)$ रु० +

$२०००\left(१ + \frac{५}{१००}\right) \times \frac{५}{१००}$ रु०

$= २०००\left(१ + \frac{५}{१००}\right) \times \left(१ + \frac{५}{१००}\right)$ रु०

$= २०००\left(१ + \frac{५}{१००}\right)^२$ रु०

यह मिश्रधन तीसरे वर्ष के लिये मूलधन हो जायेगा

$\because$ १०० रु० का ब्याज १ वर्ष का = ५ रु०

$\therefore$ $२०००\left(१ + \frac{५}{१००}\right)^२$ रु० का $= २०००\left(१ + \frac{५}{१००}\right)^२ \times \frac{५}{१००}$ रु०

इसलिये तीसरे वर्ष के अन्त में मिश्रधन $= २००० (१ + \frac{५}{१००})^२$ रु० +

$२००० (१ + \frac{५}{१००})^२ \times \frac{५}{१००}$ रु०

$= २००० (१ + \frac{५}{१००})^३$ रु०

$= २००० \times \frac{१०५}{१००} \times \frac{१०५}{१००} \times \frac{१०५}{१००}$ रु०

$= \frac{२१ \times २१ \times २१}{४}$ रु० $= \frac{९२६१}{४}$

$=$ २३१५ रु० ४ आ०

और चक्रवृद्धि ब्याज $=$ २३१५ रु० ४ आ० – २००० रु०

$=$ ३१५ रु० ४ आ०

उत्तर : मिश्रधन २३१५ रु० ४ आ० और ब्याज $=$ ३१५ रु० ४ आ०

ऊपर की क्रिया से स्पष्ट है कि यदि मूलधन के लिये मू०, मिश्रधन के लिये मि, ब्याज की प्रतिशत दर के लिये द और वर्षों की संख्या के लिये स लिखा जाय तो,

$$मि = मू (१ + \frac{द}{१००})^{स}$$

[दूसरी विधि]

१ रुपये का १ वर्ष का ब्याज $=$ ·०५ रु०

रु०	
२०.००	पहले वर्ष का मूलधन
·०५	
१००·००	पहले वर्ष का ब्याज
२०००.००	पहले वर्ष का मूलधन
२१००·	दूसरे वर्ष का मूलधन
·०५	
१०५·	दूसरे वर्ष का ब्याज
२१००	दूसरे वर्ष का मूलधन
२२०५·	दूसरे वर्ष के अन्त में मिश्रधन
·०५	
११०·२५	तीसरे वर्ष का ब्याज
२२०५	तीसरे वर्ष का मूलधन
२३१५·२५	तीन वर्ष के अन्त में मिश्रधन

∴ अभीष्ट मिश्रधन $=$ २३१५·२५ रु० $=$ २३१५ रु० ४ आ०

और चक्रवृद्धि ब्याज $=$ २३१५ रु० ४ आ० – २००० रु० $=$ ३१५ रु० ४ आ०

मिश्रधन और चक्रवृद्धि ब्याज आवश्यकतानुसार निकटतम पाई या पेंस तक निकालो:—

(२) ५०० रु० का ४% की दर से २ वर्ष का।
(३) ७५० रु० का ५% की दर से २ वर्ष का।
(४) ५०० रु० का ५% की दर से ३ वर्ष का।
(५) ८२५ रु० का ४% की दर से ३ वर्ष का।
(६) १०००० पौ० का ५% की दर से ४ वर्ष का।
(७) ७५० पौ० का ३% की दर से २ वर्ष का।
(८) ४००० रु० का ५% की दर से ४ वर्ष का।
(९) ३१२ रु० ८ आ० का ४% की दर से ३ वर्ष का।
(१०) ३७५ रु० ८ आ० का २ ३/४% की दर से ३ वर्ष का।

क्रिया :

३७५ रु० ८ आ०=३७५·५ रु०

और २ ३/४% ब्याज की दर से १ रु० का १ वर्ष का ब्याज = (२ ३/४)/(१००) रु०

= २/१०० रु० + १/२०० रु० + १/४०० रु०

= ·०२ रु० + ·०१७५ रु० + ·००२५ रु०

	रु०	
	३७५·५	पहले वर्ष का मूलधन
	·०२	
	७·५१०	= ब्याज २% की दर से
१/२% = २% का १/४	१·८७७५	= „ १/२% की दर से
१/४% = १/२०० का १/२	०·९३८७५	= „ १/४% की दर से
	३८५·८२६२५	= पहले वर्ष के अन्त में मिश्रधन
	·०२	
	७·७१६५२	= ब्याज २% की दर से
१/२% = २% का १/४	१·९२९१३	= ब्याज १/२% की दर से
१/४% = १/२% का १/२	·९६४५७	= ब्याज १/४% की दर से
	३९६·४३६४७	= दूसरे वर्ष के अन्त में मिश्रधन
	७·९२८७३	= ब्याज २% की दर से
१/२% = २% का १/४	१·९८२१८	= „ १/२% „
१/४% = १/२% का १/२	·९९१०९	= „ १/४% „

४०७·३३८४७ = तीसरे वर्ष के अन्त में मिश्रधन
३७५·५ = पहला मूलधन
३१·८३८४७ = चक्रवृद्धि ब्याज ३ वर्ष का

४०७·३३७५४ रु०=४०७ रु० ५ आ० ५ पा०

और ३१·८३७५४ =३१ रु० १३ आ० ५ पा०

११. १६०० रु० का $४\frac{१}{२}$ प्र० श० ब्याज की दर से २ वर्ष का।

१२. १००० रु० का ३ वर्ष में $५\frac{१}{२}$ प्र० श० ब्याज की दर से।

१३. ५००० पौं० का $३\frac{३}{४}$ प्र० श० की दर से २ वर्ष का।

१४. ८०० पौ० का $६\frac{३}{४}$ प्र० श० की दर से २ वर्ष का।

१५. $२४३\frac{७}{२०}$ पौ० का ३ वर्ष में $२\frac{३}{४}$ प्र० श० की दर से।

१६. ४५० रु० का ४ प्र० श० ब्याज की दर से २ वर्ष ६ महीने का

क्रिया :

४% वार्षिक=(४ का $\frac{३}{४}$)% प्रति ६ महीना=३% प्रति ६ महीना

४५०· रु०	पहले वर्ष का मूलधन
·०४	
१८·०० रु०	पहले वर्ष का ब्याज
४५०	
४६८·००० रु०	पहले वर्ष के अन्त में मिश्रधन
·०४	
१८·७२ रु०	दूसरे वर्ष का ब्याज
४६८	
४८६·७२ रु०	दूसरे वर्ष के अन्त में मिश्रधन
·०३	
१४·६० रु०	अगले ६ महीने का ब्याज
४८६·७२	
५०१·३२ रु०	२ वर्ष ६ महीने के अन्त में मिश्रधन

∴ इष्ट ब्याज=५०१·३२ रु० – ४५० रु०=५१ रु० ५ आ० २ पाई निकटतम पाई तक।

१७. १००० रु० का १ वर्ष ६ महीने में ६ प्र० श० वार्षिक की दर से।

१८. ३५० रु० का २ वर्ष ६ महीने में ५ प्र० श० ब्याज की दर से।

१९. ८००० ० का १ वर्ष ३ महीने में ५ प्र० श० ब्याज की दर से।

२०. ८०० रु० का ७½ प्र० श० ब्याज की दर से २ वर्ष ६ महीने का मिश्रधन निकटतम पाई या पेंस तक निकालो, जब ब्याज प्रत्येक ६ महीने पर चुकाया जाता है:—

सूचना:—यदि ब्याज चुकाने का समय अर्द्धवार्षिक या त्रैमासिक हो, तो ब्याज निकालने की रीति वही है, केवल वर्ष ६ महीने या ३ महीने का समझना चाहिये।

२१. ६७५ रु० ८ आ० का २ वर्ष में २ प्र० श० वार्षिक की दर से।

२२. १२०० रु० का १ वर्ष ६ महीने में २⅓ प्र० श० वार्षिक की दर से।

२३. ९५० रु० १४ आ० का १¼ वर्ष में ३ प्र० श० वार्षिक की दर से।

२४. ४१० पौ० १० शि० ६ पें० का २ वर्षमें २ प्र०श० अर्द्धवार्षिककी दरसे।

२५. ८१५ पौ० १५ शि० का २½ वर्ष में १ प्र० श० अर्द्धवार्षिक की दर से।

२६. ७०० रु० ८ आने का ३ वर्ष ९ महीने में ३ प्र० श० की दर से।

२७. ८३० रु० का ३ वर्ष में ३¾ प्र० श० की दर से।

२८. १५०० रु० का ३ वर्ष में ४ प्र० श० की दर से चक्रवृद्धि और साधारण ब्याज का अन्तर निकालो।

२९. १२५० पौ० का ४% वार्षिक ब्याज की दर से २ वर्ष के साधारण ब्याज और चक्रवृद्धि ब्याज का अन्तर निकालो।

३०. २½ वर्ष में ४% वार्षिक ब्याज की दर से किसी धन का चक्रवृद्धि ब्याज उसके साधारण ब्याज से कितने गुना हो जायेगा?

३१. सिद्ध करो कि २ वर्ष में ३% वार्षिक चक्रवृद्धि ब्याज की दर से मिश्रधन मूलधन का १·०६०९ गुना हो जायेगा?

मूलधन निकालना

प्रश्नावली ४५

१. वह धन बताओ जो ४ प्र० श० चक्रवृद्धि ब्याज की दर से ३ वर्ष में २१९७ रु० हो जाता है।

क्रिया : हम जानते हैं कि मिश्रधन $=\left(१+\frac{द}{१००}\right)^{स}\times$ मूलधन

$$\text{अर्थात्}\quad \text{मूलधन} = \text{मिश्रधन} \div \left(१+\frac{द}{१००}\right)^{स}$$

$$= २१९७ \div \left(१+\frac{४}{१००}\right)^{३}$$

$$= \frac{२१९७\times१००\times१००\times१००}{१०४\times१०४\times१०४}\ \text{रु०}$$

$$= \frac{१५६२५}{८}\ \text{रु० या १९५३ रु० २ आ०}$$

∴ इष्ट मूलधन = १९५३ रु० २ आ०

उत्तर : १९५३ रु० २ आ०।

२. वह धन बताओ जो २ वर्ष में ५ प्र० श० वार्षिक चक्रवृद्धि ब्याज की दर से ४४१ रु० हो जाता है।

३. किस मूलधन का मिश्रधन २ वर्ष ६ महीने में ४ प्र० श० वार्षिक चक्रवृद्धि ब्याज की दर से ५५१·६१६ रु० हो जायेगा ?

४. वह धन बताओ जो ३ वर्ष में ३ प्र० श० वार्षिक चक्रवृद्धि ब्याज की दर से ६८२·९४१८७५ पौ० हो जाता है।

५. राम ने मोहन से कुछ रुपये उधार लिये। उस रुपये पर ब्याज पहले वर्ष ५%, दूसरे वर्ष ४% और तीसरे वर्ष ३% की दर से चक्रवृद्धि ब्याज की रीति से जोड़कर, राम ने तीसरे वर्ष के अन्त में २८११९ रुपये मोहन को दिये। बताओ उसने मोहन से कितने रुपये लिये थे।

६. २ वर्ष ६ महीने में कौन सा धन $२\frac{१}{२}$ प्र० श० चक्रवृद्धि ब्याज की दर से ३४०४ पौ० ६ शि० हो जायगा ?

७. कौन-सा धन ३ वर्ष में $१\frac{१}{३}$ प्र० श० चक्रवृद्धि ब्याज की दर से २८०९·४४६४ पौ० हो जायगा ?

८. वह धन बताओ जो $२\frac{१}{४}$ वर्ष में ४ प्र० श० चक्रवृद्धि ब्याज की दर से १०९२·४१६ रु० हो जाता है।

९. कितने प्र० श० चक्रवृद्धि ब्याज की दर से ३२६ रु० २ वर्ष में ३५८ रु० ५ आ० हो जायेगा ?

क्रिया : ३५८ रु० ५ आ० = ३५८·३१२५ रु०

$$\because \quad ३५८·३१२५ = \left(१ + \frac{द}{१००}\right)^२$$

$$\therefore \quad \left(१ + \frac{द}{१००}\right)^२ = \frac{३५८·३१२५}{३२५}$$

$$\text{अर्थात्} \quad \frac{(१०० + द)^२}{१००००} = \frac{३५८·३१२५}{३२५}$$

$$\text{अर्थात्} \quad (१०० + द)^२ = \frac{३५८·३१२५}{३२५} = ११०२५$$

$$\text{अर्थात्} \quad १०० + द = १०५$$

$$द = (१०५ - १००) = ५$$

$$\text{इष्ट ब्याज की दर} = ५\%$$

उत्तर : ५% ।

१०. कितने प्र० श० चक्रवृद्धि ब्याज की दर से ५०० रु० ३ वर्ष में ५३०·६०४ रु० हो जायगा ?

११. यदि ४ वर्ष में १००० रु० चक्रवृद्धि ब्याज से १२१५·५०६२५ हो जाता है, तो ब्याज की दर बताओ।

१२. कितने प्र० श० चक्रवृद्धि ब्याज की दर से कोई धन २ वर्ष में अपने का $२\frac{१}{४}$ गुना हो जायगा ?

१३. कितने प्र० श० चक्रवृद्धि ब्याज की दर से ५ वर्ष में कोई मूलधन अपना ३२ गुना हो जायगा ?

१४. कितने प्र० श० चक्रवृद्धि ब्याज की दर से ८००० रु० ३ वर्ष में ९२६१ रु० हो जायगा ?

१५. कितने दिनों में २५० रु० ४ प्र० श० चक्रवृद्धि ब्याज की दर से २८१·२१६२ रु० हो जायगा ?

क्रिया :

$$२८१·२१६ = \left(१ + \frac{४}{१००}\right)^{स} \times २५०$$

अर्थात् $\left(\frac{१०४}{१००}\right)^{स} = \frac{२८१·२१६}{२५०} = १·१२४८६४$

$$= \frac{१०४ \times १०४ \times १०४}{१०० \times १०० \times १००} = \left(\frac{१०४}{१००}\right)^{३}$$

∵ स = ३

∴ इष्ट समय = ३ वर्ष

उत्तर : ३ वर्ष ।

१६. कितने दिनों में ८०० रु० ५ प्र० श० चक्रवृद्धि ब्याज की दर से ८८२ ० हो जायेगा ?

१७. कितने दिनों में ५३३ पौ० ६ शि० ८ पें० $२\frac{१}{२}$ प्र० श० चक्रवृद्धि ब्याज की दर से ५७४ पौ० ६ शि० ८ पें० हो जायेगा ?

१८. राम ने श्याम से २०४८ रु० $६\frac{१}{४}$ प्र० श० चक्रवृद्धि ब्याज की दर से उधार लिया और कुछ दिनों पश्चात् ब्याज सहित उसने श्याम को २४५६ रु० ८ आ० लौटा दिया। बताओ कितने वर्षों पश्चात् उसने ऋण लौटा दिया ?

१९. कितने समय में ६२५ रु० ४ प्र० श० की दर से ६७६ रु० हो जायगा ?

प्रश्नावली ४६

१. चक्रवृद्धि ब्याज की रीति से किसी धन का मिश्रधन २ वर्ष में १७६४ रु० हो जाता है और ३ वर्ष में १८५२·२ रु० हो जाता है। तो ब्याज की दर और मूलधन बताओ।

क्रिया : कोई मूलधन २ वर्ष में १७६४ रु० होता है

और ३ वर्ष में १८५२·२ रु० होता है

∴ १७६४ रु० का १ वर्ष का ब्याज = (१८५२·२ रु० - १७६४ रु०) = ८८·२ रु०

$$\therefore १०० \text{ रु० का १ वर्ष का ब्याज} = \frac{८८·२ \times १००}{१७६४} = ५ \text{ प्र० श०}$$

मान लिया कि मूलधन य रु० है

$\therefore$ य $(१+\frac{५}{१००})^२$ = १७६४ रु०

$\therefore$ य $\times\frac{२१}{२०}\times\frac{२१}{२०}$ = १७६४ रु०

$\therefore$ य $= \frac{१७६४\times२०\times२०}{२१\times२१}$ रु०

= १६०० रु०

उत्तर : मूलधन १६०० रु०

ब्याज की दर ५%

२. चक्रवृद्धि ब्याज की रीति से किसी धन का मिश्रधन २ वर्ष में ४४१० रु० और ३ वर्ष में ४६३० रु० ८ आना हो जाता है तो ब्याज की दर और मूलधन बताओ।

३. चक्रवृद्धि ब्याज की रीति से किसी धन का मिश्रधन ३ वर्ष में ३५१५·२ रु० और ४ वर्ष में ३६५५·८०८ रु० हो जाता है तो मूलधन और ब्याज की दर बताओ।

४. चक्रवृद्धि ब्याज की रीति से कोई धन २ वर्ष में २२०५ रु० हो जाता है और ४ वर्ष में वही धन २४३१·०१२५ रु० हो जाता है तो मूलधन और ब्याज की दर बताओ।

५. चक्रवृद्धि ब्याज की रीति से कोई धन २ वर्ष में ४२२५०० रु० हो जाता है और वही धन ४ वर्ष में ४५६९७६ रु० हो जाता है। मूलधन और ब्याज की दर बताओ।

६. किसी धन का चक्रवृद्धि ब्याज २ वर्ष में १०२ रु० है और उसी धन का उसी ब्याज की दर से उसी समय में साधारण ब्याज १०० रु० है। वह धन और ब्याज की दर बताओ।

७. यदि ४% ब्याज की दर से किसी धन का ३ वर्ष का चक्रवृद्धि ब्याज उसी समय का और उसी ब्याज दर से उसी धन के साधारण ब्याज से १५२ रु० अधिक है तो वह धन ज्ञात करो।

क्रिया :

मान लिया धन १ रु० है ।

तब १ रु० का ४% की दर से ३ वर्ष का चक्रवृद्धि ब्याज

$$= (१+\frac{१}{२५})^{३} \text{रु०} - १ \text{ रु०}$$

$$= \frac{२६^{३}-२५^{३}}{२५^{३}} \text{ रु०}$$

$$= \frac{१९५१}{१५६२५} \text{ रु०}$$

और १ रु० का ४% की दर से ३ वर्ष का साधारण ब्याज

$$= \frac{४}{१००} \times ३ \text{ रु०}$$

$$= \frac{३}{२५} \text{ रु०}$$

∴ १ रु० का चक्रवृद्धि ब्याज — १ रु० साधारण ब्याज

$$= \frac{१९५१}{१५६२५} \text{ रु०} - \frac{३}{२५} \text{ रु०}$$

$$= \frac{७६}{१५६२५} \text{ रु०}$$

∵ जब दोनों प्रकार के ब्याजों में $\frac{७६}{१५६२५}$ रु० का अन्तर है,

तब मूलधन = १ रु०

∴ जब दोनों प्रकार के ब्याजों में १५२ रु० का अन्तर है,

$$\text{तब मूलधन} = \frac{१५६२५}{७६} \times १५२ \text{ रु०}$$

$$= ३१२५० \text{ रु०}$$

उत्तर : ३१२५० रु० ।

८. किस मूलधन के ३% वार्षिक ब्याज की दर से ३ वर्ष के साधारण ब्याज और चक्रवृद्धि ब्याज में ३०३ रु० का अन्तर होगा ?

९. किस मूलधन पर ३ वर्ष में ५% वार्षिक ब्याज की दर से चक्रवृद्धि ब्याज और साधारण ब्याज में ३८ पौ० २ शि० ६ पें० का अन्तर पड़ेगा ? (बनारस १९३९)

१०. किस मूलधन के साधारण ब्याज और चक्रवृद्धि ब्याज का अन्तर ३ वर्ष में ५% वार्षिक ब्याज की दर से २६६ रु० १४ आ० होगा ?

११. किस मूलधन के साधारण ब्याज और चक्रवृद्धि ब्याज का अन्तर २ वर्ष में ५% वार्षिक ब्याज की दर से ६० रु० हो जायेगा ?

१२. किसी महाजन से मोहन और सोहन ने ५% वार्षिक चक्रवृद्धि ब्याज पर २५२३ रुपये उधार लिये। मोहन ने ५ वर्ष में और सोहन ने ७ वर्ष में अपने ऋण चुका दिये। यदि दोनों ने महाजन को बराबर-बराबर रुपये दिये, तो बताओ प्रत्येक ने कितने रुपये लिये थे ?

क्रिया :

मान लिया कि मोहन ने य रुपये और सोहन ने र रुपये लिये

य रुपये का मिश्रधन ५ वर्ष में $= य\left(१+\frac{५}{१००}\right)^{५}$ रु० $= य\left(\frac{२१}{२०}\right)^{५}$ रु०

और र रु० का मिश्रधन ७ वर्ष का $= र\left(१+\frac{५}{१००}\right)^{७}$ रु० $= र\left(\frac{२१}{२०}\right)^{७}$ रु०

$\therefore य\left(\frac{२१}{२०}\right)^{५} = र\left(\frac{२१}{२०}\right)^{७}$

अथवा $\frac{य}{र} = \left[\frac{२१}{२०}\right]^{७} \times \left[\frac{२०}{२१}\right]^{५} = \frac{२१ \times २१}{२० \times २०} = \frac{४४१}{४००}$

अर्थात् मोहन और सोहन के ऋण में ४४१ : ४०० की निष्पत्ति है।

इसलिये मोहन ने $\frac{२५२३}{८४१} \times ४४१$ रु० अर्थात् १३२३ ० लिये

और सोहन ने (२५२३–१३२३) रु० = १२०० रुपये लिये।

१३. राम और श्याम ने मिलकर २१८० रु० ६$\frac{१}{४}$% वार्षिक चक्रवृद्धि ब्याज पर उधार लिये। राम ने ३ वर्ष बाद और श्याम ने ५ वर्ष बाद अपने अपने रुपये लौटा दिये। यदि दोनों ने बराबर-बराबर रुपये लौटाये, तो प्रत्येक ने कितने पये लिये थे ?

१४. अनन्त और बसन्त ने मिलकर ६१२ रुपये ४% वार्षिक चक्रवृद्धि ब्याज पर उधार लिये। अनन्त ने ८ वर्ष बाद अपना ऋण चुका दिया और बसन्त ने उसके एक वर्ष बाद अपना ऋण चुका दिया; परन्तु उसने उतने ही रुपये दिये जितने अनन्त ने दिये थे। बताओ प्रत्येक ने कितने रुपये लिये थे ?

१५. मोहन और सोहन ने मिलकर ४८१० रु० का ऋण ६$\frac{२}{३}$% वार्षिक चक्रवृद्धि ब्याज की दर से लिये। मोहन ने अपना ऋण ६ वर्ष में चुका दिया। सोहन ने उसके २ वर्ष पश्चात् अपना ऋण चुका दिया।

यदि दोनों ने बराबर रुपये लौटाये, तो उन्होंने अलग-अलग कितने रुपयों का ऋण लिया था ?

१६. मोहन ने सोहन से २५२२० रु० ५% चक्रवृद्धि ब्याज की दर से इस शर्त पर लिये कि वह तीन बराबर किस्तों में ऋण चुका देगा। बताओ एक किश्त कितने रुपयों की थी ?

क्रिया:

मान लिया कि प्रत्येक किश्त य रुपये की है।

तब ऋण का मिश्रधन = य रु० का २ वर्ष का मिश्रधन + य रुपये का १ वर्ष का मिश्रधन + य रु०

या $२५२२० \left(१+\frac{५}{१००}\right)^३ = \left(१+\frac{५}{१००}\right)^२ य + \left(१+\frac{५}{१००}\right) य + य$

या $\frac{२५२२० \times २१ \times २१ \times २१}{२० \times २० \times २०} = \frac{४४१}{४००} य + \frac{२१}{२०} य + य = \frac{१२६१}{४००} य$

$\therefore य = \frac{२५२२० \times २१ \times २१ \times २१}{२० \times २० \times २०} \times \frac{४००}{१२६१}$

$= ८८६१$ रु०

उत्तर : ८८६१ ० की प्रत्येक किश्त।

१७. राम ने दो बराबर बराबर किस्तों में चुकाने का वचन देकर १५७५ रु० का ऋण ४% वार्षिक चक्रवृद्धि ब्याज की दर से लिया। वार्षिक किश्त का मान बताओ।

१८. श्याम ने १०८१५ रु० $६\frac{३}{४}\%$ चक्रवृद्धि ब्याज की दर से तीन बराबर वार्षिक किस्तों में चुका देने का वचन देकर ऋण लिया। एक किश्त कितने रुपये की थी ?

१९. किसी आदमी ने १०९५६ रु० $८\frac{१}{४}$ प्रतिशत चक्रवृद्धि ब्याज की दर से लिये और उनको ३ वार्षिक किश्तों में चुका दिया। यदि दूसरी किश्त पहली की दूनी और तीसरी किश्त पहली की ३ गुनी थी, तो पहली किश्त का मान बताओ।

२०. मोहन ने कुछ रुपये $६\frac{१}{४}\%$ वार्षिक चक्रवृद्धि ब्याज पर लिये और ४६१३ रुपयों की तीन बराबर किस्तों में चुका दिया, बताओ उसने कितने रुपय लिये थे ?

२१. एक आदमी ने कुछ धन $३\frac{३}{४}\%$ चक्रवृद्धि ब्याज की दर से उधार लिया और उसको दो वार्षिक किश्तों में लौटा दिया। यदि प्रत्येक किश्त ८६१ रु० २ आ० की थी तो वह धन बताओ।

२२. एक आदमी ने कुछ धन $६\frac{२}{३}\%$ चक्रवृद्धि ब्याज की दर से उधार लिया और उसको तीन वार्षिक किश्तों में लौटा दिया। यदि पहली किश्त ४०९६ रु० की, दूसरी ८१९२ ० की और तीसरी १२२८८ ० की थी, तो उस आदमी ने कितने पये उधार लिये थे ?

२३. मोहन ने कुछ धन राम को $६\frac{२}{३}\%$ चक्रवृद्धि वार्षिक ब्याज की दर से २ वर्ष के लिये उधार दिया और उतना ही धन श्याम को $६\frac{१}{४}\%$ चक्रवृद्धि अर्धवार्षिक ब्याज की दर से २ वर्ष के लिये उधार दिया। बताओ मोहन को किस आदमी से अधिक ब्याज मिले ?

२४. सोहन ने अनन्त और बसन्त से बराबर-बराबर रुपये ५% चक्रवृद्धि ब्याज की दर से लिये; परन्तु वह अनन्त को प्रति ६ महीने पर ब्याज चुकाता और वसन्त को प्रति वर्ष के अंत में। २ वर्ष के अन्त में उसने अनन्त को वसन्त से ब्याज में १·६८०५ रुपये अधिक दिये; बताओ उसने प्रत्येक से कितने रुपये लिये थे ?

—:०:—

ग्यारहवाँ अध्याय

लेखा-चित्र (Graphs)

किसी देश की आर्थिक अवस्था, स्वास्थ्य, आय, व्यय आदि का ज्ञान आँकड़ों द्वारा बहुत स्पष्ट हो जाता है। आँकड़ों से किसी वैज्ञानिक को अवलोकन और प्रयोग में भी निष्कर्ष पर पहुँचने में बड़ी सरलता होती है। यदि कोई लेखा संख्यात्मक विवरण द्वारा चित्रित किया जाय, तब तो वास्तविकता और अधिक स्पष्ट हो जाती है।

आँकड़ों को चित्र द्वारा प्रगट करने की क्रिया नीचे के उदाहरणों से स्पष्ट हो जायगी। यहाँ पर यह समझ लिया गया है कि

प्रत्येक विद्यार्थी वर्गाङ्कित कागज पर विन्दु जिसके नियामक ज्ञात हों, अङ्कित कर सकता है।

उदाहरण (१): नीचे की तालिका में एक नगर की वार्षिक वर्षा सन् १९२५ ई० से सन् १९३१ ई० तक इंचों में दी गई है। इसको लेखा-चित्र द्वारा प्रदर्शित करो।

वर्ष	१९२५	१९२६	१९२७	१९२८	१९२९	१९३०	१९३१
वर्षा इंचों में	७०	८५	८०	९०	७५	८२.५	८६

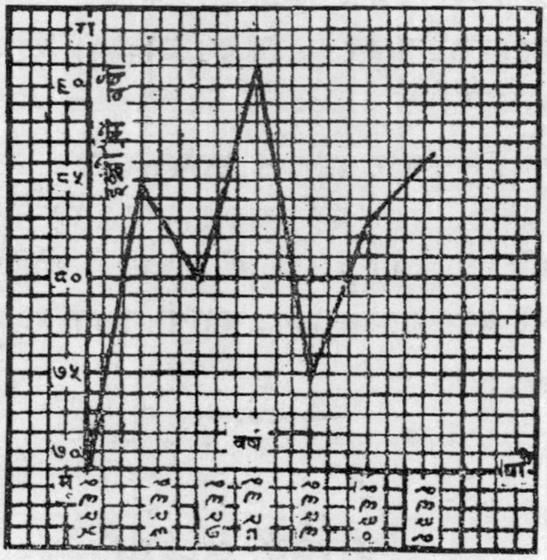

आलेख-पत्र पर दो सरल रेखाओं **मू या** और **मू रा** को, जो एक दूसरे पर लम्ब हों, आश्रय अक्ष (Axes of Reference) मानो। अब मान लो कि **मू या** और **मू रा** क्रमशः वर्ष और इंचों में वार्षिक वर्षा को निरूपित करती हैं और मान लो कि छोटे-छोटे ४ वर्गों की पड़ी भुजायें १ वर्ष की अवधि और छोटे वर्ग की एक खड़ी भुजा १ इंच वर्षा निरूपित करती है। **मू** से सन् १९२५ से आरम्भ करके **मू या** पर हर चौथे खाने पर विन्दु देकर उनके सामने वर्ष के सनों को अङ्कित करो। इसी प्रकार **मू** से ७० इंच से आरंभ करके **मू रा** पर ७०, ७५,

८० आदि इंचों को अंकित करो। अब मू विन्दु सन १९२५ में ७० इंच वर्षा को प्रगट करता है। फिर जिस विन्दु पर १९२६ लिखा गया है, उस विन्दु से खींची हुई खड़ी लकीर पर एक विन्दु लो, जो इस विन्दु से १५ खानों की दूरी पर हो। यह विन्दु सन् १९२६ में (७०+१५) अर्थात् ८५ इंच वर्षा प्रकट करता है। इसी प्रकार उन सब विन्दुओं को अङ्कित करो, जो भिन्न-भिन्न वर्षों में हुई वर्षा को इंचों में प्रकट करते हैं। इसके बाद एक ओर से दो-दो विन्दुओं को सरल रेखाओं द्वारा मिला दो, यही अभीष्ट लेखा चित्र हुआ।

उदाहरण (२) : नीचे की तालिका में एक नगर के मई महीने का एक दिन का तापक्रम जो दो-दो घंटे पर लिया गया था, दिया गया है। इसको लेखा-चित्र द्वारा प्रदर्शित करो और चित्र की सहायता से बताओ कि ११ बजे दिन में उस स्थान का कितना तापक्रम था?

बजे	६	८	१०	१२	२	४	६
तापक्रम	१०२°	१०५°	१०९°	१११°	११५°	११०°	१०८°

मू या और मू रा पर क्रम से समय और तापक्रम दिखाओ। मान लो कि छोटे-छोटे दो वर्गों की दो पड़ी भुजायें १ घंटा निरूपित करती हैं और छोटे वर्ग की खड़ी भुजा १° तापक्रम निरूपित करती है।

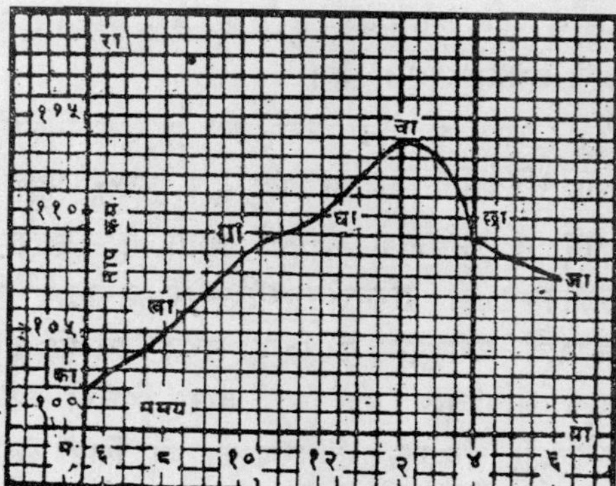

म विन्दु पर ६ बजे का चिह्न लगाओ और मू या पर प्रत्येक चौथे खाने पर चिह्न लगाकर ८, १०, १२.......बजे का समय अंकित करो। इसी प्रकार मू रा पर मू से आरम्भ करके प्रत्येक ५ वें खाने पर १००°, १०५°, ११०° आदि लिखो। अब मू रा पर का विन्दु अङ्कित करो जो मू से दो खाने की दूरी पर हो। यह विन्दु दर्शाता है कि ६ बजे सुबह तापक्रम १०२° था। इसके बाद जिस विन्दु पर ८ बजे का चिह्न है, उस विन्दु से खींची हुई खड़ी रेखा पर खा विन्दु अङ्कित करो जो मू या से ५ खाने की दूरी पर हो। यह विन्दु दर्शाता है कि ८ बजे सुबह तापक्रम १०५° था। इसी तरह गा, घा, चा, छा, और जा को अङ्कित करो। इसके बाद सब विन्दुओं को क्रम से एक अविच्छिन्न (Unbroken) वक्र रेखा द्वारा मिला दो। यही इष्ट लेखा-चित्र होगा।

अब मू या पर एक ऐसा विन्दु अंकित करो जो मू से १० खाने की दूरी पर हो। यह विन्दु ११ बजे का समय दर्शाता है। इस विन्दु से खींची गई खड़ी लकीर को देखो कि यह का खा गा घा चा छा जा रेखा को किस विन्दु पर काटती है। जिस विन्दु पर यह रेखा अविच्छिन्न वक्र रेखा को काटती है, उस विन्दु से म या के समानान्तर एक रेखा खींचो और देखो कि यह मू रा को किस विन्दु पर काटती है। यही विन्दु ग्यारह बजे का तापक्रम दर्शाता है। मू से खानों को गिनने पर ज्ञात होगा कि यह मू से १० खानों की दूरी पर है। बस ११ बजे का तापक्रम (१००°+१०°) अर्थात् ११०° है।

सूचना (१) : ऊपर के दोनों उदाहरणों में एक विशेष समय पर एक विशेष वस्तु का परिवर्त्तन दिखाया गया है। परन्तु पहले में वर्षा एक सन् से दूसरे सन् में अचानक घट-बढ़ जाती है; इसके विपरीत दूसरे उदाहरण में तापक्रम में परिवर्त्तन धीरे-धीरे लगातार होता है। यही कारण है कि पहले उदाहरण में विन्दु सरल रेखाओं द्वारा और दूसरे उदाहरण में एक अविच्छिन्न वक्र रेखा द्वारा मिलाये गये हैं। इसलिये जब कभी भी किसी संख्यात्मक विवरण को या किसी वैज्ञानिक अवलोकन और प्रयोग को लेखा-चित्र द्वारा प्रदर्शित करना हो; तब विन्दुओं को अङ्कित करने के बाद देखो कि एक विन्दु से दूसरे विन्दु तक परिवर्त्तन

अचानक होता है अथवा निरन्तर और धीरे-धीरे । यदि परिवर्तन अचानक होता हो, तो विन्दुओं को सरल रेखा द्वारा और यदि परिवर्तन निरन्तर और धीरे-धीरे होता हो तो विन्दुओं को अविच्छिन्न वक्र रेखा द्वारा मिलाओ ।

सूचना (२) : संख्यात्मक विवरण में पूछे गये प्रश्न का जो उत्तर लेखा-चित्र द्वारा निकाला जाता है, वह उत्तर अधिक से अधिक सम्भावी होता है ।

सूचना (३) : सरल रेखायें **मू या** और **मू रा** आश्रय अक्ष कही जाती हैं । जो राशि **मू या** द्वारा निरूपित होती है, उस राशि का ऋणात्मक मान **मू रा** की बाईं ओर के विन्दुओं से निरूपित होता है । इसी प्रकार जो राशि **मू रा** द्वारा निरूपित होती है, उसका ऋणात्मक मान **म या** के नीचे के विन्दुओं से निरूपित होता है ।

उदाहरण (३) : नीचे की तालिका में सन् १९१० ई० से सन् १९३५ ई० तक के हर पाँचवें साल की एक नगर की जनसंख्या लाखों में दी गयी है । इसको लेखा-चित्र द्वारा प्रदर्शित करो और सन् १९२७ ई० की सम्भाव्य जनसंख्या निकालो ।

सन्	१९१०	१९१५	१९२०	१९२५	१९३०	१९३५
आबादी लाख में	१५	१६·२	१७·५	१९·४	२१·६	२२·६

मू या और **मू रा** पर क्रमशः सन् और आबादी लाखों में दिखाओ । मान लो कि छोटे वर्ग की पड़ी भुजा १ वर्ष की अवधि और छोटे-छोटे ५ वर्गों की ५ खड़ी भुजायें १ लाख निरूपित करती हैं ।

विन्दु **मू** पर सन् १९१० लिखकर **मू या** पर **मू** से आरम्भ करके प्रत्येक ५वें खाने पर चिह्न लगाकर १९१५, १९२० आदि लिखो । इसी तरह **मू रा** पर **मू** से आरम्भ करके प्रत्येक ५वें खाने पर १५, १६, १७ आदि लिखो । **मू** विन्दु प्रदर्शित करता है कि सन् १९१० ई० में आबादी १५ लाख थी । जिस विन्दु पर १९१५ लिखा गया है, उससे खींची हुई खड़ी रेखा पर एक ऐसा विन्दु अंकित करो जो इससे ६ खाने की दूरी पर हो । यह विन्दु प्रदर्शित करता है कि सन् १९१५ ई० में आबादी १६·२ लाख थी । इसी प्रकार दी हुई तालिका के अनुसार

समस्त विन्दुओं को अङ्कित करो। इसके पश्चात् विन्दुओं को क्रम से एक अविच्छिन्न बक्र रेखा द्वारा मिला दो। यही इष्ट लेखा चित्र होगा।

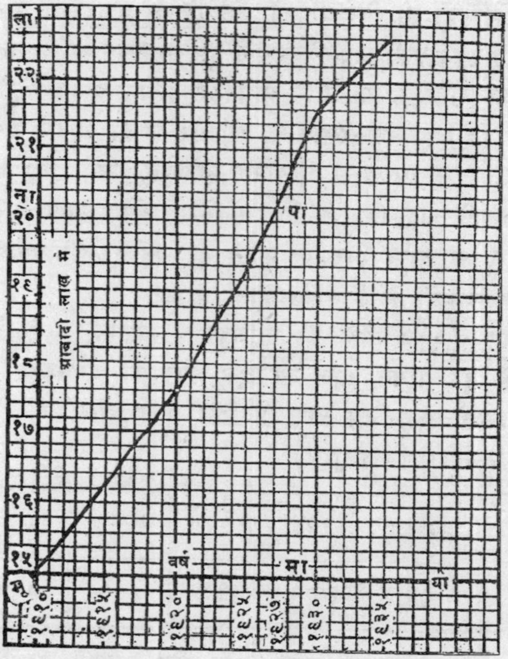

अब **मू या** पर एक विन्दु **मा** अंकित करो जो **मू** से १७ खाने की दूरी पर हो अर्थात् जो सन् १९२७ को निरूपित करता हो। फिर **मा** से खींची हुई खड़ी लकीर जिस विन्दु पर अविच्छिन्न वक्र रेखा को काटती है, उसका नाम **पा** लिखो। अब **पा** से खींची हुई पड़ी लकीर **मू रा** को जिस विन्दु पर काटती है, उसका नाम **ना** लिखो और देखो कि **मू** से **रा** कितनी दूर है। देखने पर ज्ञात होगा कि **ना मू** से २६ खाने की दूरी पर है। इसलिये यह $(१५ + \frac{२६}{५})$ लाख अर्थात् २०·२ लाख या २२०००० की आबादी निरूपित करता है। यही इष्ट उत्तर हुआ।

प्रश्नावली ४७

(१) किसी प्रान्त की औसत वार्षिक वर्षा सन् १९३० ई० से १९३८ ई० तक आगे की तालिका में यों दी है :—

सन्	१९३०	१९३१	१९३२	१९३३	१९३४	१९३५	१९३६	१९३७	१९३८
वर्षा	६५	६८·५	७०·२	७४	६९·४	६७·५	६६	७१·५	६६·८

सको लेखाचित्र द्वारा प्रदर्शित करो।

(२) नीचे की तालिका में सन् १९२० ई० से सन् १९२७ ई० तक उत्तर प्रदेश और बिहार प्रान्त का शिक्षा सम्बन्धी व्यय लगभग लाख रुपयों में दिया गया है। इसको लेखाचित्र द्वारा प्रदर्शित करो:—

सन्	१९२०	१९२१	१९२२	१९२३	१९२४	१९२५	१९२६	१९२७
उत्तर प्रदेश	२२८	२४०	२९६	२८८	३००	३०४	३१६	३४०
बिहार	१००	११२	१००	१०८	१२०	१३२	१५२	१८०

(३) किसी स्थान पर सन् १९३० ई० के जनवरी के पहले सात दिन बैरोमीटर की औसत ऊँचाई इंचों में नीचे लिखे अनुसार पायी गयी थी। इसको लेखा चित्र द्वारा प्रदर्शित करो—

३०, ३०·५, ३०·२५, ३०·४५, ३०·६, ३०·३, ३०·१।

(४) एक कम्पनी के स्टाक की सन् १९२९ ई० से सन् १९३५ ई० तक की ऊँची से ऊँची और नीची से नीची दर प्रतिवर्ष की निम्नलिखित तालिका में दी गयी है। दोनों दरों को एक ही पैमाने पर निरूपित करो ?

सन्	१९२९	१९३०	१९३१	१९३२	१९३३	१९३४	१९३५
ऊंचीदर	१०२	$१०४\frac{१}{२}$	१०७	१०५	१००	१०८	$१०३\frac{३}{४}$
नीचीदर	९५	९४	$९८\frac{१}{२}$	९२	८७	१०१	$९७\frac{३}{४}$

(५) एक अस्पताल में एक रोगी का तापमान सुबह ६ बजे से शाम के ८ बजे तक दो दो घण्टे के बाद लिया गया और नीचे की तालिका के अनुसार लिखा गया। रोगी के तापमान के परिवर्त्तन को दर्शाने के लिये एक लेखा-चित्र खींचो और बताओ कि ३ बजे शाम को उसका तापमान कितना था ?

समय	६	८	१०	१२	२	४	६	८
तापमान	९८°	९८·५°	९९·५°	१०१°	१०३°	१०३·५°	१०२·८°	१०१·५°

(६) किसी विशिष्ट तापमान के लिये सेण्टीग्रेड थर्मामीटर की स डिग्री फ़ारेनहाइड की फ डिग्री के बराबर है। स और फ के संगतमान नीचे की तालिका में दिये गये हैं।

स	–१५	–१०	–५	०	५	१५	२०
फ	५	१४	२३	३२	४१	५९	८६

इसको लेखा-चित्र द्वारा निरूपित करो और बताओ कि जब स=१०, तो फ कितने डिग्री के बराबर होगा ?

(७) २३-२४ वर्ष की उम्र के पुरुष की ऊंचाई और तौल (पौण्डमें) नीचे की तालिका में दिये गये हैं। इसको लेखा-चित्र द्वारा दर्शाओ और बताओ कि ५ फी० ५ इं० के आदमी की तौल कितनी होगी ?

ऊंचाई	५ फी०	५ फी०२इं०	५ फी०४इं०	५फी०६इं.	५ फी०८इं०	५फी०१०इं०
तौल	११८	१२४	१३१	१३८	१४६	१५४

८. किसी कस्बे की आबादी (हजारोंमें) दस-दस वर्ष के अन्त में निम्नलिखित तालिका के अनुसार थी। इसको लेखा-चित्र द्वारा दर्शाओ और बताओ कि सन् १९१२ ई० में कितनी आबादी थी ?

सन्	१८९१	१९०१	१९११	१९२१	१९३१	१९४१
आबादी	१८	२०·२	२३	२५·५	२८	३२·५

९. किसी प्रान्त के पुरुष और स्त्रियों की संख्या (लाखोंमें) नीचे लिखे अनुसार थी। लेखा-चित्र द्वारा ज्ञात करो कि सन् १९२८ ई० में पुरुष और स्त्री की अलग-अलग कितनी संख्या थी और किस सन् में दोनों की संख्या बराबर थी?

सन्	१९१५	१९२०	१९२५	१९३०	१९३५	१९४०
पुरुष	१४	१५·५	१७	१९·८	२२	२४·५
स्त्री	१२·४	१४·२	१६·८	२०	२२·४	२५

१०. दो नगरों अ और ब की जनसंख्या (हजारोंमें) नीचे लिखे अनुसार दी गई है। लेखा-चित्र द्वारा बताओ कि उन दोनों नगरों की आबादी किस सन् में बराबर थी?

सन्	१९१५	१९२०	१९२५	१९३०	१९३५	१९४०
अ	१६	१८·५	२२	२६·८	३०	३४·५
ब	१९·५	२३	२४·४	२६·५	२९·८	३३·२

११. १०० ग्राम पानी में विभिन्न तापमान पर कितना अलम घोला जा सकता है यह नीचे की सारिणी में दिया हुआ है:—

से० के अंशों में तापमान	०°	१०°	२०°	३०°	४०°	५०°	६०°	७०°
१०० ग्राम पानी में घुलनेवाले अलम के ग्राम	३·९	९·५	१५·१	२२·०	३०·९	४४·१	६६·१	९०·७

लेखा-चित्र खींचकर ज्ञात करो कि ५० ग्राम अलम १०० ग्राम पानी के कितने तापमान में घुल सकेगा।

[मद्रास, एस-एल-सी १६२५]

१२. नीचे की तालिका में दो देशों अ और ब की जनसंख्या दस लाखों में दी गई है। लेखा-चित्र द्वारा बताओ कि उन दोनों नगरों की जनसंख्या किस वर्ष में बराबर थी?

वर्ष	१८६१	१८७१	१८८१	१८९१	१९०१	१९११	१९२७
अ	३·१	३·४	३·७	४·०	४·४७	४·७	५·०
ब	५·८	५·४	५·२	४·७	४·४५	४·२	४·०

[उत्तर प्रदेश १९२९]

—:०:—

बारहवाँ अध्याय

क्षेत्रफल (Area)

तुम जानते हो कि—

(क) किसी आयत का क्षेत्रफल = लम्बाई × चौड़ाई

किसी आयत की लम्बाई = $\frac{\text{क्षेत्रफल}}{\text{चौड़ाई}}$

और " " चौड़ाई = $\frac{\text{क्षेत्रफल}}{\text{लम्बाई}}$

(ख) १४४ वर्ग इंच = १ वर्ग फुट

९ वर्ग फुट = १ वर्ग गज

४८४० वर्ग गज = १ एकड़

प्रश्नावली ४८

लिखित

निम्नलिखित आयतों का क्षेत्रफल बताओ :—

१. १६ फुट लम्बा, १२ फुट चौड़ा।

२. १५ गज लम्बा, ११ गज चौड़ा।

३. १८ फुट लम्बा, १३ फुट ६ इंच चौड़ा।

४. १८ फुट ६ इंच लम्बा, १३ फुट ४ इंच चौड़ा।

५. १५ गज २ फुट २ इंच लम्बा और १३ गज १ फुट चौड़ा।

नीचे लिखे आयतों की चौड़ाई बताओ :—

६. क्षेत्रफल २१६ वर्ग फुट, लम्बाई १८ फुट।

७. क्षेत्रफल २४ वर्ग गज ६ वर्ग फुट, लम्बाई ६ गज ६ इंच।

८. क्षेत्रफल १२७५ वर्ग फुट, लम्बाई ५६ फुट ८ इंच।

९. एक आयताकार मैदान को चौरस कराने में १ रु० ८ आ० प्रति वर्ग गज के हिसाब से ४०९५ रु० व्यय होता है। यदि उस मैदान की चौड़ाई ४५ गज १ फुट ६ इंच है, तो उसकी लम्बाई बताओ।

१०. एक आयताकार मैदान यदि ३ फुट और अधिक चौड़ा होता तो उसका क्षेत्रफल ९७ वर्ग फुट ७२ वर्ग इंच अधिक बढ़ जाता। उस मैदान की लम्बाई बताओ।

११. एक आयताकार आँगन में जो ३१ फुट ६ इंच लम्बा और १६ फुट ८ इंच चौड़ा है, बिछाने के लिये कितनी ईंटों की आवश्यकता होगी जब प्रत्येक ईंट की लम्बाई तथा चौड़ाई क्रमशः १० इंच और ३$\frac{१}{२}$ इंच है ?

१२. एक कमरे में जो १५ फुट लम्बा और १२ फुट ६ इंच चौड़ा है, बिछाने के लिये दरी के कितने टुकड़ों की आवश्यकता होगी यदि प्रत्येक टुकड़ा वर्गाकार है और उसकी एक भुजा २ फुट ६ इंच है ?

१३. एक कमरा १५ फुट लम्बा है। यदि वह २ फुट ६ इंच और अधिक चौड़ा होता, तो उसका क्षेत्रफल १८७ वर्ग फुट ७२ वर्ग इंच होता। उस कमरे की चौड़ाई बताओ।

क्रिया : १८७ वर्ग फुट ७२ वर्ग इंच $=\frac{३७५}{२}$ वर्ग फुट

मान लिया कमरे की लम्बाई क ख और चौड़ाई क घ है। और बढ़ जाने के बाद कमरे की चौड़ाई क य है।

घ य = क य − क घ = २ फुट ६ इंच

चौड़ाई बढ़ जाने के बाद कमरे का क्षेत्रफल $=\frac{३७५}{२}$ वर्ग फुट

कमरे की लम्बाई = १५ फुट

∴ कमरे की चौड़ाई $=\frac{३७५}{२}\div १५$ फुट

$=\frac{३७५}{२}\times\frac{१}{१५}$ फुट $=\frac{२५}{२}$ फुट

= १२ फुट ६ इंच

अतः कमरे की पहली चौड़ाई क घ = क य − घ य

= १२ फुट ६ इंच − २ फुट ६ इंच

= १० फुट

उत्तर : १० फुट।

१४. एक कमरा २२ फुट ६ इंच लम्बा है। यदि इसकी चौड़ाई ३ फुट और अधिक होती, तो इसका क्षेत्रफल ४२० वर्ग फुट होता। उस कमरे की चौड़ाई बताओ।

१५. एक कमरा ३१ फुट ६ इंच लम्बा है। यदि इसकी चौड़ाई १ फुट ४ इंच और अधिक होती, तो इसका क्षेत्रफल ५६७ वर्ग फुट होता। इस कमरे की चौड़ाई बताओ।

१६. एक आँगन ३७ फुट ६ इंच लम्बा है। यदि इसकी चौड़ाई २ फुट ६ इंच और अधिक होती तो इसका क्षेत्रफल ९३७ वर्ग फुट ७२ वर्ग इंच हो जाता। उस आँगन की चौड़ाई बताओ।

१७. एक कमरा ६ गज १ फुट ६ इंच चौड़ा है। यदि इसकी लम्बाई १ फुट ३ इंच और अधिक होती, तो इसका क्षेत्रफल ६५ वर्ग गज होता। उस कमरे की लम्बाई बताओ।

१८. एक मैदान १० गज २ फुट ३ इंच चौड़ा है। उसकी लम्बाई केवल ६ इंच और अधिक होती, तो उसका क्षेत्रफल १७२ वर्ग गज होता। उस मैदान की लम्बाई बताओ।

१९. एक घास का मैदान ५० फुट लम्बा और २२ फुट चौड़ा है। उसके बाहर चारों ओर ५ फुट चौड़ा रास्ता है। (क) इस रास्ते का क्षेत्रफल बताओ (ख) इस रास्ते पर कंकड़ बिछाने में कितना खर्च करना पड़ेगा, जब कि कंकड़ बिछाने में २ आना ६ पाई प्रति वर्ग फुट खर्च होता है?

क्रिया : (क) मान लिया कि क ख ग घ घास का मैदान है और रास्ता सहित घास का मैदान य र ल व है।

रास्ते का क्षेत्रफल=रास्ते सहित घास के मैदान का क्षेत्रफल —घास के मैदान का क्षेत्रफल

= आयत य र ल व – आयत क ख ग घ

घास के मैदान का क्षेत्रफल=५०×२२ वर्ग फुट=११०० वर्ग फुट

∵ रास्ते की चौड़ाई ५ फुट है,

∴ रास्ता सहित घास के मैदान की लम्बाई और चौड़ाई क्रमशः (५०+१०) फुट अर्थात् ६० फुट और (२२+१०) फुट अर्थात् ३२ फुट है।

अतः रास्ता सहित घास के मैदान का क्षेत्रफल=६०×३२ वर्ग फुट
=१९२० वर्ग फुट

(क) ∴ रास्ते का क्षेत्रफल=१९२० वर्ग फुट – ११०० वर्ग फुट
=८२० वर्ग फुट

अब २ आ० ६ पा०=५/३२ रु०

(ख) ∵ १ वर्ग फुट कंकड़ बिछाने में ५/३२ रु० खर्च पड़ता है

∴ ८२० वर्ग फुट " " (५×८२०)/३२ रु०

अर्थात् १०२५/८ रु० खर्च पड़ता है

१०२५/८ रु० = १२८ रु० २ आ०

उत्तर : (क) ८२० वर्गफुट (ख) १२८ रु० २ आ०।

नीचे के चित्रों में रँगे हुए भागों का क्षेत्रफल निकालो :—

२०.

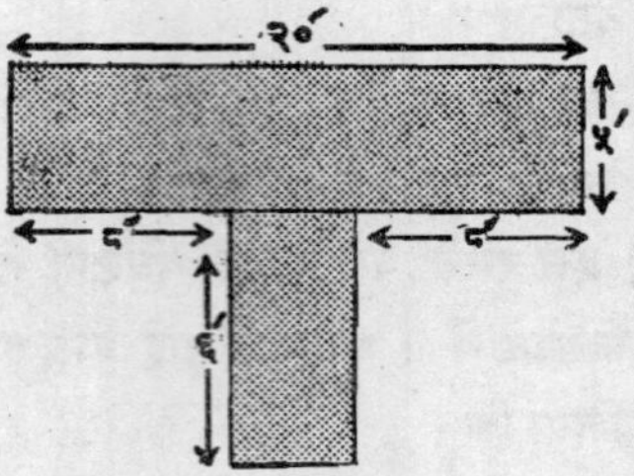

२१.

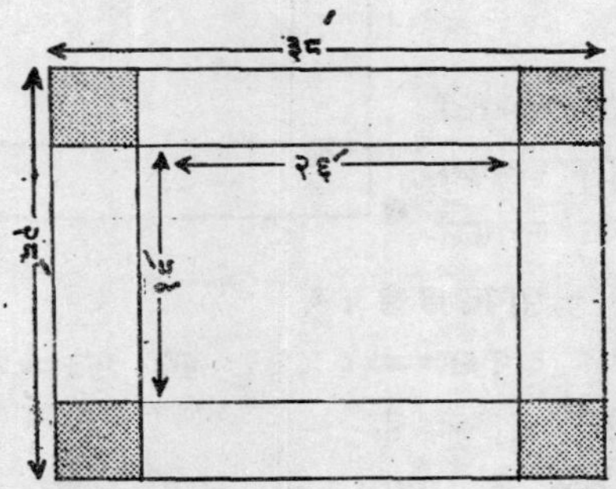

२२.

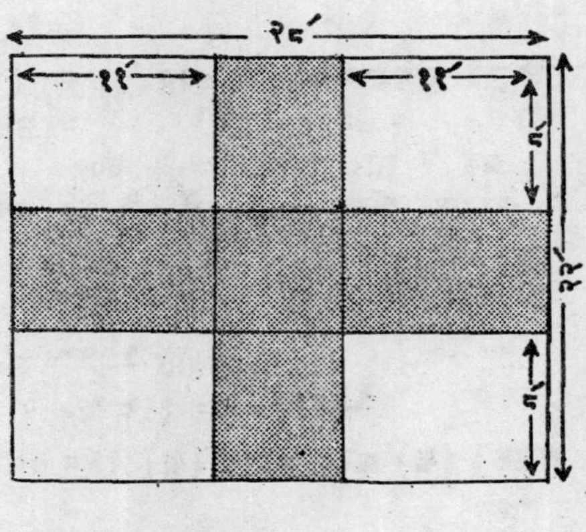

२३. 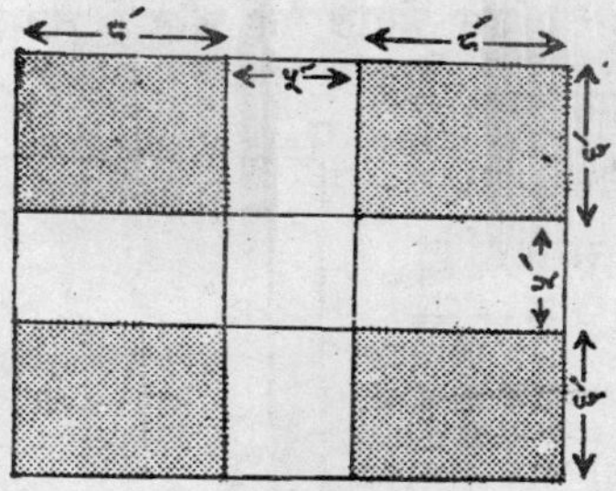

२४. एक बाग १०० गज लम्बा और ८० गज चौड़ा है। उसके बाहर चारों ओर ६ फुट चौड़ा रास्ता है। (१) उस रास्ते का क्षेत्रफल बताओ। (२) उस रास्ते को पक्का कराने में कुल कितना खर्च पड़ेगा, यदि एक वर्ग गज पक्का कराने में १ रु० ४ आ० खर्च पड़ता है?

२५. एक फूल की क्यारी २० फुट लम्बी और १४ फुट चौड़ी है। उसके चारों ओर बाहर से १ फुट ६ इंच चौड़ा रास्ता है। इस रास्ते का क्षेत्रफल बताओ और इस रास्ते में घास उगाने का खर्च ५ आ० प्रति वर्ग फुट की दर से निकालो?

२६. एक बाग १२५ फुट लम्बा और ६० फुट चौड़ा है। उसके अन्दर ५ फुट चौड़ा एक रास्ता है। इस रास्ते को फर्श कराने में कितने पत्थर के टुकड़े लगेंगे यदि प्रत्येक टुकड़े की लम्बाई २ फुट ६ इंच और चौड़ाई १ फुट है?

२७. एक कमरे में फर्श पर दरी बिछाई गई है। दरी की लम्बाई और चौड़ाई क्रमशः १५ फुट ४ इंच और १३ फुट ६ इंच है। यदि दरी के चारों ओर १ फुट चौड़ा फर्श छूट गया है, तो १२ आने प्रति वर्ग फुट की दर से इस बचे हुए फर्श को रँगाने में कितना खर्च होगा?

२८. एक दरी के चारों ओर १ फुट चौड़ा रंगीन किनारा है, यदि दरी १६ फुट लम्बी और १२ फुट चौड़ी है तो रंगीन किनारा दरी का कौन-सा भाग है।

२९. एक कमरा भीतर से ४२ फुट ६ इंच लम्बा और २२ फुट ६ इंच चौड़ा है उसकी दीवारें २ फुट ६ इंच मोटी हैं और उसके चारों ओर १० फुट ६ इंच चौड़ा बरामदा है। उस बरामदे में ९ इंच लम्बी और ३ इंच चौड़ी इंटों से फर्श कराने का व्यय बताओ, यदि १००० इंटों का मूल्य २१ रु० १४ आ० है।

३०. एक आयताकार मैदान के बाहर चारों ओर २ फुट चौड़ा रास्ता है। यदि रास्ते का क्षेत्रफल ३७६ वर्गफुट है और मैदान की

लम्बाई ४८ फुट है तो उस मैदान की चौड़ाई बताओ।

क्रिया : मान लिया कि क ख ग घ मैदान है और उसके बाहर चारों ओर रास्ता है। रास्ते सहित मैदान य र ल व है। क ख को दोनों ओर बढ़ाकर य व और र ल से मिलाओ। अब रास्ता चार भागों में बंट गया, इन भागोंमें से य र स द और न म ल व का क्षेत्रफल एक

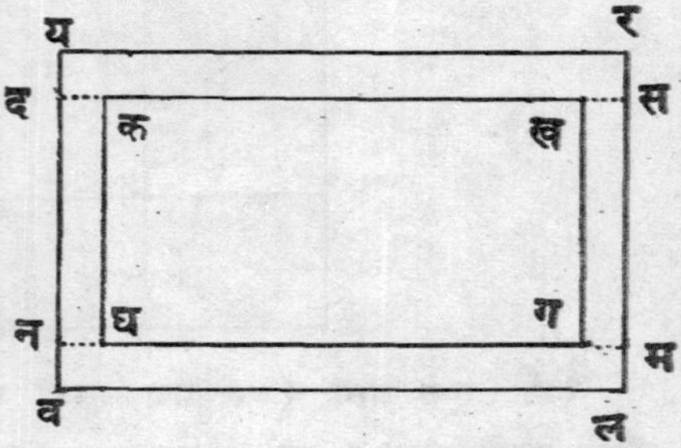

दूसरेके बराबर है। और द क घ न का क्षेत्रफल ख स म ग के क्षेत्रफल के बराबर है।

य र = क ख + ख स + क द = (४८ + २ + २) फुट = ५२ फुट

य र स द का क्षेत्रफल = ५२ × २ वर्गफुट = १०४ वर्गफुट

और न म ल व का क्षेत्रफल = १०४ वर्गफुट

बचे हुए रास्ते का क्षेत्रफल = (३७६ − २०८) वर्गफुट

= १६८ वर्गफुट

अर्थात् ख ग म स का क्षेत्रफल = १६८ वर्गफुट ÷ २ = ८४ वर्गफुट

∴ ख ग म स की चौड़ाई = २ फुट

∴ ख ग म स की लम्बाई = ८४ वर्गफुट ÷ २ फुट

अतः मैदान की चौड़ाई = ४२ फुट

उत्तर : ४२ फुट।

३१. एक आयताकार मैदान ५२ गज लम्बा है। उसके बाहर चारो ओर ३ फुट चौड़ा एक रास्ता है। यदि रास्ते का क्षेत्रफल २०० वर्ग गज है, तो उस मैदान की चौड़ाई बताओ।

३२. फूल की एक क्यारी १६ फुट चौड़ी है। उसके बाहर चारों ओर २ फुट चौड़ा रास्ता है। यदि रास्ते का क्षेत्रफल १६८ वर्गफुट है, तो क्यारी की लम्बाई बताओ।

३३. एक दरी १२ फुट चौड़ी है। इसके चारों ओर १ फुट ३ इंच चौड़ा किनारा है यदि किनारे का क्षेत्रफल ६३ वर्गफुट १०८ वर्ग इंच है, तो दरी की लम्बाई बताओ।

३४. एक घास का मैदान ४० गज लम्बा है । उसके चारों ओर २ फुट ६ इंच चौड़ा रास्ता बना है । यदि रास्ते को बनाने में १२ आ० प्रति वर्गगज की दर से ९५ रु० १३ आ० ४ पा० व्यय होता है, तो उस मैदान की चौड़ाई बताओ ।

३५. एक कमरा २८ फुट चौड़ा है । इसके चारों ओर १ फुट चौड़ी पट्टी रंगी गई है । यदि रंग कराने में ५ आने प्रति वर्गफुट की दर से ४० रु० १० आ० व्यय होता है, तो उस कमरे की लम्बाई बताओ ।

३६. एक आयताकार आँगन की लम्बाई, चौड़ाई की तीन गुनी है । यदि आँगन का क्षेत्रफल १९२ वर्गगज़ है, तो उसकी लम्बाई और चौड़ाई बताओ ।

क्रिया :

मान लिया कि क ख ग घ आँगन है, जिसकी लम्बाई क ख इसकी चौड़ाई क घ की तीन गुनी है ।

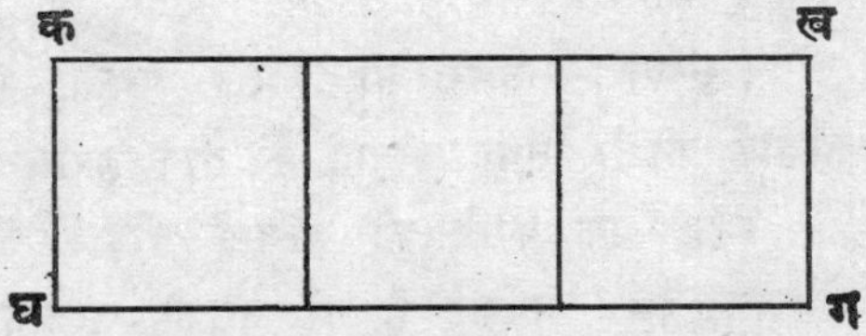

अब यदि आँगन की लम्बाई तीन बराबर भागों में बाँट दी जाय, तो प्रत्येक भाग एक वर्ग के समान हो जायेगा, जैसा कि चित्र से स्पष्ट है । इस प्रकार प्राप्त वर्ग की प्रत्येक भुजा आँगन की चौड़ाई के बराबर ोगी ।

∴ आँगन की अभीष्ट चौड़ाई $=\sqrt{\frac{१९२}{३}}$ गज $=\sqrt{६४}$ गज $=$ ८ गज

और आँगन की लम्बाई $=$ ८ $\times$ ३ गज $=$ २४ गज

उत्तर : लम्बाई २४ गज }
और चौड़ाई ८ गज }

दूसरी विधि :

मान लो आंगन की चौड़ाई १ गज है तो लम्बाई (१ × ३) = ३ गज होगी

इस कल्पित आँगन का क्षेत्रफल $=$ (३ × १) $=$ ३ वर्गगज

∵ ३ वर्गगज क्षेत्रफल है तो चौड़ाई का वर्ग १

∴ १९२ ,, ,, ,, $= \frac{१९२}{३} =$ ६४

∴ आँगन की अभीष्ट चौड़ाई $=\sqrt{६४} =$ ८ गज

और ,, ,, लम्बाई $=$ ८ × ३ गज $=$ २४ गज

३७. एक कमरे की लम्बाई चौड़ाई की दूनी है और उसका क्षेत्र-फल २८८ वर्गफ़ुट है, तो कमरे की लम्बाई बताओ।

३८. एक मैदान की लम्बाई, चौड़ाई की तीन ुनी है। यदि उस मैदान का क्षेत्रफल १८७५ वर्गगज है; तो उस मैदान की लम्बाई बताओ।

३९. एक मैदान की लम्बाई चौड़ाई की तीन गुनी है। यदि उस मैदान को समतल कराने में ४ आ० प्रति वर्गफ़ुट की दर से ६२५ रु० खर्च होता है, तो उस मैदान की चौड़ाई बताओ।

४०. यदि किसी कमरे की लम्बाई का तीन गुना उसकी चौड़ाई के चार गुने के बराबर है और उसका क्षेत्रफल ५८८ वर्गफ़ुट है, तो उसकी लम्बाई बताओ।

(**संकेत**:—कमरे को ३×४ अर्थात् १२ समान वर्गों में बाँटो। लम्बाई को ४ तथा चौड़ाई को तीन बराबर भागों में बाँटो।)

४१. एक कमरे की लम्बाई चौड़ाई की ड्योढ़ी है। यदि उसका क्षेत्रफल ३८४ वर्गफ़ुट है, तो उसकी लम्बाई और चौड़ाई अलग अलग बताओ।

४२. एक आँगन की लम्बाई का चार गुना, उसकी चौड़ाई के ५ गुने के बराबर है यदि उसको समतल कराने में १० आ० ६ पा० प्रति वर्गगज के हिसाब से ११८ रु० २ आ० खर्च होता है, तो उसकी लम्बाई बताओ।

फ़र्श पर कालीन बिछाना

(Carpeting of Floors)

वे कालीन जो फ़र्श पर बिछाने के काम आती हैं, साधारणतः समान चौड़ाई के बेलन के रूप में लपेटी रहती हैं। ऐसी कालीनें प्रायः प्रति गज अथवा प्रति फ़ुट की दर से बिकते हैं। फ़र्श पर बिछाने के लिये इनकी एक लम्बी पट्टी मोल ली जाती है। फिर सुविधानुसार इनको छोटी छोटी पट्टियों में काट लिया जाता है। इन छोटी पट्टियों में से प्रत्येक की लम्बाई उतनी ही होती है, जितनी फ़र्श की लम्बाई अथवा चौड़ाई होती है। इन छोटी पट्टियों को फ़र्श पर एक के बाद दूसरी को सटा-सटा कर बिछा देने के बाद, सी दिया जाता है। इस

प्रकार एक आयत को एक दूसरे प्रकार के बराबर क्षेत्र-फल वाले आयत में बदल दिया जाता है। कालीन और फर्श का क्षेत्रफल साधारणतः बराबर होता है।

उदाहरण १—एक कमरा १५ फुट लम्बा और १३ फुट चौड़ा है। इसमें बिछाने के लिये १५ इंच चौड़े कालीन की लम्बाई बताओ।

क्रिया :

पहली रीति : कमरे का क्षेत्रफल : १५×१३ वर्गफुट=१९५ वर्गफुट

कालीन का भी क्षेत्रफल = १९५ वर्गफुट

कालीन की चौड़ाई = $\frac{१५}{१२}$ फुट=$\frac{५}{४}$ फुट

कालीन की लम्बाई = १९५÷$\frac{५}{४}$ फुट

= १९५×$\frac{४}{५}$फुट=१५६ फुट

उत्तर : १५६ फुट।

दूसरी रीति : कमरे की लम्बाई = १५ फुट

कालीन की चौड़ाई = $\frac{५}{४}$ फुट

∴ कमरे में बिछाने के लिये १३ फुट लम्बी पट्टियों की संख्या

=१५ फुट÷$\frac{५}{४}$फुट=१५×$\frac{४}{५}$=१२

∴ कालीन की लम्बाई =१३×१२ फुट=१५६ फुट

उत्तर : १५६ फुट।

तीसरी रीति : कमरे की चौड़ाई =१३ फुट

कालीन की चौड़ाई = $\frac{५}{४}$फुट

∴ कमरे में बिछाने के लिये १५ फुट लम्बी पट्टियों की संख्या

=१३ फुट÷ $\frac{५}{४}$ फुट= $\frac{५२}{५}$ = १०$\frac{२}{५}$

अतः बिछाने के लिये १० पूरी पट्टियाँ और एक पट्टी का $\frac{२}{५}$ भाग

अथवा १५×१० फुट+१५ का $\frac{२}{५}$ फुट=१५६ फुट।

टिप्पणी:–इस तीसरी विधि में हम देखते हैं कि १० पट्टियाँ पूरी-पूरी हैं जिनमें से प्रत्येक पट्टी की लम्बाई १५ फुट है। इसके बाद ६ फुट पट्टी कालीन और लेनी पड़ती है। १० पट्टियाँ मिलकर कमरे की चौड़ाई का १०× $\frac{५}{४}$ फुट अर्थात १२ फुट ६ इंच ढक लेती हैं। केवल ६ इंच कमरा बच जाता है, इसको ढकने के लिये ६ फुट वाली पट्टी को और छोटी-छोटी

पट्टियों में काटकर फिर उनको एक साथ सीकर एक ऐसी पट्टी तैयार की जाती है, जिसकी लम्बाई १५ फुट हो और चौड़ाई ६ इंच हो।

परन्तु यह पट्टी देखने में कला के दृष्टिकोण से बड़ी भद्दी लगती है, इसलिये एक पूरी पट्टी ली जाती है, इसमें से ६ इंच चौड़ी पट्टी काट ली जाती है। इस प्रकार पट्टी का एक भाग व्यर्थ चला जाता है।

अतः तीसरे प्रकार से फर्श ढकने में हानि होती है।

उदाहरण २. एक कमरा १८ फुट लम्बा और १४ फुट चौड़ा है। इसमें बिछाने के लिये २० इंच चौड़ी कालीन की लम्बाई बताओ।

क्रिया :—इस प्रश्न में हम देखते हैं कि कालीन की चौड़ाई अर्थात् $\frac{५}{३}$ फुट कमरे की लम्बाई या चौड़ाई में से किसी को विभाजित नहीं करता।

इसलिये इसमें कालीन का कुछ भाग अवश्य ही व्यर्थ जायेगा।

परन्तु जब तक प्रश्न में कोई बात कालीन के व्यर्थ जाने के सम्बन्ध में न पूछी जाय, तब तक प्रश्न को निम्न प्रकार से हल करना चाहिये।

कमरे का क्षेत्रफल = १८ × १४ वर्ग फुट = २५२ वर्ग फुट

कालीन की चौड़ाई = २० इंच = $\frac{५}{३}$ फुट

कालीन की अभीष्ट लम्बाई = २५२ ÷ $\frac{५}{३}$ फुट

= २५२ × $\frac{३}{५}$ फुट = $\frac{७५६}{५}$ फुट

= १५१$\frac{१}{५}$ फुट

उत्तर : १५१ $\frac{१}{५}$ फुट।

प्रश्नावली ४६

१. एक कमरा २० फुट लम्बा और १५ फुट चौड़ा है। उसको ढकने के लिये २५ इंच चौड़े कालीन की लम्बाई बताओ।

२. एक कमरा २५ फुट लम्बा और १८ फुट चौड़ा है। इसमें बिछाने के लिये २ फुट ३ इंच चौड़ी कालीन की लम्बाई कितनी होगी ?

३. ३० इंच चौड़े कालीन की लम्बाई बताओ, जो २० फुट लम्बे और १५ फुट चौड़े फर्श पर बिछाने के लिये पर्याप्त हो ?

४. यदि एक कमरा २२ फुट लम्बा और १६ फुट चौड़ा है तो उसमें बिछाने के लिये २७ इंच चौड़े कालीन की लम्बाई बताओ और बताओ कि कितना कालीन व्यर्थ चला जायेगा ?

क्रिया :

कमरे की लम्बाई=२२ फुट

और कालीन की चौड़ाई=२७ इंच=$\frac{९}{४}$ फुट

∴ कमरे को ढकने के लिये १६ फुट लम्बी पट्टियों की संख्या

=२२÷$\frac{९}{४}$=$\frac{८८}{९}$= ९$\frac{७}{९}$

अर्थात् १०

इसलिये १६ फुट लम्बी १० पट्टियाँ खरीदनी पड़ेंगी और एक पट्टी का (१−$\frac{७}{९}$) या $\frac{२}{९}$ भाग व्यर्थ जाता है।

∵ पट्टी १६ फुट लम्बी है और $\frac{९}{४}$ फुट चौड़ी है

∴ १६×$\frac{९}{४}$ वर्ग फुट का $\frac{२}{९}$ अर्थात ८ वर्ग फुट कालीन व्यर्थ जाता है

उत्तर : अभीष्ट लम्बाई=१६० फुट, व्यर्थ जायेगा ८ वर्ग फुट।

५. एक कमरा २१ फुट लम्बा और १६ फुट चौड़ा है। उसमें बिछाने के लिये २० इंच चौड़े कालीन की लम्बाई बताओ और बताओ कि कितना कालीन व्यर्थ चला जायेगा।

६. एक कमरे में जो ३० फुट लम्बा और २५ फुट चौड़ा है, बिछाने के लिये कितने गज कालीन खरीदना पड़ेगा, जब कालीन २ फुट ९ इंच चौड़ा है? और कितना कालीन व्यर्थ हो जायेगा?

७. एक बड़े कमरे में जो ४० फुट १० इंच लम्बा और २७ फुट चौड़ा है, बिछाने के लिये २ फुट ६ इंच चौड़े कालीन की लम्बाई बताओ और बताओ कि कितना कालीन व्यर्थ हो जायेगा?

८. एक कमरे में जो २१ फुट लम्बा और १८ फुट ९ इंच चौड़ा है, २५ इंच चौड़े कालीन बिछाने में क्या व्यय पड़ेगा? यदि कालीन ५ रुपया ८ आना प्रति गज मिलता है?

क्रिया :

१८ फुट ९ इंच=$\frac{७५}{४}$ फुट

कमरे का क्षेत्रफल=२१×$\frac{७५}{४}$ वर्ग फुट

कालीन की चौड़ाई=$\frac{२५}{१२}$ फुट

∴ कालीन की लम्बाई=२१×$\frac{७५}{४}$×$\frac{१२}{२५}$ फुट=१८९ फुट

∵ १ गज अर्थात् ३ फुट का मूल्य = $\frac{५}{२}$ रु०

∵ १८९ फुट ,, ,, =$\frac{१८९×५}{३×२}$ रु०=$\frac{३१५}{२}$ रु०

=१५७ रु० ८ आ०।

९. एक वर्गाकार कमरे में जिसकी एक भुजा १३ फुट ४ इंच है, बिछाने के लिये कितने गज लम्बी दरी की आवश्यकता होगी, जब दरी २० इंच चौड़ी है ? यदि दरी का मूल्य १ रु० २ आ० प्रति गज है, तो कुल दरी का मूल्य बताओ।

१०. २० फुट लम्बे और १३ फुट ६ इंच चौड़े फर्श पर २५ इंच चौड़े कालीन के बिछाने में कितना व्यय होगा, जब कालीन ४ शि० ६ पें० प्रति गज के भाव का है ?

११. यदि २५ फुट ४ इंच लम्बे और १८ फुट ६ इंच चौड़े कमरे में बिछाने के लिये ६३ गज १ फुट लम्बे कालीन की आवश्यकता है, तो उस कालीन की चौड़ाई बताओ।

१२. एक वर्गाकार कमरे में बिछाने के लिये ३० गज लम्बी चटाई की आवश्यकता है। यदि चटाई २ फुट ६ इंच चौड़ी है, तो उस कमरे की एक भुजा की लम्बाई बताओ।

कमरे की दीवारों का क्षेत्रफल
(Area of the four walls of a room)

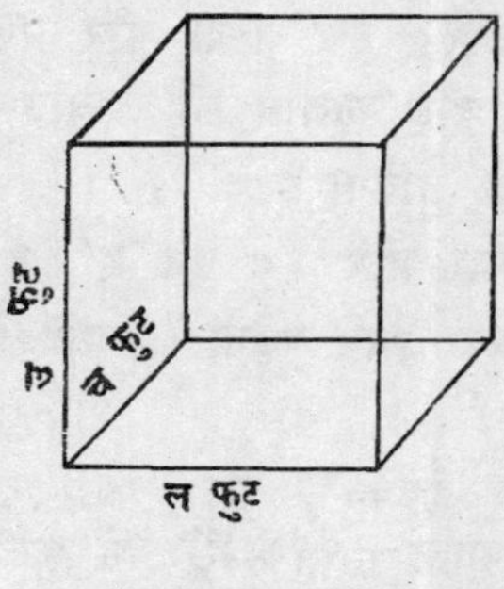

मान लिया कि एक आयताकार कमरे की लम्बाई, चौड़ाई और ऊँचाई क्रमशः ल फुट, च फुट और उ फुट है।

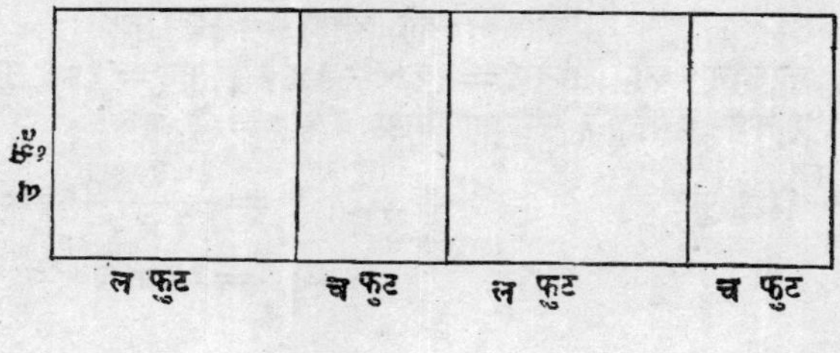

यदि हम लोगों के लिये इन चारों दीवारों को एक सीध में रखना सम्भव होता, तो इनको एक सीध में रखने से एक ऐसा आयत बन जाता, जिसकी लम्बाई कमरे के घेरे के बराबर और चौड़ाई कमरे की ऊँचाई के बराबर होती, जैसा चित्र से स्पष्ट है।

चारों दीवारों का क्षेत्रफल = कमरे का घेरा × ऊँचाई वर्ग फुट
= (२ल + २च) × उ वर्ग फुट
= २(ल + च) × उ वर्ग फुट
= २ × (लम्बाई + चौड़ाई) × ऊँचाई वर्ग इकाई

और कमरे की ऊँचाई $= \frac{\text{चारों दीवारों का क्षेत्रफल}}{२ \times (\text{लम्बाई} + \text{चौड़ाई})}$

प्रश्नावली ५०

१. एक कमरा १५ फुट ९ इंच लम्बा, १२ फुट चौड़ा और १० फुट ऊँचा है। उसकी चारों दीवारों का क्षेत्रफल बताओ।

क्रिया : १५ फुट ९ इंच $= \frac{६३}{४}$ फुट

कमरे की चारों दीवारों का क्षेत्रफल = २ (लम्बाई + चौड़ाई) × ऊँचाई वर्ग इकाई
$= २ \left(\frac{६३}{४} + १२\right) \times १०$ वर्ग फुट
$= २ \times \frac{१११}{४} \times १०$ वर्ग फुट
= ५५५ वर्ग फुट

उत्तर : ५५५ वर्ग फुट।

नीचे लिखे कमरों की चारों दीवारों का क्षेत्रफल बताओ :—

२. १८ फुट लम्बा, १२ फुट चौड़ा और १० फुट ऊँचा।

३. १५ फुट ६ इंच लम्बा, १० फुट ३ इंच चौड़ा और ८ फुट ऊँचा

४. २० फुट ८ इंच लम्बा, १३ फुट ९ इंच चौड़ा और १२ फुट ऊँचा।

५. ८ गज १ फुट ६ इंच लम्बा, ६ गज ४ इंच चौड़ा ौर १५ फुट ऊँचा।

६. एक कमरा २० फुट लम्बा, १४ फुट चौड़ा और १२ फुट ऊँचा है। चारों दीवारों पर चूना कराने में १ आना २ पाई प्रति वर्ग गज की दर से कितना व्यय होगा।

क्रिया :

चारों दीवारोंका क्षेत्रफल $=$ २ (२० फुट + १४ फुट) $\times$ १२ फुट

$=$ २ $\times$ ३४ $\times$ १२ वर्ग फुट

$=$ ८१६ वर्ग फुट $= \frac{८१६}{९}$ वर्गगज

$\because$ १ वर्ग गज चूना कराने में १ आ० ३ पा० या $\frac{५}{६४}$ रु० व्यय होता है

$\therefore$ $\frac{८१६}{९}$ वर्ग गज „ $\frac{५}{६४} \times \frac{८१६}{९}$ रु०

$= \frac{८५}{१२}$ ०

$=$ ७ रु० १ आ० ४ पा० व्यय होता है।

उत्तर : ७ रु० १ आ० ४ पा०।

७. एक कमरे की लम्बाई, चौड़ाई और ऊंचाई क्रमशः २२ फुट ६ इंच, १५ फुट और ११ फुट ४ इंच है, तो उसकी चारों दीवारों को रंगाने में ८ आ० ६ पा० प्रति वर्ग गज के भाव से कितना खर्च पड़ेगा ?

८. एक कमरे की लम्बाई, चौड़ाई और ऊंचाई क्रमशः १५ फुट, १२ फुट ६ इंच और ८ फुट ४ इंच है। उसकी चारों दीवारों को चूना कराने में ९ पाई प्रति वर्ग गज के भाव से कितना खर्च पड़ेगा।

९. प्रश्न ६ में कमरे की चारों दीवारों को रंगाने में ५ आ० ३ पा० प्रति वर्ग गज की दर से कितना व्यय होगा ?

१०. एक कमरा १८ फुट ९ इंच लम्बा और १४ फुट ६ इंच चौड़ा है। उसकी चारों दीवारों का क्षेत्रफल ७९८ वर्ग फुट है। उस कमरे की ऊंचाई बताओ।

११. यदि किसी कमरे की चारों दीवारों को रंगाने में १ आ० ४ पा० प्रति वर्ग फुट की दर से ५४ रु० ४ आ० खर्च पड़ता है, और यदि उस कमरे की लम्बाई और चौड़ाई क्रमशः १८ फुट और १३ फुट है, तो उसकी ऊँचाई बताओ।

दीवारों पर कागज मढ़ना (Papering of Walls)

तुम जानते हो कि

चारों दीवारों का क्षेत्रफल = २ (लम्बाई + चौड़ाई) × ऊँचाई
= कमरे का घेरा × ऊँचाई

साधारणतः कागज किसी निश्चित चौड़ाई का होता है और दरी या कालीन की भाँति बेलन के रूप में लपेटा रहता है। उस कागज का क्षेत्रफल जो दीवारों को पूरी तरह से ढक लेता है, कमरे के चारों दीवारों के क्षेत्रफल के बराबर होता है। इसलिये उस कागज की लम्बाई जो दीवारों को पूरी तरह से ढक लेने के लिये पर्याप्त होता है

$$= \frac{\text{चारों दीवारों का क्षेत्रफल}}{\text{कागज की चौड़ाई}}$$

उस समय जब कमरे में दरवाजे और खिड़कियाँ होती हैं, तब कागज की अभीष्ट लम्बाई

$$= \frac{\text{चारों दीवारों का क्षेत्रफल} - \text{दरवाजे आदि का क्षेत्रफल}}{\text{कागज की चौड़ाई}}$$

प्रश्नावली ५१

१. एक कमरा १६ फुट लम्बा, १२ फुट चौड़ा और १० फुट ऊँचा है। उसकी चारों दीवारों पर मढ़ने के लिये २० इंच चौड़े कागज की लम्बाई बताओ।

क्रिया :

चारों दीवारों का क्षेत्रफल = २ (कमरे की लम्बाई + चौड़ाई) × ऊँचाई
= २ (१६ फुट + १२ फुट) × १० फुट
= ५६० वर्गफुट

२० इं० = $\frac{२०}{१२}$ फुट = $\frac{५}{३}$ फुट

∴ कागज की अभीष्ट लम्बाई = ५६० ÷ $\frac{५}{३}$ फुट
= $\frac{५६० \times ३}{५}$ फुट = ३३६ फुट

उत्तर : ३३६ फुट।

२. एक कमरा १५ फुट लम्बा, १२ फुट ४ इं० चौड़ा और १० फुट ६ इं० ऊँचा है। उसकी चारों दीवारों पर मढ़ने के लिये २१ इंच चौड़े कागज की लम्बाई कितनी होगी ?

३. एक कमरा १८ फुट लम्बा, १२ फुट चौड़ा और १० फुट ऊँचा है। उसकी चारों दीवारों पर मढ़ने के लिये १८ इंच चौड़े कागज की लम्बाई निकालो।

४. एक कमरा २० फुट लम्बा, १४ फुट ६ इंच चौड़ा और १० फुट ऊंचा है। दीवारों को मढ़ने के लिये कितने गज कागज की आवश्यकता होगी, यदि कागज १५ इंच चौड़ा है ?

५. एक कमरे की लम्बाई, ऊंचाई और चौड़ाई क्रम से १५ फुट १२ फुट और ९ फुट है। उसकी चारों दीवारों को ढकने के लिये १ इंच लम्बे और $\frac{३}{४}$ इंच चौड़े कितने टिकटों की आवश्यकता होगी ?

६. एक कमरा १८ फुट लम्बा, १४ फुट चौड़ा और १० फुट ऊँचा है। उसकी चारों दीवारों को २० इंच चौड़े कागज से मढ़ने में कितना व्यय पड़ेगा जब कागज का मूल्य ४ आ० प्रतिगज है। कमरे में एक दरवाजा ६$\frac{१}{२}$ फुट ऊँचा और ४ फुट चौड़ा और २ खिड़कियाँ चार-चार फुट ऊँची और तीन-तीन फुट चौड़ी हैं।

क्रिया :

चारो दीवारों का क्षेत्रफल $=$ २(१८ + १४) × १० वर्गफुट

$=$ ६४० वर्गफुट

एक दरवाजे का क्षेत्रफल $= \frac{१३}{२} \times$ ४ वर्गफुट $=$ २६ वर्गफुट

दो खिड़कियों का क्षेत्रफल $=$ २ × ४ × ३ वर्गफुट $=$ २४ वर्गफुट

∴ दीवारों के उस भाग का क्षेत्रफल जो कागज से मढ़ा जायेगा

$=$ ६४० वर्गफुट − (२६ + २४) वर्गफुट

$=$ ५९० वर्गफुट

∵ कागज की चौड़ाई $=$ २० इंच $= \frac{२०}{१२}$ फुट $= \frac{५}{३}$ फुट

∴ कागज की लम्बाई $=$ ५९० $\div \frac{५}{३}$ फुट $= \frac{५९० \times ३}{५}$ फुट $=$ ३५४ फुट

$=$ ११८ गज

∵ १ गज कागज का मूल्य = ४ आ० या $\frac{१}{४}$ रु०

∴ ११८ गज ,, ,, = ११८ × $\frac{१}{४}$ रु० = $\frac{५९}{२}$ रु०

= २९ रु० ८ आ०

उत्तर : २९ रु० ८ आ० ।

७. एक कमरा १८ फुट लम्बा, १५ फुट चौड़ा और १० फुट ऊँचा है। उसकी चारों दीवारों पर २२ इंच चौड़ा कागज मढ़ने में कितना व्यय होगा जब कागज का मूल्य २ आ० प्रतिफुट है। कमरे में एक दरवाजा ६ फुट ६ इंच ऊँचा और ३ फुट चौड़ा है और ५ खिड़कियाँ प्रत्येक ३ फु० ऊँची और २ फुट चौड़ी हैं ?

८. २१ फुट लम्बे, १५ फुट चौड़े और १० फु० ऊँचे कमरे में दो दरवाजे प्रत्येक ६ फुट ऊँचा और ३ फुट चौड़ा और ३ खिड़कियाँ, प्रत्येक ४ फुट ऊँची और २ फुट चौड़ी हैं। यदि ४ आने प्रति गज का १६ इंच चौड़ा कागज दीवारों पर लगाया जाय, तो कुल कितना खर्च होगा।

९. एक कमरे की लम्बाई, चौड़ाई और ऊँचाई क्रमशः २५ फुट, १७ फुट और १२ फुट है। उस कमरे में दो दरवाजे प्रत्येक ६$\frac{१}{२}$ फुट ऊँचे और ३ फुट चौड़े, और ४ खिड़कियाँ प्रत्येक ४$\frac{१}{२}$ फुट ऊँची और २$\frac{१}{२}$ फुट चौड़ी हैं। दीवारों पर २१ इंच चौड़े कागज को मढ़ने में कितना खर्च पड़ेगा जब कागज का मूल्य ५ आना प्रति गज है।

१०. एक वर्गाकार कमरे में, जिसकी लम्बााई १७ फुट ४ इंच और ऊँचाई १४ फुट ३ इंच है, ६ फुट ६ इंच ऊँचे और ३ फुट चौड़े दो दरवाजे और ३$\frac{१}{२}$ फुट ऊँची और २ फुट चौड़ी ३ खिड़कियाँ हैं। उसकी दीवारों पर यदि ४ आ० ६ पा० प्रतिगज की दर से कागज मढ़ने का खर्च ५८ रु० पड़ता है, तो कागज की चौड़ाई बताओ।

११. एक कमरा २० फुट लम्बा, १५ फुट चौड़ा और १४ फुट ऊँचा है। उसमें ७ फुट ऊँचे और ३ फुट चौड़े २ दरवाजे और ४ फुट ऊँची और २$\frac{१}{२}$ फुट चौड़ी ३ खिड़कियाँ हैं। यदि उसकी चारों दीवारों को ४ आ० प्रति गज वाले कागज से मढ़ने में ५६ रु० १२ आने खर्च होते हैं, तो कागज की चौड़ाई बताओ।

१२. एक कमरा १८ फुट लम्बा, १२ फुट चौड़ा और १० फुट ऊँचा है। उसमें ७ फुट ऊँचा और ४ फुट चौड़ा एक दरवाजा और ४ फुट ऊँची और २½ फुट २ चौड़ी खिड़कियाँ हैं। यदि उसकी चारों दीवारों पर ६ आ० प्रतिगज वाले कागज को मढ़ने में ६६ रुपये खर्च होते हैं, तो कागज की चौड़ाई कितनी है ?

१३. एक वर्गाकार कमरे में जिसकी लम्बाई १२ फुट है, ६ फुट ऊँचे और २½ फुट चौड़े दो दरवाजे और ३ फुट ऊँची और १½ फुट चौड़ी ४ खिड़कियाँ हैं यदि उसकी चारों दीवारों पर ६ पें० प्रतिगज की दर से २१ इंच चौड़ी कागज की पट्टी मढ़ने में ८ पौण्ड खर्च होते हैं, तो उस कमरे की ऊँचाई बताओ।

१४. एक कमरा १८ फुट लम्बा और १२ फुट चौड़ा है। इसमें ७ फुट ऊँचा और ४ फुट चौड़ा एक दरवाजा और ४ फुट ऊँची २½ फुट चौड़ी ५ खिड़कियाँ हैं। उसकी दीवारों पर १८ इंच चौड़ा १ शि० ६ पें० प्रतिगज के मूल्य का कागज मढ़ने में ८ पौं० १४ शि० खर्च होता है। कमरे की ऊँचाई बताओ।

१५. एक कमरा २८ फुट लम्बा और २० फुट चौड़ा है। उसमें ७ फुट ऊँचा और ४ फुट चौड़ा एक दरवाजा, ५ फुट ऊँची और ३ फुट चौड़ी एक खिड़की तथा ४ फुट ऊँची और २½ फुट चौड़ी तीन खिड़कियाँ हैं। यदि उसकी दीवारों पर १६ इंच चौड़े कागज के मढ़ने में १० आ० प्रति गज की दर से १३८ रु० ६ आ० ६ पा० खर्च होता है, तो कमरे की ऊँचाई बताओ।

१६. २० फुट लम्बे और १० फुट ऊँचे कमरे की दीवारों को मढ़ने के लिये ११७ गज २ फुट लम्बे तथा २२½ इंच चौड़े कागज की आवश्यकता पड़ती। है यदि उस कमरे में ६ फुट ऊँचा और ४ फुट चौड़ा एक दरवाजा और ४ फुट ऊँची और २ फुट ३ इंच चौड़ी ४ खिड़कियाँ हैं, तो उस कमरे की चौड़ाई बताओ।

१७. एक कमरा ५ गज १ फुट लम्बा और ३ गज एक फुट ऊँचा है। उसकी दीवारों पर मढ़ने के लिये १६ इंच चौड़े और ११२ गज लम्बे

कागज की आवश्यकता पड़ती है। यदि दरवाजे और खिड़कियों के कारण ५२ वर्ग फुट का कागज नहीं मढ़ा गया है, तो उस कमरे की चौड़ाई बताओ।

१८. एक कमरा २६ फुट लम्बा, २० फुट चौड़ा और १२ फुट ऊँचा है। इसमें दो दरवाजे हैं जिनमें से प्रत्येक ७ फुट ऊँचा और ४ फुट चौड़ा है और ३ फुट की ऊँचाई पर ४ खिड़कियाँ हैं; जिनमें से प्रत्येक ४ फुट ऊँची और २½ फुट चौड़ी हैं। यदि उसकी दीवारें तीन फुट तक रंगी जायँ और शेष में १६ इंच चौड़ा कागज लगाया जाय, तो दीवारों पर कागज लगाने में कितना खर्च पड़ेगा, यदि कागज ४ आ० प्रति गज मिलता है।

क्रिया : नीचे से तीन फुट छोड़ कर दीवारों का क्षेत्रफल

=२ (२६+२०) ९ वर्ग फुट =८२८ वर्ग फुट

नीचे से तीन फुट छोड़कर २ दरवाजे का क्षेत्रफल

=२(७−३)×४ वर्ग फुट =३२ वर्ग फुट

४ खिड़कियों का क्षेत्रफल=४×४×$\frac{५}{२}$ वर्ग फुट =४० वर्ग फुट

दीवारों पर लगाने के लिये आवश्यक कागज का क्षेत्रफल

={८२८−(३२+४०)} वर्गफुट =७५६ वर्ग फुट

∴ कागज की लम्बाई

$$=७५६ \div \frac{१६}{१२} \text{फुट} = \frac{७५६\times१२}{१६} \text{फुट} = ५६७ \text{फु०}$$

∴ १ गज या ३ फुट कागज का मूल्य =४ आ०=$\frac{१}{४}$ रु०

$$\therefore ५६७ \text{ फुट कागज का मूल्य} = \frac{५६७\times\frac{१}{४}}{३} \text{रु०} = \frac{१८९}{४} = ४७ \text{रु०} \; ४ \text{ आ०}$$

उत्तर: ४७ रु० ४ आ०।

१९. एक कमरा ३० फुट लम्बा, १८ फुट चौड़ा और १२ फुट ऊँचा है। उसमें ६ फुट ऊँचे और ४ फुट चौड़े तीन दरवाजे हैं। नीचे से २ फुट छोड़कर दीवारों के शेष भाग में २ फुट ६ इंच चौड़ा कागज मढ़ा जाता है। यदि कागज का मल्य १४ आने प्रति गज है तो कितने रुपये का कागज लगेगा।

२०. एक क़मरा २० फुट लम्बा १६ फु० चौड़ा और ११ फुट ऊँचा है। इसमें ७ फुट ऊँचे और ४ फुट चौड़े २ दरवाजे और ३ फुट की ऊँचाई पर ४ फुट ऊँची और ३$\frac{1}{3}$ फुट चौड़ी ३ खिड़कियाँ हैं। उसकी दीवारें नीचे से २ फुट तक रंगी जाती हैं। यदि रंगाई का खर्च ९ आने प्रति वर्ग गज हो और कागज का मूल्य ६ आ० प्रति गज हो, तो रंगाई और कागज मढ़ाई का कुल खर्च कितना होगा ?

२१. एक कमरा ३५ फु० लम्बा, २५ फुट चौड़ा और १३ फु० ऊंचा है। उसमें एक दरवाजा ७ फु० ऊँचा और ६ फु० चौड़ा है, और तीन फुट की ऊंचाई पर तीन खिड़कियाँ ४ फु० ऊंची और २$\frac{1}{2}$ फु० चौड़ी हैं। और एक आलमारी ५ फु० ऊंची ४ फु० चौड़ी दीवार में लगी है। उसकी दीवारें नीचे से २ फु० तक रंगी जाती हैं और शेष भाग में २ फु० चौड़ा कागज लगाया जाता है। यदि रंगाई का खर्च ८ आ० प्रति वर्ग फु० और कागज का मूल्य ६ आ० प्रति गज हो, तो रंगाई और कागज मढ़ाई का कुल खर्च बताओ।

२२. एक वर्गाकार कमरे की छत की रँगाई का व्यय १० आ० प्रति वर्ग गज की दर से ९० रु० होता है, उसकी चारों दीवारों पर १६ इंच चौड़े कागज को मढ़ने से २४ रु० खर्च होता है। यदि कागज का मूल्य ६ आना प्रति गज है, तो उस कमरे की ऊँचाई बताओ।

२३. एक कमरे की दीवारों पर कागज मढ़ाने में ३३ रु० खर्च होते हैं। यदि कमरा ३ फुट और अधिक ऊँचा होता, तो कागज मढ़ाने में ४१ रु० ४ आ० खर्च हुआ होता, तो उसकी ऊँचाई बताओ।

२४. एक कमरे की दीवारों पर कागज मढ़ाने में ४२ रु० ८ आ० खर्च होते हैं, यदि कमरा २$\frac{1}{2}$ फुट कम ऊँचा होता, तो केवल ३४ रु० खर्च हुआ होता। बताओ वह कमरा कितना ऊँचा है ?

२५. किसी कमरे की चारों दीवारों पर ७ आ० ६ पा० प्रति गज वाले २१ इंच चौड़े कागज से मढ़ाने में ७५ रु० खर्च होते हैं। यदि कागज १ इंच और कम चौड़ा होता और उसका मूल्य भी १ आ० ३ पा० प्रति गज कम होता, तो दीवारों को कागज से मढ़ने में क्या खर्च होता ?

२६. एक आयताकार कमरे का क्षेत्रफल १८० वर्गफुट और घेरा ५४ फुट है। उस कमरे की लम्बाई और चौड़ाई बताओ।

क्रिया :

$$\text{लम्बाई} \times \text{चौड़ाई} = १८० \text{ वर्गफुट}$$

$$\text{और } २ (\text{लम्बाई} + \text{चौड़ाई}) = ५४ \text{ फुट}$$

$$\text{या} \quad \text{लम्बाई} + \text{चौड़ाई} = २७ \text{ फुट}$$

बीजगणित से हम जानते हैं कि

$$(\text{क} + \text{ख})^२ = \text{क}^२ + २\text{कख} + \text{ख}^२$$

$$\text{और } (\text{क} - \text{ख})^२ = \text{क}^२ - २\text{कख} + \text{ख}^२$$

$$\therefore (\text{क} - \text{ख})^२ = (\text{क} + \text{ख})^२ - ४\text{कख}$$

$$\text{या} \quad \text{क} - \text{ख} = \sqrt{(\text{क}+\text{ख})^२ - ४\text{कख}}$$

$$\text{इसी प्रकार } \text{क}+\text{ख} = \sqrt{(\text{क} - \text{ख})^२ + ४\text{कख}}$$

$$\therefore \text{लम्बाई} - \text{चौड़ाई} = \sqrt{(\text{लंबाई}+\text{चौड़ाई})^२ - ४ \times \text{लंबाई} \times \text{चौड़ाई}} \text{ फुट}$$

$$= \sqrt{२७^२ - ४ \times १८०} \text{ फुट}$$

$$= \sqrt{७२९ - ७२०} \text{ फुट} = \sqrt{९} \text{ फुट} = ३ \text{ फुट}$$

$$\text{और लम्बाई} + \text{चौड़ाई} = २७ \text{ फुट}$$

$$\therefore \text{लम्बाई} = \frac{२७+३}{२} \text{ फुट} = १५ \text{ फुट}$$

$$\text{और चौड़ाई} = \frac{२७-३}{२} \text{ फुट} = १२ \text{ फुट}$$

उत्तर : लम्बाई=१५ फुट और चौड़ाई=१२ फुट।

२७. एक कमरे का क्षेत्रफल ३०० वर्गफुट और घेरा ७० फुट है। उस कमरे की लम्बाई और चौड़ाई बताओ।

२८. एक आयताकार मैदान का क्षेत्रफल ४८०० वर्ग गज है और उसका घेरा २८० गज है। उसकी लम्बाई और चौड़ाई बताओ।

२९. एक खेत का घेरा १०८ गज है और उसका क्षेत्रफ़ल ६४८ वर्ग गज है। उसकी लम्बाई तथा चौड़ाई बताओ।

३०. एक कमरे का घेरा ११० फुट और उसका क्षेत्रफ़ल ७५० वर्ग फुट है, तो उसकी लम्बाई तथा चौड़ाई बताओ।

३१. एक आयताकार मैदान ५० गज लम्बा और ४० गज चौड़ा है। उसके अन्दर चारों ओर एक रास्ता है। यदि रास्ते का क्षेत्रफल २६१ वर्ग गज है, तो रास्ते की चौड़ाई बताओ।

[संकेतः—दो आयत एक बाहरी और एक भीतरी होंगे। दोनों की भुजाओं का अन्तर समान होगा। इसलिये भीतरी आयत का क्षेत्रफल=(५०×४०—२६१) वर्ग गज या १७३९ वर्ग गज और लम्बाई—चौड़ाई=(५०—४०) गज=१० गज।]

३२. १०० गज लम्बे और ७० गज चौड़े एक आयताकार मैदान में एक सुन्दर आयताकार वाटिका है। यदि वाटिका के चारों ओर समान रूप से जगह छूटी है और वाटिका तथा मैदान के बीच की जमीन का क्षेत्रफल ३००० वर्गगज है तो वाटिका की लम्बाई और चौड़ाई बताओ।

क्षेत्रफल के विविध प्रश्न

प्रश्नावली ५२

१. एक वर्ग का क्षेत्रफल उन दो वर्गों के क्षेत्रफल के योग के बराबर है, जिनकी भुजायें क्रमशः १२ फुट और १६ फुट हैं। उस वर्ग की लम्बाई बताओ।

२. एक बाग की लम्बाई ४५ गज है और इसका क्षेत्रफल उस बाग के क्षेत्रफल के बराबर है जो ५४ गज लम्बा और ३० गज चौड़ा है, तो इसकी चौड़ाई बताओ।

३. यदि एक आयताकार खेत को समतल कराने में ४ आ० प्रति वर्ग गज के हिसाब से ३३७ रु० ८ आ० खर्च होता है, तो उसके चारों ओर ८ आ० प्रति गज का तार दौड़ाने में कितना खर्च होगा, जब कि उस खेत की लम्बाई चौड़ाई की ड्योढ़ी है ?

४. ३० फुट लम्बे और २१ फुट चौड़े आँगन को १½ फुट लम्बे और ९ इंच चौड़े पत्थर के टुकड़े से फर्श कराने में कितना खर्च होगा,

यदि एक दर्जन टुकड़ों का मूल्य २ आ० ४ पाई है और एक टुकड़े को बिछाने में २ आ० और खर्च होता है ?

५. एक कमरे की लम्बाई, चौड़ाई और ऊँचाई क्रमशः २० फुट, १४ फुट और ६ फुट ६ इंच है। उसमें दो दरवाजे, प्रत्येक ६ फट ऊँचा और ४ फुट चौड़ा है। छत और दीवारों की सफेदी कराने में कितना व्यय होगा। जब एक वर्ग गज सफेदी कराने में १ आ० ६ पा० व्यय होता है ?

६. एक बाग की लम्बाई, चौड़ाई की दूनी है। उसके अन्दर चारों ओर ४ फुट चौड़ा रास्ता है। यदि रास्ते का क्षेत्रफल ५१२ वर्गफुट है, तो उस बाग की लम्बाई और चौड़ाई बताओ।

७. एक कमरे के फर्श पर जिसकी लम्बाई, चौड़ाई की चार गुनी है, चटाई बिछाने पर १ रु० ४ आ० प्रति वर्ग गज की दर से ४५ रु० खर्च होता है और उसकी दीवारों को कागज से मढ़ाने में १ रु० २ आ० प्रति वर्ग गज की दर से १५० रु० व्यय होता है, तो उस कमरे की लम्बाई, चौड़ाई और ऊँचाई बताओ।

८. एक कमरे की लम्बाई का दूना उसकी चौड़ाई के तीन गुने के बराबर है। उसकी छत की रँगाई में ३ आ० प्रति वर्गफुट के हिसाब से ११२ रु० ८ आ० व्यय होता है और दीवारों पर १ रु० ८ आ० प्रति वर्ग गज के हिसाब से कागज लगाने में १६६ रु० १० आ० ८ पा० व्यय होता है, तो उस कमरे की लम्बाई, चौड़ाई और ऊँचाई बताओ।

९. एक बड़े कमरे की लम्बाई उसकी चौड़ाई की तीन गुनी है। उसकी छत की सफेदी कराने में ६ पें० प्रति वर्गगज के हिसाब से ५ पौ० ४ शि० २ पें० और चारों दीवारों पर कागज मढ़ाने में १ शि० ६ पें० प्रति वर्गगज के हिसाब से ३० पौ० व्यय होता है, तो उस कमरे की ऊंचाई बताओ।

१०. एक कमरा अन्दर से २८ फुट लम्बा, २२ फुट चौड़ा और १२ फुट ऊंचा है और उसकी दीवार १ फुट ६ इंच चौड़ी है। उसकी बाहरी ऊंचाई अन्दर की ऊंचाई से १ फुट ६ इंच अधिक है। तो

अन्दर और बाहर दोनों तरफ की दीवारों पर चूना कराने में २ आ० प्रति वर्गगज के हिसाब से कितना व्यय होगा?

११. एक ढक्कनदार सन्दूक एक इंच मोटे लकड़ी के तख्ते से बना है। यदि सन्दूक अन्दर से २७ इंच लम्बा, १४ इंच चौड़ा और १० इंच ऊंचा है, तो उसके अन्दर और बाहर चारों ओर २ रु० ४ आ० प्रति वर्गफुट की दर से रंग कराने में कितना खर्च होगा?

१२. एक कमरे की लम्बाई ३०·१̇४२८५७̇ फुट और चौड़ाई १९·८̇५७१४२̇ फुट और ऊंचाई ११ फुट है। चारों दीवारों पर कागज मढ़ने का व्यय १·३̇ आना प्रति वर्गफुट के हिसाब से कितना होगा?

१३. एक खुला हौज १२ फुट लम्बा, ८ फुट चौड़ा और ७ फुट गहरा है। उसके अन्दर चारों ओर तथा पेंदी में तौल में ५ पौण्ड प्रति वर्गफुट के हिसाब से सीसा लगाया जाता है। यदि सीसे की दर ३ रु० ८ आ० प्रति क्वार्टर हो, तो कुल सीसा मोल लेने में कितने रुपये लगेंगे?

१४. एक हौज में जो १० फुट ६ इंच लम्बा, ७ फुट चौड़ा और ४ फुट ऊंचा है, ६ पौण्ड प्रति वर्गफुट के हिसाब से सीसा लगाया गया। सीसे का मूल्य १ पौण्ड ६ शिलिङ्ग ८ पेंस प्रति हण्डरवेट की दर से बताओ।

[**संकेत** : २८ पौण्ड=१ क्वार्टर और ४ क्वा०=१ हण्डरवेट]

१५. एक कमरे के फर्श का क्षेत्रफल २७० वर्ग फुट और दो बड़ी तथा दो छोटी दीवारों का क्षेत्रफल क्रमशः ३६० वर्गफुट और ३०० वर्गफुट है। उस कमरे की लम्बाई, चौड़ाई और ऊंचाई बताओ।

त्रिभुज का क्षेत्रफल (Area of a Triangle)

उस क्षेत्र को जो तीन सरल रेखाओं से घिरा हो **त्रिभुज** कहते हैं, जैसे—त्रिभुज **क ख ग**।

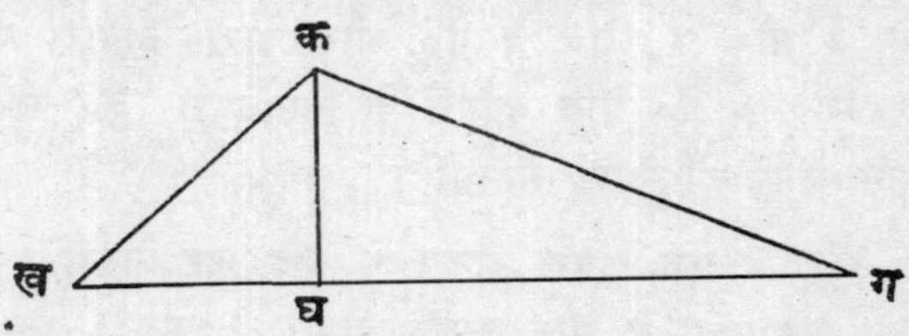

क ख, ख ग और ग क को त्रिभुज की भुजायें कहते हैं। क, ख और ग को शीर्ष विन्दु कहते हैं तथा ख ग को आधार। यदि क घ, ख ग पर

लम्ब है, तो क घ को त्रिभुज क ख ग की ऊँचाई कहते हैं। क, ख और ग के सामने की भुजायें क्रमशः का, खा और गा कहलाती हैं।

यदि किसी त्रिभुज का आधार और ऊँचाई ज्ञात हो, तो उसका क्षेत्रफल निकालना :

क ख ग एक त्रिभुज दिया हुआ है जिसका ख ग आधार और क घ ऊँचाई है।

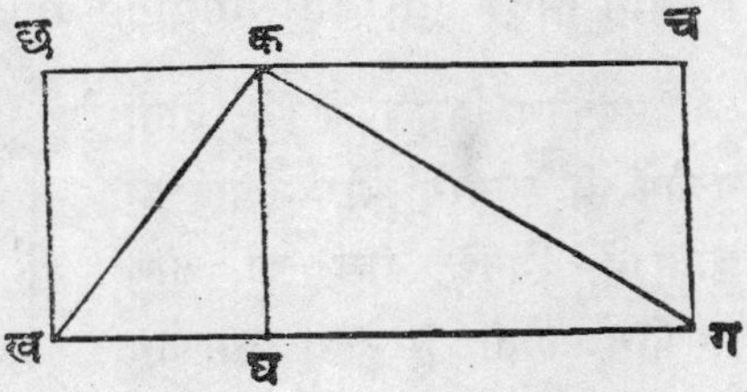

ख और ग से ख ग पर लम्ब खींचकर तथा क से ख ग के समानान्तर रेखा खींचकर आयत ख ग च छ बनाओ।

यह सिद्ध किया जा सकता है कि

क्षेत्रफल में त्रिभुज क ख घ = $\frac{1}{2}$ आयत ख घ क छ

और क्षेत्रफल में त्रिभुज क घ ग = $\frac{1}{2}$ आयत घ ग च क

∴ क्षेत्रफल में त्रिभज क ख ग = $\frac{1}{2}$ आयत ख ग च छ

= $\frac{1}{2}$ ख ग × ख छ

= $\frac{1}{2}$ आधार × ऊंचाई वर्ग इकाइयाँ

∴ किसी भी त्रिभुज का क्षत्रफल = $\frac{\text{आधार} \times \text{ऊँचाई}}{२}$

यदि किसी त्रिभुज की तीनों भुजायें ज्ञात हों, तो उसका क्षेत्रफल निकालना :—

त्रिभुज क ख ग में क, ख और ग की सम्मुख भुजाओं को क्रमशः का, खा और गा कहते हैं।

त्रिभुज की अथवा किसी भी आकृति की सभी भुजाओं के योग को उसका **परिमाप** (Perimeter) कहते हैं।

∴ त्रिभुज क ख ग में उसका परिमाप = का + खा + गा

इसी प्रकार त्रिभुज क ख ग का अर्द्धपरिमाप (Semi-Perimeter)

$$= \frac{\text{का} + \text{खा} + \text{गा}}{२}$$

यदि अर्द्धपरिमाप को 'अ' मान लिया जाय तो तीनों भुजाओं की लम्बाई ज्ञात रहने पर त्रिभुज क ख ग का क्षेत्रफल$=\sqrt{\text{अ (अ–का) (अ–खा) (अ–गा)}}$ वर्ग इकाइयाँ

समकोण त्रिभुज (Right-angled triangle) **का क्षेत्रफल :—**

समकोण त्रिभुज में वे दोनों भुजायें ही आधार और ऊँचाई हो जाती हैं जिनके बीच का कोण **समकोण** होता है तथा समकोण के सामने की भुजा को **कर्ण** (Hypotenuse) कहते हैं।

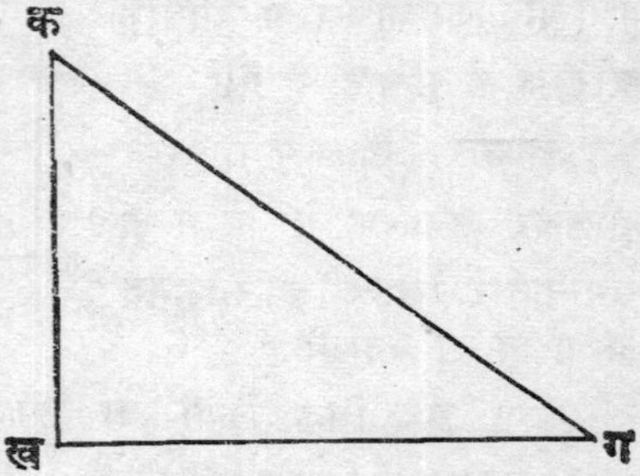

∴ समकोण त्रिभुज क ख ग का क्षेत्रफल$=\frac{\text{क ख} \times \text{ख ग}}{२}$ वर्ग इकाइयाँ

∴ किसी भी समकोण त्रिभुज का क्षेत्रफल$=\frac{1}{2}$ (अ भुजाओं की लम्बाई का गुणनफल जिनके बीच का कोण समकोण हो।)

किसी भी समकोण त्रिभुज में कर्ण पर का वर्ग=शेष दो भुजाओं पर के वर्गों के योगफल के।

द्विसम त्रिभुज (Isosceles Triangle) **का क्षेत्रफल :—**

हम यह जानते हैं कि द्विसम-त्रिभुज की दो भुजायें बराबर होती हैं।

त्रिभुज क ख ग में यदि भुजा क ख=भुजा क ग और भुजा ख ग आधार हो तो—

त्रिभुज क ख ग का क्षेत्रफल$=\frac{\text{ख ग}}{४}\sqrt{४\,\text{क ख}^{२}-\text{ख ग}^{२}}$ वर्ग इकाइयाँ

द्विसम त्रिभुज का क्षेत्रफल

$$=\frac{\text{आधार}}{४}\sqrt{४(\text{बराबर भुजाओ में से किसी एक का वर्ग})-(\text{आधार})^{२}}$$

सम त्रिभुज (Equilateral triangle) का क्षेत्रफल:—

समत्रिभुज में सभी भुजाएँ आपस में बराबर होती हैं।

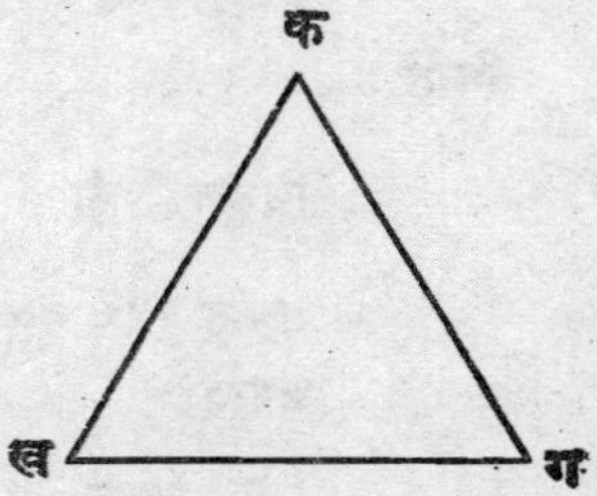

यदि त्रिभुज क ख ग में भुजा क ख=ख ग=ग क तो त्रिभुज क ख ग का क्षेत्रफल

$$=\frac{(\text{क ख या ख ग या ग क})^2\sqrt{३}}{४} \text{ वर्ग इकाइयाँ}$$

$$\therefore \text{ समत्रिभुज का क्षेत्रफल}=\frac{(\text{भुजा})^2\sqrt{३}}{४}$$

प्रनावली ५३

१. उस त्रिभुज का क्षेत्रफल बताओ, जिसकी ऊँचाई १२ फु० और आधार १४ फु० है।

क्रिया :

$$\text{त्रिभुज का क्षेत्रफल} = \frac{\text{आधार}\times\text{ऊँचाई}}{२}$$

$$= \frac{१४\times१२}{२} = ८४ \text{ व० फु०}$$

उत्तर : ८४ व० फु०।

उन त्रिभुजों के क्षेत्रफल बताओ जिनका :–

२. आधार = १५ इं० और ऊँचाई=२० इं०

३. आधार = ११ फु० ६ इं० और ऊँचाई=६ फु० ३ इं०

४. आधार = ४ गज और ऊँचाई =३ गज ४ इं०

५. एक त्रिभुजाकार खेत का क्षेत्रफल बीघा, विस्वा और विस्वांसी में बताओ जिसका आधार २५ लट्ठा और ऊँचांई ४० लट्ठा है।

[१ वर्ग लट्ठा =१ विस्वांसी]

६. उस त्रिभुज का आधार ज्ञात करो, जिसका क्षेत्रफल २५६ व० फु० तथा ऊँचाई ३२ फु० है।

क्रिया :

$$\text{त्रिभुज का क्षेत्रफल} = \frac{\text{आधार} \times \text{ऊँचाई}}{२}$$

$$\text{अर्थात्}\ २५६\ \text{व० फु०} \times २ = \text{आधार} \times ३२$$

$$\text{अर्थात्}\quad \text{आधार} = \frac{२५६ \times २}{३२} = १६\ \text{फु०}$$

उत्तर : १६ फु०।

७. एक त्रिभुज का आधार ज्ञात करो, जिसका क्षेत्रफल १७६ व० इं० और ऊँचाई १६ इं० है।

८. उस त्रिभुज का आधार बताओ, जिसका क्षेत्रफल ५६ व० फु० तथा ऊँचाई १०$\frac{१}{२}$ फु० है।

९. एक त्रिभुजाकार खेत का क्षेत्रफल १ एकड़ तथा ऊँचाई १२१ गज है। आधार ज्ञात करो। [१ एकड़=४८४० व० ग०]

१०. एक त्रिभुजाकार खेत को चौरस कराने में ५ ० प्रति एकड़ की दर से ३१२५ रु० व्यय होते हैं। यदि त्रिभुज की ऊँचाई ५० गज है, तो उसका आधार बताओ।

११. उस त्रिभुज की ऊँचाई बताओ, जिसका क्षेत्रफल १३५ व० फु० तथा आधार १५ फु० है।

क्रिया :

$$\text{त्रिभुज का क्षेत्रफल} = \frac{\text{आधार} \times \text{ऊंचाई}}{२}$$

$$\text{अर्थात्}\quad १३५ \times २ = १५ \times \text{ऊँचाई}$$

$$\text{अतः}\quad \text{ऊँचाई} = \frac{१३५ \times २}{१५} = १८\ \text{फु०}$$

उत्तर : १८ फु०।

१२. उस त्रिभुज की ऊँचाई ज्ञात करो, जिसका क्षेत्रफल ३३४ वर्ग गज तथा आधार ८ ग० २ फु० है।

१३. एक त्रिभुजाकार खेत का क्षेत्रफल ४ वर्ग पोल है। यदि उसका आधार ५$\frac{१}{२}$ ग० है तो, ऊँचाई ज्ञात करो।

[१ वर्ग पोल=३०$\frac{१}{४}$ व० ग०]

१४. यदि किसी त्रिभुज का क्षेत्रफल $\frac{१}{२१}$ वर्ग चेन और आधार ४$\frac{१}{२}$ फु० हो, तो उस त्रिभुज की ऊँचाई ज्ञात करो।

१५. एक बीघे का एक त्रिभुजाकार मैदान नापने से उसका आधार ६$\frac{७}{८}$ ग० आता है, तो उसकी ऊँचाई जरीबों में बताओ।

[५५ गज=१ जरीब]

१६. एक त्रिभुजाकार मैदान चौरस कराने में १६ ० ८ आ० खर्च पड़ता है। यदि १ व० फु० मिट्टी डालने का खर्च ५ आ० ४ पा० हो तथा त्रिभुज का आधार ५$\frac{१}{२}$ फु० हो, तो ऊँचाई ज्ञात करो।

१७. उस त्रिभुज का क्षेत्रफल निकालो जिसकी तीनों भुजायें क्रमशः ९ इं०, १० इं० तथा ११ इं० हैं।

क्रिया :

त्रिभुज का परिमाप अर्थात् तीनों भुजाओं

का योगफल=९+१०+११=३० इं०

त्रिभुज का अर्द्ध परिमाप=$\frac{३०}{२}$=१५ इं०

जब 'अ' त्रिभुज का अर्द्धपरिमाप हो

तब किसी भी त्रिभुज का क्षेत्रफल

$=\sqrt{\text{अ (अ–पहली भुजा) (अ–दूसरी भुजा) (अ–तीसरी भुजा)}}$

∴ त्रिभुज का अभीष्ट क्षेत्रफल $=\sqrt{१५ (१५-९)(१५-१०)(१५-११)}$

$=\sqrt{१५\times६\times५\times४}=५\times३\times२\times\sqrt{२}$

$=३०\sqrt{२}$ व० इं०

उत्तर : $३०\sqrt{२}$ व० इं०।

उन त्रिभुजों के क्षेत्रफल बताओ जिनकी भुजायें नीचे दी हुई हैं:–

१८. १ फु० ३ इं०, ३ फु०, ३ फु० ३ इं०

१९. ११७ से० मी०, १२३ से० मी०, १५० से० मी०

२०. १ ग०, $१\frac{१}{३}$ ग०, $१\frac{२}{३}$ ग०

२१. २० चेन, १६ चेन, १२ चेन (उत्तर एकड़ों में निकालो जब १ व० चे०=४८४ व० ग०)

२२. ८४ इं०, ९६ इं०, १३२ इं०

२३. ४·५ गज, ६ ग०, १०·५ ग०

२४. एक त्रिभुजाकार खेत की भजायें क्रम से १३० फु०, १४० फु० तथा १५० फु० हैं, तो १० आ० प्रति वर्ग गज के हिसाब से खेत में घास लगाने में क्या खर्च होगा ?

२५. एक त्रिभुजाकार खेत की भुजायें क्रम से ३५० ग०, ४४० ग० तथा ७५० गज हैं। ११ ० प्रति एकड़ के हिसाब से सम्पूर्ण खेत का लगान बताओ।

२६. किसी त्रिभुज की भुजायें २, ३ तथा ४ के अनुपात में है तथा उसका परिमाप ९० गज है तो क्षेत्रफल बताओ।

क्रिया : त्रिभुज की भुजाओं में २ : ३ : ४ का अनुपात

और त्रिभुज का परिमाप=९० गज है।

$\because$ २+३+४=९

$\therefore$ पहली भुजा $= \frac{२}{९} \times ९० =$ २० गज

$\therefore$ दूसरी भुजा $= \frac{३}{९} \times ९० =$ ३० गज

और तीसरी भुजा $= \frac{४}{९} \times ९० =$ ४० गज

अतः त्रिभुज की भुजायें क्रम से २० गज, ३० गज, ४० गज हुई

$\therefore$ क्षेत्रफल $= \sqrt{४५(४५-२०)\times(४५-३०)\times(४५-४०)}$

$= \sqrt{४५ \times २५ \times १५ \times ५} = \sqrt{५ \times ९ \times ५ \times ५ \times ५ \times ३ \times ५}$

$= ५ \times ५ \times ३\sqrt{१५}$ व० ग०

उत्तर : $७५\sqrt{१५}$ व० ग०

२७. किसी त्रिभुज की भुजाओं में ५ : ६ : ७ का सम्बन्ध है। यदि उसका परिमाप १२६ से० मी० है, तो त्रिभुज का क्षेत्रफल बताओ।

२८. एक त्रिभुज की भुजाओं में ७ : ८ : ९ का सम्बन्ध है। यदि उसका अर्द्धपरिमाप ८४ गज हो, तो त्रिभुज की भुजाएँ और क्षेत्रफल ज्ञात करो।

२९. यदि किसी त्रिभुज की तीनों भुजाओं का योगफल ५४ फु० हो तथा भुजाओं में सम्बन्ध ४$\frac{१}{३}$: ६$\frac{१}{३}$: ७ का हो, तो त्रिभुज का क्षेत्रफल बताओ।

३०. उस त्रिभुज का क्षेत्रफल बताओ जिसकी भुजाएँ क्रम से १५ फु० और १८ फु० तथा इनके बीच का कोण समकोण दिया हुआ है।

क्रिया :

∵ दो भुजाओं के बीच का कोण समकोण है

∴ यह एक समकोण त्रिभुज हुआ जिसका आधार १५ फु० और ऊँचाई १८ फु० है

$$\therefore \text{त्रिभुज का क्षेत्रफल} = \frac{\text{आधार} \times \text{ऊँचाई}}{२}$$

$$= \frac{१५ \times १८}{२} = १३५ \text{ व० फु०}$$

उत्तर : १३५ व० फु०।

उन त्रिभुजों का क्षेत्रफल बताओ जिनकी दो भुजायें तथा उनके बीच का कोण समकोण दिया हुआ है ?

(३१) १६ इं० और १२ इं० (३२) ४ फु० ६ इं० और ५ फु० ९ इं०

(३३) ३० ग० और १२$\frac{१}{३}$ ग० (३४) ७·२ सें० मी० और २·५ सें० मी०

(३५) १६ चेन और १२ चेन (उत्तर एकड़ों में बताओ)

(३६) उस समकोण त्रिभुज का क्षेत्रफल बताओ, जिसका विकर्ण ५ फ़ुट तथा आधार ३ फ़ुट दिया है।

क्रिया :

समकोण त्रिभुज में (विकर्ण)^२ = शेष दो भुजाओं के वर्गों के योगफल के

२५ = ९ + दूसरी भुजा का वर्ग

अर्थात् १६ = दूसरी भुजा का वर्ग

अर्थात् ४ = दूसरी भुजा

अतः समकोण त्रिभुज का क्षेत्रफल = $\frac{४ \times ३}{२}$ = ६ व० फु०

उत्तर : ६ व० फु०।

३७. समकोण त्रिभुज में कर्ण १३ गज, आधार ५ गज, है तो क्षेत्रफल बताओ।

३८. समकोण त्रिभुज में कर्ण २ गज १ फु० १ इं० तथा एक भुजा १ ग० २ फु० ८ इं० है, तो क्षेत्रफल बताओ।

३९. उस समकोण त्रिभुज का आधार ज्ञात करो, जिसका क्षेत्रफल ६२५ व० इं० है तथा दूसरी भुजा १२$\frac{१}{२}$ इं० है।

४०. यदि समकोण त्रिभुज में आधार ४४ गज है तथा उसका क्षेत्रफल $\frac{१}{२}$ वर्ग चेन है, तो दूसरी भुजा ज्ञात करो।

४१. उस समकोण त्रिभुज का कर्ण बताओ, जिसका क्षेत्रफल ६ व०ग०, ४ व० फु०, ७२ व० इं० है तथा एक भुजा ४ ग० १ फु० है।

४२. उस द्विसम त्रिभुज का क्षेत्रफल निकालो, जिसकी समान भुजाओं में एक ५ फु० और आधार ६ फु० है।

क्रिया :

त्रिभुज द्विसम का क्षेत्रफल

$$=\frac{\text{आधार}}{४}\sqrt{४(\text{समान भुजाओं में एक का वर्ग})-(\text{आधार})^{२}}$$

$\because$ आधार $=$ ६ फु० और समान भुजाओं में एक$=$५ फु०

$$\therefore \text{क्षेत्रफल} = \frac{६}{४}\sqrt{४\ (५)^{२}-(६)^{२}}$$

$$= \frac{६}{४}\sqrt{४\times २५-३६} = \frac{६}{४}\times ८$$

$$= १२ \text{ व० फु०}$$

उत्तर : १२ व० फु०।

निम्नलिखित द्विसम त्रिभुजों के क्षेत्रफल बताओ, जिनका

४३. आधार $=$ २ फु० ४ इं० और समान भुजाओं में से एक $=$ ४ फु० २ इं०

४४. आधार $=$ १० गज और समान भुजाओं में से एक$=$८ ग० १ फु०

४५. आधार $=$ १० गज और समान भुजाओं में से एक$=$१३ गज

४६. आधार $=$ १८ गज और समान भुजाओं में से एक$=$१५ गज

४७. आधार $=$ १४ गज और समान भुजाओं में से एक$=$२५ गज

४८. एक द्विसम त्रिभुज का परिमाप ६४ गज है। यदि उसका आधार १४ गज है, तो उसका क्षेत्रफल ज्ञात करो।

४९. एक द्विसम त्रिभुज का परिमाप ६४ गज है। यदि उसका आधार २४ गज है, तो उसका क्षेत्रफल बताओ।

५०. उस द्विसम त्रिभुज का क्षेत्रफल बताओ, जिसका परिमाप और ऊँचाई क्रमशः ११२ गज और २८ गज हैं।

५१. सम त्रिभुज की प्रत्येक भुजा ६ इं० के बराबर है। उसका क्षेत्रफल ज्ञात करो।

क्रिया : सम त्रिभुज का क्षेत्रफल $= \frac{(\text{भुजा})^{२}\sqrt{३}}{४}$

$= \frac{(६)^{२}\sqrt{३}}{४}$

$(\sqrt{३} = १.७३२.........)$

$= ९\sqrt{३}$

$= १५\cdot६$ व० इं०

उत्तर : १५·६ व० इं०

निम्निलिखित सम त्रिभुजों के क्षेत्रफल निकालो, जिनकी प्रत्येक भुजा दी हुई है:—

५२. १० इं०   ५३. १६ से० मी०   ५४. २० फु०

५५. ४० चेन (उत्तर एकड़ों में निकालो)   ५६. २ ग० २ फु०

५७. उस सम त्रिभुज का क्षेत्रफल निकालो जिसका परिमाप १२ फु० है।

५८. उस सम त्रिभुजाकार खेत को चौरस कराने में ५ आ० ४ पा० प्रति व० ग० के हिसाब से क्या खर्च पड़ेगा जिसका परिमाप ३६ फु० है?

समानाभुज (Parallelogram) का क्षेत्रफल

चार भुजाओं वाली उस आकृति को जिसकी सम्मुख भुजायें समानान्तर हो, **समानान्तर चतुर्भुज** कहते हैं।

[समानाभुज 'समानान्तर चतुर्भुज' का संक्षिप्त रूप है]

त्रिभुज के समान ही समानाभुज का आधार भी उसकी वह भुजा है, जिसपर वह खड़ा हुआ माना जाये। आधार और उस भुजा के बीच की लाम्बिक दूरी को समानान्तर चतुर्भुज की ऊँचाई कहते हैं।

समानाभुज क ख ग घ में यदि ग घ उसका आधार माना जाये, तो म क अथवा च छ अथवा ग छ उसकी ऊँचाई के बराबर है।

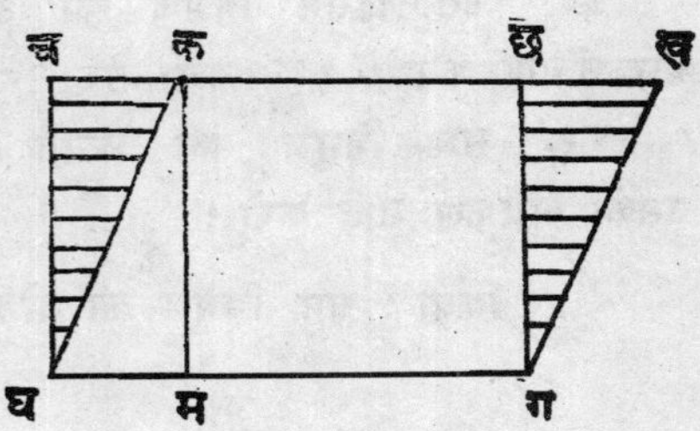

रेखागणित की सहायता से हम यह जानते हैं कि—

समानाभुज क ख ग घ का क्षेत्रफल = आयत च छ ग घ के क्षेत्रफल
= घ ग × च घ या क म या छ ग

अतः यदि समानाभुज की ऊँचाई और आधार ज्ञात हो, तो उसका क्षेत्रफल = उसकी ऊँचाई × उसका आधार वर्ग इकाई।

समानाभुज क ख ग घ में घ ख चतुर्भुज का विकर्ण है तथा क म वह ऊँचाई है, जो शीर्ष विन्दु क से विकर्ण घ म पर डाला गया है।

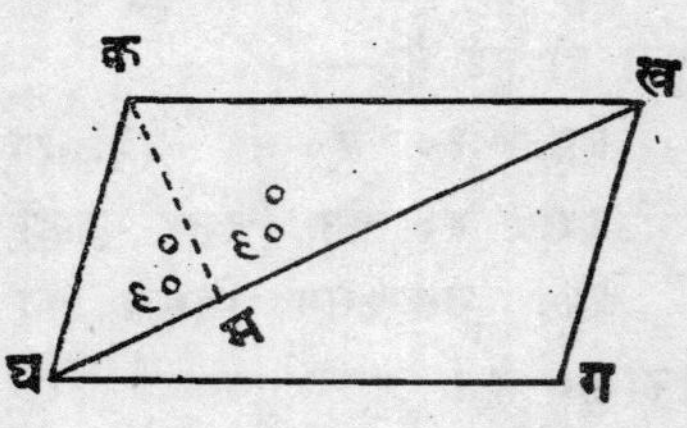

∴ समानाभुज क ख ग घ का क्षेत्रफल = २ × त्रिभुज क घ ख का क्षेत्र

$$= \frac{२ \times क\,म \times घ\,ख}{२}$$

= क म × घ ख

= ऊँचाई × कर्ण

अतः यदि किसी समानाभुज में कोई एक विकर्ण (Diagonal) दिया हो तथा

विकर्ण से शीर्ष विन्दुओं की ऊँचाई ज्ञात हो तो उसका क्षत्रफल =विकर्ण से शीर्ष विन्दु की ऊँचाई × कर्ण ।

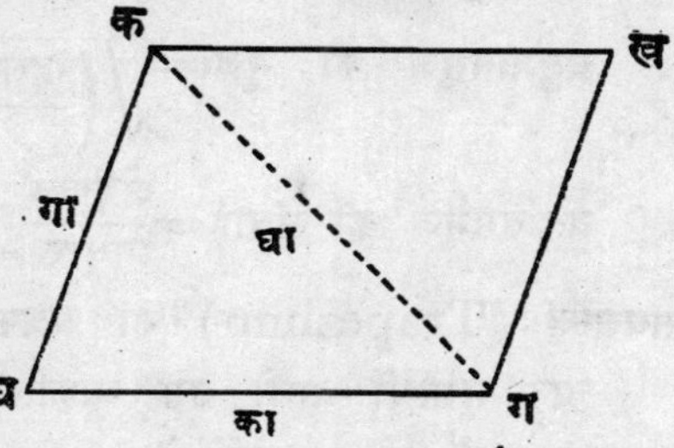

समानाभुज क ख ग घ में विकर्ण क ग तथा दो आसन्न भुजायें का तथा गा दी हुई हैं ।

∵ समानाभुज का क्षेत्रफल=२×त्रिभुज क घ ग का क्षेत्रफल

$$=२\times\sqrt{अ\,(अ-का)\,(अ-गा)\,(अ-घा)}$$

यहाँ पर $अ=\dfrac{का+गा+घा}{२}$

अतः यदि किसी भी समानाभुज का कोई एक विकर्ण और उसकी दो आसन्न भुजायें ज्ञात हों, तो उसका क्षेत्रफल

$$=२\sqrt{अ\,(अ-पहली\ आसन्न\ भुजा)\,(अ-दूसरी\ आसन्न\ भुजा)\,(अ-विकर्ण)}$$

जब $अ=\dfrac{\textbf{दोनों आसन्न भुजाएँ + विकर्ण का योगफल}}{२}$

समानाभुजों में वह समानाभुज जिसकी चारों भुजायें बराबर हों **चतुःसमभुज** (Rhombus) कहा जाता है ।

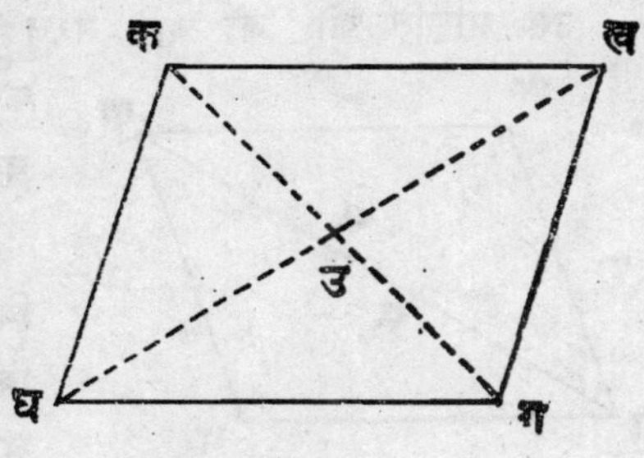

चतुः समभुज का क्षेत्रफल निकालना यदि उसके विकर्णों की लम्बाइयाँ ज्ञात हो :—

चतुः समभुज के विकर्ण क ग और घ ख एक दूसरे को विन्दु उ पर समकोण बनाते हुए समर्भाजित करते हैं ।

चतुः समभुज क ख ग घ का क्षेत्रफल$=\dfrac{क\,ग \times घ\,ख}{२}$

अतः चतुःसमभुज का क्षेत्रफल$=\frac{\text{विकर्णों का गुणनफल}}{२}$ व० इं०

चतुःसमभुज की भुजा$=\sqrt{\left(\frac{\text{पहला विकर्ण}}{२}\right)^{२}+\left(\frac{\text{दूसरा विकर्ण}}{२}\right)^{२}}$

चतुःसमभुज की ऊँचाई$=\frac{\text{क्षेत्रफल}}{\text{आधार}}$

समलम्ब (Trapezium) का क्षेत्रफल निकालना:—

चार भुजाओं वाली उस आकृति को, जिसकी दो सम्मुख भुजाएँ समानान्तर हों, **समलम्ब** कहते हैं।

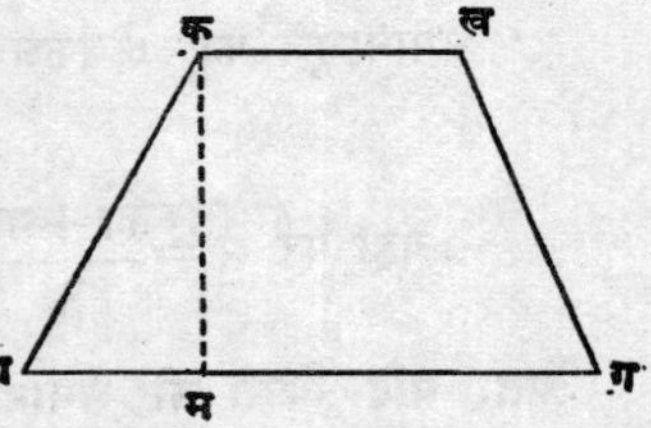

यदि समलम्ब की समानान्तर भुजाएँ और उनके बीच की दूरी दी हो, तो उसका क्षेत्रफल निकालना :—

क ख ग घ एक समलम्ब है जिसमें क ख और ग घ समानान्तर हैं तथा क म समानान्तर भुजाओं के बीच की लांबिक दूरी है।

समलम्ब का क्षेत्रफल= क म (क ख—ग घ) वर्ग इकाइयाँ

अतः समलम्ब का क्षेत्रफल

$$=\frac{\text{उसकी समानान्तर भुजाओं का योग}\times\text{उसके बीच की दूरी}}{२}$$

चतुर्भुज (Quadrilateral) का क्षेत्रफल :—

उस आकृति को जो चार सरल रेखाओं से घिरी हुई हो **चतुर्भुज** कहते हैं। जैसे क ख ग घ एक चतुर्भुज है।

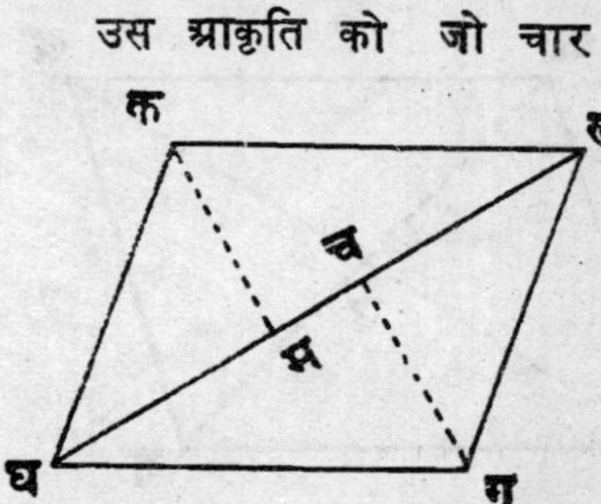

जिसके क, ख, तथा घ शीर्ष विन्दु हैं। यदि ख और घ शीर्ष विन्दुओं को मिला दिया जाय, तो ख घ एक विकर्ण हुआ। इस विकर्ण पर शेष शीर्ष विन्दु क तथा ग से लम्ब क म तथा ग च डाला गया है। इसे विकर्ण से शीर्ष विन्दु तक की लांबिक दूरी कहते हैं।

∵ चतुर्भुज क ख ग घ का क्षेत्रफल $= \frac{1}{2}$ (त्रिभुज क ख घ + त्रिभुज ख ग घ)

$= \frac{1}{2}$ क म × ख घ + $\frac{1}{2}$ ग च × घ ख

$= \frac{1}{2}$ ख घ (क म + ग च)

अतः किसी भी चतुर्भुज का क्षेत्रफल

$= \frac{\text{विकर्ण}}{२} \left(\begin{array}{c} \text{शेष शीर्ष विन्दुओं से विकर्ण तक} \\ \text{की लांबिक दूरी का योगफल} \end{array} \right)$

इसी प्रकार विकर्ण

$= \frac{२ \times \text{क्षेत्रफल}}{\left(\begin{array}{c} \text{शेष शीर्ष विन्दुओं से विकर्ण तक} \\ \text{की लांबिक दूरी का योगफल} \end{array} \right)}$

तथा शेष शीर्षविन्दुओं से विकर्ण तक की लांबिक

दूरी का योगफल $= \frac{२ \times \text{ त्रफल}}{\text{विकर्ण}}$

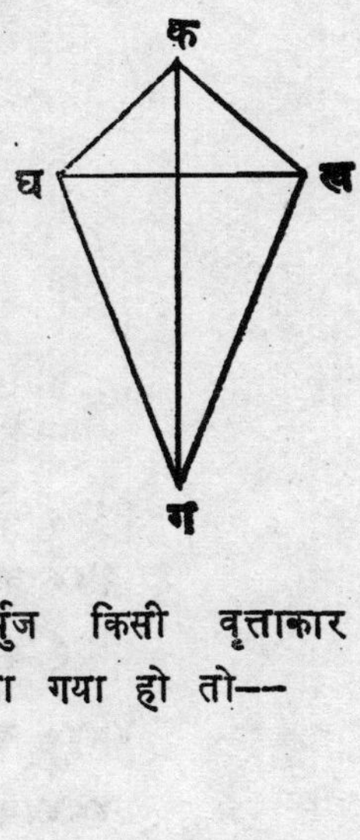

यदि किसी चतुर्भुज के विकर्ण एक दूसरे को समकोण पर काटते हों, तो—

चतुर्भुज का क्षेत्रफल $= \frac{\text{दोनो विकर्णों का गुणनफल}}{२}$

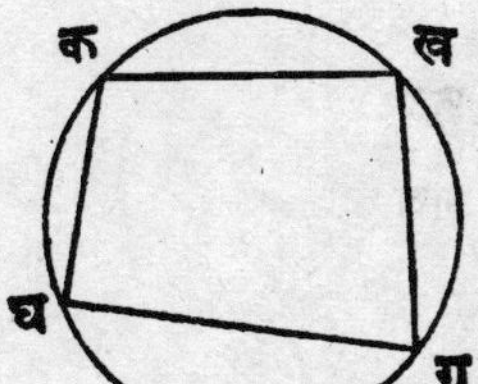

यदि कोई चतुर्भुज किसी वृत्ताकार आकृति के भीतर खींचा गया हो तो—

चतुर्भुज का क्षेत्रफल

$= \sqrt{(\text{अ}-\text{पहली भुजा})(\text{अ}-\text{दूसरी भुजा})(\text{अ}-\text{तीसरी भुजा})(\text{अ}-\text{चौथी भुजा})}$

जिसमें अ $= \frac{\text{चतुर्भुज की चारो भुजाओं का योगफल}}{२}$

वर्ग (Square) **का क्षेत्रफल :—**

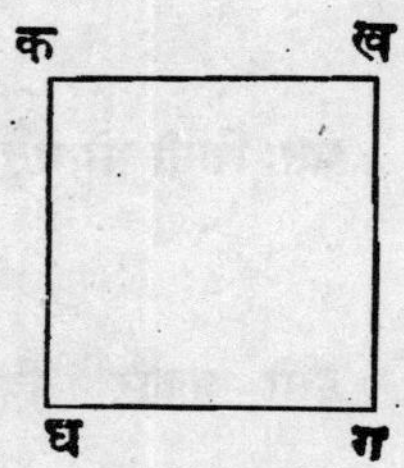

चार भुजाओं से घिरी हुई वह आकृति जिसकी प्रत्येक भुजा बराबर हो तथा प्रत्येक कोण समकोण हों।

क ख ग घ एक वर्ग है जिसकी भुजा क ख = ग ख = घग = घ क तथा सकी प्रत्येक भुजा वर्ग की ऊँचाई है।

∴ क्षेत्रफल = क ख × ख ग = क ख × क ख = क ख^2

अतः वर्ग का क्षेत्रफल = एक भुजा का वर्ग

वर्ग की भुजा = $\sqrt{\text{त्रफल}}$

विकर्ण = भुजा $\sqrt{२}$

($\sqrt{२}$ = १.४१४)

भुजा = $\dfrac{\text{विकर्ण}}{\sqrt{२}}$

अंग्रेजी नाप

१४४ वर्ग इंच	=	१ वर्ग फुट
९ वर्ग फुट	=	१ वर्ग गज
४८४० वर्ग गज	=	१ एकड़
४८४ वर्ग गज	=	१ वर्ग चेन
१०००० वर्ग क	=	१ वर्ग चेन
३०$\frac{१}{४}$ वर्ग गज	=	१ वर्ग पोल
४० वर्ग पोल	=	१ रुड
४ रुड	=	१ एक

उत्तर प्रदेश में भूमि नापने का देशी पैमाना

५५ गज	=	१ जरीब
५५ × ५५ वर्ग गज	=	१ बीघा
१ बीघा	=	२० बिस्वा
१ बिस्वा	=	२० बिस्वांसी
१ बिस्वांसी	=	२० अनबांसी
१ अनबांसी	=	२० कचवांसी
८ फी० ३ इं०	=	१ लट्ठा (गट्ठा)
जरीब × जरीब	=	बीघा
जरीब × लट्ठा	=	बिस्वा
लट्ठा × लट्ठा	=	बिस्वांसी

प्रश्नावली ५४

१. यदि किसी समानान्तर चतुर्भुज का आधार ३६ से० मी० और ऊँचाई २० से० मी० हो, तो उसका क्षेत्रफल बताओ।

क्रिया :

∵ समानान्तर चतुर्भुजो का क्षेत्रफल = आधार × ऊँचाई

∴ अभीष्ट क्षेत्रफल = ३६ × २० व० से० मी०

= ७२० वर्ग से० मी०

उत्तर : ७२० वर्ग से० मी०।

निम्नलिखित समानान्तर चतुर्भुजों के क्षेत्रफल बताओ जिनका :

२. आधार=४०″ ऊँचाई=१५″

३. आधार=२५ से० मी० और ऊँचाई=१० से० मी०

४. आधार=७५ ग० और ऊँचाई=४० गज

५. आधार= ६ गज २ फु० और उँचाई=२ ग० १ इं०

६. यदि किसी समानान्तर चतुर्भुज का क्षेत्रफल ६२५ वर्ग इं० और उसका आधार २५ इं० हो, तो उसकी ऊँचाई बताओ।

क्रिया :

$\because$ समानान्तर चतुर्भुज की ऊँचाई $= \frac{\text{उसका क्षेत्रफल}}{\text{चतुर्भुज का आधार}}$ इं०

$\therefore$ अभीष्ट ऊँचाई $= \frac{६२५}{२५}$ इं० $=$ २५ इं०

उत्तर : २५ इं० ।

निम्नलिखित समानान्तर चतुर्भुजों की ऊँचाइयां बताओ जिनका:—

७. क्षेत्रफल=३३$\frac{१}{३}$ व० फु० और आधार=२० इं०

८. क्षेत्रफल=१ वर्ग पोल और ऊँचाई=२$\frac{३}{४}$ ग०

९. क्षेत्रफल=१०२५ व० ग० और ऊँचाई=२५ ग०

१०. उस समानान्तर चतुर्भुज का आधार ज्ञात करो जिसका क्षेत्रफल ४४१ व० फु० और ऊँचाई १४ फु० है।

क्रिया :

$\because$ समानान्तर चतुर्भुज का आधार $= \frac{\text{क्षेत्रफल}}{\text{ऊँचाई}}$

$\therefore$ अभीष्ट आधार $= \frac{४४१}{१४}$ फु०

$= \frac{६३}{२}$ फु०

उत्तर : ३१ फु० ६ इं० ।

निम्नलिखित समानान्तर चतुर्भुजों के आधार बताओ, जिनका :—

११. (क) क्षेत्रफल = ३·२५ व० इं० और ऊँचाई=२·५ इं०

(ख) क्षेत्रफल = २२८ व० फु० और ऊँचाई=१२ फु०

१२. एक समानान्तर चतुर्भुज का परिमाप ५१ से० मी० है तथा बड़ी भुजायें छोटी भुजाओं की दूनी हैं। यदि बड़ी भुजाओं के बीच की दूरी ६·५ से० मी० है, तो समानान्तर चतुर्भुज का क्षेत्रफल बताओ।

१३. उस समानान्तर चतुर्भुज का आधार और ऊँचाई बताओ जिसका क्षेत्रफल २१६ व० इं० है तथा आधार और ऊँचाई में ३ : २ का सम्बन्ध है।

१४. यदि किसी समानान्तर चतुर्भुज की ऊँचाई उसके आधार का $\frac{३}{४}$ है तथा समानान्तर चतुर्भुज का क्षेत्रफल २७ व० फु० है, तो प्रत्येक की लम्बाई ज्ञात करो।

१५. उस समानान्तर चतुर्भुज का क्षेत्रफल ज्ञात करो, जिसका एक विकर्ण ३२ इं० का है तथा शेष किसी भी शीर्षविन्दु से विकर्ण तक की दूरी ८ इं० है।

क्रिया :

समानान्तर चतुर्भुज का क्षेत्रफल = शीर्षविन्दु से विकर्ण तक की दूरी × विकर्ण

∴ अभीष्ट क्षेत्रफल = ८ × ३२ व० इं०

= २५६ व० इं०

उत्तर : २५६ व० इं०।

निम्नलिखित समानान्तर चतुर्भुजों के क्षेत्रफल निकालो, जिनका कोई

१६. विकर्ण = २·५ फु० और शीर्षविन्दु से विकर्ण तक की दूरी = १·५ फु०

१७. विकर्ण = ४० ग० और " " = २० ग०

१८. उस समानान्तर चतुर्भुज का क्षेत्रफल बताओ, जिसका कोई विकर्ण १५ से० मी० तथा आसन्न भुजाएँ १३ और १४ से० मी० की हैं।

क्रिया :

समानान्तर चतुर्भुजका क्षेत्रफल

$$= २\sqrt{अ(अ - पहली\ भुजा)(अ - दूसरी\ भुजा)(अ - विकर्ण)}$$

$$अ = \frac{१३+१४+१५}{२} = \frac{४२}{२} = २१$$

$$अभीष्ट\ क्षेत्रफल = २\sqrt{२१(२१-१३)(२१-१४)(२१-१५)}\ व०\ से०\ मी०$$

$$= २\sqrt{२१ \times ८ \times ७ \times ६}\ व०\ से०\ मी०$$

$$= २\sqrt{७ \times ३ \times २ \times २ \times २ \times ७ \times २ \times ३}$$

$$= २ \times ७ \times ३ \times २ \times २$$

$$= १६८\ व०\ से०\ मी०$$

उत्तर : १६८ व० से० मी०।

निम्नलिखित समानान्तर चतुर्भुजों के क्षेत्रफल ज्ञात करो, जिनका :—

१९. विकर्ण = १०० गज तथा आसन्न भुजाएँ क्रम से ११० ग० और ९० ग०

२०. विकर्ण = ४४ गज तथा " " ३५ ग० और ७५ ग०

२१. उस चतुःसमभुज का क्षेत्रफल बताओ जिसके विकर्ण ४० इं० और ३० इं० हों।

क्रिया : चतुःसमभुज का क्षेत्रफल $= \frac{\text{उसके विकर्णों का गुणनफल}}{२}$

$\therefore$ अभीष्ट क्षेत्रफल $= \frac{४० \times ३०}{२}$ व० इं०

$= ६००$ व० इं०

उत्तर : ६०० व० इं०।

उन चतुःसमभुजो का क्षेत्रफल बताओ, जिनके :—

२२. विकर्ण क्रम से ७० इं० और ८० इं० हों।

२३. विकर्ण क्रम से ६० फु० और ६० फु० हों।

२४. उस चतुःसमभुज का दूसरा विकर्ण बताओ जिसका क्षेत्रफल ६२५० व० ग० तथा पहला विकर्ण १०० ग० है।

२५. यदि किसी चतुःसमभुज का क्षेत्रफल ८६४ व० फु० हो तथा उसके विकर्णों में ३ : ४ का अनुपात हो, तो विकर्णों की लम्बाई अलग-अलग बताओ।

२६. उस चतुःसमभुज की भुजा तथा ऊँचाई बताओ जिसके विकर्ण क्रम से २० इं० और १५ इं० हैं।

क्रिया :

चतुःसमभुज का क्षेत्रफल $= \frac{२० \times १५}{२}$ व० इं०

$= १५०$ व० इं०

चतुःसमभुज की भुजा $= \sqrt{\left(\frac{\text{पहला विकर्ण}}{२}\right)^२ + \left(\frac{\text{दूसरा विकर्ण}}{२}\right)^२}$

$= \sqrt{\left(\frac{२०}{२}\right)^२ + \left(\frac{१५}{२}\right)^२}$

$= \sqrt{१०० + \frac{२२५}{४}}$

अभीष्ट भुजा $= \frac{२५}{२}$ इं०

चतुः समभुज की ऊँचाई $= \frac{\text{क्षेत्रफल}}{\text{आधार}}$

$= \frac{१५०}{\frac{२५}{२}} = \frac{१५० \times २}{२५}$

अभीष्ट ऊँचाई $= १२$ इं०

उत्तर : $१२\frac{१}{२}$ इं० भुजा

१२ इं० ऊँचाई।

२७. उस चतु:समभुज की भुजा और ऊँचाई ज्ञात करो, जिसका विकर्ण क्रम से ८० गज और ६० गज है।

२८. उस चतु:समभुज की भुजा और ऊँचाई ज्ञात करो, जिसके विकर्ण क्रम से २४ फु० और १० फु० हैं।

२९. उस चतु:समभुज की ऊँचाई ज्ञात करो, जिसके विकर्ण क्रम से ४ इं० और $१\frac{२}{३}$ इं० हैं।

३०. एक चतु:समभुज के विकर्णों में ४ : ३ का अनुपात हो। यदि उसकी भुजा ३० इं० की है, तो प्रत्येक विकर्ण की लम्बाई तथा क्षेत्रफल निकालो।

क्रिया :

∵ विकर्णों में ४ : ३ का अनुपात है

∴ विकर्णों की लम्बाई ४य तथा ३य हुई

$$\text{चतु:समभुज की भुजा} = \sqrt{\left(\frac{\text{पहला विकर्ण}}{२}\right)^२ + \left(\frac{\text{दूसरा विकर्ण}}{२}\right)^२}$$

$$\therefore \quad ३० = \sqrt{\left(\frac{४य}{२}\right)^२ + \left(\frac{३य}{२}\right)^२}$$

$$= \sqrt{४\,य^२ + \frac{९}{४}\,य^२}$$

$$= \frac{५}{२}\,य$$

$$\therefore \quad य = ३० \times \frac{२}{५} = १२ \text{ इं०}$$

∴ अभीष्ट विकर्णों की लम्बाई ४८ इं० और ३६ इं०

∴ अभीष्ट क्षेत्रफल $= \frac{४८ \times ३६}{२} = ८६४$ व० इं०

उत्तर : विकर्ण ४८ इं०, ३६ इं०

क्षेत्रफल ८६४ व० इं०।

३१. उस चतु:समभुज का क्षेत्रफल बताओ, जिसकी एक भुजा २५ इं०, तथा उसके विकर्णों में २ : $४\sqrt{६}$ का अनुपात है।

३२. यदि चतु:समभुज की एक भुजा १५ फु० की हो तथा उसके विकर्ण एक दूसरे से $\frac{\sqrt{५}}{२}$ गुना बड़ा हो, तो क्षेत्रफल तथा प्रत्येक विकर्ण को ज्ञात करो।

३३. यदि किसी चतु:समभुज का बड़ा विकर्ण छोटे का ३ गुना है तथा उसकी एक भुजा $२\sqrt{१०}$ गज है, तो क्षेत्रफल तथा उँचाई ज्ञात करो।

३४. उस समलम्ब का क्षेत्रफल बताओ, जिसकी समानान्तर भुजाएँ ८ इं० और १० इं० हैं तथा जिसकी समानान्तर भुजाओं के बीच की लाम्बिक दूरी ६ इं० है।

क्रिया :

∵ समलम्ब का क्षेत्रफल=

$$\frac{\text{समानान्तर भुजाओं के योग और उनके बीच की लाम्बिक दूरी का गुणनफल}}{२}$$

$$\therefore \text{अभीष्ट क्षेत्रफल} = \frac{(८+१०)\,६}{२} = \frac{१८\times६}{२}$$

$$= ५४ \text{ व० इं०}$$

उत्तर : ५४ व० इं०।

उन समलम्बों के क्षेत्रफल बताओ, जिनकी—

३५. समानान्तर भुजायें २० फु० और २५ फु० और लाम्बिक दूरी १० फु० है
३६. " " ३० फु० " ४० फु० " " १५ फु० है
३७. " " ५० ग० " ६० ग० " " २० ग० है

३८. किसी समलम्ब का क्षेत्रफल २७० व० इं० तथा समानान्तर भुजायें क्रम से १२ इं० और १५ इं० हैं तो लाम्बिक दूरी ज्ञात करो।

क्रिया : $\text{लाम्बिक दूरी} = \frac{२\times\text{क्षेत्रफल}}{\text{समानान्तर भुजाओं का योगफल}}$

$$\text{अभीष्ट दूरी} = \frac{२\times२७०}{२७} = २० \text{ इं०}$$

उत्तर : २० इं०।

३९. उस समलम्ब की लाम्बिक दूरी ज्ञात करो, जिसका क्षेत्रफल १२० व० फु० और समानान्तर भुजाएँ १२ फु० तथा १८ फु० हैं।

४०. किसी समलम्ब का क्षेत्रफल ३१५ व० ग० है तथा उसकी समानान्तर भुजाएँ ६ ग० और १२ ग० हैं, तो लाम्बिक दूरी ज्ञात करो।

(४१) किसी समलम्ब की लाम्बिक दूरी २० इं० तथा उसका क्षेत्रफल ४५० व० इं० है। यदि उसकी समानान्तर भुजाओं में ५:४ का अनुपात है तो समानान्तर भुजाओं की लम्बाई ज्ञात करो।

क्रिया :— ∵ समानान्तर भुजाओं में अनुपात ५ : ४ का है

∴ समानान्तर भुजायें ५ य इं० और ४ य इं० हुईं

$$\text{लाम्बिक दूरी} = \frac{\text{२ क्षेत्रफल}}{\text{समानान्तर भुजाओं का योगफल}}$$

$$\text{२०} = \frac{\text{२}\times\text{४५०}}{\text{५ य}+\text{४ य}} = \frac{\text{९००}}{\text{९ य}}$$

$$\text{अर्थात् २० य} = \text{१००}$$

$$\text{य} = \text{५}$$

समानान्तर भुजाओं की लम्बाई २५ इं० और २० इं० हुई

उत्तर : २५ इं०, २० इं०

४२. किसी समलम्ब की लाम्बिक दूरी १६ फु० तथा उसका क्षेत्रफल ४८० व० फु० है। यदि उसकी समानान्तर भुजाओं में ११ : ९ का अनुपात हो तो प्रत्येक की लम्बाई ज्ञात करो।

४३. किसी समलम्ब की समानान्तर भुजाओं के बीच की दूरी १५ फु० तथा उसका क्षेत्रफल १८० व० फु० है। यदि समानान्तर भुजाओं में से बड़ी भुजा की लम्बाई १३ फु० है तो छोटी भुजा की लम्बाई ज्ञात करो।

$$\text{(दोनों समानान्तर भुजाओं का योगफल} = \frac{\text{२}\times\text{क्षेत्रफल}}{\text{समानान्तर भुजाओं के बीच की दूरी}}$$

४४. एक समलम्ब का क्षेत्रफल ८ एकड़ है। उसकी समानान्तर भुजाओं के बीच की दूरी २२० ग० है। यदि समानान्तर भुजाओं में एक भुजा १२० गज है तो दूसरी भुजा ज्ञात करो।

४५. किसी समलम्ब का क्षेत्रफल १ एकड़ तथा उसकी समानान्तर भुजाओं के बीच की दूरी १२१ गज है। यदि समानान्तर भुजाओं में बड़ी समानान्तर भुजा छोटी समानान्तर भुजा की ६ गुनी है तो दोनों समानान्तर भुजायें ज्ञात करो ।

४६. किसी समलम्ब का क्षेत्रफल ५ व० ग० तथा समानान्तर भुजाओं के बीच की दूरी १ ग० २ फु० है। यदि समानान्तर भुजाओं में से एक समानान्तर भुजा की लम्बाई ३ ग० १ फु० ४ इं० है तो दूसरी समानान्तर भुजा की लम्बाई बताओ।

(४७) उस समलम्ब का क्षेत्रफल निकालो जिसकी चारो भुजाओं की लम्बाइयाँ क्रम से १५ इं०, २० इं०, ३० इं० तथा २५ इं० ज्ञात हैं।

क्रिया : मान लिया कि क ख ग घ एक समलम्ब है जिसकी भुजायें क्रम से १५ इं०, २० इं०, ३० इं० और २५ इं० हैं । तथा क ख समानान्तर ग घ के हैं।

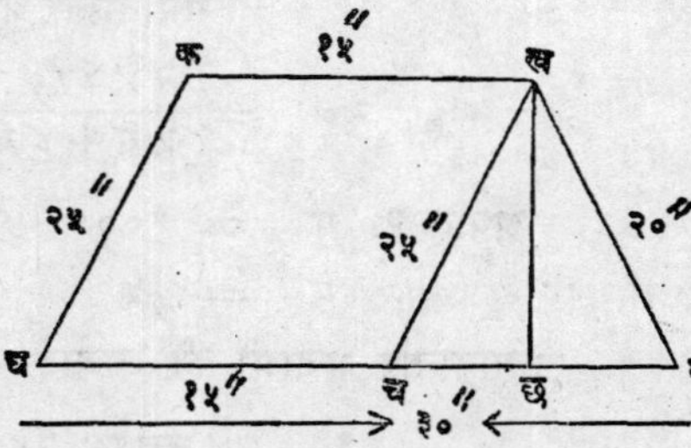

विन्दु ख से क घ के समानान्तर ख च और घ ग पर लम्ब ख छ खींचा। स्पष्ट है कि ख च=क घ=२५" और च ग=घ ग − च घ= ३० इं०—१५ इं०=१५ इं०

त्रिभुज ख च ग की भिन्न भुजायें २० इं०, १५ इं० और २५ इं० हैं

$\therefore$ उनका अर्द्ध परिमाप $=\dfrac{२० + १५ + २५}{२}=$ ३० इं०

$\therefore$ त्रिभुज ख च ग का क्षेत्रफल $=\sqrt{३० (३०-२५) (३०-२०) (३०-१५)}$ व. इं

$=\sqrt{३० \times ५ \times १० \times १५}$ व० इं०

$=\sqrt{५ \times २ \times ३ \times ५ \times ५ \times २ \times ५ \times ३}$ व० इं०

$=५ \times ५ \times ३ \times २$ व० इं०

$=१५०$ व० इं०

$\therefore$ त्रिभुज ख च ग की ऊँचाई $=\dfrac{\text{क्षेत्रफल का दूना}}{\text{आधार}}=\dfrac{२ \times १५०}{१५}=$ २० इं०

क्योंकि त्रिभुज का क्षेत्र० $=\dfrac{\text{आधार} \times \text{ऊँचाई}}{२}$

यही ऊँचाई समलम्ब की समानान्तर भुजाओं के बीच की दूरी के बराबर है।

अब समलम्ब का क्षेत्रफल$=\frac{(१५+३०)\times २०}{२}=$४५० व० इं०

उत्तर : ४५० व० इं०

४८. उस समलम्ब का क्षेत्रफल बताओ जिसकी चारों भुजायें क्रम से १३ गज, २१ गज, २४ गज तथा २५ गज हैं और जिनमें दूसरी और तीसरी समानान्तर हैं।

४९. उस समलम्ब का क्षेत्रफल बताओ जिसकी समानान्तर भुजायें २० गज और ३२ गज हैं तथा शेष दूसरी भुजायें १७ गज और २५ गज हैं।

५०. उस समलम्ब का क्षेत्रफल ज्ञात करो जिसकी भुजायें क्रम से ३० इं०, ४० इं०, ६० इं० और ५० इं० हैं। जिनमें पहली और तीसरी समानान्तर हैं।

५१. उस समलम्ब का क्षेत्रफल बताओ जिसकी भुजायें क्रम से १०० गज, १२० गज, १५ गज और १५ गज हैं तथा जिसमें पहली और दूसरी समानान्तर हैं।

५२. उस चतुर्भुज का क्षेत्रफल बताओ जिसका एक विकर्ण ८ इं० तथा शेष शीर्ष विन्दुओं से विकर्ण तक की लांबिक दूरियां ९ इं० तथा ७ इं० हैं।

क्रिया :— चतुर्भुज का क्षेत्रफल$=\frac{१}{२}$विकर्ण (शेष शीर्ष विन्दुओं से विकर्ण तक की लांबिक दूरी का योगफल)

अभीष्ट क्षेत्रफल $=\frac{१}{२}\times ८(९+७)$ व० इं०

$=\frac{१}{२}\times ८\times १६=६४$ व० इं०

उत्तर : ६४ व० इं०

निम्नलिखित चतुर्भुजों का क्षेत्रफल बताओ जिनके—

५३. विकर्ण १६ फु० तथा शेष शीर्ष विन्दुओं से विकर्ण तककी दूरी १८ फु०, २० फु०।

५४. विकर्ण ४ ग० २ फु० तथा शेष शीर्ष विन्दुओं से विकर्ण तक की दूरी ३ ग० १ फु०, ८ ग० २ फु० ।

५५. उस चतुर्भुज का विकर्ण बताओ जिसका क्षेत्रफल ३६ व० इं० तथा शेष शीर्ष विन्दुओं से विकर्ण तक की लांबिक दूरी ५" ४" है।

५६. उस चतुर्भुज का विकर्ण बताओ जिसका क्षेत्रफल ५० व० फु० है तथा शेष शीर्ष विन्दुओं से विकर्ण तक की लांबिक दूरी २५ फु०, ३५ फु० है।

५७. किसी चतुर्भुज का क्षेत्रफल १४८ व० इं० तथा उसका एक विकर्ण १२ इं० है यदि एक शेष शीर्ष विन्दु से विकर्ण तक की लांबिक दूरी १३ इं० है तो दूसरी लांबिक दूरी ज्ञात करो।

५८. यदि चतुर्भुज के एक शीर्ष विन्दु से विकर्ण तक के बीच की दूरी १६ ग० हो तथा चतुर्भुज का क्षेत्रफल २२५ व० ग० और विकर्ण १५ गज है तो दूसरे शीर्ष विन्दु से विकर्ण तक की लांबिक दूरी ज्ञात करो।

५९. किसी चतुर्भुज का क्षेत्रफल ३०० व० फु० है। उसका विकर्ण २० फु० है। यदि शेष शीर्ष विन्दुओं से विकर्ण तक के बीच की लांबिक दूरी में २ : ३ का अनुपात है तो प्रत्येक की लम्बाई बताओ।

६०. किसी चतुर्भुज का क्षेत्रफल ५२५ व० ग० हैं। इसका विकर्ण ३० ग० है। यदि शेष शीर्ष विन्दुओं से विकर्ण तक की लांबिक दूरी में ४ : ३ का अनुपात है तो प्रत्येक की लम्बाई बताओ।

(६१) उस चतुर्भुज का क्षेत्रफल ज्ञात करो जिनके विकर्ण ९ इं० तथा १२ इं० एक दूसरे को समकोण पर काटते हैं।

क्रिया :— चतुर्भुज का क्षेत्रफल $=\frac{१}{२}$(विकर्णों का गुणनफल)

$$\text{अभीष्ट क्षेत्रफल} = \frac{९ \times १२}{२} = ५४ \text{ व० इं०}$$

उत्तर : ५४ व० इं०

६२. उस चतुर्भुज का क्षेत्रफल बताओ जिसके विकर्ण ९$\frac{३}{८}$ फु० तथा १$\frac{११}{१५}$ फु० एक दूसरे को समकोण पर काटते हैं।

६३. किसी चतुर्भुज का क्षेत्रफल १३५ व० फु० है तथा विकर्णों में अनुपात ५ : ६ का है। यदि विकर्ण एक दूसरे को समकोण पर काटते हैं तो प्रत्येक विकर्ण की लम्बाई ज्ञात करो।

६४. किसी चतुर्भुज का क्षेत्रफल २० व० ग० है जिसके विकर्ण एक दूसरे को समकोण पर काटते हैं यदि उनमें से एक विकर्ण ६$\frac{२}{५}$ ग० लम्बा है तो दूसरे विकर्ण की लम्बाई बताओ।

६५. उस वर्ग का क्षेत्रफल बताओ जिसकी भुजा की लम्बाई २५ इं० है।

क्रिया : वर्ग का क्षेत्रफल =भुजा का वर्ग

=२५×२५=६२५ व० इं०

उत्तर : ६२५ व० इं०

६६. उस वर्गका क्षेत्रफल निकालो जिसकी एक भुजाकी लम्बाई ५१ग०है।

६७. उस वर्ग की भुजा की लम्बाई ज्ञात करो जिसका क्षेत्रफल २१$\frac{७}{९}$ व० फु० है।

६८. उस वर्ग का विकर्ण ज्ञात करो जिसकी एक भुजा २० सें० मी० है।

६९. उस वर्ग की भुजा बताओ जिसका विकर्ण ५$\sqrt{२}$ फु० दिया है।

वृत्त Circle का क्षेत्रफल

एक ऐसी वक्र रेखा से घिरी आकृति को जिसका प्रत्येक विन्दु एक-दूसरे विन्दु से समान दूरी पर होता है, **वृत्त** कहते हैं।

घेरनेवाली वक्र रेखा को **परिधि** (Circumference) कहते हैं। उस दूसरे विन्दु को, जिससे परिधि का प्रत्येक विन्दु समान दूरी पर होता है, **केन्द्र** (Centre) कहते हैं। उस सरल रेखा को जो केन्द्र से होती हुई परिधि के दोनों ओर जा मिले **व्यास** (Diameter)

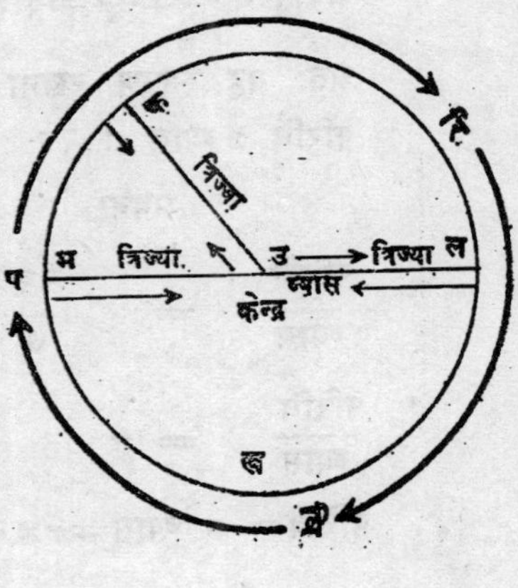

कहते हैं। वह सरल रेखा जो केन्द्र को परिधि के किसी विन्दु से मिलाती है **अर्द्धव्यास** या **त्रिज्या** (Radius) कहलाती हैं।

दी हुई आकृति में म क ल ख परिधि है। विन्दु उ केन्द्र है। सरल रेखा उक, उम तथा उल अर्द्ध-व्यास या त्रिज्यायें हैं।

सरल रेखा म ल व्यास है

अतः यह स्मरण रखना चाहिए कि

∵ परिधि के प्रत्येक विन्दु की केन्द्र से दूरी ही अर्द्धव्यास कहलाती है

∴ वृत्त के सभी अर्धव्यास बराबर होते हैं

आकृति को देखने ही अथवा नाम से ही स्पष्ट है कि वृत्त का व्यास वृत्त के अर्धव्यास का दूना होता है।

अनेक वृत्तों को खींचने के पश्चात् उनकी परिधियों और व्यासों को नाप नाप कर प्रयोगों द्वारा यह ज्ञात हुआ है कि प्रत्येक वृत्त की परिधि और व्यास में एक विशेष सम्बन्ध होता है। परिधि और व्यास के इस सम्बन्ध को एक ऐसे चिह्न द्वारा व्यक्त किया जाता है जिसे **पाई** कहते हैं और जो इस प्रकार लिखा जाता है। पाई π का ठीक ठीक मूल्यांकन नहीं हो सका है परन्तु साधारणतया इसे एक ऐसी भिन्न के बराबर मानते हैं जिसका अंश २२ और हर ७ है।

अर्थात् $\pi = \frac{२२}{७} = ३.१४१६....$

अतः यह स्मरण रखना चाहिये कि

परिधि : व्यास :: २२ : ७

अथवा

$$\frac{\text{परिधि}}{\text{व्यास}} = \frac{२२}{७} =$$

$$\because \frac{\text{परिधि}}{\text{व्यास}} = \pi$$

∴ परिधि $= \pi$ व्यास $= \pi \times २$ अर्धव्यास $= २\pi$ अर्धव्यास

पुनः $\because$ व्यास $= \dfrac{\text{परिधि}}{\pi}$

अथवा अर्धव्यास $= \dfrac{\text{परिधि}}{2\pi}$

अतः वृत्त की परिधि $= \pi \times$ वृत्त का व्यास $= 2\pi$ अर्ध व्यास

[illegible] का व्यास $= \dfrac{\text{वृत्त की परिधि}}{\pi}$

अथवा वृत्त का अर्ध व्यास $= \dfrac{\text{वृत्त की परिधि}}{2\pi}$

हम यह जान चुके हैं कि वृत्त की परिधि, व्यास $\times \pi$ के बराबर होती है यदि किसी भी त्रिज्या वाले वृत्त को कागज पर खींच लेने के पश्चात् हम उसे केन्द्र से इस प्रकार मोड़ते जायँ कि उसके १६ बराबर भाग हो जायँ और उन भागों को एक विशेष प्रकार से काट कर साथ साथ सटा कर रखें तो सम्भवतः वृत्त के स्थान पर लगभग एक ऐसे आयत जैसी आकृति दिखाई पड़ेगी जिसकी लम्बाई त्रिज्या $\times \pi$ और चौड़ाई अर्ध व्यास के बराबर होगी और जिसका क्षेत्रफल $\pi \times$ त्रिज्या $\times$ त्रिज्या अर्थात π (त्रिज्या)^2 वर्ग इकाइयों के बराबर होगा।

अतः हम यह कह सकते हैं कि प्रत्येक वृत्त का क्षेत्रफल उसकी त्रिज्या के वर्ग और π के गुणनफल के बराबर होता है।

और (त्रिज्या)^2 $= \dfrac{\text{वृत्त का क्षेत्रफल}}{\pi}$

अर्थात त्रिज्या $= \sqrt{\dfrac{\text{वृत्त का क्षेत्रफल}}{\pi}}$

प्रश्नावली ५५

(१) उस वृत्त की परिधि बताओ जिसका व्यास १४ फु० है।

क्रिया:—

परिधि $=\pi$ व्यास

अभीष्ट परिधि $=\frac{२२}{७}\times १४$

$=४४$ फु०

उत्तर : ४४ फु०

उन वृत्तों की परिधियां बताओ जिनके व्यास नीचे दिये हैं:—

(२) ७ इं० (३) २१ फु० (४) ४२ ग० (५) ७७ ग०

उन वृत्तों की परिधियां बताओ जिनके अर्ध व्यास निम्नलिखित हैं

(६) ७ ग० (संकेत:—परिधि $=\pi$ व्यास $=\pi\times२$ अर्धं क $=\pi\times२\times७$)

(७) ८४ फी० (८) १४ ग० (९) ६३ इं०

(१०) उस वृत्त का व्यास बताओ जिसकी परिधि १३२ इं० है।

क्रिया:— $\because$ व्यास $=\frac{\text{परिधि}}{\pi}$

$\therefore$ अभीष्ट व्यास $=\frac{१३२}{\pi}=\frac{१३२}{\frac{२२}{७}}=\frac{१३२\times७}{२२}$ इं०

४२ ०

उत्तर : ४२ इं०

उन वृत्तों के व्यास बताओ जिनकी परिधियाँ निम्नलिखित हैं:—

(११) ५२८ इं० (१२) ३९६ इं० (१३) ८८ ग० (१३) ४४० ग०

उन वृत्तों के अर्धव्यास बताओ जिनकी परिधियाँ निम्नलिखित हैं:—

(१५) ११० इं० $\left(\text{संकेत:—अर्धं व्यास} =\frac{\text{परिधि}}{२\pi}=\frac{११०}{२\pi}\text{ इं०}\right)$

(१६) १९८ इं० (१७) १७६ फु० (१८) २२० ग०

(१९) उस वृत्त का क्षेत्रफल ज्ञात करो जिसकी त्रिज्या ७ इं० है

क्रिया:— वृत्त क्षेत्रफल $= \pi \times$ (त्रिज्या^{2}) वर्ग इकाइयां

अभीष्ट क्षेत्रफल $= \pi \times (७) = \frac{२२}{७} \times ४९ = १५४$ व० इं०

उत्तर : १५४ व० इं०

उन वृत्तों के क्षेत्रफल बताओ जिनकी त्रिज्यायें निम्नलिखिय हैं:—

(२०) ३ फु० ६ इं० (२१) ४ फु० (२२) २१ फु० (२३) ४ ग० २ फु० (२४) २ ग० ९ फु० ३ इं०

(२५) उस वृत्त का क्षेत्रफल बताओ जिसका व्यास ३५ इं० है।

(२६) उस वृत्त की त्रिज्या बताओ जिसका क्षत्रफल १३८६ व० फु० है।

क्रिया:—

$$\because \text{ त्रिज्या } = \sqrt{\frac{\text{क्षेत्रफल}}{\pi}} \text{ इकाई}$$

$$\text{अभीष्ट त्रिज्या } = \sqrt{\frac{१३८६}{\frac{२२}{७}}}$$

$$= \sqrt{\frac{\overset{६३}{\cancel{१३८६}} \times ७}{\cancel{२२}}} = \sqrt{४४१} \text{ फु०}$$

$$= २१ \text{ फु०}$$

उत्तर : ७ गज

उन वृत्तों के अर्धव्यास बताओ जिनके क्षेत्रफल निम्नलिखित हैं:—

(२७) ६८ व० ग० ४ व० फी० (२८) ४ व० फु० ४० व० इं०

(२९) ८६$\frac{५}{८}$ व० इं०

(३०) उस वृत्त का व्यास बताओ जिसका क्षेत्रफल ५०$\frac{२}{७}$ व०ग० है

कुछ कठिन प्रश्न

(३२) एक पहिया एक चक्कर में ५ फी० ६ इंच की दूरी तय करता है, तो उसका व्यास बताओ।

(३३) यदि मान लिया जाय कि पृथ्वी सूर्य के चारों ओर ऐसी वृत्ति बनाती हुई घूमती है, जिसका अर्धव्यास २५०००००० मील है, तो ३ महीने में पृथ्वी कितनी दूरी घूम जायेगी ?

(३४) एक घोड़ा १४ फी० लम्बी रस्सी से बंधा है, बताओ वह कितने खेत की घास चर सकता है ?

(३५) एक फव्वारा अपने चारों ओर ८ फु० ९ इं० तक जल छिड़कता है। बताओ वह कितनी भूमि तर कर सकता है ?

(३६) एक वृत्ताकार फुलवारी के चारों ओर गोल रास्ता बना है। यदि रास्ते का बाहरी और भीतरी अर्धव्यास क्रम से १७ फु० ६ इंच और १४ फु० है तो उस रास्ते का क्षेत्रफल बताओ।

(३७) ४२ फु० अधव्यास के एक वृत्ताकार क्रीड़ा स्थल के चारों ओर ७ फु० चौड़ा एक रास्ता बना हुआ है। उस रास्ते को पक्का कराने में ८ आना प्रति वर्ग फुट की दर से क्या खर्च पड़ेगा ?

(३८) एक वृत्ताकार फुलवारी का क्षेत्रफल ५० वर्ग फु० है। उसको तार से घेरने में ३ आ० ६ पा० प्रति फीट के हिसाब से कितना खर्च होगा ?

(३९) एक वृत्ताकार तालाब के चारों ओर एक रास्ता बना है। यदि रास्ते की बाहरी और भीतरी परिधियाँ क्रमशः ४६२ फु० और ४४० फु० है तो रास्ते की चौड़ाई बताओ।

(४०) किसी वृत्ताकार फुलवारी के व्यास और परिधि में ३० फु० का अन्तर हो तो उसका क्षेत्रफल बताओ।

(४१) एक वृत्ताकार खेत का क्षेत्रफल ३$\frac{२}{५५}$ एकड़ है। उसका व्यास बताओ।

(४२) एक माली ने एक वृत्ताकार क्यारी में जिसकी परिधि ४४ फु० है एक महत्तम आधार का वर्ग बनाया है। उस वर्ग का क्षेत्रफल बताओ।

(४३) दो घोड़े दो ऐसे खूंटों से, २१ फु० लम्बी रस्सियों द्वारा एक घास के मैदान में बँधे हुए हैं जिनके बीच की दूरी २१$\sqrt{२}$ फु० है। दोनों मदान में कितने क्षेत्र की घास चर डालेंगे ?

खेत बही (Field Book)

उस पुस्तक को जिसमें खेतों को नापनेवाले अपने आँकड़े लिखते हैं, खेत बही कहते हैं। खेतों की आकृति आयताकार त्रिभुजाकार अथवा वृत्ताकार हो सकती है। ऐसे खेतों का क्षेत्रफल सरलतापूर्वक निकाला जा सकता है। परन्तु कभी कभी खेत पंचभुज, षटभज, अष्टभूज अथवा इससे भी अधिक भुजाओंवाला होता है। जैसे नीचे दिये हुए खेत की आकृति से स्पष्ट है।

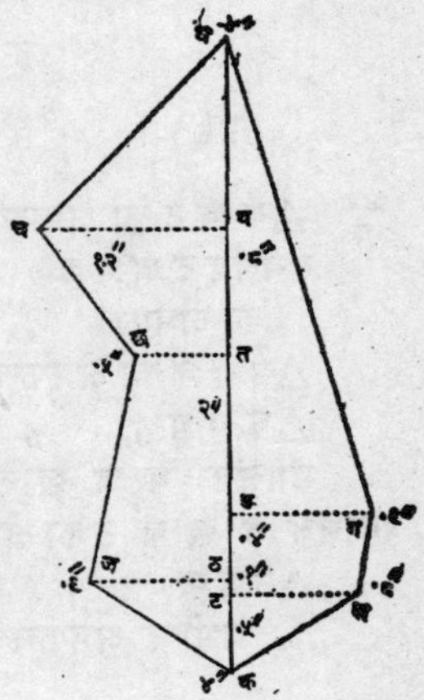

इस खेत का क्षेत्रफल निकालने के लिये पहले नापनेवाला क घ को नापता है। इसके पश्चात् वह ख, ग, च, छ और ज से क घ पर क्रमशः ख ट, ग ड, च थ, छ त और ज ट लम्ब डालता है। तब खत त्रिभुजों और समलम्बों में बँट जाता है और इसका क्षेत्रफल सरलतापूर्वक ज्ञात कर लिया जाता है।

इसके नाप को निम्न प्रकार लिखते हैं:—

	गज	
	घ तक	
	३००	
१२० च तक	२००	
५० छ तक	१२०	
	१००	६० ग तक
६० ज तक	६०	
	५०	८० ख तक
	क से	

अथवा

	गज	
	३००	
१२०	२००	
५०	१२०	
	१००	६०
६०	६०	
	५०	८०
	०	

सका अर्थ है कि खेत गज से नापा गया है। और कघ=३०० गज। नापने वाला सरल रेखा क घ पर चलता हुआ क से ५० गज की दूरी पर स्थित ट पर दाहिने ओर घूम कर ट से ८० गज की दूरी पर ख

स्थान निरुपित करता है। फिर गक ज पर क से ६० गज की दूरी पर बाँईं ओर घ मकर ९० गज की दूरी पर ज स्थान निरुपित करता है। इसी प्रकार क ज पर क से १०० गज की दूरी पर ९० गज दाहिनी ओर, १२० गज की दूरी पर ५० गज बाँईं ओर और २०० गज की दूरी पर १२० गज बाँईं ओर भिन्न भिन्न स्थान निरुपित करता है।

अब खेत क ख ग घ च छ ज क्षेत्रफल में = त्रिभुज क ख ट + समलम्ब ट ख ग ड + थ
+ त्रिभुज ड ग घ + त्रिभुज घ च
+ समलम्ब थ च छ त
+ समलम्ब त छ ज ट + त्रिभज ठ ज क

∵ △क ख ट का क्षेत्रफल = $\frac{१}{२}$ × ५० × ८० वर्गगज = २००० वर्ग गज

समलंब ट ख ग ड का क्षेत्रफल = $\frac{१}{२}$ (८० + ९०) × ५० व० ग० = ४२५० व० ग०

△ड ग घ का क्षेत्रफल = $\frac{१}{२}$ × २०० × ९० व० ग० = ९००० व० ग०

△घ च थ „ „ = $\frac{१}{२}$ × १०० × १२० व० ग० = ६००० व० ग०

समलंब थ च छ त = $\frac{१}{२}$ (५० + १२०) ८० व० ग० = ६८०० व० ग०

समलंब त छ ज ठ का क्षेत्रफल = $\frac{१}{२}$ (५० + ९०) ६० व० ग० = ४२०० व० ग०

△ठ ज क „ „ = $\frac{१}{२}$ × ६० × ९० व० ग० = २७०० व० ग०

∴ अभीष्ट क्षेत्रफल = (२००० + ४२५० + ९००० + ६००० + ६८०० + ४२०० + २७००) व० ग०
= ३४९५० व० ग०

प्रश्नावली ५६

निम्नलिखित खेतों का क्षेत्रफल बताओ:—

(१)

	गज	
	ज तक	
	२०४	
९४ छ तक	१९८	
	१२२	१० च तक
६४ घ तक	११७	
१४ ग तक	८८	
	६३	७० ख ग
	क से	

(उ० ० १९३८)

(२)

	गज	
	घ तक	
	४००	
	३१०	ग तक ५०
	२००	ख तक ६०
च तक ५०	९०	
	क	

उत्तर की ओर

(व० फा० १९३९)

(३)

	गज	
	च तक	
	४००	
१००	३००	
	२५०	८०
६०	२००	
	१५०	७०
	१००	६०
	क से	

(४)

	गज	
	१६००	०
४००	१२००	६५०
६००	५००	
	३००	४५०
	१००	२००
०	०	०

(५)

	कड़िया	
०	६००	०
	५००	१००
१५०	३००	
	२५०	८०
७०	१००	
	६०	५०
०	०	०

(६)

	कड़िया	
	घ तक	
च तक १००	८००	
छ तक ८०	७२०	
	६४०	२०० ग तक
ज तक १२०	४००	
	२००	१६० ख तक
	क से	

(७)

	कड़ियाँ	
०	६००	०
१४०	५६०	
१५०	४८०	
	४७०	१७०
५०	३०८	
	१००	१५०
०	०	०

(व० फा० १९३४)

(८)

	कड़ियाँ	
०	१०२०	०
४७०	९९०	
	६१०	५०
३३०	५८५	
७०	४४०	
	३१५	३५०
०	०	०

(९) नीचे दिये हुए नाप के अनुसार खेत का चित्र खींचो और उसका क्षेत्रफल एकड़ में ज्ञात करो:—

पैमाना २०० कड़ियाँ=१ इंच

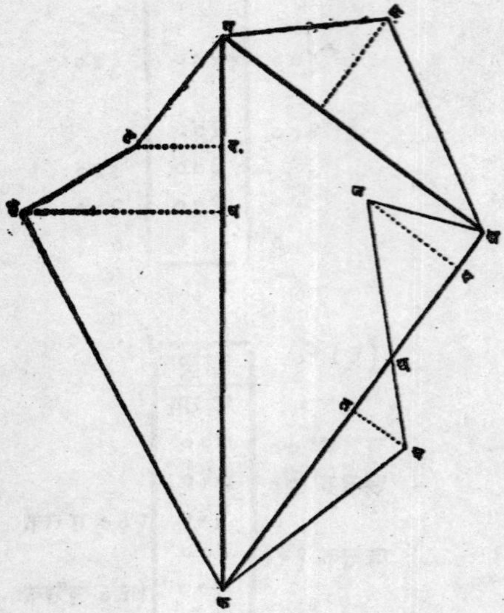

	कड़ियाँ	
	क तक	
	५००	
८०	१५०	१२०
५०	१००	८०
	ग क से	
	ख तक	
	३००	
	१२०	१००
	ग से	पच्छिम उत्तर की ओर
	ख तक	
	४००	
१००	३६०	
	२६०	०
	२००	६०
	क से	उत्तर-पूरब की ओर

पहले उत्तर-पूरब की ओर २ "लम्बी रेखा खीचो, फिर पच्छिम-उत्तर की ओर १.५" लम्बी ख क।

अब पैमाने के अनुसार पहलें की भाँति क से ख तक, ख से ग तक और ग से तक के चित्र खींचों।

इस खेत का अभीप्ट क्षत्रफल= △कखग + △कचछ= △छजख + △खझग
+ △गटद + सम० चतु० दटठध + △धठक

$=\left(\frac{४००\times३००}{२}+\frac{२६०\times६०}{२}=\frac{१४०\times१००}{२}\right.$
$\underline{३००\times१००}+\frac{१००\times१८०}{}+\left(\frac{८०\times१८०}{२}\right)$
$\left.+६०+\frac{३४०\times१८०}{२}\right)$ व० कड़ियाँ

=(६००० + ७८०० − ७००० + १५००० + ९०००
+ ७८०० + ३०६००) व० कड़ियाँ

६९२०० व० कड़ियाँ—६.९२ एकड़

उत्तर : ६.९२ एकड़

(१०)

	घड़ियाँ	
	घ तक	
	१६००	
	१०००	
	ग से	
	ग तक	
	१२००	
	७००	
	६५०	०
१०	५१०	१२
	ख से	
	१२००	बाईं ओर
	८५०	०
	६००	१६
		१६

(व० फा० १९२६)

घ से दक्षिण की ओर

(११)

	कड़ियाँ	
	क ०	
०	८५०	
८	६३०	
	५००	०
	३५०	१०
	स ०	
	बाँईं ओर फिरो	
	ग ०	
०	६८०	
७	३००	
	व ०	
	बाईं ओर फिरो	
	ख ० तक	
	५१०	०
	४६०	२०
	१००	१५
	क से दक्षिण पश्चिम चलो	

(व० ।० १९

(१२)

	कड़ियाँ	
	ग ०	
०	४५०	
५०	३००	
०	२००	०
	१००	५०
	ख से उत्तर चलो	
	० ख	
	६००	
६०	५००	
५०	२००	
	क ०	
	क ० से पश्चिम चलो	

(व० I० १९२७)

(१३)

	कड़ियाँ	
	क ० तक	
	५५०	
६०	४००	
४०	३००	
	ग ० से	
	ग ० तक	
	५००	
३०	२००	
	ख ० से पश्चिम को चलो	
	ख ० तक	
	६००	
	५००	५०
	३००	४०
२०	१००	
	क ० से पूर्व को चलो	

(व० फा० १९२८)

(१४)

	कड़ियाँ	
	० क तक	
	५००	
२०	३००	
	१५०	
	ग ० से दाँईं ओर	
	ग ० तक	
	४००	२०
	१६०	
	ख ० से उत्तर पूर्व को चलो	
	ख ० तक	
	३००	
३०	२००	
१०	६०	
	क ० से उत्तर पश्चिम चलो	

(१५)

	कड़ियाँ	
	० क तक	
	३६०	
	२५०	४०
	१५०	५०
	१००	
	ग ० से	
	ग ० तक	
	४००	
	३००	१
	२४०	४०
	ख ० से उत्तर चलो	
	ख ० तक	
	४५०	१०
१००	१५०	४०
	१००	८०
	क ० से पूव चलो	

(१६)

बाईं	कड़ियाँ	दाईं
	० क तक	
	२४००	
	१२००	१००
	५००	५०
	० ग से बाईं ओर	
	० ग तक	
	२५००	
५०	८००	२०
	३००	४०
	० खसे बाईं ओर	
	० ख तक	
३०	७००	
१०	६००	
	२५०	
	० क से उत्तर-पूव चलो	

(१७)

बाईं	कड़ियाँ	दाईं
	० क	
	१०००	
	६००	५०
	४००	
	० ग से	
	० ग तक	
	८००	
	३००	४०
८०	१००	
५०	० ख से पश्चिम दक्षिण चलो	
	० ख तक	
	६००	१२०
	२५०	
	० क से उत्तर	

(१८)

बाईं	कड़ियाँ	दाईं
	० क	
	५००	
४०	३००	
	२००	
	१००	५०
	० ग से	
	५००	
	४००	
६०	३५०	४०
	० ख से पश्चिम दक्षिण	
	० ख तक	
	८००	
६०	३००	
	० क से उत्तर चलो	८०

(१९)

बाईं	कड़ियाँ	दाईं
	० क तक	
	६००	
	३००	
४०	० ग से	
	० ग तक	
	५००	
	२००	८०
	० ख से उत्तर-पशिम	
	० ख तक	
	५००	
	४५०	
४०	३००	०
	१५०	६०
	० क से पूर्व	

(२०)

	कड़ियाँ	
	० क	
	१२००	
	११००	०
०	७५०	३०
३०	३००	
	० ग से	
	० ग तक	
	१२००	
	१०५०	०
४०	८००	४०
	२००	
०	० ख से	उत्तर-पश्चिम चलो
	० ख तक	
	१२००	१००
	९००	५०
	६००	०
	१५०	४०
	० क से	उत्तर चलो

(२१)

	कड़ियाँ	
	० क	
	८००	
०	४००	
५०	३००	
०	१००	
	० ० से	
	ग ० तक	
	८००	
८०	५००	
०	४००	
१०	२५०	
	ख ० से	दक्षिण पश्चिम चलो
	८००	
	६००	
१००	३५०	
०	३००	
	० क से	पूर्व चलो

(२२)

	कड़ियाँ	
	क ० तक	
	४००	
	३००	५०
	२००	
	घ ० से दक्षिण	
४०	घ तक	
	४५०	
	४५०	२०
४०	३५०	
	२००	
	० ग से पश्चिम	
	० ग तक	
	४००	
	२५०	१०
५०	१००	
	० ख से उत्तर	
	० ख तक	
	४५०	
२०	३००	
	१५०	१०
	० क से पूर्व चलो	

(२३)

	कड़ियाँ	
	क ० तक	
	६००	
	५००	५०
	२५०	
	घ ० से दक्षिण	
	० घ तक	
	६००	
६०	४५०	
	२००	
	० ग से पश्चिम	
	० ग तक	
	६००	
	३००	४०
	१५०	
	० ख से उत्तर	
	० ख तक	
	६००	
२०	२५०	
	१००	
	० क से पूर्व चलो	

तेरहवाँ अध्याय

आयताकार ठोसों का आयतन

Volume of Rectangular Solids

ईंट के दो ऐसे टुकड़े लो जो तौल में बराबर न हों। क्या बता सकते हो कि एक टुकड़ा दूसरे टुकड़े से क्यों हल्का है? स्पष्ट है कि एक टुकड़ा दूसरे टुकड़े से छोटा है। जब हम यह कहते हैं कि एक टुकड़ा दूसरे टुकड़े से छोटा है, तब क्या हमारा अभिप्राय यह होता है कि एक टुकड़े की लम्बाई दूसरे टुकड़े की लम्बाई से छोटी है? नहीं। क्या हमारा अभिप्राय यह होता है कि, एक टुकड़े की चौड़ाई दूसरे टुकड़े की चौड़ाई अथवा ऊँचाई से छोटी है? नहीं। क्या हमारा अभिप्राय यह होता है कि एक टुकड़े के **पृष्ठ** (Surface) का क्षत्रफल दूसरे टुकड़े के पृष्ठ के क्षेत्रफल से कम है? नहीं। तब "एक टुकड़ा दूसरे टुकड़े से छोटा है," इससे क्या समझते हो?

क्या छोटा टुकड़ा बड़े टुकड़े की अपेक्षा कम **वरिमा** (Space) घेरता है? जब कभी भी हम दो ठोसों **कायों** (Bodies) की तुलना करते समय यह कहते हैं कि एक काय दूसरे की अपेक्षा छोटा है, तब हमारे कहने का अभिप्राय यही रहता है कि एक काय दूसरे की अपेक्षा कम वरिमा घेरता है। दूसरे शब्दों में कहा जाता है कि एक का **आयतन** (Volume) दूसरे के आयतन से कम है।

एक ही पदार्थ से बने हुये दो ठोस कायों के तौल में अन्तर, उनके आयतन ही के कारण होता है।

ठोस काय में लम्बाई, चौड़ाई, तथा ऊँचाई अथवा मोटाई होती है, जैसे—ईंट, सन्दूक इत्यादि। काय के ऊपरी भाग को पृष्ठ या तल कहा जाता है। ईंट में कितने तल हैं? क्या आमने-सामने के पृष्ठ आपस में बराबर हैं? ऐसे ठोस को जिनमें सब पृष्ठ **समतल** (Plane) हों **बहुफलक** (Polyhedron) कहते हैं। ऐसे बहुफलक जिसमें छः पृष्ठ हों और समस्त सम्मुख पृष्ठ समानान्तर और बराबर हों **समानाफलक** (Parellelopiped) कहते हैं, जब किसी समानाफलक के सभी पृष्ठ आयताकार होते हैं, तो उसे '**आयताकार ठोस**' कहते हैं, जैसे, ईंट संदूक आदि।

२—आयतन और क्षेत्रफल में भेद

क्षेत्रफल और आयतन एक-दूसरे से बिल्कुल भिन्न हैं। क्षेत्रफल केवल पृष्ठ की वह मात्रा है जो रेखाओं द्वारा घिरी हो। और आयतन वरिमा की वह मात्रा है जो पृष्ठों द्वारा घिरी हो। हम देखते हैं कि आकृति १ में लम्बाई और चौड़ाई है, परन्तु आकृति दो में लम्बाई, चौड़ाई और ऊँचाई भी है। आकृति १ क्षेत्रफल बतलाती है और आकृति २ घनफल या आयतन बतलाती है।

आकृति १

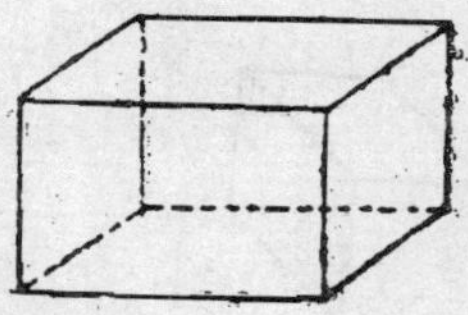

आकृति २

३—आयतन नापने की इकाई

तुम पढ़ चुके हो कि क्षेत्रफल, लम्बाई और चौड़ाई से सर्वथा भिन्न है। इसलिये क्षेत्रफल नापने की इकाई भी लम्बाई-चौड़ाई नापने की इकाई से भिन्न है। ठीक इसी प्रकार घनफल नापने की इकाई क्षेत्रफल नापने की इकाई से सर्वथा भिन्न है। घनफल नापने की इकाई एक ऐसा घन है जिसकी लम्बाई-चौड़ाई और ऊँचाई सभी इकाई के समान हों। ऐनों धनों के आयतनों को जिनकी भुजा १", १' अथवा १ गज हो क्रमशः घनइंच, घनफुट या घनगज कहते हैं। आकृति ३ घनइंच प्रगट करती है। इसकी प्रत्येक भुजा (लंम्बाई, चौडाई, और ऊँचाई) एक-एक इंच की हैं।

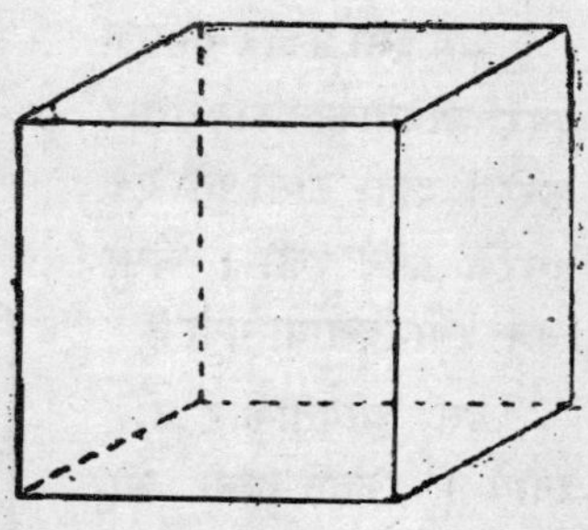

आकृति ३

४—आयताकार ठोसों का आयतन निकालना

मिट्टी या लकड़ी के बने हुए ऐसे घन लो, जिनकी प्रत्येक भुजा १ इंच

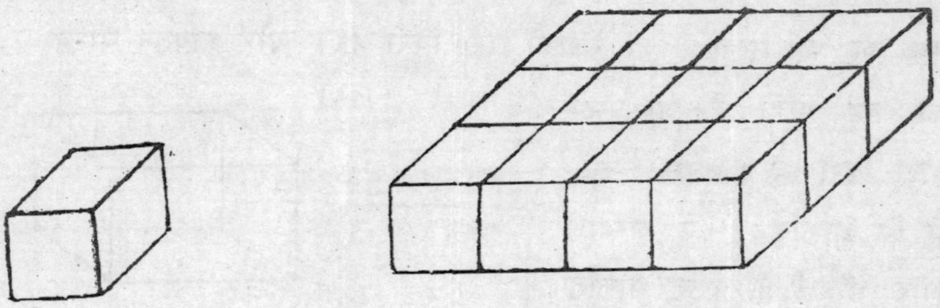

आकृति ४

के बराबर हो अथवा जो घनइंच प्रकट करते हों। इनमें से ४ घनों को एक सीधी पंक्ति में रखो। फिर ऐसी ही दूसरी दो पंक्तियाँ बनाओ और इन तीनों पंक्तियों को एक-दूसरे से सटा कर रखो जैसा चित्र ४ में किया गया है। इसमें कुल कितने घन हैं? ४×३ अर्थात् १२

तुम देखते हो कि चित्र ४ एक आयताकार ठोस है, जिसकी लम्बाई ४ इंच, चौड़ाई ३ इंच और ऊँचाई १ इंच है। यह आयताकार ठोस उतनी ही वरिमा घेरता है, जितनी १२ घनों द्वारा घिरती है। १२ घन मिलाकर १२ घनइंच वरिमा घेरते हैं। इस लिये यह आयताकार ठोस भी १२ घनइंच वरिमा घेरता है।

अतः इसका घनफल = १२ घन इंच,
= ४×३×१ घन इंच

अब इसी प्रकार का एक दूसरा आयताकार ठोस तैयार करो। दोनों ठोसों को एक दूसरेके ऊपर रखो। जैसा चित्र ५ में दिखाया गया है

इस आयताकार ठो. बनाने में कितने घनों की आवश्यकता है? (४×३) ×२ अर्थात् २४ घनों की।

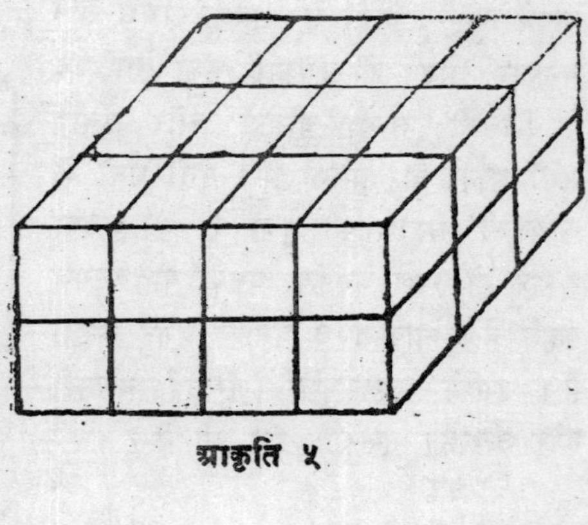

आकृति ५

चित्र ५ एक ऐसा आयताकार ठोस है, जिसकी लम्बाई ४ इंच, चौड़ाई ३ इंच और ऊँचाई २ इंच है। यह ठोस उतनी ही वरिमा घेरता है, जितनी २४ घनों द्वारा घेरी जाती है। २४ घनों में से प्रत्येक की लम्बाई, चौड़ाई तथा ऊँचाई एक-एक इंच है। इसलिये २४ घन मिलकर २४ घनइंच वरिमा घेरते हैं। अर्थात् इन २४ घनों का आयतन २४ घनइंच है। यही आयतन चित्र ५ में दिये हुए आयताकार ठोस का है।

अतः इस आयताकार ठोस का घनफल=२४ घन इंच,

=४×३×२ घन इंच।

अतः इस आयताकार ठोस का आयतन =२४ घन इंच

=४×३×२ घन इंच।

इसी प्रकार यदि किसी आयताकार ठोस काय की लम्बाई चौड़ाई और ऊँचाई एक ही प्रकार की इकाई में क्रमशः ल, च और ऊ हैं और यदि उस इकाई के घनात्मक नाप में ठोस का आयतन अ हो, तो

$$\text{अ} = \text{ल} \times \text{च} \times \text{ऊ} = \text{लंबाई} \times \text{चौड़ाई} \times \text{ऊँचाई}$$

$$= \text{क्ष} \times \text{ऊ} \quad (\text{क्ष} = \text{ल} \times \text{चौ०})$$

$$= \text{आधार का क्षेत्रफल} \times \text{ऊँचाई}।$$

$$\therefore \quad (\text{क})\ \text{ऊ} = \frac{\text{अ}}{\text{क्ष}}$$

$$(\text{ख})\ \text{ल} = \frac{\text{अ}}{\text{च} \times \text{ऊ}}$$

$$(\text{ग})\ \text{च} = \frac{\text{अ}}{\text{ल} \times \text{ऊ}}$$

घन में लम्बाई = चौड़ाई=ऊँचाई

$\therefore$ ल=च=ऊ

अतः घन का आयतन=ल^{3}

पैमाना

१७२८ घन इंच=१ घनफुट

२७ घन फुट=१ घन गज

निम्नलिखित स्मरणीय है:—

(१) आयतन निकालने के पहले ही लम्बाई, चौड़ाई तथा ऊँचाई के नापों को एक ही प्रकार की इकाइयों में परिवर्तित कर लेना चाहिये।

यदि किसी आयत की लम्बाई और चौड़ाई क्रमशः ४ इं० और ३ इंच है, तो तुम जानते हो कि यह कहना ठीक नहीं है कि आयत का क्षेत्रफल = ४ इं० × ३ इं०

(२) ठीक इसी प्रकार यह कहना भी ठीक नहीं है कि उस आयताकार ठोस का आयतन, जिसकी लम्बाई, चौड़ाई और ऊँचाई क्रमशः ४ इं०, ३ इं० और २ इं० है—

= ४ इं० × ३ इं० × २ इं०

क्योंकि हम लोगों ने अभी देखा है कि–

आयतन = १ घन इंच का ४ × ३ × २ गुना

= २४ घन इंच

(३) आयताकार ठोस में तीन विकर्ण (diagonals) होते हैं, जो लम्बाई में परस्पर समान होते हैं। प्रत्येक की लम्बाई $=\sqrt{\text{ल}^2+\text{च}^2+\text{ऊ}^2}$

और घन के विकर्ण की लम्बाई $=\text{ल}\sqrt{3}$

(४) आयताकार ठोस के फलकों (faces) का कुल क्षेत्रफल

= २ (ल च + ल ऊ + च ऊ)

प्रश्नावली ५७

(१) उस आयतकार ठोस के विकर्ण की लम्बाई बताओ, जिसकी लम्बाई, चौड़ाई और ऊँचाई क्रमशः १२ फुट, ९ फुट और ८ फुट है।

क्रिया: विकर्ण $=\sqrt{\text{ल}^2+\text{च}^2+\text{ऊ}^2} = \sqrt{12^2+9^2+8^2}$ फुट

= १७ फुट

उत्तर : १७ फुट

२. निम्नलिखित आयताकार ठोसों के विकर्ण की लम्बाई बताओ:–

(क) २५ फु० लम्बा, २० फुट चौड़ा और ८ फुट ऊँचा ।

(ख) २४ फुट लम्बा, १८ फुट चौड़ा और १६ फुट ऊँचा ।

(ग) ४० फु० लम्बा, ३२ फुट चौड़ा और २५ फुट ऊँचा ।

(घ) प्रत्येक कोर १५ फुट है ।

(ङ) प्रत्येक कोर २० फुट है ।

३. किसी आयताकार ठोस की लम्बाई, चौड़ाई और ऊँचाई क्रमशः ६ फु० ४ इं, ४ फुट ३ इंच और ३ फुट है। उसका आयतन बताओ ।

क्रिया : ६ फु० ४ इं० $= \frac{१९}{३}$ फु०, ४ फु० ३ इं० $= \frac{१७}{४}$ फुट

आयतन $= \frac{१९}{३} \times \frac{१७}{४} \times ३$ घनफुट

$= \frac{३२३}{४}$ घन फुट

$=$ ८० घनफुट १२९६ घन इंच

४. नीचे लिखे आयताकार पिण्डों के घनफल बताओ:—

(क) १० फु० लम्बा, ८ फु० ६ इंच चौड़ा और ५ फु० ऊँचा ।

(ख) १४ फु० लम्बा, ९ फु० चौड़ा और ६ फु० ४ इंच ऊँचा ।

(ग) १९ फु० ३ इंच लम्बा, १३ फु० ४ इंच चौड़ा और ८ फु० ८ इंच ऊँचा ।

(घ) ४ ग० २ फु० लम्बा, २ ग० १ फु० चौड़ा और १ ग० २ फु० ऊँचा ।

(ङ) ७ ग० १ फु० लम्बा, ३ ग० २ फु० ३ इंच चौड़ा और ५ फु० ४ इंच ऊँचा ।

(च) ६ ग० २ फु० ३ इंच लम्बा, ६ ग० १ फु० ३ इंच चौड़ा और ३ ग० १ फु० ऊँचा ।

(छ) २२ ग० २ फु० लम्बा, १६ ग० १ फु० ३ इंच चौड़ा और १२ ग० ऊँचा ।

५. एक दीवार २५ फु० लम्बी, १८ इंच चौड़ी और १० फु० ऊँची है। उसका घनफल बताओ ।

६. एक सन्दूक ५ फु० ६ इंच लम्बी, ३ फु० ४ इंच चौड़ी और १ फु० ६ इंच ऊँची है। उसकी समाई बताओ ।

७. एक कमरा १८ फु० लम्बा, १६ फु० चौड़ा और १२ फु० ऊँचा है। उसमें कितने घनफुट हवा है?

८. एक तालाब २५ गज लम्बा, १६ गज चौड़ा और १० गज गहरा है। उसमें कितने घनफुट पानी है?

९. एक कमरा २० फु० लम्बा, २० फु० चौड़ा और १४ फुट ८ इंच ऊँचा है यदि उस कमरे में ३३ लड़के बैठते हैं, तो बताओ प्रत्येक लड़का कितने घनफुट हवा पाता है?

१०. एक हौज ८ फु० २ इंच लम्बा, ४ फु० ४ इंच चौड़ा और ४ फु० ३ इंच गहरा है, तो वह तौल में कितने पानी से भर जायेगा, यदि १ घनफुट पानी का वजन १००० औंस है?

११. एक लकड़ी का शहतीर ४० फुट लम्बा, ३ फु० चौड़ा और २ फु० ६ इंच मोटा है। उस शहतीर का वजन बताओ, जब एक घनफुट लकड़ी का वजन १० सेर है?

१२. ३ एकड़ क्षेत्र में $१\frac{१}{२}$ इंच पानी बरसा। पानी कितना घनफुट बरसा, पानी का वजन भी बताओ यदि एक घनफुट पानी का वजन ३० सेर है।

१३. उस मिट्टी का वजन बताओ जो २४ फुट लम्बी, ८ फुट चौड़ी और १२ फुट गहरी खाई से खोदकर निकाली गई है। जब एक घनफुट मिट्टी का वजन $१\frac{१}{२}$ मन है?

१४. एक हौज ७ फुट ६ इंच लम्बा और ३ फुट ४ इंच चौड़ा है। यदि उसका घनफल ६२ घन फुट ८६४ घन इंच है, तो उस हौज की गहराई बताओ।

क्रिया :

७ फुट ६ इंच $= \frac{१५}{२}$ फुट : ३ फुट ४ इंच $= \frac{१०}{३}$ फुट और

६२ घनफुट ८६४ घनइंच $= \frac{१२५}{२}$ घन फुट

हौज का घनफल $= \frac{१२५}{२}$ घ० फुट

इसकी लम्बाई $= \frac{१५}{२}$ फु०

और इसकी चौड़ाई $= \frac{१०}{३}$ फु०

∴ इसकी गहराई $= \frac{१२५}{२} \times \frac{२}{१५} \times \frac{३}{१०}$ फु०,

$= २\frac{१}{२}$ फुट $=$ २ फुट ६ इंच।

उत्तर : २ फुट ६ इंच।

१५. एक कमरे का घनफल २३८७ घन फुट है। यदि उस कमरे की लम्बाई और चौड़ाई क्रम से २२ फुट और १० फुट ६ इंच है, तो उस कमरे की ऊँचाई बताओ।

१६. एक कोठरी १६ फुट लम्बी और १२ फुट चौड़ी है। यदि उसका घनफल १८२४ घनफुट है, तो उसकी चौड़ाई बताओ।

१७. एक हौज ९ फुट लम्बा और ४ फुट ६ इंच गहरा है। यदि उसका घनफल ३२४ घनफुट है तो उसकी चौड़ाई बताओ।

१८. एक लकड़ी के शहतीर का घनफल १२८ घनफुट २१६ घन-इंच है। यदि उसकी लम्बाई २० फुट ६ इंच और चौड़ाई ५ फुट है तो वह लकड़ी कितनी मोटी है?

१९. खाई खोद कर ७५ घनफुट मिट्टी निकाली गई। यदि खाई १३ फुट ६ इंच लम्बी और १ फुट ८ इंच गहरी है, तो उसकी चौड़ाई बताओ।

२०. एक हौज ८ फुट ३ इंच लम्बा और ६ फुट चौड़ा है। उसमें कुछ पानी है, पानी में एक पिण्ड जिसका घनफल ४ घनफुट २१६ घन इंच है, गिर पड़ा। बताओ पा ? की सतह कितने इंच ऊपर उठ जायगी?

२१. लकड़ी का एक शहतीर २ फुट ३ इंच चौड़ा, और १ फुट ४ इंच मोटा है। उस शहतीर का वजन ६ मन ३० सेर है। यदि एक घनफुट लकड़ी का वजन ३० सेर है, तो लकड़ी कितनी लम्बी है?

क्रिया :

६ मन ३० सेर $=$ $\frac{२७}{४}$ मन, और ३० सेर $=$ $\frac{३}{४}$ मन।

$\because$ $\frac{३}{४}$ मन लकड़ी $=$ १ घनफुट लकड़ी का वजन

$\therefore$ $\frac{२७}{४}$ मन ,, $=$ $\frac{२७}{४} \times \frac{४}{३}$ घ० फु० ,, ,, ,, ,,

$=$ ९ घ० फु० ,, ,, ,, ,,

अतः उस शहतीर का घनफल $=$ ९ घन फुट

परन्तु उसकी चौड़ाई $=$ २ फुट ३ इंच $=$ $\frac{९}{४}$ फुट

और ,, मोटाई $=$ १ फुट ४ इंच $=$ $\frac{४}{३}$ फुट

$\therefore$,, लम्बाई $=$ $९ \times \frac{४}{९} \times \frac{३}{४}$ फुट $=$ ३ फुट

उत्तर : ३ फुट

२२. एक सन्दूक अन्दर से ४ फुट ६ इंच लम्बा और २ फुट ८ इंच ऊँचा है। उसमें ६ मन ३० सेर चीनी आ सकती है। यदि एक घनफुट चीनी का वजन १० सेर है, तो सन्दूक की ऊँचाई बताओ।

२३. एक कमरे में ४० लड़के हैं और प्रत्येक लड़के को १८६ घनफुट हवा मिलती है। यदि कमरा २४ फुट लम्बा और १५ फुट ऊँचा है, तो उसकी चौड़ाई बताओ।

२४. एक कमरे की लम्बाई चौड़ाई से दूनी है और वह १५ फु० ऊँचा है। यदि उसमें ४५ लड़के बैठते हैं और प्रत्येक लड़के को १४० घनफुट हवा मिलती है, तो वह कमरा कितना लम्बा है?

२५. एक मैदान में $\frac{१}{३}$ इंच पानी बरसा। यदि कुल १६८०$\frac{५}{६}$ गैलन पानी बरसा और उस मैदान की लम्बाई चौड़ाई की पाँच गुनी है, तो उस मैदान की चौड़ाई बताओ जब एक घनफुट पानी का वजन ६$\frac{१}{४}$ गैलन है।

२६. १५ गज लम्बी, १० फुट ऊँची और १८ फु० चौड़ी एक दीवार बनाने के लिये कितनी ईंटों की आवश्यकता होगी, यदि गारे इत्यादि की ईंट ९ इंच लम्बी ५ इंच चौड़ी और ४ इंच मोटी है?

क्रिया :

दीवार की लम्बाई = १५ ग० = १५×३×१२ इंच=५४० इंच
दीवार की चौड़ाई = १० फु० = १०×१२ इंच=१२० इंच
और दीवार की ऊँचाई = १८ इंच
∴ दीवार का घनफल = ५४०×१२०×१८ घन इंच
और एक ईंट का घनफल = ९×५×३ घन इंच
∴ ९×५×३ घ० इंच : ५४०×१२०×१८ घ० इंच : : १ ईंट : ईंटों की इष्ट संख्या

$$\therefore \text{ईंटों की इष्ट संख्या} = \frac{५४०×१२०×१८}{९×५×३}$$

$$=८६४०$$

उत्तर : ८६४० ईंट

२७. २४ गज लम्बी, १ फु० ६ इंच चौड़ी और ८ फु० ४ इंच ऊँची दीवाल को बनाने के लिये कितनी ईंटों की आवश्यकता पड़ेगी यदि एक ईंट की लम्बाई, चौड़ाई और मोटाई क्रमशः ९ इं० ४ इंच और ३ इंच है? गारे इत्यादि की मोटाई नगण्य है।

२८. २० फु० लम्बी, २ फु० ३ इंच चौड़ी और १२ फु० ऊँची दीवाल को बनाने के लिये कितनी ईंटों की आवश्यकता होगी, जब दीवाल का दसवाँ भाग गारे इत्यादि से बना है और प्रत्येक ईंट की लम्बाई चौड़ाई, और मोटाई क्रमशः ४½ इंच और ३ इंच है?

२९. एक दीवार २१ फु० लम्बी २ फुट ३ इंच चौड़ी और १० फु० ८ इंच ऊँची है। इसके बनाने के लिये कितनी ईंटों की आवश्यकता पड़ेगी जब १४०० ईंटों से १०० घनफुट दीवाल तैयार होती है?

३०. एक बाग ९५ गज लम्ब और ४५ गज चौड़ा है। उसके बाहर चारों ओर १ फु० ६ इंच चौड़ी और ६ फुट ऊँची चहार दीवारी बनायी जाती है। बाग में जाने के लिये ६ फुट चौड़ा एक फाटक है। इस चहार दीवारी के बनाने में कितनी ईंटों की आवश्यकता होगी, जब कि एक ईंट की लम्बाई, चौड़ाई और मोटाई क्रमशः ९ इंच ३½ इंच और २½ इंच है?

३१. एक खाई जो ५५ गज लम्बी, १० फु० ६ इंच चौड़ी और ४ फु० ६ इंच गहरी है, ईंटों द्वारा पाटी जाती है। यदि ईंट की लम्बाई चौड़ाई और मोटाई क्रम से १० इंच, ३½ इंच और २¾ इंच है, तो खाई कितने ईंटों से पट जायेगी?

३२. एक कमरा बाहर से १९ फुट लम्बा और १४ फुट चौड़ा है। १ फुट चौड़ी और १० फुट ऊँची चारों दीवालों को बनाने में कितनी ईंटें लगेंगी, जब उसमें दो दरवाजे ६ फुट ऊँचे और ३ फुट चौड़े हैं और गारे इत्यादि को मिलाने पर, एक ईंट की लम्बाई, चौड़ाई और मोटाई क्रमशः ९ इंच, ४ इंच और ३ इंच है?

३३. ७ फुट लम्बे और ५ फुट चौड़े हौज की गहराई बताओ, जब कि उसमें उतना ही पानी आता है जितना कि ९ फुट लम्बे, ३ फु० ४ इंच चौड़े और ३ फुट ६ इंच गहरे हौज की है।

क्रिया :

दूसरे हौज की लम्बाई = ६ फु०

चौड़ाई = ३ फु० ४ इं० = $\frac{१०}{३}$ फु०

और गहराई = ३ फु० ६ इंच = $\frac{७}{२}$ फु०,

∴ इसका घनफल = ६ × $\frac{१०}{३}$ × $\frac{७}{२}$ घन फु०

= १०५ घन फु०

पहले हौज का भी घनफल १०५ फु० ही हुआ, परन्तु इसकी लम्बाई और चौड़ाई क्रम से ७ फु० और ५ फु० है।

∴ इसकी गहराई = $\frac{१०५}{७ \times ५}$ फु० = ३ फु०।

उत्तर ३ फुट ।

३४. एक कमरा २० फु० लम्बा, १६ फु० चौड़ा और १० फु० ६ इंच ऊँचा है। २४ फु० लम्बे और १४ फु० चौड़े कमरे की ऊँचाई कितने फुट हो कि इसमें भी उतनी ही हवा रहे जितनी पहले कमरे में है ?

३५. जब मिट्टी खोदकर बाहर निकाली जाती है तब उसका घनफल ११$\frac{१}{९}$ प्रतिशत बढ़ जाता है। ८० ग० लंबी और ६० ग० चौड़ी जमीन खोदकर मिट्टी हटाई गई है। इस हटाई हुई मिट्टी का नफल २४००० घन फुट है बताओ जमीन कितने फुट गहरी खोदी गई है, यदि जमीन चारों ओर समान गहराई तक खोदी गई है ?

३६. एक हौज बनाने के लिये ८ फुट लम्बी, ६ फुट चौड़ी और ५ फुट गहरी जमीन खोदी जाती है और निकाली हुई मिट्टी १० फुट लम्बी और ६ फुट चौड़ी समतल भूमि पर रखी जाती है। यदि खोदी हुई मिट्टी का घनफल अपना नवाँ भाग बढ़ जाता है, तो रखी हुई मिट्टी की ऊँचाई बताओ।

३७. फूलों की एक आयताकार क्यारी ६० फु० लम्बी और ४० फु० चौड़ी है। अन्दर से उसके चारों ओर ३ फु० चौड़ा रास्ता है। यदि रास्ते को पक्का कराने में ६ आ० प्रति घन गज के भाव से ५ ० १४ आ० व्यय होता है तो बताओ रास्ता कितनी गहराई तक खोदकर पक्का बनाया गया है ?

३८. ३० फु० लम्ब और १८ फुट चौड़े आयताकार छत पर बरसा हुआ पानी ७ फु० ६ इंच लम्बे, ६ फुट चौड़े हौंज में इकट्ठा करने से हौज के पानी की सतह ३ फुट उठ जाती है। यदि पानी २ इञ्च बरसे तो छत पर का पानी उसी हौज में इकट्ठा करने से पानी की सतह कितनी उठ जायगी ?

३९. एक आयताकार घड़े में ६ घनफुट ९७२ घनइंच पानी है। वह ५ फुट लम्बा, ३ फु० ३ इं० चौड़ा और ३ फुट गहरा है। उसमें कितनी ईंटें डाली जायें कि पानी की सतह घड़ के मुंह के बराबर आ जाय, जब कि प्रत्येक ईंट की लम्बाई, चौड़ाई और ऊँचाई क्रमशः ९ इं० $३\frac{१}{२}$ और $२\frac{१}{२}$ इंच है और प्रत्येक ईंट अपने घनफल का $\frac{१}{१०}$ पानी सोख लेती है ?

$$\text{घड़ का घनफल} = ५ \times \frac{७}{२} \times ३ \text{ घन फुट}$$

$$= \frac{१०५}{२} \text{ घन फुट।}$$

$$\text{घड़े में जो पानी है उसका घनफल} = ६ \text{ घनफुट } ९७२ \text{ घन इंच}$$

$$= \frac{१०५}{१६} \text{ घनफुट}$$

$\therefore$ स्थानान्तरित होने वाले पानी का घनफल

$$= \left(\frac{१०५}{२} - \frac{१०५}{१६} \right) \text{ घनफुट}$$

$$= \frac{७३५}{१६} \text{घनफुट}$$

$$\text{एक ईंट का घनफल} = \frac{३}{४} \times \frac{७}{२४} \times \frac{५}{२४} \text{ घनफुट}$$

$$= \frac{३५}{७६८} \text{घनफुट}$$

$\because$ प्रत्येक ईंट अपन घनफल का $\frac{१}{१०}$ पानी सोख लेती है,

$\therefore$ प्रत्येक ईंट अपने घनफल का $\frac{९}{१०}$ पानी स्थानान्तरित करती है। अर्थात् प्रत्येक ईंट केवल $\frac{३५}{७६८}$ घनफुट का $\frac{९}{१०}$ यानी $\frac{२१}{२ \times २५६}$ घनफुट पानी स्थानान्तरित करती है।

$$\text{ईंटों की इष्ट संख्या} = \frac{७३५}{१६} \times \frac{२५६}{२१} \times २ = ११२०$$

उत्तर ११२० ईंट

४०. एक आयताकार हौज ८ फुट लम्बा, ५ फुट ६ इंच चौड़ा और ३ फुट ३ इंच गहरा है। उसमें ११ घनफुट पानी है। ९ इंच लम्बे ४ इंच चौड़े और २$\frac{3}{4}$ इंच मोटी कितनी ईंटें इस हौज में गिरायी जायँ कि पानी की सतह हौज के मुँह के बराबर आ जाय, जब कि प्रत्येक ईंट अपने घनफल का $\frac{1}{10}$ पानी सोख लेती है?

४१. एक आयताकार हौज ६ फु० लम्बा, ४ फु० ६ इंच चौड़ा और ४ फुट गहरा है। उसमें १८ घनफुट पानी है। इसमें कितनी ईंटें डाली जायँ कि पानी की सतह हौज के मुँह के बराबर आ जाय? प्रत्येक ईंट १० इंच लम्बी, ४ इंच चौड़ी और ३ इंच मोटी है और प्रत्येक ईंट अपने घनफल का $\frac{1}{10}$ पानी सोख लेती है।

४२. एक प्यासा कौआ एक घड़े पर जाकर बैठा परन्तु अपना चोंच घड़े के अन्दर दो इञ्च तक नीचे करने पर भी पानी न पा सका। तब वह कंकड़ चुन चुन कर घड़े में डालने लगा। यदि प्रत्येक कंकड़ का घनफल १$\frac{3}{4}$ घन इञ्च था तो बताओ पानी पीने के लिये कम से कम कितने कंकड़ डालना चाहिये जब कंकड़ अपने घनफल का $\frac{1}{10}$ पानी सोख लता है। घड़ा आयताकार है जो २$\frac{1}{2}$ फुट लम्बा २$\frac{1}{2}$ फुट चौड़ा और १$\frac{1}{2}$ फुट गहरा है और घड़े में ७ इंच पानी है?

४३. एक हौज जो ६ फुट लम्बा, ५ फुट ६ इञ्च चौड़ा और ४ फुट गहरा है, कागज बनाने की लुब्दी से भरा है। यदि सुखाते समय लुब्दी का $\frac{2}{3}$ घनफल कम हो जाता है तो बताओ इतनी लुब्दी से ३० इंच लम्बे और २२ इंच चौड़े ताव कितने बन सकते हैं, जब ४०० तावों की मोटाई २ इंच होती है?

४४. एक हौज जो ५ फुट लम्बा ४ फुट चौड़ा और ३$\frac{1}{2}$ फुट गहरा है, कागज बनाने की लुब्दी से भरा है, सूखने के बाद लुब्दी का घनफल केवल पहले घनफल का $\frac{1}{3}$ रह जाता है, तो बताओ इस लुब्दी से १६ इंच लम्बे और १४ इंच चौड़े कितने ताव बन सकते हैं, जब ४०० तावों की मोटाई १ इंच होती है?

४५. एक ढक्कनदार सन्दूक बाहर से ४ फुट ८ इंच लम्बा ३ फुट ६ इं० चौड़ा और २ फुट ३ इंच ऊँचा है। यदि वह एक इंच मोटे

तख्ते से बना है, तो बताओ (क) उसका भीतरी घनफल, (ख) सन्दूक का वजन, जब १ घनफुट लकड़ी का वजन २० सेर है।

४ फु० ८ इं०$=\frac{१४}{३}$ फुट, ३ फु० ६ इं०$=\frac{७}{२}$ फु०

२ फु० ३ इं०$=\frac{९}{४}$ फु०, लकड़ी १ इंच मोटी है।

∴ सन्दूक की भीतरी लम्बाई $=\frac{१४}{३}$ फु०−२ इं०$=\frac{९}{२}$ फु०

,, ,, चौड़ाई $=\frac{७}{२}$ फु०−२ इंच$=\frac{१०}{३}$ फु०

और ,, ,, ऊँचाई $=\frac{९}{४}$ फु०−२ इं०$=\frac{२५}{१२}$ फु०

∴ सन्दूक का भीतरी घनफल $=\frac{९}{२}\times\frac{१०}{३}\times\frac{२५}{१२}$ घनफुट

$=\frac{१२५}{४}$ घनफुट

=३१ घनफुट ४३२ घनइंच

और सन्दूक का बाहरी घनफल $=\frac{१४}{३}\times\frac{७}{२}\times\frac{९}{४}$ घनफुट

$=\frac{१४७}{४}$ घनफुट

∴ तख्ते का घनफल जिससे सन्दूक बना है

=बाहरी घनफल−भीतरी घनफल

$=\frac{१४७}{४}$ घनफुट−$\frac{१२५}{४}$ घनफुट

$=\frac{११}{२}$ घनफुट

∵ १ घनफुट लकड़ी का वजन २० सेर या $\frac{१}{२}$ मन है,

∴ $\frac{११}{२}$ घनफुट ,, ,, $\frac{११}{२}\times\frac{१}{२}$ मन यानी $\frac{११}{४}$ मन है

अर्थात् २ मन ३० सेर है।

(क) ३१ घनफुट ४३२ घनइंच
(ख) २ मन ३० सेर } उत्तर

४६. बाहर से एक ढक्कनदार सन्दूक ५ फुट लम्बा; ३ फुट ६ इंच चौड़ा और १ फुट ९ इंच ऊँचा है। यह १$\frac{१}{२}$ इंच मोटे तख्ते का बना है। इस सन्दूक का भीतरी घनफल और वजन बताओ जब कि १ घनफुट लकड़ी का वजन १६ सेर है?

४७. एक लोहे का ढक्कनदार सन्दूक $\frac{१}{२}$ इंच मोटे चादर का बना है। वह बाहर से ३ फुट लम्बा, २ फुट ३ इंच चौड़ा और १ फुट ९ इंच ऊचा है। इस सन्दूक का वजन कितना है यदि एक घनफुट लोहे का वजन ६ मन है?

४८. एक बिना ढक्कन का सन्दूक अन्दर से ४ फुट ४ इंच लम्बा, २ फुट १० इंच चौड़ा और १ फुट ५ इंच ऊँचा है। उसमें कितने घनफुट लकड़ी लगी है जब कि लकड़ी के तख्ते १ च मोटे हैं? यदि एक घन फुट लकड़ी का वज़न ३० सेर है तो सन्दूक का वजन बताओ?

४९. एक क्कनदार पानी का हौज लोहे की चादर का बना है। पेंदे की चादर को छोड़कर बाकी चादें $१\frac{१}{२}$ च मोटी हैं। हौज बाहर से ६ फु० लम्बा, ५ फु० ७ इंच चौड़ा और ४ फु० ४ इंच ऊँचा है। यदि उस हौज नें ९०० गैलन पानी आता है तो पेंदें की चादर की मोटाई बताओ जब कि एक घनफुट पानी का तौल $६\frac{१}{४}$ गैलन है।

५०. एक कमरा २५ फुट लम्बा, २१ फुट चौड़ा और १५ फुट ऊँचा है। उसमें आयताकार एक रोशनदान है जिसकी लम्बाई और चौड़ाई क्रम से २ फु० ४ इंच और १ फुट ८ इंच है। बताओ हवा प्रति मिनट किस चाल से उस रोशनदान में होकर कमरे में आ रही है, जब कमरे की हवा प्रति घंटा बिल्कुल बदल जाती है?

२ फुट ४ इंच $=\frac{७}{३}$ फु०

१ फु० ८ इंच $=\frac{५}{३}$ फु०।

कमरे की हवा का घनफल $=२५\times२१\times१५$ घनफुट,

∴ उस हवा का घनफल जो ति मिनट बदल जाती है

$$=\frac{२५\times२१\times१५}{६०} \text{ घन फु०}$$

रोशनदान का क्षेत्रफल $=\frac{७}{३}\times\frac{५}{३}$ वर्ग फुट

$$\text{हवा की प्रति मिनट की चाल}=\frac{२५\times२१\times१५\times३\times३}{६०\times७\times५} \text{ फु०}$$

$$=\frac{१२७}{४} \text{ फु०}$$

$$=३३ \text{ फुट } ९ \text{ च}$$

उत्तर ३३ फुट ९ इंच।

५१. एक कमरा २० फुट लम्बा, १५ फुट चौड़ा और १० फु० ऊँचा है। उसमे एक आयताकार रोशनदान है जो २० इंच लम्बा और

१५ ंच चौड़ा है। स रोशनदान से होकर ति मिनट किस चाल से हवा कमरे म आ रही है जब कमरे की कुल हवा ति घण्टे बदल जाती है ?

५२. एक हौज १२ फुट लंबा १० फुट चौड़ा और ७ फुट ६ इंच गहरा है। उसमें एक नल ारा पानी आता है। यदि नल से पानी ५ फुट प्रति सेकण्ड की चाल से गिरे और हौज १ घंटा ४८ मिनट में भर जाय तो नल के मुँह का क्षत्रफल बताओ।

५३. एक नदी १०० गज चौड़ी और १२ फुट गहरी है यदि वह ति सेकंड ११८८० मन पानी समु में लाती है, तो बताओ नदी किस चाल से बहती है ? (१ घनफुट पानी का वजन ३० सेर है)।

लाम्बिक बेलन (Right Cylinder)

उस ठोस को जिसका जनन उस आयत द्वारा होता है जो अपनी एक भुजा को अक्ष (Axis) मानकर परिक्रमा करता है, **लम्बिक बेलन** कहते हैं।

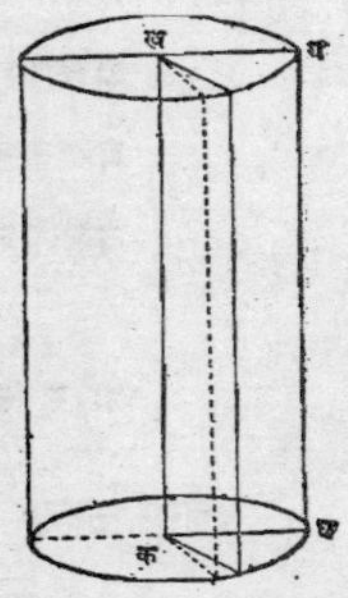

सामने की आकृति में आयत क ख ग घ अपनी एक भुजा क ख की परिक्रमा करके एक लम्बिक बेलन बनाता है।

भुजा क ख को **अक्ष** कहते हैं। यह रेखा स्थिर रहती है। रेखा ग घ जो क ख के समानान्तर है क ख की परिक्रमा करती है। परिक्रमा करने वाली रेखा को **जनक रेखा** (Generating line) कहते हैं। ख ग और क घ सर्वदा क ख के साथ समकोण बनाती है अर्थात् ख ग और क घ सर्वदा एक-दूसरे के समान्तर होती हैं। इनके घूमने से समानान्तर समतलों में दो वृत्तों का जनन होता है, जो बेलन के सिरे (Ends) कहलाते हैं। इनमें से निचले सिरे को बेलन का **आधार** (base) कहते हैं।

दी हुई आकृति से स्पष्ट है कि

(क) लम्बिक बेलन में तीन पृष्ठ (Surface) होते हैं। इनमें से सिरे की दोनों आकृतिया वृत्ताकार तथा एक-दूसरे के बराबर

और समानान्तर होती है । और तीसरा पृष्ठ **वक्रतल** (Curved surface) होता है इसको बेलन का **पार्श्व पृष्ठ** (Lateral surface) भी कहते हैं ।

(ख) लाम्बिक बेलन की ऊँचाई वही होती है, जो जनक रेखा अथवा अक्ष की लम्बाई होती है । ऊपर दिये हुए बेलन की ऊँचाई क ख या ग घ है ।

(ग) लाम्बिक बेलन के आधार के समानान्तर लिया गया कोई समतल काट (Plane section) एक वृत्त होता है ।

(घ) यदि बेलन के वक्रतल के चारों ओर एक कागज लपेटा जाय और फिर उस कागज को किसी समतल पर फैला दिया जाय तो कागज की आकृति आयताकार होगी । इस आयत की एक भुजा बेलन की ऊँचाई के बराबर होगी और दूसरी भुजा बेलन के घेरे के बराबर होगी ।

यदि किसी बेलन के आधार की त्रिज्या और ऊँचाई क्रम से त्र और ऊ हो, तो

बेलन का घेरा २π त्र $(\pi = \frac{२२}{७} = ३.१४२८५७)$

आधार का क्षेत्रफल $= \pi$ त्र^२

बेलन के वक्रपृष्ठ का क्षेत्रफल $= २\pi$ त्र ऊ

बेलन के पूर्ण पृष्ठ का क्षेत्रफल $= २\pi$ त्र$^२ + २\pi$ त्र ऊ

$= २ \pi$ त्र (त्र + ऊ)

और बेलन का आयतन $= \pi$ त्र^२ ऊ

सूचना:–इस पुस्तक में बेलन का अर्थ लाम्बिक बलन होगा ।

प्रश्नावली ५८

(१) एक बेलन का व्यास २.८ फुट और ऊँचाई १० फुट है । ज्ञात करो (क) उसके वक्रतल का क्षेत्रफल (ख) सम्पूर्ण पृष्ठों का क्षेत्रफल और (ग) इसका आयतन ।

क्रिया : (क) वक्रतल का क्षेत्रफल $= २\pi \times \frac{२.८}{२} \times १०$ वर्गफुट

$= २ \times \frac{२२}{७} \times १.४ \times १०$ व० फु०

$= ८८$ वर्ग फुट

(ख) संपूर्ण पृष्ठका क्षेत्रफल $=2\pi\times1.4\,(1.4\times10)$ व. फु.

$=102.96$ वर्ग फुट

(ग) आयतन $=\pi\times1.4\times1.4\times10$ घनफुट

$=\frac{22}{7}\times1.4\times1.4\times10$ घ० फु०

$=59.6$ घन फुट

उत्तर : (क) ८८ वर्गफुट (ख) १०२.९६ व० फु० (ग) ५९.६ घन फुट

निम्नलिखित बेलनों का जिनकी ऊँचाई और आधार की त्रिज्या दी है (क) आयतन (ख) वक्रपृष्ठ और (ग) सम्पूर्ण पृष्ठ का क्षेत्रफल बताओ।

(२) ऊ=१२', त्र=७' (३) ऊ=१५' त्र=५.१'

(४) ऊ=१४' और त्र=५' (५) ऊ=१६' त्र=८'

(६) किसी बेलन की ऊँचाई १४ फुट और आयतन १७६ घनफुट है। उसके आधार का व्यास बताओ।

क्रिया : आयतन $=\pi$ त्र^2 ऊ

$\therefore$ १७६ $=\frac{22}{7}$ त्र$^2\times14$

या त्र^2 $=\frac{176\times7}{22\times14}=4$

$\therefore$ त्र $=2$ फुट

$\therefore$ व्यास $=2\times2$ फुट $=4$ फुट

उत्तर : ४ फुट

निम्नलिखित बेलनों के आधार की त्रिज्या ज्ञात करो, जब

(७) ऊँचाई=१४ फुट और आयतन=२९९ घनफुट

(८) ऊँचाई=१५ फुट और आयतन=२३१० घनफुट

(९) ऊँचाई=२१ फुट और आयतन=१०५६ घनफुट

(१०) ऊँचाई=२८ फुट और आयतन=१०७८ घनफुत

(११) उस बेलन की ऊँचाई बताओ, जिसका आयतन १५७४ घनफुट और आधार की त्रिज्या ६ फुट है।

क्रिया : ∵ आयतन $=\pi$ त्र^2 ऊ

∴ १५८४ $=\frac{२२}{७}\times$ ६ $\times$ ६ $\times$ ऊ

ऊ $=\frac{१५७४\times७}{२२\times६\times६}=$ १४ फुट

उत्तर : १४ फुट

(१२) उस बेलन की ऊँचाई ज्ञात करो जिसका आयतन २६४ घ० फु० है और जिसके आधार की त्रिज्या ३ फु० ६ इंच है।

निम्नलिखित वेलनों की ऊँचाई बताओ, जब

(१३) आयतन $=$ ४२४$\frac{२}{७}$ घ० फु०, आधार की त्रिज्या $=$ ३ फु०

(१४) आयतन $=$ ३६४ घ० फु०, आधार की त्रिज्या $=$ ४ फु०

(१५) आयतन $=$ ८२५ घ० फु०, आधार की त्रिज्या $=$ २$\frac{१}{२}$ फु०

(१६) उस बेलन का घेरा बताओ, जिसकी ऊँचाई १४ फुट और आयतन १७६ घ० फु० है।

(संकेत—पहले आधार का व्यास ज्ञात करो)

(१७) उस बेलन का घेरा बताओ, जिसकी ऊँचाई २ फुट ४ इंच और आयतन ३५२ घन फुट है।

(१८) एक बेलनाकार हौज है जिसका भीतरी व्यास १८ फुट है। उसके भीतरी वक्रपृष्ठ को ॅगाने में ४ आ० प्रति वर्ग फुट की दर से १९८ रुपया लगता है। उस हौज का आयतन बताओ।

(१९) एक बेलनाकार हौज में जिसका भीतरी व्यास ३ फुट ६ इंच है, पानी है। यदि उसमें लोहे का एक आयताकार ठोस टुकड़ा जिसकी लम्बाई, चौड़ाई और ऊँचाई क्रमशः १ फुट ६ इंच १ फुट २ इंच और ११ इंच है, डालने से डूब जाता है, तो पानी की सतह कितने इंच ऊपर उठ जायेगी ?

क्रिया :

१ फुट ६ इं० $=\frac{३}{२}$ फुट; १ फु० २ इं० $=\frac{७}{६}$ फुट, ११ इं० $=\frac{११}{१२}$ फु०

और ३ फुट ६ इंच $=\frac{७}{२}$ फुट

∴ लोहे के आयताकार ठोस टुकड़े का आयतन $=\frac{३}{२}\times\frac{७}{६}\times\frac{११}{१२}$ घ० फु०

$=\frac{७७}{४८}$ घ० फु०

∴ हौज में ऊपर उठने वाले पानी का आयतन $\frac{७७}{४८}$ घ० फु० है

मान लिया कि पानी की सतह ऊ फुट उठती है

∵ हौज के आधार का व्यास $\frac{७}{२}$ फुट है

∴ उसके आधार की त्रिज्या $\frac{७}{४}$ फुट है

और $\frac{२२}{७} \times \frac{७}{४} \times \frac{७}{४}$ ऊ $= \frac{७७}{८}$ घन फुट

ऊ $= \frac{७७}{४८} \times \frac{७}{२२} \times \frac{४}{७} \times \frac{४}{७} = १$ फुट

उत्तर : १ फुट

(२०) एक बेलनाकार हौज में कुछ पानी है। उसके आधार का व्यास ३ फु० ६ इं० है। उसमें एक लोहे का आयताकार ठोस टुकड़ा जिसकी लम्बाई, चौड़ाई और ऊँचाई क्रमशः २ फु० २ इं०, १ फु० ६ इं० और २ फु० है, डालने पर पूर्ण रूप से डूब जाता है, बताओ पानी की सतह कितनी उठती है ?

(२१) एक बेलनाकार हौज में कुछ पानी है। उसके आधार का व्यास ५ फु० है, उसमें एक लोहे का आयताकार ठोस घन जिसका एक कोर २ फुट ६ इंच है, डालने से डूब जाता है। बताओ पानी सतह से कितना उठ जाता है।

(२२) एक आयताकार हौज है जो ५ फुट ६ इं० लम्बा, ३ फु० ६ इं० चौड़ा और ३ फुट गहरा है। वह हौज ३६० बाल्टी पानी से भर जाता है। यदि बाल्टी बेलनाकार हो और उसकी ऊँचाई १ फु० ६ इं० है, तो उसके आधार का व्यास ज्ञात करो।

(२३) एक बेलनाकार नाली के आधार की बाहरी और भीतरी त्रिज्यायें क्रमशः १ फुट और ९ ˙० है, तो ठोस नाली का आयतन ज्ञात को जब कि उसकी लम्बाई .५ फुट है।

क्रिया : नाली का सम्पूर्ण आयतन $= \frac{२२}{७} \times १ \times १ \times ५$ घ० फु०

$= \frac{११०}{७}$ घ० फु०

और खोखली नाली का आयतन $= \frac{२२}{७} \times \frac{३}{४} \times \frac{३}{४} \times ५$ घ० फु०

$= \frac{९९०}{११२}$ घ० फु०

ठोस नाली का आयतन $= \frac{११०}{७}$ घ० फु० $- \frac{९९०}{११२}$ घ० फु०

$= \frac{१६७०-९९०}{११२}$ घ०फु० $\frac{७७०}{११}$ घ०फु०

$= ६\frac{७}{८}$ घ० फु०

उत्तर : $६\frac{७}{८}$ घ० फु०

(२४) एक बेलनाकार नली २ इंच मोटी है। यदि वह २ फुट ११ इं० लम्बी है और उसका भीतरी व्यास ८ इंच है तो ठोस नली का आयतन बताओ।

(२५) एक बेलनाकार नली २ फु० ११ इं० लम्बी है। उसका बाहरी व्यास २ इं० और भीतरी व्यास १.८ इं० है। यदि एक घन इंच धातु का भार .२७ पौण्ड हो और एक औंस धातु का मूल्य १ शि० १० पें० हो, तो नली का मूल्य निकटतम पेंस तक निकालो।

लांबिक वर्तुल शंकु

(Right Circular Cone)

जब किसी समकोण त्रिभुज की एक भुजा दूसरी भुजा की परिक्रमा करती है तब एक ठोस का जनन करती है जिसे **लाम्बिक वर्तुल शंकु कहते हैं**।

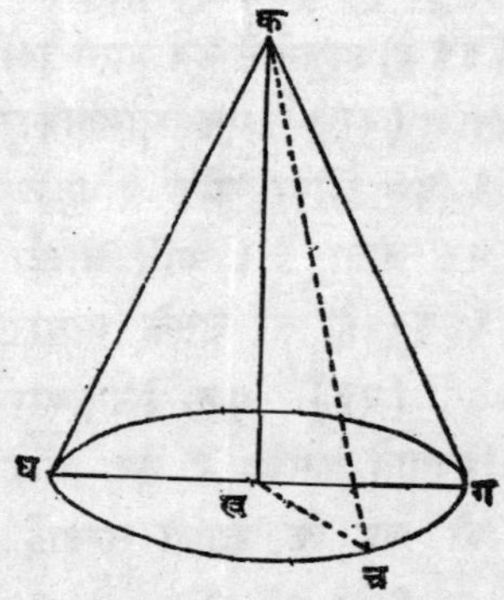

उस भुजा को जो घूमती है, **शंकु** का **जनक** (Generator) कहते हैं और उस भुजा को जिसके चारों ओर जनक रेखा घूमती है, **धुरी** (Axis) कहते हैं।

शंकु का आधार वृत्ताकार होता है। इस वृत्त की त्रिज्या त्रिभुज की परिक्रमण करने वाली भुजा के बराबर होता है।

समकोण त्रिभुज क ख ग की भुजा ख ग जिसमें क ख ग समकोण है, भुजा क ख की परिक्रमा करती हैं। इसलिये भुजा ख ग शंकु की जनक रेखा है, क ख धुरी है और क **शीर्ष** (Vertex) है। खग आधार की त्रिज्या है और क ख शंकु की ऊँचाई है।

कग को शंकु की **तिरछी ऊँचाई** (Slant height) कहते हैं।

ग क घ को **शीर्ष कोण** (Vertical angle) कहते हैं और इसका मान ख क ग का दूना होता है।

स्मरण रहे कि :–

(क) शंकु में दो तना होते हैं—(१) आधार जो वृत्ताकार है, (२) वक्रतल।

(ख) लम्ब शंकु का आधार के समान्तर समतल काट एक वृत्त होता है।

(ग) यदि किसी शंकु के आधार की त्रिज्या त्र, ऊँचाई ऊ और तिरछी ऊँचाई त हो, तो

(१) $त^२ = त्र^२ = ऊ^२$ अथवा $त = \sqrt{त्र^२ — ऊ^२}$

(२) वक्रतल का क्षेत्रफल $= \pi त्र\ त$

(३) आधार का क्षत्रफल $= \pi\ त्र^२$

(४) सम्पूर्ण शंकुका क्षेत्रफल $= \pi त्र^२ \times \pi त्र = \pi त्र\ (त्र \times त)$

और (५) शंकु का आयतन $= \frac{१}{३}\ \pi\ त्र^२\ ऊ$

प्रश्नावली ५६

(१) एक शंकु के आधार का व्यास ५ फुट और ऊँचाई ६ फुट है। ज्ञात करो (क) उसका सम्पूर्ण तल का क्षेत्रफल और (ख) उसका आयतन

क्रिया : शंकु के आधार की त्रिज्या $= \frac{५}{२}$ फुट

तिरछी ऊँचाई $= \sqrt{६^२ \times \frac{५^२}{२}}$ फुट

$= \sqrt{\frac{१४४ \times २५}{४}} = \frac{१३}{२}$ फु०

और सम्पूर्ण तल $= \pi त्र^२ \times \pi$ त्र त वर्ग फुट

$= \frac{२२}{७} त्र\ (त्र \times त)$ वर्गफुट

$= \frac{२२}{७} \times \frac{५}{२}\ (\frac{५}{२} \times १३)$ व. फु०

$= \frac{२२}{७} \times \frac{५}{२} \times \frac{३१}{२}$ व० फु० $= ११४\ \frac{१}{२८}$ व. फु

(ख) आयतन $= \frac{१}{३}\ \pi\ त्र^२\ ऊ$

$= \frac{१}{३} \times \frac{२२}{७} \times \frac{५}{२} \times \frac{५}{२} \times १२$ घ० फु०

$= \frac{५५०}{७}$ घ० फु० $\times\ ७८\frac{४}{७}$ घ० फु०

उत्तर : (क) ११४ $\frac{१}{२८}$ व० फु० (ख) ७८$\frac{४}{७}$ घ० फु०

निम्नलिखित शँकुओं का (क) सम्पूर्ण तल (ख) आयतन बताओ:—

(२) त्र=६″ और ऊ=८″ (३) त्र=४ फु० ६ इं० और ऊ=६ फु.

(४) त्र=७″ और ऊ=२ फुट (५) त्र=१ फु० २ इं० और ऊ=४फु०

(६) एक शंकु का आयतन २३१० घनफुट है। यदि उसकी ऊँचाई ५ फुट है तो उसके आधार का व्यास बताओ।

क्रिया : शंकु का आयतन $= \frac{१}{३} \pi$ त्र^२ ऊ

मान लिया कि शंकु की त्रिज्या त्र फुट है

$\therefore \quad \frac{१}{३} \times \frac{२२}{७} \times$ त्र$^२ \times ५ = २३१०$ घ० फु०

$\therefore \quad$ त्र$^२ = \frac{२३१० \times ३ \times ७}{२२ \times ५}$ व० फु०

$= २१ \times २१$ व० फु०

$\therefore \quad$ त्र $= २१$

उत्तर : ४२ फुट

निम्नलिखित शंकुओं के आधार की त्रिज्या बताओ, जब

(७) ऊ=७ फुट; आयतन=२६४ घ० फु०

(८) ऊ=३.५ इं०; आयतन=५२८ घ० इं०

(९) ऊ=६ फुट, आयतन=१९२५ घ० फु०

(१०) ऊ=१ फु० ९ इं०, आयतन ३५२ घ० इं०

(११) उस शंकु का आयतन बताओ जिसका वक्रतल ४७$\frac{१}{७}$ व० फु० है। और जिसका व्यास ६ व० फु० है।

(संकेत—पहले तिरछी ऊँचाई ज्ञात करके लाम्बिक ऊँचाई ज्ञात करो)

(१२) एक शंकु के आकार का डेरा है जिसमें १३२ वर्ग गज कपड़ा लगा है, यदि उसका व्यास १४ गज है, तो उसका आयतन बताओ।

(१३) एक शंकु के आकार का डेरा है जिसमें ५५० व० फु० कपड़ा लगा है। उस डेरे का आयतन बताओ जब उसका व्यास ७ फुट है।

(१४) एक शंकु के आकार का डेरा है, जिसमें २३१० व० फु० कपड़ा लगा है। यदि उसकी लाम्बिक ऊँचाई २४ फुट है, तो उसका आयतन बताओ।

(१५) यदि किसी शंकु के आकार के डेरा में १००१० वर्ग फुट कपड़ा लगा है और उसकी ऊँचाई ६० फीट है, तो उसका आयतन बताओ।

(१६) बड़े से बड़े उस शंकु का आयतन बताओ जो उस घन मेंसे काटा जा सकता है जिसका प्रत्येक कोर ८ इंच के बराबर है।

(संकेत—बड़े से बड़ा वह शंकु होगा जिसका व्यास दिये हुए घन के कोर के बराबर होगा और जिसकी ऊँचाई घन की ऊँचाई के बराबर होगी)।

(१७) बड़े से बड़े उस शंकु का आयतन बताओ जो उस घन में से काटकर निकाला जा सकता है, जिसका प्रत्येक कोर ७ इं० है।

(१८) एक तम्बू है जिसकी दीवारें बेलनाकार हैं और जिसका ऊपरी भाग शंकु के आकार का है, उसके आधार का व्यास ६ गज और उसकी ऊँचाई ६ फुट है। यदि दीवारों की ऊँचाई ५ फुट है, तो उस तम्बू का आयतन बताओ।

(१९) एक तम्बू के निचले भाग की दीवारें बेलनाकार है, जिनकी ऊँचाई ६ फुट है। उसके ऊपरी भाग शंकु के आकार का है। यदि शंकु की तिरछी ऊँचाई १३ फुट और तम्बू के आधार का व्यास २४ फुट है, तो बताओ उस तम्बू के बनाने में कितना कपड़ा लगा है और उस तम्बू का आयतन भी बताओ।

(२०) एक शंकु के आकार का तम्बू है, जिसमें अधिक से अधिक १६ आदमी रह सकते हैं। यदि एक आदमी के लिये ४४ वर्ग फुट भूमि और १३२ घ० फुट हवा चाहिये तो उस तम्बू की ऊँचाई तथा व्यास ज्ञात करा।

गोला

उस ठोस को जिसका जनन उस अर्धवृत द्वारा होता है जो अपने व्यास का परिक्रमा करती है, गोला कहते हैं।

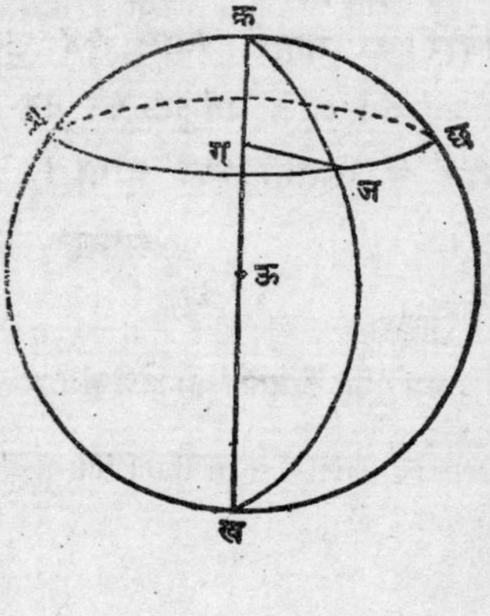

यदि अर्धवृत्त क ज ख अपने व्यास क ख का परिक्रमा करे, तो अर्धवृत्त गोला बनायेगी और अर्ध-परिधि क ज ख उस गोले का वक्रतल बनायेगी।

इस तल पर का प्रत्येक विन्दु अर्ध-वृत्त के केन्द्र ऊ से समान दूरीपर स्थित है। ऊ को गोले का केन्द्र कहते हैं।

स्मरण रहे कि

(क) गोला में केवल एक ही तल होता है।

(ख) गोले का प्रत्येक समतलकार एक वृत्त होता

(ग) यदि गोले की त्रिज्या त्र है, तो

(१) गोले के वक्र तल का क्षेत्रफल = ४ π त्र²

और (२) गोले का आयतन = ४/३ π त्र³

प्रश्नावली ९०

(१) उस गोले का (क) वक्रतल तथा (ख) आयतन का मान बताओ, जिसकी त्रिज्या ६ इंच है।

क्रिया : (क) वक्र तल का क्षेत्रफल = ४ π त्र²

= ४ × २२/७ × ६ × ६ इं०

= ३१६८/७ व० इं० = ४५२ ४/७ व० इं०

(ख) आयतन = ४/३ π त्र³ = ४/३ × २२/७ × ६ × ६ × ६

= ६३३६/७ घ० इं० = ९०५ १/७

उत्तर : (क) ४५२ ४/७ व० इं० (ख) ९०५ १/७ घ० इं०

निम्नलिखित गोलों के (क) तल तथा (ख) आयतन बताओ, जब

(२) त्र = ३ इं० (३) त्र = ४ इं० (४) त्र = ७ इं० (५) त्र = ९ इं

(६) एक बेलनाकार कमरे की छत अर्धगोलार्ध है, यदि कमरे के आधार का बाहरी व्यास १४ फुट और उसकी दीवार ६ फुट उँची है, तो २ आने प्रति वर्गफुट की दर से उस कमरे के बाहरी भाग की सफदी कराने में कितना व्यय होगा ?

आधार की त्रिज्या = १४/२ फु० = ७ फुट

क्रिया :

कमरे की दीवारों का क्षेत्रफल = २ × २२/७ × ७ × ६ व० फु० = २६४ व० फु०

और गोलार्ध के वक्रतल का क्षेत्रफल = २ × २२/७ × ७ × ७ व० फु०

= ३०८ व० फुट

कमरे के बाहरी भाग का क्षेत्रफल $=$ (२६४ $\times$ ३०८) व० फु० $=$ ५७२ व.फु.

१ वर्ग फुट की सफेदी कराने का व्यय $=$ २ आ० $= \frac{१}{८}$ रु०

५७२ व० फु० ,, ,, ,, $= \frac{१}{८} \times$ ५७२ रु०

$\frac{५७२}{८} = \frac{२८६}{४}$ रु० $=$ ७२ रु० ८ आ०

उत्तर : ७२ रु० ८ आ०

(७) एक बेलनाकार कमरे की छत अर्ध गोलार्ध है। यदि कमरे की दीवार की ऊँचाई ५ फु० ६ इं० है और आधार का बाहरी व्यास २१ फुट है, तो कमरे के बाहरी भाग की सफेदी कराने में २ आ० प्रति फुट की दर से कितना व्यय होगा ?

(८) एक बेलनाकार नली के दोनों सिरों पर गोलार्ध है। उस नली का व्यास ७ इंच है, तो यदि दोनों गोलार्धों को लेकर नली की लम्बाई ३ फुट ७ इंच है, तो उसके बाहरी भाग को ४ आने प्रति वर्ग फुट की दर से रंग कराने में कितना व्यय होगा ?

(९) एक गोले के पृष्ठ का क्षेत्रफल १५४ वर्ग फुट है, उसकी त्रिज्या की माप बताओ।

क्रिया : मान लिया कि अभीष्ट त्रिज्या त्र फुट है

$$\text{तब } ४ \times \frac{२२}{७} \times \text{त्र}^२ = १५४$$

$$\text{त्र}^२ = \frac{१५४ \times ७}{४ \times २२} = \frac{७ \times ७}{४}$$

$$\therefore \quad \text{त्र} = \frac{७}{२} = ३\frac{१}{२}$$

उत्तर : ३ फु० ६ इं०

(१०) उस गोले की त्रिज्या बताओ जिसके तल का क्षेत्रफल २४६४ वर्ग इंच है।

(११) उस गोले की त्रिज्या बताओ जिसके तल का क्षेत्रफल ५५४४ वर्ग इंच है।

(१२) उस गोले की त्रिज्या ज्ञात करो जिसका आयतन ३८८० घन इंच है।

(१३) उस गोले की त्रिज्या बताओ जिसका आयतन १३$\frac{५}{७}$ घन फुट है

(१४) एक राँगे के ~~मेल्लें~~ को, जिसकी त्रिज्या १०$\frac{1}{2}$ इं० था, गलाकर छोटी छोटी समान्तर की २७ गोलियाँ बनाई गईं। प्रत्येक गोली की त्रीज्या बताओ।

(१५) एक राँगे के गोले को, जिसकी त्रिज्या ६ इंच है, गलाकर छोटी छोटी ३ गोलियाँ बनाई जाती हैं। यदि पहले दो गोलियों की त्रिज्यायें क्रमशः ३ इं० और ४ इं० हैं, तो तीसरी गोली की त्रिज्या बताओ।

(१६) एक लोहे के गोले की त्रिज्या ८ इंच है। उसको गलाकर समानाकार की ऐसी कितनी गोलियाँ बनाई जा सकती हैं, जब उनकी त्रिज्या २ इंच हो?

(१७) एक खोखले गोले का आवरण .२ इंच मोटा है। यदि उसका भीतरी व्यास ४ इंच है, तो ठोस गोले का आयतन बताओ।

(१८) एक खोखले गोले का अवरण १ इंच मोटा है। यदि उसका ब ाहरी व्यास ६ इंच है, तो ठोस गोले का आयतन ज्ञात करो।

(१९) एक बेलन, एक शंकु और एक गोला समान ऊँचाई के हैं और एक ही आधार पर स्थित हैं उनके आयतन किस समानुपात में है?

(२०) एक गोलार्ध और एक शंकु एक ही आधार पर स्थित हैं यदि दोनों के आयतन परस्पर बराबर हैं तो उनकी ऊँचाई का अनुपात बताओ।

(२१) एक बूंद पानी का व्यास .१ इंच है। यदि शंकु के आकार के एक ऐसे गिलास में जिसके मुँह का व्यास २ इंच है, १६०००ं बूंद पानी डालने पर गिलास भर जाता है। गिलास की गहराई बताओ।

(२२) एक ऐसे ठोस बेलन को जिसकी लम्बाई ४५ इंच और जिसका व्यास ४ इंच हो गलाकर १५ समान आकार के गोले बनाये जाते हैं। त्येक गोले का व्यास ज्ञात क ो।

परीक्षा प्रश्न-पत्र

(१) (क) संरल करो $\dfrac{\text{४}\frac{\text{१}}{\text{२}} - \text{२}\frac{\text{१}}{\text{४}}}{\text{४}\frac{\text{१}}{\text{३}} - \text{३}\frac{\text{१}}{\text{४}}} \div \dfrac{\text{६}\frac{\text{१}}{\text{४}} \text{ का } \frac{\text{१}}{\text{४}}}{\text{४} - \text{२}\frac{\text{१}}{\text{४}}}$

(ख) $\dfrac{\text{·४} \times \text{·४} \times \text{·४} - \text{·०४} \times \text{·०४} \times \text{·०४}}{\text{·८} \times \text{·८} \times \text{·८} - \text{·०८} \times \text{·०८} \times \text{·०८}}$

(प० १९२४)

(२) (क) निम्न लिखित भाग के प्रश्न में लुप्त अंक ज्ञात करोः—

ब० फ०(१९३९)

```
 ९ | ✿ ✿ ✿ ✿
   |---------
१२ | ✿ ✿ ✿ ✿  —५ शेष
   |---------
        ८४  —६ शेष
```

(ख) तीन-तीन अंकों की वे संख्यायें बताओ जिनका महत्तम समापवर्तक ३१० और लघुतम समापवर्त्य १८६७ हो।

(३) (क) यदि ४१५७५२१ का वर्गमल २०३९ है, तो छोटे रीति से ४१६०५८००६२५ का वर्गमूल ज्ञात करो।

(ख) तीन आदमियों क, ख और ग का औसत भार ८४ सेर है, एक चौथा आदमी घ जब उनके साथ हो जाता है तब चारों का औसत भार ८० सेर हो जाता है। यदि च जिसका भार घ से ३ सेर अधिक है क के स्थान पर रहता है तो ख, ग, घ और च का औसत भार ७९ सेर होता है। क का भार बताओ।

(आई० पी० एस० १९३१)

(४) (क) १५०० सैनिकों की एक पलटन के पास ४८ दिन का भोजन है। १३ दिनों के बाद कुछ और सैनिकों के आ जाने से मालूम हुआ कि भोजन-सामग्री अब २५ दिन चलेगी। नये आये हुए सैनिकों की संख्या ज्ञात करो। (राजपुताना १९२५)

(ख) २ आदमी क्रमशः ३००० रु० और ४००० रु० की पूंजी के साथ एक व्यापार में साझा करते हैं। ८ महीने बाद कम पूंजी वाले साझेदार ने २५०० रुपये और दिये, ७ महीने और बीत जाने पर उन दोनों ने ५२० रु० लाभ पाकर व्यापार बन्द कर दिया। यह लाभ किस कार बाँटा गया ?

(५) (क) किसी परीक्षा के विद्यार्थियों की संख्या का पंचमांश लड़कियाँ थीं और शेष लड़के थे। ५% लड़के और ४०% अनुत्तीर्ण रहीं। यदि विद्यार्थियों की कुल संख्या २५०० रही तो उत्तीर्ण परीक्षार्थियों का प्रतिशत बताओ। (मद्रास १९२८)

(ख) एक बनिया १ रु० ४ आ० प्रति पौण्ड के भाव की १०० पौं० चाय, ८ आने प्रति पौंड की ६०० पौं० चाय और १४ आने प्रति पौं० भाव की २०० पौण्ड चाय खरीदता है। वह इन सब को मिला देता है और मिश्रण का आधा १२ आने प्रति पौण्ड के भाव से बेचता है। बची हुई चाय को वह प्रति पौण्ड किस भाव से बेचे कि पूरी लागत पर उसको २५% का लाभ हो ? (उ० प्र० १९४५)

(६) (क) कितने समय में ९०० रु० का साधारण व्याज ६% की दर से ५४० रु० के ८ वर्ष के ५% के व्याज के बराबर हो जायेगा ?

(ख) यदि किसी धन का ४% वार्षिक व्याज की दर से २ वर्ष का चक्रवृद्धि व्याज उसी समय और उसी दर के साधारण व्याज से ७५ रुपये अधिक हो, तो वह धन क्या होगा ? (प० फ० १९३१)

(७) (क) एक आयताकार आंगन की लम्बाई और चौड़ाई में ५:३ का अनुपात है। यदि उसकी फर्श पर १० आने प्रति वर्ग फुट की दर से दरी बिछाने में १५० रु० व्यय होते हैं; तो उसकी लम्बाई और चौड़ाई ज्ञात करो। (दिल्ली १९४०)

(ख) लकड़ी के एक सन्दूक की बाहरी लम्बाई, चौड़ाई और ऊँचाई क्रमशः १८, १० और ६ इंच है और लकड़ी की मोटाई $\frac{१}{२}$ इंच है; खाली सन्दूक का भार १५ पौंड है और सन्दूक में बालू भरने पर उसका वजन १०० पौंड हो जाता है। एक ही परिमाण की लकड़ी और बालू के भार की तुलना करो। (राजपुताना १९३९)

(१) सरल करो (क) $\dfrac{\text{२५ रुपये का } (\frac{१}{४}-\frac{१}{२})}{\text{३२ रुपये का } (\frac{१}{२}-\frac{१}{३})} + \dfrac{\text{८ पौं० का ·३}}{\text{४ पौं० का ·४}}$

(व० फा० १९३२)

(२) $(१\frac{१४}{१५} + ३\frac{७}{२०} - \frac{७}{१२}) \div (१\frac{२}{५} + \frac{१}{६})$

(बनारस १९३५)

(२) (क) एक आदमी इस शर्त पर रक्खा गया कि जिस दिन वह काम करेगा उस दिन उसको २।) मिलेगा; परन्तु जिस दिन वह अपने काम पर से अनुपस्थित रहेगा उस दिन उसको १।) अर्थदण्ड देना पड़ेगा। ५० दिन के पश्चात् उसको केवल ७७॥) मिले। बताओ वह काम पर से कितने दिन अनुपस्थित रहा।

(ख) दो संख्याओं का भाग देकर महत्तम समापवर्तक अन्तिम भाजक ५१२ आया और भागफल क्रमशः २, ३ और ५ आये। उन संख्याओं को बताओ।

(३) (क) छोटी से छोटी वह संख्या ज्ञात करो जिससे ७००० में भाग देने पर भागफल पूर्ण वर्ग हो जाय।

(ख) किसी कक्षा में २४ विद्यार्थी हैं, उनमें से एक जिसकी आयु १७ वर्ष है पढ़ाई छोड़ देता है। उसके स्थान पर दूसरा लड़का नाम लिखा लेता है। यदि इससे कुल लड़कों की औसत आयु १ महीना घट जाती है, तो उस नये लड़के की आयु बताओ।

(४) (क) १४० रु० को क, ख और ग में इस प्रकार बाँटों कि क के हिस्से का $\frac{१}{२}$, ख के हिस्से के $\frac{२}{३}$, के बराबर हो और ख के हिस्से का $\frac{२}{३}$, ग के हिस्से के $\frac{३}{४}$ के बराबर हो। (दिल्ली १९३६)

(ख) क, ख और ग ने एक खेत २८७८ रुपये लगान पर लिया। क ने ५ महीने के लिये १२ घोड़े और ३ महीने के लिये ४५ भेड़ें रक्खीं। ख ने ६ महीने के लिये १५ बैल तथा दो महीने के लिये ५४ भेड़ें रखीं। ग ने ३ महीने के लिये ६ घोड़े और ४८ बैल रखे। ४ घोड़े और ३ भेड़ें मिलकर उतना ही खाते हैं जितना ५ बैल और १ घोड़ा; २ बैल और १ घोड़ा उतना ही खाते हैं जितना ७ भेड़ें। क, ख और ग में से प्रत्येक को कितना लगान देना पड़ेगा?

(५) (क) नमक के मूल्य के दर में १२$\frac{१}{२}$% की कमी हो जाने के कारण किसी व्यक्ति को १४ आने में २ सेर और अधिक क्रय करने का अवसर मिल गया। नमक को पूर्व की दर बताओ। (ढाका १९३२)

(ख) १५० आमों को बेचने पर एक फल वाले को ३० आमों के विक्रय मूल्य के बराबर लाभ होता है। उसका लाभ प्रतिशत बताओ। (उ० प्र० १९४२)

(६) (क) किसी धन का मिश्रधन साधारण व्याज की दर से २ वर्ष में ४४० रु० और ५ वर्ष में ५०० रु० हो जाता है। मूलधन और व्याज दर ज्ञात करो। (बनारस १९४२)

(ख) वह कौन सा धन है जो ५% चक्रवृद्धि व्याज की दर से ३ वर्ष में ९२६ रु० १ आ० ७$\frac{१}{५}$ पा० हो जायेगा। (उ० प्रा० १९३४)

(७) (क) एक कमरे की दीवारों और छत की सफेदी करने का खर्च ३ पा० प्रति वर्गफुट की दर से ९ रु० १२ आ० होता है। यदि उसकी लम्बाई, चौड़ाई और ऊँचाई ५, ३ और ४ के अनुपात में हों, तो कमरे के फर्श का क्षेत्रफल मालूम करो। (राजपुताना १९४०)

(ख) २४ फुट लम्बा एक वर्गाकार तालाब खोद कर १२८ घन गज मिट्टी निकाली गई है। तालाब की गहराई बताओ।

(१) सरल करो (क) $\frac{३}{४\frac{१}{२} \text{ का } १\frac{१}{३} + ४\frac{१}{४}} \times \left(\frac{५}{१२} + \frac{४}{१८}\right)$

(उ० प्र० १९३५)

(ख) $\frac{\cdot४ \times \cdot४ \times \cdot४ - \cdot०४ \times \cdot०४ \times \cdot०४}{\cdot४ \times \cdot४ + \cdot०१६ + \cdot०४ \times \cdot०४}$

(२) (क) १९५५ की १३ फरवरी बुधवार को थी तो १९५६ की २३ फरवरी किस दिन पड़ेगी।

(ख) छोटी से छोटी वह संख्या ज्ञात करो जिसमें ८, १२ और १६ से भाग देने पर प्रत्येक दशा में ३ शेष बचता है, पर जिसमें ७ से भाग देने पर कुछ भी शेष नहीं बचता।

(प० १९३१)

(३) (क) १—(०.०००१३५) का ४ दशमलव अंक तक वर्गमूल निकालो (क० १९२६)।

(ख) किसी कक्षा में ४० लड़के हैं। उनकी औसत आयु १६ वर्ष की है। एक लड़का जिसकी आयु १७ वर्ष की थी पढ़ाई छोड़ देता है। उसके स्थान पर दूसरा नाम लिखा लेता है। अब उन कुल लड़कों की आयु का औसत आयु १५.४७ वर्ष हो जाती है। नये लड़के की आयु बताओ। (कलकत्ता १९४९)

(४) (क) एक आदमी ने १६०० रु० में कुछ चारपाइयाँ तथा कुर्सियाँ मोल लीं। प्रत्येक कुर्सी का मूल्य १६ रु० और प्रत्येक चारपाई का मूल्य ३० रु० था। यदि वह चारपाइयाँ और कुर्सियों की संख्या बदल परस्पर बदल दे, तो उसको २१० रु० कम देने पड़ेंगे। बताओ कि १६०० रु० में उसने कितनी चारपाइयाँ तथा कितनी कुर्सियाँ मोल ली थीं? (बम्बई १९३२)

(ख) क, ख और ग एक व्यवसाय में साझीदार थे और उनके हिस्से $\frac{1}{2}$: $\frac{1}{3}$: $\frac{1}{4}$ के अनुपात में हैं। ४ महीने बाद क ने अपनी पूंजी का आधा हटा लिया, ८ महीने और बीत जाने पर २०२४ पये के लाभ आपस में बाँटा गया। घ को कितना मिला (पंजाब १९१०)

(५) (क) किसी परीक्षा में ५२% परीक्षार्थी अंग्रेजी में और ४२% गणित में अनुत्तीर्ण हो जाते हैं। यदि १७% दोनों विषयों में अनुत्तीर्ण हैं, तो उत्तीर्ण परीक्षार्थियों की संख्या बताओ। (कलकत्ता १९१७)

(ख) साइकिलका एक एजेण्ट छपे हुए मूल्य के ऊपर २५% कमीशन देता है और तब भी उसको २०% का लाभ होता है। उस साइकिल का छपा हुआ मूल्य क्या है जिसके ऊपर उसको ३ पौण्ड का लाभ होता है ? (आई० पी० एस० १९३६)

(६) (क) जिस साधारण व्याज की दर से १७०६ रु० ६ आ० का २० वर्ष का मिश्रधन ३४१२ रु० १२ आ० हो जाता है, उसी व्याज की दर से कितने धन का ६ वर्ष का मिश्रधन ५२० पौं० हो जायेगा ? (बम्बई १९२८)

(ख) ५% चक्रवृद्धि ब्याज की दर से ३ वर्ष में ७५ ० का कितना मिश्रधन (निकटतम पाई तक) हो जायेगा। (उ० प्र० १९३३)

(७) (क) किसी कमरे की लम्बाई चौड़ाई की दुगुनी है। कमरे के तिर दरी बिछाने का व्यय ३ रु० १२ आ० प्रति वर्ग गज की दर से १६३ ० ५ आ० ४ पा० होता है और दीवारों पर कागज लगाने का खर्च ९ पा० प्रति वर्ग फुट की दर से ११० रु० ४ आ० है। उसकी ऊँचाई बताओ। (दिल्ली १९३८)

(ख) ५ फु० लम्बा, ३ फुट चौड़ा और २ फुट ५ इंच ऊँचा लोहे का एक सन्दूक एक इंच मोटी चादर का बना हुआ है। संदूक का भीतरी आयतन बताओ।

(१) सरल करो :-

(क) $२ - \frac{१९^२ - १७^२}{२१^२ - १९^२}$ का $\frac{२ - \frac{५}{८}}{३ - \frac{३}{४}}$

(ख) $\frac{२·६ \times २·६ - १·४ \times १·४}{७·६. - १·४} - \frac{\frac{१}{३} + \frac{१}{५} \div \frac{१}{७}}{\frac{१}{४} \div (\frac{१}{२} + \frac{१}{३})}$

(दिल्ली १९३५)

(२) (क) कुछ धन दो आदमियों में ५:७ के अनुपात में बँटा है। यदि एक आदमी को दूसरे से ४० रुपये अधिक मिले तो उस धन का मान बताओ।

(ख) दो संख्याओं का लघुतम समापवर्त्य उनके महत्तम समापवर्तक से १२ गुना है और उनके लघुतम समापवर्त्य तथा महत्तम समापवर्तक का योग ४०३ है। यदि उनमें से एक संख्या ९३ है, तो दूसरी संख्या ज्ञात करो। (उ० प्र० १९४१)

(३) (क) छोटी से छोटी वह संख्या बताओ जो पूर्ण वर्ग हो और जिसका एक गुणनखण्ड ७९३६ हो। (पंजाब १९३३)

(ख) दस संख्याओं का औसत १.०१५१०२ है। इनमें से प्रथम ६ संख्याओं का औसत १.०१२६७ है और अन्त की ५ संख्याओं का १.०१६८८ है। तो छोटी संख्या बताओ।

(उ० प्र० १९२७)

(४) (क) २०० आदमियों की एक सेना के पास २२ सप्ताह की भोजन सामग्री थी, पहले सप्ताह के अन्त में ८० आदमी और आ गये और अब प्रति आदमी पहले का $\frac{५}{८}$ वाँ भाग ही राशन मिलने लगा। प्रारम्भ से लेकर कितने सप्ताह तक भोजन सामग्री चली। (बम्बई १९३०)

(ख) क और ख ने एक साझा किया। क ने व्यवसाय में ३०० पौं० और ख ने ५०० पौं० लगाये। ६ महीने के बाद क ने ४००. पौं० और लगाये और ख ने १०० पौं० निकाल लिये। साल भर का कुल लाभ ६१ पौं० १५ शि० है तो उन दोनों के बीच में किस प्रकार बाँटा जायेगा? (सी० पी० १९३४)

(५) (क) किसी पाठशाला में ९०% विद्यार्थी शब्द रचना (Speling) में उत्तीर्ण हुए और ८५% गणित में तथा १५० विद्यार्थी दोनों में उत्तीर्ण हुए और कोई अनुत्तीर्ण न हुआ। उस पाठशाला के विद्यार्थियों की संख्या बताओ।

(ख) एक आदमी ने एक वस्तु २०% लाभ पर बेची। यदि उसने २०% कम में मोल लिया होता और १० शि० कम दाम लेकर बेचता तो उसको २५% का लाभ होता। क्रय मूल्य ज्ञात करो। (पंजाब १९३८)

(६) (क) दो बराबर धन एक ही साथ क्रमशः ४% और ३% साधारण व्याज की दर से उधार दिये गये। पहला ऋण दूसरे ऋण से २ वर्ष पहले ही चुकता कर दिया गया, और प्रत्येक का मिश्रधन ८२० रु० था। दोनों ऋणों को तथा ऋण की अवधि को ज्ञात करो।
(पंजाब १९३७)

(ख) एक व्यापारी ने ५% चक्रवृद्धि व्याज की दर से कुछ धन ऋण लिया गया ४ वर्ष उपरान्त उसने साहूकार को व्याज सहित ६०७ पौं० १५ शि० $\frac{3}{4}$ पें० देकर ऋण चुका दिया। बताओ उसने कितने ऋण लिया था। (उ० प्र० १९३२)

(७) (क) १२६७३६ वर्ग फुट क्षेत्रफल के एक वर्गाकार खेत के चारों ओर काँटेदार तारों द्वारा जमीन से क्रमशः १, २, ३, ४ और ५ फुट की ऊँचाई पर घेरता है। यदि प्रत्येक चक्कर के लिये तार की लम्बाई खेत की परिमिति से ३% अधिक लगे तो कुल कितने लम्बे तार की आवश्यकता है? (पंजाब १९२६)

(ख) २ इंच मोटी लकड़ी के बने हुए एक बन्द संदूक में कितनी घनफुट लकड़ी लगी है। यदि सन्दूक की बाहरी, लम्बाई, चौड़ाई और ऊँचाई क्रमशः ६ फु०, २ फु० ४ इं० और २ फु० २ इं० हो? (इलाहाबाद १९१३)

(१) सरल करो—

(क) $१-\cfrac{२}{३+\cfrac{४}{}}$ (उ० प्र० १९३१)

(ख) $\dfrac{.३२५ \times .३२५ - .०८९ - \quad .०८९}{.३२५ - .०८९}$

(२) (क) १८० और २१० के बीच की रूढ़ संख्यायें बताओ।

(ख) बड़ी से बड़ी वह संख्या ज्ञात करो जिससे ९३, १३८ और २२८ में भाग देने पर प्रत्येक दशा में एक शेष फल बचे। (उ० प्र० १९४२)

(३) (क) वह संख्या बताओ जिसका वर्ग ७५८२ और ३५६८ के वर्गों के योगफल के बराबर हो। (पटना १९३५)

(ख) किसी संस्था के कुल कर्मचारियों का औसत वेतन ६० रु० मासिक है और १२ अफसरों का औसत वेतन ४०० रु० है और शेष कर्मचारियों का औसत वेतन ५६ है। संस्था के कर्मचारियों की संख्या ज्ञात करो। (आई० सी० एस० १९४०)

(४) (क) एक ठेकेदार ने २५२ दिन में $७\frac{१}{२}$ मील लम्बी सड़क बनवाने में ठेका लिया, पर १८० दिन तक ५४ आदमियों को लगाने के बाद उसे पता लगा कि सड़क कुल $४\frac{१}{२}$ मील ही तैयार हुई है, तो और कितने आदमी काम पर लगाये जायँ कि काम निश्चित समय पर पूरा हो जाय? (पंजाब १९३६)

(ख) क, ख और ग ने एक साल के लिये साझा किया। क ने कुल पूँजी का $\frac{१}{४}$ कुल समय के $\frac{१}{४}$ भाग के लिये दिया। ख ने कुल पूँजी का कुल समय के के लिये दिया और ग ने शेष पूँजी पूरे समय के लिये दी। साल के अन्त में ११४० रु० का कुल लाभ हुआ। तो प्रत्येक को कितना मिला? (उ० प्र० १९४५)

(५) (क) वस्त्र का मूल्य ७५% बढ़ जाने के कारण, बताओ कि एक गृहस्थ कितने प्रतिशत अपनी आवश्यकताओं को घटावे ताकि उसके आय-व्यय का संतुलन ठीक रहे?
(कलकत्ता १९२२)

(ख) एक दूकानदार २५% का लाभ लेकर एक वस्तु बेंची। यदि उसने उस वस्तु को ६ आने और अधिक लेकर बेचता तो उसको ३०% का लाभ होता। विक्रय मूल्य बताओ। (दिल्ली १९२४)

(६) (क) कोई मूलधन साधारण व्याज की रीति से ३ वर्ष में ५६० रु० हो जाता है और वही पुनः ५ वर्ष में ६०० रु० हो जाता है। व्याज की दर बताओ।
(कलकत्ता १९३८)

(ख) ५ प्रति सैकड़े की दर से ३ वर्ष में १५४ पौं० ७ शि० का चक्रवृद्धि व्याज से मिश्रधन बताओ (बनारस १९३४)

(७) (क) चाय के एक बगीचे का क्षेत्रफल १ वर्ग मील है। रास्ते और गोदाम आदि के ४०००० वर्ग गज भूमि घेरे हुए हैं। और इनके अतिरिक्त पूरा बगीचा चाय के पौधों से परिपूर्ण है। यदि एक पौधा २ वर्ग गज स्थान घेरता हो, तो बगीचे के भीतर चाय के कितने पौधे होंगे? (व० सि० स० १९३४)

(ख) एक भूमि का टुकड़ा १०० गज लम्बा और ७५ गज चौड़ा है, तो बताओ कि उसे कितना गहरा खुद कर मिट्टी निकाली जाय कि निकाली हुई मिट्टी २५००० घन गज का घेरा तैयार हो जाय जब मिट्टी खोतने पर आयतन में $\frac{१}{६}$ बढ़ जाती है?

(उ० प्र० १९३६)

॥ समाप्त ॥

[केवल वाणिज्य के विद्यार्थियों के लिये]

चौदहवाँ अध्याय

तत्काल धन और मितिकाटा

(Present Worth and Discount)

राम ने श्याम की दूकान से १०० रु० का कपड़ा मोल लिया। यदि राम दो वर्ष बाद कपड़े का मूल्य चुकायेगा तो उसे १०० रु० को २ वर्ष के ब्याज सहित लौटाना पड़ेगा। परन्तु यदि वह कपड़े का नकद दाम चुकता कर देता है तो उसे केवल १०० रुपये देने पड़ते हैं। इसलिये उस कपड़े के लिये जिसका नकद मूल्य १०० रु० है, तथा राम को दो वर्ष के बाद १०० रु० + १०० रु० का ब्याज देना पड़ता है।

यदि बाजार में ब्याज की दर ५ प्रतिशत है, तो राम को १०० रु० नकद देना पड़ेगा या दो वर्ष के पश्चात् १०० रु० + १० रु० अर्थात् ११० रु० देना पड़ेगा।

११० रुपये को जो दो वर्ष बाद चुकाया जायगा **देयधन** (Sum due) कहते हैं तथा १०० रु० को ११० रु० का **तत्काल धन** (Present Worth) कहते हैं। और १० रु० को ११० रु० का **मितीकाटा** (Discount) कहते हैं, इसलिये तत्काल धन और मितिकाटा की परिभाषा निम्नलिखित हुई:—

किसी नियत ब्याज की दर से नियत समय के अन्त में देयधन का तत्काल धन वह धन है, जो उसी नियत ब्याज की दर से उसी नियत समय में अपने ब्याज सहित देयधन के बराबर हो।

नियत समय से पहले ही देयधन चुकाने पर जो धन देयधन में से काट लिया जाता है, वह **बट्टा** कहलाता है।

ऊपर की परिभाषा से यह स्पष्ट है कि

(१) देयधन = तत्काल धन + तत्काल धन का ब्याज

(२) तत्कालधन का ब्याज = देयधन का मितिकाटा

(३) मितिकाटा = देयधन − तत्काल धन

(१) ३$\frac{१}{२}$ प्र० श० ब्याज की दर से ४ वर्ष के अन्त में देयधन ६८४ रु० का तत्काल धन बताओ।

क्रिया : मान लिया कि तत्काल धन १०० रु० है

∵ १०० रु० का ब्याज ३$\frac{१}{२}$ प्र० श० की दर से ४ वर्ष में $=\frac{७}{२}\times४=१४$ रु०

∴ १०० रु० का देयधन ४ वर्ष में (१००+१४) रु० या ११४ रु० हो जायगा

∵ ११४ रु० देयधन का तत्काल धन १०० रु० है

∴ ७८४ रु० " " $\frac{१००\times६८४}{११४}$ या ६०० रु० है।

उत्तर : ६०० रु०।

तत्काल धन बताओ:—

(२) ३ प्र० श० ब्याज की दर से ६ वर्ष के अन्त में देयधन ५९० रु० का।

(३) ५ प्र० श० ब्याज की दर से ४ वर्ष ६ महीने के अन्त में देयधन ६१२ रु० ८ आने का।

(४) २$\frac{१}{२}$ प्र० श० ब्याज की दर से ३ वर्ष ३ महीने में अन्त में ८६५ पौ० का।

(५) ८ महीने के अन्त में देयधन ४३९ रु० २ आ० ८ पा० का ५ प्र० श० ब्याज की दर से।

(६) २ वर्ष ८ महीने के अन्त में देयधन १८६ पौ० १३ शि० ४ पें० का ४$\frac{१}{२}$ प्र० श० ब्याज की दर से।

(७) ३ वर्ष ९ महीने के अन्त में देयधन ४९८ रु० १२ आ० का ५ प्र० श० ब्याज की दर से।

(८) ४ महीने २० दिन के अन्त में देयधन ६०९ रु० ५ आ० ४ पा० का ४ प्र० श० ब्याज की दर से।

(९) २ वर्ष २ महीने २० दिन के अन्त में देयधन ९०६ रु० १० आ० ८ पा० का ३ प्र० श० ब्याज की दर से।

(१०) १ वर्ष ९ महीने के अन्त में देयधन ३४५ रु० १० आ० ८ पा० का ३$\frac{१}{४}$ प्र० श० ब्याज की दर से।

(११) ७३ दिन के अन्त में देयधन १००७ रु० ७ आने का ३$\frac{३}{४}$ प्रतिशत ब्याज की दर से।

(१२) ४ प्र० श० चक्रवृद्धि ब्याज की दर से ३ वर्ष के अन्त में देयधन २००० रु० का

क्रिया : मान लिया तत्काल धन १०० रु० है

१०० रु० का मिश्रधन ४ प्र० श० चक्रवृद्धि ब्याज की दर से $= १०० \left(१ + \frac{४}{१००}\right)^३ = ११२·४८६४$ रु०

जब देयधन ११२·४७६४ रु० है, तो तत्काल धन १०० रु० है

" २००० रु० है, तो " $= \frac{१०० \times २०००}{११२·४८६४}$ रु०

$= \frac{२०००००}{११२·४८६४}$ रु०

अर्थात् १७७८ रु० १ आ० ८ पा० (निकटतम)

उत्तर : १७७८ रु० १ आ० ८ पा०।

(१३) ५ प्र० श० चक्रवृद्धि ब्याज की दर से ३ वर्ष के अन्त में देयधन ३७५० रु० का।

(१४) ४ प्र० श० चक्रवृद्धि ब्याज की दर से ४ वर्ष के अन्त में ३००० पौ० का।

(१५) ५ प्र० श० चक्रवृद्धि ब्याज की दर से २ वर्ष के अन्त में १५७५ रु० का

(१६) २ प्र० श० चक्रवृद्धि ब्याज की दर से २ वर्ष के अन्त में २६०१ रु० का।

(१७) ५ प्र० श० चक्रवृद्धि ब्याज की दर से २ वर्ष के अन्त में २१०० पौ० का।

(१८) $३\frac{३}{४}$ प्र० श० चक्रवृद्धि ब्याज की दर से ३ वर्ष के अन्त में ४१५० रु० का।

प्रश्नावली ६१

निम्नलिखित का मितीकाटा निकालो:—

(१) ५ प्र० श० ब्याज की दर से ३ वर्ष में देयधन ४०२ रु० ८ आ० का।

क्रिया :

$$४०२ \text{ रु० } ८ \text{ आ०} = \frac{८०५}{२} \text{ रु०}$$

मान लिया कि तत्काल धन १०० रु० है

∴ १०० रु० का ब्याज ३ वर्ष में ५ प्र०श० ब्याज की दर से ५ × ३ = १५ रु०

∴ ११५ रु० का मितीकाटा = १५ रु०

$\therefore$ $\frac{८०५}{२}$ रु० का मितिकाटा $= \frac{१५ \times ८०५}{११५ \times २} = \frac{१०५}{२}$ रु०

= ५२ रु० ८ आ०

उत्तर : ५२ रु० ८ आ० ।

(२) २ वर्ष में देयधन ५३० रु० का ३ प्र० श० ब्याज की दर से ।

(३) ३ वर्ष में देयधन ३४० रु० ८ आ० का ४$\frac{१}{२}$ प्र० श० ब्याज की दरसे।

(४) २ वर्ष ६ महीने में देयधन ४३५ रु० का ३$\frac{१}{२}$ प्र० श० ब्याजकी दरसे।

(५) ३ वर्ष में देयधन ९२४ रु० का ४ प्र० श० ब्याज की दर से ।

(६) ४ वर्ष ३ महीने में देयधन ४९४ रु० १० आ० ८ पा० का ३$\frac{३}{४}$ प्र० श० ब्याज की दर से ।

(७) १४६ दिन में ३$\frac{१}{२}$ प्र० श० ब्याज की दर से देयधन १५२१ रु० का ।

(८) ९ महीने के अन्त में देयधन ९३० पौ० ७ शि० ६ पें० का ४$\frac{१}{२}$ प्र० श० ब्याज की दर से ।

(९) ६ महीने १५ दिन के अन्त में देयधन ६०८ रु० १५ आ० का २$\frac{३}{४}$ प्र० श० ब्याज की दर से ।

(१०) ४ महीने १० दिन के अन्त में देयधन ८२१ पौ० १३ श० ४ पें० का ७$\frac{१}{२}$ प्र० श० ब्याज की दर से ।

(११) ३ वर्ष ४ महीने के अन्त में देयधन १३९६ रु० ८ आ० का ३$\frac{१}{४}$ प्र० श० ब्याज की दर से ।

प्रश्नावली -९२

निम्नलिखित का ब्याज दर बताओ:—

(१) यदि ४ वर्ष के अन्त में देयधन ७१२ रु० ८ आ० का मितीकाटा ८७ रु० ८ आ० है ।

क्रिया :

$\because$ ७१२ रु० ८ आ० कामितीकाटा ८७ रु० ८ आ० है ।

$\therefore$ तत्काल धन=७१२ रु० ८ आ०–८७ रु० ८ आ०=६२५ रु०

$\therefore$ ६२५ रु० का ब्याज ४ वर्ष में=८७ रु० ८ आ० अर्थात् $\frac{१७५}{२}$ रु०

$$\therefore \text{ ६२५ रु० का ब्याज १ वर्ष में} = \frac{१७५}{२\times४\times६२५}$$

$$\therefore \text{ १०० ,, ,, } = \frac{१७५\times१००}{२\times४\times६२५} \text{ अर्थात् } \frac{७}{२} \text{ रु०}$$

$$= ३\tfrac{१}{२} \text{ प्र० श०}$$

उत्तर : ३½ प्र० श०।

(२) जब २½ वर्ष के अन्त में देयधन ५५० रु० का मितिकाटा ५० रु० है।

(३) जब ४ वर्ष के अन्त में देयधन ४८४ रु० ८ आ० का मितिकाटा ५९ रु० ८ आ० है।

(४) जब ३ वर्ष ४ महीने के अन्त में देयधन ३२० पौ० का मितिकाटा ५३ पौ० ६ शि० ८ पे० है।

(५) जब ७ महीने १५ दिन के अन्त में देयधन ३३८ रु० १५ आ० ४ पा० का मितिकाटा ५ रु० १० आ० है।

(६) जब १५ महीने के अन्त में देयधन ४८८ पौ० ५ शि० का मितिकाटा १५ पौ० १५ शि० है।

(७) जब ३ वर्ष ६ महीने के अन्त में देयधन् ८२७ रु० का तत्काल धन ७२५ रु० है।

(८) जब ९ महीने के अन्त में १०३७ रु० ८ आ० का तत्काल धन १००० रु० है।

(९) जब १४६ दिन के अन्त में देयधन ८३४ पौ० १३ शि० का तत्काल धन ८२५ पौ० है।

प्रश्नावली ६५

(१) किसी धन का जो ३ वर्ष के अन्त में देय है, तत्काल धन ४ प्र० श० ब्याज की दर से ५२५ रु० है, तो वह धन बताओ।

क्रिया :

$$\therefore \text{ १०० रु० का ब्याज १ वर्ष में} = \text{४ रु०}$$

$$\therefore \text{ ,, ,, ३ ,, } = ४\times३$$

$$\therefore \text{ ५२५ रु० ,, ,, ,, } = \frac{४\times३\times५२५}{१००}$$

$= ६३$ रु०

∴ इष्ट धन = तत्काल धन + तत्काल धन का ब्याज

$= ५२५$ रु० + ६३ रु०

$= ५८८$ रु०

उत्तर : ५८८ रु० ।

(२) ४ वर्ष के अन्त में कितने देयधन का तत्काल धन $२\frac{१}{२}$ प्र० श० ब्याज की दर से ५३० रु० होगा ?

(३) $२\frac{१}{२}$ वर्ष के अन्त में कितने देयधन का ५ प्र० श० ब्याज की दर से ७१० रु० होगा ?

(४) यदि किसी धन का जो ३ वर्ष ९ महीने में देय है, तत्काल धन ३ प्र० श० ब्याज की दर से ३३० पौ० ६ श० ८ पे० है, तो धन बताओ।

(५) यदि किसी धन का जो ४ महीने के अन्त में देय है, तत्काल धन ४ प्र० श० ब्याज की दर से ५२५ रु० है, तो देयधन बताओ।

(६) किसी देयधन का, जो ५ वर्ष के अन्त में देय है, मितिकाटा $३\frac{१}{२}$ प्र० श० ब्याज की दर से १५७ रु० ८ आ० है, तो वह धन बताओ।

क्रिया :

मितिकाटा या तत्काल धन का ब्याज = १५७ रु० ८ आ०

अर्थात् $\frac{३१५}{२}$ रु०

∵ १ वर्ष में $\frac{७}{२}$ रु० ब्याज है १०० रु० का

∴ ५ „ „ „ „ $= \frac{१००}{५}$ रु० का

∴ „ „ $\frac{३१५}{२}$ रु० $= \frac{१०० \times २ \times ३१५}{५ \times ७ \times २}$ रु०

$= ९००$ रु० का

अभीष्ट धन $= ९०० \text{ रु०} + १५७ \text{ रु०} \; ८ \text{ आ०}$

$= १०५७ \text{ रु०} \; ८ \text{ आ०}$

उत्तर : १०५७ रु० ८ आ० ।

(७) ५ वर्ष ५ महीने १० दिन के अन्त में ४½ प्र० श० ब्याज की दर से किस देयधन का मितिकाटा २१५ पौ० १२ शि० है ?

(८) यदि किसी धन का जो २९२ दिन के अन्त में देय है, मितिकाटा ५ प्र० श० ब्याज की दर से २६ रु० है, तो वह देयधन कितना है ?

(९) १ वर्ष ९ महीने के अन्त में कितने देयधन का २½ प्र० श० ब्याज की दर से मितिकाटा ३१ रु० ११ आ० ६ पा० हो जायगा ?

प्रश्नावली ~~६४~~ ६५

(१) यदि ३ प्र० श० ब्याज की दर से ४७९ पौ० १० शि० ९ पे० का मितिकाटा ५७ पौ० ९ पे० है, तो वह धन कितने समय में देय है ?

क्रिया :

देयधन $= ४७९$ पौ० १० शि० ९ पे०

मितिकाटा $= ५७$ पौ० ९ पे०

$\therefore$ तत्काल धन $= ४२२$ पौ० १० शि० $= \frac{८४५}{२}$ पौ०

$\because$ मितिकाटा $=$ तत्काल धन का ब्याज

$\therefore$ $\frac{८४५}{२}$ पौ० का इष्ट समय में ब्याज $= ५७$ पौ० ९ पे० अर्थात्

$\frac{४५६३}{८०}$ पौ०

परन्तु १०० पौ० का सूद ३ पौ० है १ वर्ष में

$\therefore$,, ,, ,, $\frac{४५६३}{८०}$ पौ० है $\frac{१ \times ४५६३}{३ \times ८०}$ वर्ष में

$\therefore$ $\frac{८४५}{२}$,, ,, ,, $= \frac{१ \times ४५६३ \times १०० \times २}{३ \times ८० \times ८४५}$

$= \frac{९}{२}$ वर्ष

∴ इष्ट समय = ४ वर्ष ६ महीना

उत्तर : ४वर्ष ६ महीना।

कितने समय के अन्त में धनदेय है, जबकि--

(२) ४ प्र० श० ब्याज की दर से ३६४ रु० का मितिकाटा ३९ रु० है।

(३) $३\frac{१}{२}$ प्र० श० ब्याज की दर से ३८० रु० का मितिकाटा ४६ रु० १० आ० ८ पा० है।

(४) $३\frac{३}{४}$ प्र० श० ब्याज की दर से ५१७ रु० ८ आ० का मितिकाटा ६७ रु० ८ आ० है।

(५) $३\frac{१}{४}$ प्र० श० ब्याज की दर से ८४० रु० का मितिकाटा १७३ रु० ५ आ० ४ पा० है।

(६) $४\frac{१}{८}$ प्र० श० ब्याज की दर से ४१७ पौ० १० शि० का मितिकाटा १०५पौ० है।

(७) ५ प्र० श० ब्याज की दर से १५०० पौ० का तत्काल धन १३३३ पौ० ६ शि० ८ पें० है।

(८) $२\frac{१}{४}$ प्र० श० ब्याज की दर से ७९० रु० ४ आ० का तत्काल धन ७२५ रु० है।

(९) $२\frac{३}{४}$ प्र०श० ब्याज की दरसे २३८पौ० १०शि० का तत्काल धन २२५पौ० है।

मान लिया कि कलकत्ते का एक व्यापारी राम, पटना के किसी व्यापारी श्याम के हाथ २००० रु० का माल बेचता है। जब श्याम राम को माल का मूल्य उसी समय नहीं चुकाता तब राम श्याम के पास एक हुण्डी (Bill of Exchange) अर्थात् नियत समय पर उसको या उसके कहने के अनुसार किसी दूसरे आदमी को रुपये चुका देने के लिये नीचे लिखे ढङ्ग से लिखकर भेजता है।

२००० रु० **कलकत्ता, २३ नवम्बर १९४० ई०**

इस तारीख के ५ महीने पश्चात् मुझको अथवा मेरे कहने के अनुसार किसी दूसरे व्यक्ति को दो हजार रुपये, जिस मूल्य का माल पाया, दे दो।

(द:) राम

श्याम के पास

पटना

माल पा जाने पर श्याम हुण्डी के बीच में '**स्वीकृत**' लिखकर अपना हस्ताक्षर करके उसको राम के पास कलकत्ते भेज देता है। अब राम को

रुपये उस समय मिलेंगे जब वह धन देय होगा। परन्तु उस प्रकार की स्वीकृत हुण्डी किसी दूसरे व्यति के हाथ बेची जा सकती है।

यदि हुण्डी में नियत अवधि के पहले ही राम को रुपयों की आवश्यकता पड़े, तो वह इस हुण्डी को किसी बैंक अथवा महाजन, अथवा हुण्डी के दलाल के हाथ बेच देता है। ऐसी दशा में राम को हुण्डी के कुल रुपये नहीं मिलते। महाजन या बैंक इसमें से कुछ रुपया काट लेता है। यही कटा हुआ धन **व्यावहारिक बट्टा** या **बैंक का बट्टा** (Banker's Discount) कहलाता है। उचित तो यह है कि महाजन हुण्डी के देयधन का मिति काटा काटकर तत्काल धन राम को दे दे; परन्तु व्यवहार में ऐसा नहीं होता। महाजन या बैंक हुण्डी के देयधन पर उतने समय का ब्याज काट लेता है, जितने हुण्डी के देय होने में अभी शेष है। अतः हुण्डी का वह मूल्य जो वह देता है, तत्काल धन से कम होता है अर्थात् महाजन का बट्टा या व्यावहारिक बट्टा मितीकाटा से अधिक होता है।

हुण्डी (Bill of Exchange) एक प्रकार का दस्तावेज है, जिसके जरिये एक आदमी दूसरे आदमी को लिखता है कि वह उसे या किसी तीसरे आदमी को एक नियत समय के अन्त में नियत धन दे दे। हुण्डी दो प्रकार की होती है: (१) **दर्शनी** और (२) **मुद्दती**। दर्शनी हुण्डी का भुगतान हुण्डी देखते ही देना पड़ता है, परन्तु मुद्दती हुण्डी का दाम नियत समय के अन्त में देना पड़ता है। वह देयधन जो हुण्डी में लिखा रहता है, हुण्डी का लिखित मूल्य कहलाता है।

हुण्डी का लिखित मूल्य कानून के अनुसार उसमें लिखे हुए नियत समय के ३ दिन और अधिक के अन्त में देय होते है। ये ३ दिन **'रियायती दिन'** कहे जाते हैं।

ऊपर के उदाहरण में हुण्डी का लिखित मूल्य २० अप्रैल सन् १९४१ को देय होता है परन्तु कानून के अनुसार २३ अप्रैल को होता है।

हुण्डी में **'महीना'** का प्रयोग **'यन्त्री के महीने'** (Calander Month) के महीने के अर्थ में व्यवहृत होता है।

कभी-कभी माल का ग्राहक या कर्जदार स्वयं एक प्रतिज्ञापत्र लिख क नियत समय के अन्त में रुपये देने की प्रतिज्ञा करता है। यह

प्रतिज्ञापत्र, हैण्डनोट या प्रामेसरी नोट या रुक्का कहलाता है। ऊपर के उदाहरण में श्याम दस्तावेदत नीचे लिखे ढंग से लिखता है।

पटना

२००० रु०   २३ नवम्बर १९४० ई०

इस तारीख से ५ महीने के अन्त में राम को या उसके कहने के अनुसार किसी दूसरे आदमी को दो हजार रुपये, जिस कीमत का माल पाया, चुका दूँगा।

(हस्ताक्षर) **श्याम**

ऊपर की बातों से यह स्पष्ट है कि असली बट्टे (True Discount) के बदले में महाजनी बट्टा काटने से महाजन या बैंक कुछ लाभ में रहता है और यह महाजन का लाभ महाजनी बट्टे और असली बट्टे के अन्तर के बराबर होता है।

∵ हुण्डी का धन = तत्काल धन + असली मितिकाटा

∴ हुण्डी के धन का ब्याज = तत्काल धन के ब्याज + असली मितिकाटा का ब्याज

∴ व्यावहारिक या महाजनी बट्टा = मिती काटा + असली मितिकाटा का ब्याज

अथवा व्यावहारिक बट्टा — मितिकाटा = असली मितिकाटाका ब्याज

अथवा महाजन का लाभ = असली मितिकाटा का ब्याज

सूचना:—अंकगणित में असली बट्टे या बट्टे का अर्थ मितीकाटा ही समझा जाता है। इसलिये बट्टे के प्रश्नों में जब तक महाजनी बट्टे का उल्लेख न किया हो, बट्टे को असली बट्टा (मितिकाटा) ही समझना चाहिये।

कभी-कभी ग्राहक माल का मूल्य नकद चुका देता है। ऐसी दशा में माल बेचनेवाला अपने ग्राहक को नकद मूल्य पाने के बदले में कुछ रुपये छोड़ देता है। इस कम किये हुए धन का नाम **सौदागरी डिसकाउण्ट** (Trade Discount) है। डिसकाउण्ट में समय का कुछ विचार नहीं रहता। इस डिसकाउण्ट को **'दस्तूरी'** अथवा **'कमीशन'** भी कहते हैं।

प्रश्नावली ६५

(१) **१००० रु० की एक हुण्डी २५ जनवरी १९२८ को ६ महीने के लिये लिखी गई। यदि वह हुण्डी ३ मार्च को ४ रु० प्रतिशत ब्याज की दर से भूनाई गई, तो बताओ हुण्डी बेचने वाले को क्या मिला तथा उसका व्यावहारिक बट्टा क्या हुआ ?**

क्रिया :

कहने को तो हुण्डी का धन २५ जुलाई को देय है, परन्तु वास्तव में रियायती दिन जोड़कर २८ जुलाई को देय होगा।

३ मार्च से २८ जुलाई तक १४६ दिन हुए या $\frac{२}{५}$ वर्ष हुआ।

∵ १०० रु० का ब्याज १ वर्ष में $= ४$ रु०

∴ १००० रु० ,, $\frac{२}{५}$,, $= ४ \times \frac{२}{५} \times \frac{१०००}{१००}$

$= १६$ रु० है

इसलिये व्यावहारिक बट्टा $= १६$ रु०

तथा हुण्डी बेचनेवाले को (१०००–१६) रु० अर्थात् ९८४ रु० मिले।

उत्तर : व्यावहारिक बट्टा १६ रु०

हुण्डी बेचनेवालेको ९८४ रु० मिले।

(२) ४०० रु० की एक हुण्डी ८ जून १९३५ ई० को ४ महीने की अवधि के लिये लिखी गई और ३० जुलाई को ५ प्र० श० की दर से भुनाई गई, तो बताओ हुण्डी बेचनेवाले को कितने रुपये मिले ?

(३) १५०० रु० की एक हुण्डी ७ नवम्बर १९३१ को ७ महीने की अवधि के लिये लिखी गई और २९ मार्च को ३$\frac{१}{२}$ प्र० श० की दर से भुनाई गई, तो बताओ हुण्डी भुनाने वाले को कितने रुपये मिले और उसका व्यावहारिक बट्टा क्या हुआ ?

(४) ८०० रु० की एक हुण्डी ८ दिसम्बर को ८ महीने की अवधि के लिये लिखी गई और १८ मार्च को ५ प्र० श० की दर से भूनाई गई, तो हुण्डी भुनाने वाले को कितने रुपय मिले ?

(५) १००७५ रु० की हुण्डी जो १८ मई सन् १९२९ को ४ महीने की अवधि के लिये लिखी गई थी, १० जूलाई को ३$\frac{3}{4}$ प्रतिशत ब्याज की दर से बेची गई, तो उसके लिखित मूल्य के व्यावहारिक बट्टे तथा वास्तविक बट्टे का अन्तर बताओ।

क्रिया : हुण्डी १८ मई को ४ महीने के लिये लिखी गई है

∴ रियायती दिन जोड़कर इसका लिखित मूल्य २१ सितम्बर को देय होगा।

∵ हुण्डी १० जुलाई को बेची गई

∴ ११ जुलाई से २१ सितम्बर तक ७३ दिन अर्थात् $\frac{1}{5}$ वर्ष हुये

∴ १०० का ब्याज १ वर्ष का $= \frac{15}{4}$ रु०

∴ १००७५ का ब्याज $\frac{1}{5}$ वर्ष का $= \frac{15}{4} \times \frac{1}{5} \times \frac{10075}{100}$ रु०

$= \frac{1209}{16}$ रु०

अतः व्यावहारिक बट्टा $= \frac{1209}{16}$ रु० = ७५ रु० ९ आ०

∵ १०० का ब्याज $\frac{1}{5}$ वर्ष का $= \frac{15}{4} \times \frac{1}{5}$ रु० $\frac{3}{4}$ रु०

∴ १०० रु० + $\frac{3}{4}$ रु० या $\frac{403}{4}$ रु० का वास्तविक बट्टा $= \frac{3}{4}$ रु०

१००७५ रु० का ,, ,, $= \frac{3}{4} \times \frac{4}{403} \times$ १००७५ रु०

= ७५ रु०

अतः व्यावहारिक बट्टे और वास्तविक बट्टे का अंतर

= ७५ रु० ९ आ० − ७५ रु०

= ९ आ०

उत्तर : ९ आ०।

(६) ८ महीने की मुद्दत की ५१० पौ० की हुण्डी ३ सितम्बर १९३० को लिखी गई और ११ दिसम्बर को ४ प्र० श० पर बेची गई। उसके व्यावहारिक बट्टे और वास्तविक बट्टे का अन्तर बताओ।

(७) ४ मास की अवधि की १०१० पौ० की हुण्डी १० अप्रैल को लिखी गई और १ जून को ५ प्र० श० पर बेची गई। व्यावहारिक बट्टे और वास्तविक बट्टे का अन्तर ज्ञात करो।

(८) ५ मास की अवधि की ४०५० रु० की हुण्डी जो ७ मार्च को

लिखी गई, २६ मई को $६\frac{१}{८}$ प्र० श० की दर से बेची गई। व्यावहारिक बट्टे और वास्तविक बट्टे का अन्तर बताओ।

(६) $२\frac{१}{२}$ वर्ष के अन्त में देय ३ प्र० श० व्याज की दर से ८६० रु० की हुण्डी के वास्तविक बट्टे और महाजनी बट्टे का अन्तर बताओ।

(१०) १०२२ रु० की हुण्डी १० मार्च सन् १६२५ ई० को ५ महीने को मुद्दत के लिये लिखी गई और १५ अप्रैल को ५% ब्याज की दर से भुनाई गई, तो महाजन का लाभ निकटतम पाई तक बताओ।

क्रिया : रियायती दिन जोड़कर हुण्डी १३ अगस्त को देय होगी।

१५ अप्रेल से १३ अगस्त तक १२० दिन अर्थात् $\frac{२४}{७३}$ वर्ष हुआ

$\because$ १०० रु० का ब्याज ५% की दर से $\frac{२४}{७३}$ वर्ष का $= \frac{५\times२४}{७३}$ रु० $= \frac{१२०}{७३}$ रु०

$\therefore$ $(१०० + \frac{१२०}{७३})$ रु० या $\frac{७४२०}{७३}$ रु० का मितीकाटा $= \frac{१२०}{७३}$ रु०

१०२२ रु० का ,, $= \frac{१२०}{७३} \times \frac{७३}{७४२०} \times \frac{१०२२}{१}$ रु०

$= \frac{८७६}{५३}$ रु०

$\because$ महाजन का लाभ = मितकाटे का ब्याज $= \frac{८७६}{५३}$ रु० का $\frac{२४}{५३}$ वर्ष का ब्याज

$= \frac{८७६}{५३} \times \frac{२४}{५३} \times \frac{५}{१००}$ रु०

$= \frac{७२}{२६५}$ रु०

= ४ आ० ४ पा०

उत्तर : ४ आ० ४ पा०।

(११) ८१० रु० की एक हुण्डी १८ जून सन् १६३२ को ५ महीने की अवधि के लिये लिखी गई और ६ सितम्बर को उसी साल $६\frac{१}{४}$% ब्याजकी दर से भुना ली गई। बताओ महाजन को कितना लाभ हुआ ?

(१२) ५०५ पौ० की हुंडी जो १६ जून को ७ महीने की अवधि के लिये लिखी गई थी, २६ अगस्त को $२\frac{१}{२}$ प्रतिशत पर बेच दी गई। महाजन का लाभ ज्ञात करो।

(१३) १५२० पौ० की हुण्डी जो १६ फरवरी १६४२ को देय थी, २६ सितम्बर १६४१ को $३\frac{१}{३}$% ब्याज की दर से बेच दी गई। महाजन का लाभ बताओ।

(१४) ५ महीने की अवधि की हुण्डी पर ४ प्र० सै० ब्याज की दर से महाजनी बट्टे और यथार्थ बट्टे का अन्तर १० आ० ८ पा० है, तो हुण्डी का लिखित मूल्य बताओ।

१० आ० ८ पा० $=\frac{२}{३}$ रु०

क्रिया :

∵ महाजनी बट्टा–यथार्थ बट्टा = यथार्थ बट्टे का ब्याज

∴ $\frac{२}{३}$ रु० यथार्थ बट्टे या मितिकाटे का ब्याज है

∵ ४ रु० ब्याज है १२ महीने का १०० रु० का

∴ $\frac{२}{३}$ रु० „ ५ „ „ $\frac{१००}{४}\times\frac{२}{३}\times\frac{१२}{५}$ रु० का

अर्थात् ४० रु० का

इसलिये मितिकाटा ४० रु० है।

∵ १०० का ब्याज ५ महीने का ४% की दर से $=\frac{४\times५}{१२}$ रु० $=\frac{५}{३}$ रु०

∴ १०० रु० $+\frac{५}{३}$ रु० अर्थात् $\frac{३०५}{३}$ रु० का मितिकाटा $\frac{५}{३}$ रु० है।

∵ जब मितिकाटा $\frac{५}{३}$ रु० है, तो हुण्डी का लिखित मूल्य $=\frac{३०५}{३}$ रु०

∴ „ „ ४० रु० „ „ „ $=\frac{३०५}{३\times५}\times$ ४० रु०

$=$ २४४० रु०

उत्तर : २४४० रु०।

(१५) १६ जून को एक हुण्डी ७ महीने की मुद्दत के लिये लिखी गई और २६ अगस्त को ५% ब्याज की दर से भुनाई गई। यदि उसके लिखित मूल्य के व्यावहारिक बट्टे और महाजनी बट्टे में १२ शि० का अन्तर है, तो उसका लिखित मूल्य कितना है?

(१६) यदि किसी हुण्डी का वास्तविक मितिकाटा ३० रु० है और महाजन का लाभ ३ रु० है, तो उस हुण्डी का लिखित मूल्य बताओ।

(१७) यदि बिल का व्यावहारिक बट्टा ४५ पौ० १० शि० है और बक का लाभ २ पौ० १० शि० है, तो बिल का लिखित मूल्य बताओ।

(१८) १२५४ पौ० पर कुछ समय के लिये ४४ पौ० बैंकर का बट्टा है, तो उसी ब्याज की दर से और उसी समय के लिये उस धन का असली बट्टा बताओ।

प्रश्नावली ६६

(१) ६०० रु०, जो ४ वर्ष पश्चात् देय है, का ५ प्रतिशत ब्याज की की दर से साधारण ब्याज और मितिकाटा का अन्तर ज्ञात करो।

क्रिया : ∵ १०० रु० का ब्याज १ वर्ष का $=$ ५ रु०

∴ ६०० रु० ,, ,, ४ ,, $= \frac{५ \times ४ \times ६००}{१००}$ रु०

$=$ १२० रु०

फिर ∵ १०० रु० का ब्याज १ वर्ष का $=$ ५ रु०

∴ ,, ,, ,, ४ वर्ष का ५ × ४ रु० $=$ २० रु०

अर्थात् (१०० रु० + २० रु०) यानी १२० रु० का मितिकाटा $=$ २० रु०

∴ ६०० रु० का मितिकाटा

$= \frac{२० \times ६००}{१२०}$ रु०

$=$ १०० रु०

अतः अभीष्ट अन्तर १२० रु० − १०० रु० $=$ २० रु०

उत्तर : २० रु०।

(२) १८०० रु० के जो ५ वर्ष में देय है, $२\frac{१}{२}\%$ ब्याज की दर से साधारण ब्याज और मितिकाटे में कितना अन्तर है ?

(३) ४६० रु० के, जो ४ वर्ष में देय है, $३\frac{३}{४}\%$ ब्याज की दर से साधारण ब्याज और मितिकाटा में अन्तर निकालो।

(४) १२४० पौ० के, जो ६ वर्ष में देय है, ४% ब्याज की दर से साधारण ब्याज और मितिकाटा में अन्तर बताओ।

(५) किसी धन का साधारण ब्याज ४ प्र० श० ब्याज की दर से १०० रु० है तथा उसी धन का उसी समय के लिये और उसी ब्याज की दर से मितिकाटा ८३ रु० ४ आ० ४ पा० है, तो वह धन निकालो तथा बताओ कि वह धन कितने समय के अन्त में देय होगा ?

क्रिया :

देयधन $=$ तत्काल धन + मितिकाटा

देयधन का ब्याज $=$ तत्काल धन का ब्याज + मितिकाटे का ब्याज

$=$ मितिकाटा + मितिकाटे का ब्याज

∵ किसी धन का ब्याज—उसी धन का मितिकाटा=मितिकाटे का ब्याज

∴ १०० रु०—८३ रु० ५ आ० ४ पा०=८३ रु० ५ आ० ४ पा० का ब्याज

अर्थात् १६ रु० १० आ ८ पा० =८३ रु० ५ आ० ४ पा० का ब्याज

अर्थात् $\frac{५०}{३}$ रु०=$\frac{२५०}{३}$ रु० का ब्याज

∴ १०० रु०=$\frac{२५० \times ३ \times १००}{३ \times ५०}$ रु० का ब्याज

=५०० रु० का ब्याज

∴ अभीष्ट धन=५०० रु०

∵ ५०० रु० का ब्याज ४ प्र० श० की दर से २० रु० होता है १ वर्ष में

∴ " " " " १०० रु० " $\frac{१००}{२०}$ या ५ वर्ष

∴ इष्ट समय=५ वर्ष

उत्तर : ५ वर्ष।

(६) ५ प्र० श० ब्याज की दर से किसी समय में किसी धन का ब्याज ३४ रु० ८ आ० और उसी समय के लिये उसी ब्याज दर से मितिकाटा ३० रु० है, तो वह धन और समय बताओ।

(७) ४ प्र० श० ब्याज की दर से किसी समय में किसी धन का ब्याज १३४ पौ० ४ शि० है। यदि उसी ब्याज की दर से और उस समय के अन्त में मितिकाटा ११० पौ० है, तो वह धन और समय बताओ।

(८) ३½ प्र० श० ब्याज की दर से किसी समय में किसी धन का ब्याज १७७ रु० १० आ० है और उसी ब्याज की दर से उसी समय के अन्त में उसी धन का मितिकाटा १६३ रु० ५ आ० ४ पा० है, तो वह धन और समय बताओ।

(९) ४ प्र० श० ब्याज की दर से किसी समय में किसी धन का ब्याज १४० रु० है और उसी ब्याज दर से उसी समय के अन्त में उसी धन का मितिकाटा ११६ रु० १० आ० ८ पा० है, तो वह धन और समय बताओ।

(१०) ५$\frac{१}{२}$ प्र० श० ब्याज की दर से किसी समय में किसी धन का ब्याज ६१ पौ० १ शि० है और उसी ब्याज की दर से उसी समय के अन्त में उसी धन का मितिकाटा ५५ पौ० है, तो वह धन बताओ।

(११) ४ वर्ष में ३ प्र० श० ब्याज की दर से किसी धन के साधारण ब्याज और मितिकाटे में १६ रु० ५ आ० ४ पा० का अन्तर है। वह धन निकालो।

क्रिया :

१६ रु० ५ आ० ४ पा० = $\frac{४९}{३}$ रु०

∵ किसी धन का ब्याज उसी धन का मितिकाटा = मितिकाटे का ब्याज

∵ $\frac{४९}{३}$ रु० = अभीष्ट धन के मितिकाटे के ब्याज के

∵ १ वर्ष में $\frac{७}{२}$ रु० ब्याज है १०० रु० का

∴ ४ वर्ष में ,, ,, $\frac{१००}{४}$ रु० का

∵ ,, $\frac{४९}{३}$ रु० ,, $\frac{१०० \times २ \times ४९}{४ \times ७ \times ३}$ रु० अर्थात् $\frac{३५०}{३}$ रु०

∴ $\frac{३५०}{३}$ रु० अभीष्ट धन का मितिकाटा हुआ।

∵ ४ वर्ष में १०० रु० का ब्याज ३$\frac{१}{२}$%की दर से = ४ × $\frac{७}{२}$ रु० = १४ रु०

∴ ४ वर्ष में १४ रु० मितिकाटा है ११४ रु० का

∴ ,, $\frac{३५०}{३}$ रु० ,, $\frac{११४ \times ३५०}{१४ \times ३}$ रु०

अर्थात् ९५० रु० का

∴ अभीष्ट धन = ९५० रु०

उत्तर : ९५० रु०।

(१२) यदि ६ प्रतिशत ब्याज की दर से किसी धन के ६ महीने के साधारण ब्याज और मितिकाटे का अन्तर १८ शि० है, तो वह धन बताओ।

(१३) किसी धन के ६ महीने के ब्याज और मितिकाटे में ४ प्रतिशत ब्याज की दर से ३ रु० का अन्तर है। उस धन को बताओ [उत्तर-प्रदेश १९३१]

(१४) किसी धन पर २$\frac{१}{४}$ वर्ष के लिये ४ प्रतिशत से साधारण ब्याज और मितिकाटे में ४० रु० ८ आ० का अन्तर है। वह धन बताओ। [उत्तर-प्रदेश १९३८]

(१५) यदि $२\frac{१}{२}$ प्र० श० ब्याज की दर से २ वर्ष के अन्त में किसी देय-धन के महाजनी बट्टे और साधारण बट्टे में ३ रु० १२ आ० का अन्तर है, तो वह धन बताओ। [**संकेत :** महाजनी बट्टा—साधारण बट्टा=साधारण बट्टे का ब्याज]

(१६) ५ वर्ष में देय किसी ब्याज की दर से किसी धन का ब्याज १०३ रु० ८ आ० है और उसी समय के अन्त में उस ब्याज दर से उसी धन का मितीकाटा ९० रु० है। वह धन और ब्याज की दर बताओ।

क्रिया :

∵ साधारण ब्याज—मितीकाटा=मितीकाटे का ब्याज

∴ १०३ रु० ८ आ० — ९० रु० =मितीकाटे का ब्याज

अर्थात् १३ रु० ८ आ० या $\frac{२७}{२}$ रु० =मितीकाटे का ब्याज

∵ ९० रु० का ब्याज ५ वर्ष का $=\frac{२७}{२}$ रु०

∴ १०० रु० „ १ „ $=\frac{२७}{२}\times\frac{१००}{९०}\times\frac{१}{५}$ रु०=३ रु०

अभीष्ट ब्याज दर =३%

अब १०३ रु० ८ आ०=$\frac{२०७}{२}$ रु०

∵ ३ रु० १ वर्ष का ब्याज है १०० रु० का

∴ $\frac{२०७}{२}$ रु० ५ वर्ष का „ $\frac{१००}{३}\times\frac{२०७}{२}\times\frac{१}{५}$ रु० का

अर्थात् ६९० रु०

उत्तर : धन=६९० रु०

और ब्याज दर=३%

(१७) ४ वर्ष में किसी ब्याज की दर से किसी धन का ब्याज १२० रु० है और उसी समय के अन्त में उसी ब्याज की दर से उसी धन का मितीकाटा १०० रु० है, तो वह धन और ब्याज की दर बताओ।

(१८) यदि ९ महीने का किसी ब्याज की दर से किसी धन का ब्याज ६० पौं० ७ शि० ६ पें० हो और उसी समय के अन्त में उसी ब्याज की दर से उसी धन का मितीकाटा ५८ पौं० ६ शि० ८ पें० हो, तो वह धन और ब्याज की दर बताओ।

(१९) यदि १ वर्ष के अन्त में ७ प्रतिशत ब्याज की दर से किसी देय धन का मितीकाटा ५% ब्याज की दर से उसी समय के अन्त में उसी देयधन के मितीकाटे से ४० रु० अधिक है, तो वह धन बाताओ।

(२०) यदि ब्याज की दर से ८०० रु० का ब्याज ९२० रु० के मितीकाटे के बराबर है, तो ९२० रु० कितने समय में देय होंगे ?

क्रिया : यहाँ पर ९२० रु० का तत्काल धन ८०० रु० है

देयधन का मितीकाटा = तत्काल धन का ब्याज

९२० रु० का मितीकाटा = ८०० रु० का ब्याज

= ९२० रु० – ८०० रु० = १२० रु०

३ रु० ब्याज है १०० रु० का १ वर्ष का

१२० रु० „ „ ८०० रु० का $\frac{१}{३} \times \frac{१२० \times १००}{८००}$ वर्ष

अथवा ५ वर्ष।

उत्तर : ५ वर्ष

(२१) ५ प्र० श० ब्याज की दर से ५०० रु० का ब्याज ५३७ रु० ८ आ० के मितीकाटे के बराबर है, तो बताओ ५३७ रु० ८ आ० कितने दिनों के अन्त में देय होगा ?

(२२) २½ प्र० श० ब्याज की दर से ७२० पौं० का ब्याज ८२८ पौं० के मितीकाटे के बराबर है, तो ८२८ पौं० कितने दिनों में देय होगा ?

(२३) ३ प्र० श० ब्याज की दर से ६५० पौं० का ब्याज ६५७ पौं० १६ शि० के मितीकाटे के बराबर है, तो ६५७ पौं० १६ शि० कितने दिनों में देय होगा ?

(२४) एक ही ब्याज की दर से ९४५ रु० और १५४५ रु० का मितीकाटा ४५ रु० है। यदि ९४५ रु० ५ महीने के अन्त में देय है, तो १५४५ रु० कितने समय में देय होगा ?

(२५) किसी समय के अन्त में ६२४ रु० का मितीकाटा २४ रु० है, तो उतने ही धन पर उस समय के दूने समय के अन्त में मितीकाटा कितना होगा ?

(२६) यदि ब्याज की दर ४ प्र० श० है, तो उस समय किसी बैंक में कितने रुपये जमा किये जायँ कि ४ वर्षों तक प्रत्येक वर्ष के अन्त में क्रम से २६० रु०, २७० रु०, २८० रु० तथा २९० रु० मिलते हैं।

(२७) मोहन ८०० रु० का एक घोड़ा खरीदता है और उसको उसी समय १ वर्ष के वादे पर ८७५ रु० पर बेच देता है। यदि ५ प्रति सैकड़े ब्याज की दर है, तो बताओ उसको इस समय कितने प्रति सैकड़े लाभ होता है ?

(२८) राम मुझे मेरे मकान की कीमत नकद ५००० रु० देता है और श्याम उसी मकान की कीमत ५०६२ रु० ८ आ० ३ महीने के अन्तमें देने को कहता है। बताओ इस समय किसके हाथ मकान बेचने से लाभ होगा, जब कि सूद ३% है ?

(२९) १३२६ पौं० की एक हुण्डी ६ महीने के अन्त में देय है। महाजन हुण्डी के लिखित मूल्य का आधा धन उसी समय और आधा धन एक वर्ष के अन्त में लेता है। यदि ब्याज की दर ४ प्रति सैकड़े है, तो बताओ उस महाजन को क्या लाभ हुआ ?

(३०) एक बिल १ वर्ष के अन्त में देय है। कर्जदार महाजन से प्रस्ताव करता है कि बिल के लिखित मूल्य का आधा धन अभी ले लीजिये और बाकी धन २ वर्ष के बाद लीजियेगा। इस प्रस्ताव को मानने से महाजन को २ रु० ८ आ० लाभ होता है। यदि ब्याज की दर ५ प्रति सैकड़ा है; तो बिलका लिखित मूल्य बताओ ?

शेयर और स्टाक (Share and Stock)

जब कुछ आदमी मिलकर बड़े पैमाने पर रोजगार करना चाहते हैं, तो वे एक लिमिटेड कम्पनी बनाते हैं। व्यापार के लिये जितने रुपयों की आवश्यकता होती है; वह **'मूलधन'** कहा जाता है। 'मूलधन' बराबर-बराबर बहुत भागों में बाँट दिया जाता है। हर एक भाग **'शेयर'** या हिस्सा कहलाता है। हर एक शेयर १०० रु० का, १० रु० का, ५ रु० का या किसी और दूसरी कीमत का होता है। जैसे किसी लिमिटेड कम्पनी का ३०००० रु० का मूलधन पाँच-पाँच रुपये के ६००० शेयरों में, या

दस-दस रुपयों के ३००० शेयरों में, या सौ-सौ रुपयों के ३०० शेयरों में बँट सकता है। इन शेयरों को बेचा जाता है। जो आदमी एक या एक से अधिक शेयर खरीदता है, वह **'शेयर होल्डर'** या **'हिस्सेदार'** कहलाता है। हिस्सेदारों को अपने हिस्से का पूरा रुपया एक ही साथ नहीं देना पड़ता। जैसे-जैसे कम्पनी से रुपयों की माँग होती है, वैसे-वैसे उसको अपने हिस्से के रुपये चुकाने पड़ते हैं। कम्पनी के मूलधन का वह भाग जो किसी समय तक हिस्सेदारों से चुकती मिल गया रहता है, **'पेड-अप-कैपिटल'** या **'पाया हुआ मूलधन'** कहलाता है। मान लिया कि किसी कम्पनी ने ३०० शेयर हर एक सौ-सौ रुपयों के जारी किये, यदि प्रत्येक शेयर केवल ८० रु० के हिसाब से लिये गये, तो २४००० रु० 'पेड-अप-कैपिटल' या 'पाया हुआ मूलधन' कहा जायगा। परन्तु हर एक हिस्सेदार अपने हिस्से के रुपयों को चुकाने के लिये कानूनन बँधा हुआ होता है। कोई हिस्सेदार अपने हिस्से के दिये हुए रुपयों को वापस नहीं ले सकता, परन्तु वह अपने हिस्से की पूरी संख्या को बेच सकता है। अर्थात् यदि कोई आदमी सौ-सौ रुपयों के १० हिस्से का मालिक है, तो वह यदि चाहे तो १, २, ४, ६ या कुल हिस्सों को बेच सकता है। कम्पनी का लाभ एक नियत समय के अन्त में हिस्सेदारों में बाँट दिया जाता है। यह लाभ **'डिविडेण्ड'** कहलाता है। शेयर दो प्रकार के होते हैं : (१) **प्रेफरेन्स** और (२) **आर्डिनरी**।

जब कम्पनी को हिस्सेदारों के कुल रुपये मिल जाते हैं, तब वह अपने कुल 'पाये हुए धन' (पेड-अप-कैपिटल) को **'स्टाक'** या **'पूँजी'** में बदल देती है। 'स्टाक' या 'पूँजी' किसी कम्पनी का वह कुल 'पाया हुआ मूलधन' है, जो किसी भी टुकड़े में बेचा या खरीदा जा सके। स्टाक और शेयर में यही भेद है कि स्टाक का कोई भी भाग बेचा जा सकता है, परन्तु 'शेयर' केवल पूरी संख्याओं में ही बिक सकता है। शेयर के अनुसार ही स्टाक भी आर्डिनरी और प्रेफरेन्स होता है। यदि कम्पनी को इससे अधिक रुपयों की आवश्यकता होती है, तो वह हिस्से बढ़ाने के बजाय एक नियत सूद पर कर्ज लेती है। इस प्रकार जो रुपया लिया जाता है, वह **'डिबेञ्चर'** कहलाता है।

'डिबेन्चर' कम्पनी का वह कर्ज है, जो वह अपनी सम्पत्ति की जमानत पर एक नियत ब्याज की दर से लेती है। जब कम्पनी उचित समय से किसी 'डिबेन्चर-होल्डर' को ब्याज नहीं देती या किसी कारण से कम्पनी असफल होती है, तब यह डिबेन्चर होल्डर कम्पनी की सम्पत्ति से अपना रुपया सूद सहित वसूल कर सकता है। सबसे पहले डिबेन्चर-होल्डर को सूद मिलता है। इससे साफ मालूम होत है कि 'डिबेन्चर होल्डर' कम्पनी का महाजन होता है और आर्डिनरी शेयर-होल्डर कम्पनी का साझेदार होता है।

कभी-कभी कोई गवर्नमेण्ट या म्युनिसिपैलिटी भी दस्तावेज लिखकर अपनी आवश्यकताओं को पूरा करने के लिये कर्ज लेती है। गवर्नमेण्ट का लिखा हुआ दस्तावेज **'गवर्नमेण्ट सिक्योरिटी'** या गवर्नमेण्ट प्रामिसरी नोट कहलाता है। इङ्गलैण्ड की सरकार जो कर्ज लेती है उसको **'फण्ड'** कहते हैं और उसके एक भाग को **कान्सल** कहते हैं। गवर्नमेण्ट जब कर्ज लेती है, तो उसका नियत ब्याज तो उचित समय पर देती रहती है, परन्तु कर्ज का वापस करना बिल्कुल उसकी मर्जी पर ही रहता है। जो दस्तावेज लिखकर म्युनिसिपैलिटी कर्ज लेती है, वह 'डिबेन्चर' कहलाता है। अकसर डिबेन्चर २० वर्ष में अदा कर दिया जाता है।

डिबेन्चर-होल्डर कम्पनी का महाजन है और शेयर-होल्डर उसका मालिक या हिस्सेदार है। डिबेन्चर-होल्डर ब्याज लेता है, और शेयर-होल्डर नफे में हिस्सा लेता है। जिस साल नफा नहीं होगा उस साल शेयर-होल्डर को कुछ नहीं मिलेगा, लेकिन डिबेन्चर-होल्डर को उसका ब्याज अवश्य मिलेगा। कम्पनी यदि लिक्विडेशन में जायेगी (यानी इसका कारबार उठा दिया जायगा), तो उसकी सम्पत्ति पर पहला हक डिबेन्चर-होल्डरों का रहेगा। उसके बाद अन्य सब ऋण चुकाने के बाद जो बच जायेगा वह शेयर-होल्डरों में बाँटा जायेगा। यदि कम्पनी की हालत खराब हो तो सम्भव है कि उनकी लगाई हुई पूंजी भी न मिले।

स्टाक-होल्डर अपने स्टाक को यदि चाहे तो बेच सकता है। स्टाक का बाजारू मूल्य घटता और बढ़ता रहता है। जब १०० ० के स्टाक का बाजारू मूलय १०० रु० होता है, तो उसे **'सम मोल'** (At Par)

कहते हैं। जब १०० ० के स्टाक का बाजारू मूल्य १०० रु० से अधिक हो, तब उसे प्रामियम (Premium) या **'बाढ़'** कहते हैं; और जब १०० ० के स्टाक की बाजारू मूल्य १०० रु० से कम हो, तब उसे **'बट्टे'** (Discount) कहते हैं।

याद रखना चाहिये कि स्टाक के लिखित मूल्य पर डिविडेण्ड मिलता है न कि उसके बाजारू मूल्य पर। यदि कहा जाय कि '५ प्रति सैकड़े ब्याज के स्टाक' या '५ प्रति सैकड़े के स्टाक' का बाजारू मूल्य १०३ ० है, तो इससे यह समझना चाहिये कि कम्पनी १०० के स्टाक पर ५ ० सूद देती है और इसी १०० ० के स्टाक को १०३ ० में बेचती है।

स्टाक का क्रय-विक्रय प्राय: दलालों के द्वारा होता है, जो लोग $\frac{१}{८}$ प्रति सैकड़े की दर से स्टाक के लिखित मूल्य पर बेचने और खरीदने वाले दोनों से **'दस्तूरी'** या दलाली लेते हैं। मान लिया जाय कि १०० रुपया का स्टाक १०३ रु० दर बिकता है, तो स्टाक के बेचने वाला (१०३ $-\frac{१}{८}$) रु० अर्थात् १०२ ० १४ आ० पायेगा और खरीदने वाले को (१०३ $+\frac{१}{८}$) ० अर्थात् १०३ रु० २ आ० देने पड़ेंगे। परन्तु स्टाक के सवालों में जब तक दलाली का उल्लेख न हो, दलाली नहीं लगानी चाहिये।

प्रश्नावली ६७

(१) एक आदमी के पास किसी कम्पनी का ४ प्र० श० ब्याज का ७५० रु० का स्टाक है, तो उसकी वार्षिक आय बताओ।

क्रिया :—

१०० रु० के स्टाक पर वार्षिक ४ रु० की आय होती है

७५० ० ,, ,, $\frac{४७ \times ५०}{१००}$ अर्थात् ३० रु० आय होती है

उत्तर : ३० रु०।

(२) एक कम्पनी में मोहन का ६०० ० का स्टाक है। यदि कम्पनी ४ प्र० श० डिविडेण्ड देती है, तो उसकी वार्षिक आय बताओ।

(३) एक आदमी के पास किसी कम्पनी के दस-दस पये के ८० शेयर हैं। यदि कम्पनी ३$\frac{१}{२}$ प्र० श० डिविडेण्ड देती है तो उसकी वार्षिक आय क्या है?

(४) ४$\frac{३}{८}$ प्र० श० के ८२५ पौं० के स्टाक से कितनी आय होगी ?

(५) एक कम्पनी के ५ प्र० श० के स्टाक में १०२ रु० की दर से १५३० रु० लगाने से वार्षिक आय क्या होगी ?

(६) २ प्र० श० स्टाक में १०४ की दर से १३५३ रु० १० आ० लगाने से वार्षिक आय क्या होगी ? (क) जब दलाली नहीं लगती, (ख) जब $\frac{१}{८}$ प्र० श० दलाली लगती है।

क्रिया : १३५३ रु० १० आ० $= \frac{१०८२९}{८}$ रु०

(क) १०४ रु० नकद लगाने में १०० रु० का स्टाक मिलता है, जिसका ब्याज २ रु० है।

∵ १०४ रु० पर वार्षिक आय = २ रु०

∴ $\frac{१०८२९}{८}$ रु० ,, ,, $= \frac{२ \times १०८२९}{१०४ \times ८}$

$= \frac{८३३}{३२}$ रु०

= २६ रु० ६ पा०

(ख) (१०४ + $\frac{१}{८}$) रु० अर्थात् $\frac{८३३}{८}$ रु० नकद लगाने में १०० रु० स्टाक मिलता है, जिसका ब्याज २ रु० वार्षिक है।

$\frac{८३३}{८}$ रु० का वार्षिक ब्याज = २ रु०

$\frac{१०८२९}{८}$ रु० ,, ,, $= \frac{२ \times ८ \times १०८२९}{८ \times ८३३}$ रु०

= २६ रु०

उत्तर : २६ रु० ६ पा०
और २६ रु०।

(७) किसी कम्पनी के ३ प्र० श० के स्टाक ९८ रु० की दर में बिकते हैं। बताओ यदि १५७० पौं० का स्टाक खरीदा जाय, तो वार्षिक डिविडेण्ड कितना मिलेगा ? (दलाल $\frac{१}{८}$ प्र० श० है)

(८) एक कम्पनी को अपने ४$\frac{१}{२}$ प्र० श० के एक स्टाक के एक भाग को बेचने से १३५६ रु० मिले। यदि दलाली $\frac{१}{८}$ प्र० श० है, तो खरीदार की वार्षिक आमदनी बताओ।

(६) किसी कम्पनी के शेयर ५ रु० प्र० श० प्रीमियम पर बिकते हैं और वह कम्पनी ६ प्र० श० डिविडेण्ड देनी है। यदि मैंने १२५० रु० का शेयर खरीदा तो मुझको प्रति वर्ष कितना डिविडेण्ड मिलेगा ?

स्टाक का मूल्य, दर आदि निकालना

प्रश्नावली ६८

(१) ४$\frac{१}{३}$ प्र० श० ब्याज के १२०० रु० के स्टाक का दाम ९८ रु० की दर से क्या होगा, जब कि दलाली $\frac{१}{८}$ रु० प्र० श० है।

क्रिया:

खरीददार को १०० ० के स्टाक का दाम (९८ रु० + $\frac{१}{८}$ ०। अर्थात् $\frac{७८५}{८}$ रु० देने पड़ेंगे।

$$१०० \text{ रु० के स्टाक का दाम} = \frac{७८५}{८} \text{ रु०}$$

$$१२०० \text{ रु० ,, ,,} = \frac{७८५}{८} \times \frac{१२००}{१००}$$

$$= \frac{२३५५}{२} \text{ रु०}$$

$$= ११७७ \text{ रु० ८ आ०}$$

उत्तर : ११७७ रु० ८ आ०।

(२) ४ प्र० श० के १६५० रु० का स्टाक ९६ रु० की दर से कितने रुपये में खरीदा जा सकता है ?

(३) १२०० रु० का स्टाक ९७ रु० की दर से बेचने पर कितने रुपये मिलेंगे जब दलाली $\frac{१}{८}$ प्र० श० है ?

(४) ३ प्र० श० का ९३३ रु० ५ आ० ४ पा० का स्टाक, जो २ प्र० श० डिसकाउण्ट पर बिकता है, बेचने से कितने रुपये मिलेंगे, जब दलाली $\frac{१}{८}$ प्र० श० है ?

(५) ७५ रु० की दर से बिकने वाले २५६० पौं० के स्टाक का मूल्य बताओ।

(६) कलकत्ता कारपोरेशन के १६०० रु० के डिबञ्चर जो ८ प्र० श० प्रीमीयम पर बिक रहे हैं, खरीदने के लिये कितने रुपये चाहिये, जब कि दलाली $\frac{१}{८}$ प्र० श० है ?

(७) ४९५ रु० में ३ प्र० श० ब्याज का और जिसका भाव १०३ रु० है, कितना स्टाक खरीदा जा सकता है जब कि दलाली $\frac{१}{८}$ प्र० श० है।

क्रिया :

वह स्टाक जो (१०३ + $\frac{१}{८}$) रु० अर्थात् $\frac{८२५}{८}$ रु० में खरदा जा सकता है
= १०० रु०

∴ „ ४६५ रु० „ „ „ „ = $\frac{१००×८×४६५}{८२५}$
= ४८० रु०

उत्तर : ४८० रु०।

(८) ५८५ रु० १२ आ० में ३$\frac{१}{२}$ प्र० श० का कितना स्टाक ६७$\frac{१}{२}$ की दर से खरीदा ज़ा सकता है, जब कि दलाली की दर मामूली है ?

(९) एक आदमी ने अपने ४ प्र० श० के स्टाक को १०२ की दर में बेच दिया। यदि उसको कुल ६७८ रु० मिले, तो बताओ उसने कितने का स्टाक बेचा था, जब कि दलाली की दर $\frac{१}{८}$ प्र० श० हो ?

(१०) १६४० रु० में कितने का सरकारी कागज जो ६७ की दर से बिक रहा है (जिसमें दलाली भी सम्मिलित है) खरीदा जा सकता है ?

(११) ११८० रु० ८ आ० में कितना स्टाक जो १$\frac{१}{२}$ प्र० श० डिसकाउण्ट पर बिक रहा है, खरीदा जा सकता है, जब कि दलाली की दर साधारण है ?

(१२) किसी म्युनिसिपैलिटी के डिबैञ्चर ३$\frac{१}{४}$ प्र० श० प्रीमियम पर बिक रहे हैं, तो ३७१७ पौं० में कितने का डिबञ्चर खरीदा जा सकता है ?

(१३) **३ प्र० श० के स्टाक में जो १०२ रु० की दर बिकता है, कितने रुपये लगाये जायँ कि वार्षिक आय २४० रु० हो ?**

क्रिया :

नकद १०२ रु० से १०० रु० का स्टाक खरीदा जा सकता है, जिसकी आय ३ रु० हो।

∵ ३ रु० आय होती है १०२ रु० लगाने पर

∴ २४० रु० „ „ = $\frac{१०२×२४०}{३}$ रु०

अर्थात् ८१६० रु० लगाने पर

उत्तर : ८१६० रु०।

(१४) ४ प्र० श० के स्टाक में जो सम मोल बिक रहा है, कितने रुपये लगाये जायँ कि ७२ रु० वार्षिक आय हो ?

(१५) ३$\frac{१}{२}$ प्र० श० के स्टाक में जो २ प्र० श० प्रीमियम पर बिकता है, कितने रुपये लगाये जायँ कि १४० रु० वार्षिक आय हो ?

(१६) एक आदमी ने ४ प्र० श० के स्टाक में, जब उसका भाव ९७ का था, रुपया लगाया और जब स्टाक १०१ के भाव में बिकने लगा, तब बेच दिया। इस क्रय-विक्रय से यदि उसको ११० रु० का लाभ हुआ, तो बताओ उसने कितने रुपये लगाये थे ?

(१७) एक आदमी ४$\frac{१}{२}$ प्र० श० के स्टाक में जो ३$\frac{१}{८}$ प्र० श० डिसकाउण्ट के भाव पर बिक रहा है कितना धन लगाये कि उसको वार्षिक ३१२ रु० डिविडेण्ड मिला करे, जब कि दलाली $\frac{१}{८}$ प्र० श० है ?

(१८) एक आदमी ३$\frac{१}{२}$ प्र० श० वाले कागज में जिसका भाव ९७$\frac{३}{८}$ है, कुछ धन लगाता है। यदि वह उनको ९७$\frac{१}{८}$ तक की दर होने तक देखता, तो उसे २०० रु० के सरकारी कागज और मिलते, तो उसने कितने रुपये लगाये थे ?

---×---

लाभ तथा हानि

प्रश्नावली ६९

(१) एक आदमी ने ३ प्र० श० वाले ५०० रु० का कागज ३$\frac{१}{८}$ प्र० श० बट्टे (Discount) पर खरीदा और उसको १०२ की दर से बेच दिया। बताओ उसको क्या लाभ हुआ, जब कि दलाली प्र० श० है ?

क्रिया :—

१०० रु० के कागज के लिये वह आदमी (१०० $-$ ३$\frac{१}{८}$ $+$ $\frac{१}{८}$) रु० अर्थात् ९७ रु० नकद देता है और (१०२ $-$ $\frac{१}{८}$) रु० अर्थात् $\frac{८१५}{८}$ रु० नकद पाता है।

∵ १०० रु० के कागज पर उसको ($\frac{८१५}{८}$ $-$ ९७) अथवा $\frac{३९}{८}$ रु० लाभ होता है

∴ ५०० रु० के ,, ,, $\frac{३९ \times ५००}{८ \times १००}$ रु० $=$ $\frac{१९५}{८}$ रु०

अथवा २४ रु० ६ आ० लाभ होता है

उत्तर : २४ रु० ६ आ०।

(२) एक आदमी ने ७२० रु० का स्टाक ९८ की दर से खरीद कर १०३ की दर से बेच दिया। बताओ उसको कुल कितने रुपये का लाभ हुआ ?

(३) ३ प्र० श० का १००० रु० का स्टाक २ प्रतिशत डिस्काउण्ट पर खरीद कर $१०२\frac{१}{३}$ की दर से यदि बेचा जाय, तो बताओ कितना लाभ होगा जब कि दलाली की दर $\frac{१}{८}$ प्र० श० है ?

(४) यदि २५०० रु० का स्टाक $२\frac{१}{३}$ प्र० श० डिस्काउण्ट पर खरीद कर ३ सैकड़े प्रीमियम पर बेचा जाय, तो बताओ कुल कितना लाभ होगा ?

(५) मोहन ने ४ प्र० श० के स्टाक में जिसका भाव ९५ पौं० था, १४२५ पौं० लगाया और जब स्टाक का भाव गिरकर ९० पौं० हो गया तब उसने बेच दिया। बताओ उसको कितने प्र० श० घाटा हुआ और उसको कुल कितना घाटा हुआ ?

क्रिया:

१०० पौं० के स्टाक के लिये मोहन ने ९५ पौं० नकद दिया और उसको बेचने पर ९० पौं० नकद पाया।

∵ ९५ पौं० लगाने पर उसका घाटा $= (९५ - ९०)$ पौं० अर्थात् ५ पौं०

∴ १४२५ पौं० ,, ,, $= \frac{५ \times १४२५}{९५}$ पौं० अर्थात् ७५ पौं०

और १०० पौं० लगाने पर घाटा $= \frac{५ \times १००}{९५}$ पौं० $= \frac{१००}{१९}$ पौं० $= ५\frac{५}{१९}$ पौं०

घाटा प्रतिशत $= ५\frac{५}{१९}$ और कुल घाटा $=$ ७५ पौं०

उत्तर : $५\frac{५}{१९}$ प्र० श०

७५ पौं०।

(६) ४ प्र० श० के कांसल में $९२\frac{१}{८}$ की दर से १७२० पौं० लगाया गया और जब इसका भाव गिर कर ८७ हो गया तब बेच दिया गया। बताओ ऐसा करने से कितना घाटा हुआ, जब कि दलाली की दर $\frac{१}{८}$ प्र० श० है ?

(७) किसी आदमी ने रेलवे कागज में जो ५ प्र० श० प्रीमियम पर बिकता था, २५०० रु० लगाया और जब इस कागज का भाव ९८ हो गया। तब उसने उसको बेच दिया। बताओ उसको कुल कितना घाटा हुआ ?

(८) राम ने किसी कम्पनी के स्टाकमें ६७ की दर से १२०० रु० लगाया और फिर उस स्टाकको ६३ की दर से बेच दिया। बताओ उसको कितना प्र० श० घाटा हुआ ?

(६) ४ प्र० श० के स्टाक में ६६ की दर से रुपये लगाने पर सूद कितने प्र० श० पड़ेगा ?

क्रिया :

६६ रु० नकद लगाने से १०० रु० का स्टाक मिलता है, जिससे ४ रु० आय होती है।

∵ ६६ रु० का सूद = ४ रु०

∴ १०० रु० का सूद = $\frac{४ \times १००}{९६}$ रु०

अर्थात् $\frac{२५}{६}$ रु०

अभीष्ट ब्याज प्र० श० = $४\frac{१}{६}$

उत्तर : $४\frac{१}{६}$ प्र० श०।

(१०) $३\frac{१}{२}$ प्र० श० ब्याज के स्टाक में ६८ की दर से रुपया लगाने पर ब्याज कितने प्र० श० पड़ेगा ?

(११) $४\frac{३}{४}$ प्र० श० के स्टाक में, जो ५ प्र० श० डिसकाउण्ट पर बिक रहा है, रुपया लगाने पर लागत पर ब्याज कितने प्र० श० पड़ेगा ?

(१२) एक कम्पनी का शेयर, जो ६० रु० का है और जिस पर ४ प्र० श० की दर से डिविडेण्ड मिलता है, ८१ की दर से मोल लिया गया तो बताओ खरीदने वाले को ब्याज कितने प्र० श० पड़ेगा ?

(१३) १०५ रु० के भाव के स्टाक में ८४० रु० लगाने से ७० रु० ब्याज मिलता है, तो स्टाक पर ब्याज की दर बताओ।

(१४) ६८ पौं० के भाव के स्टाक में १६६० पौं० लगाने पर ८० पौं० वार्षिक आय होती है, तो स्टाक पर ब्याज की दर बताओ।

(१५) १२० पौं० के भाव के स्टाक में ६००० पौं० लगाने से सालाना ४५० पौं० मिलते हैं, तो बताओ स्टाक पर डिविडेण्ड कितने प्र० श० मिलता है ?

क्रिया :

∵ ६००० पौं० नकद लगाने पर ४५० पौं० मिलता है

∴ १२० " " $\frac{४५०\times१२०}{६०००}$ मिलता है

अर्थात् ९ पौं०

इसलिये अभीष्ट डिविडेण्ड = ९ प्र० श० ।

(१६) ११५ रु० के स्टाक में २३०० रु० लगाने पर आय पर ४ पा० प्रति रुपये के हिसाब से टैक्स देने के बाद १४१ रु० की बचत होती है, तो बताओ स्टाक पर कितने प्र० श० डिविडेण्ड मिलता है ?

(१७) किसी बैंक के कागज की, जो ८ प्र० श० डिस्काउण्ट पर बिक रहा है, लागत पर ६$\frac{१}{२}$ प्र० श० की दर से ब्याज पड़ता है, तो बताओ यदि उसी बैंक का वही कागज ४ प्र० श० प्रीमियम पर बिकता, तो लागत पर कितने प्रति सैकड़े ब्याज पड़ता ?

(१८) किस स्टाक में रुपया लगाना अच्छा होगा, ९६ की दर से ३ प्र० श० वाले में अथवा १०८ की दर से ४ प्र० श० वाले में ?

क्रिया:

पहले स्टाक में ९६ रु० पर वार्षिक ब्याज = ३ रु०

" १०० रु० " " $= \frac{३\times१००}{९६}$ रु०

$= \frac{१००}{३२}$ रु०

दूसरे स्टाक में १०८ रु० पर वार्षिक ब्याज = ४ रु०

" १०० रु० " $= \frac{१००\times४}{१०८}$

$= \frac{१००}{२७}$ रु०

∵ $\frac{१००}{३२}$, $\frac{१००}{२७}$ से छोटा है,

∴ दूसरे स्टाक में रुपया लगाना अच्छा है ।

उत्तर : दूसरे स्टाक में ।

(१९) किस स्टाक में रुपया लगाना अच्छा होगा, ९२ की दर से ५ प्र० श० वाले में अथवा १०८ की दर से ६ प्र० श० वाले में ?

(२०) किस कम्पनी के कागज में रुपया लगाना अच्छा होगा, ७८ की दर के ३$\frac{१}{२}$ प्र० श० वाले में अथवा १०६ की दर के ४ प्र० श० वाले में ?

(२१) एक आदमी ने किसी कम्पनी के ४ प्र० श० के स्टाक में $९६\frac{७}{८}$ की दर से कुछ रुपये लगाये, और एक दूसरे आदमी ने किसी दूसरी कम्पनी के ५ प्र० श० के स्टाक में $१०४\frac{१}{२}$ की दर से कुछ रुपये लगाये। बताओ दोनों की आय में कितने प्र० श० का अन्तर है, जब कि दलाली $\frac{१}{८}$ प्र० श० है?

प्रश्नावली ६९

(१) यदि ३ प्र० श० स्टाक से १२० रु० की वार्षिक आय होती है, तो स्टाक की सम्पत्ति बताओ।

क्रिया :

∵ ३ रु० की आय १०० रु० के स्टाक से होती है

∴ १२० रु० „ $\frac{१२० \times १००}{३}$ रु० अर्थात् ४००० रु० के स्टाक से होती है

∴ अभीष्ट सम्पत्ति ४००० रु०

उत्तर : ४००० रु०।

(२) यदि $४\frac{१}{३}$ प्र० श० के स्टाक से ७८ रु० की वार्षिक आय होती है, तो स्टाक की सम्पत्ति बताओ।

(३) यदि ५ प्र० श० के स्टाक से ९० रु० की वार्षिक आय होती है, तो स्टाक की सम्पत्ति बताओ।

(४) यदि ३ प्र० श० के कांसल से राम को वार्षिक ३१ पौं० ४ शि० की आय होती है, तो राम के पास कितने पौंड का कांसल है?

(५) ५ प्र० श० के स्टाक की क्या दर है, जब कि उसे मोल लेने से लागत पर ६ प्र० श० ब्याज पड़ता है? (दलाली $\frac{१}{८}$ प्र० श० है)

क्रिया : १०० रु० के स्टाक पर ५ रु० वार्षिक आय होती है

∵ ६ रु० ब्याज है १०० रु० नकद का

∴ ५ रु० „ „ $\frac{१०० \times ५}{६}$ अर्थात् $८३\frac{१}{३}$ रु० नकद का

∴ अभीष्ट दर $= (८३\frac{१}{३} - \frac{१}{८})$

$= ८३\frac{५}{२४}$

उत्तर : $८३\frac{५}{२४}$।

(६) ४ प्र० श० के स्टाक की क्या दर है, जब कि उसे मोल लेने से लागत के रुपये पर ५ प्र० श० ब्याज पड़ता है ?

(७) ३$\frac{१}{३}$ प्र० श० के स्टाक की क्या दर होनी चहिये, जब कि खरीददार को अपनी लागत धन पर २$\frac{४}{५}$ प्र० श० के हिसाब से ब्याज पड़े ? (दलाली $\frac{१}{८}$ प्र० श० है)

(८) मोहन ने ६ प्र० श० के स्टाक में कुछ रुपये लगाये। यदि ४ पाई प्रति रुपये इनकम-टैक्स देने के बाद उसको कुल लागत के रुपये का $\frac{१}{२०}$ ब्याज पड़ता है, तो उसने किस दर से स्टाक खरीदा था ?

(९) एक आदमी ५ प्र० श० के स्टाक में रुपये लगाने पर देखता है कि ७ पाई प्रति रुपय की दर से इनकम-टैक्स देने के बाद उसको ६$\frac{१}{६}$ प्र० श० व्याज पड़ता है। यदि दलाली की दर $\frac{१}{८}$ प्र० श० है, तो उसने स्टाक में किस दर से पया लगाया था ?

(१०) यदि ५ प्र० श० के स्टाक में २४०० पौं० लगाने पर एक आदमी को ८ पे० प्रति पौं० इनकमटैक्स देने के बाद १५६ पौ० वार्षिक आय होती है, तो बताओ उसने किस दर से स्टाक खरीदा था ?

(११) ४ प्र० श० के स्टाक की दर ८८ है, तो बताओ ३$\frac{१}{३}$ प्र० श० के स्टाक की क्या दर होनी चाहिये कि लागत के रुपये पर ब्याज पहले ही दर का पड़ जाये ?

(१२) एक आदमी ने ३ प्र० श० के ९६ के भाव के स्टाक से ४००० रु० निकाल कर ४ प्र० श० के १२० के भाव के स्टाक में लगाया। उसके दोनों वर्षों की वार्षिक आय का अन्तर बताओ।

क्रिया : यहाँ ४००० रु० का अर्थ ४००० रु० के स्टाक से है।

∵ १०० ० से वार्षिक आय ४ रु० होती है

∴ ४००० रु० से ,, $\frac{४ \times ४०००}{१००}$ रु० अर्थात्

१६० ० होती है

∵ ३ प्र० श० के १०० रु० के स्टाक का नगद मूल्य = ९६ रु०

∴ ,, ४००० रु० ,, ,, $= \frac{९६ \times ४०००}{१००}$

= ३८४० रु०

अब दूसरे स्टाक में १२० रु० नकद लगाने से ४ रु० आय होती है

∴ ,, ,, ३८४० रु० ,, ,, $\frac{४ \times ३८४०}{१२०}$

=१२८ रु० आय होगी

∴ दोनों वर्षों की आय में (१६०−१२८) रु० अर्थात् ३२ रु० का अन्तर है

उत्तर : ३२ रु०।

(१३) एक आदमी ने एक कम्पनी के ३$\frac{१}{३}$ प्र० श० के ९८ की दर वाले स्टाक में से २४०० रु० निकाल कर किसी दूसरी कम्पनी के ५ प्र० श० के १०५ की दर वाले स्टाक में लगाया। उसकी आय में कितना अन्तर हो गया ?

(१४) एक आदमी ने ९७ की दर से ३ प्र० श० के सरकारी कागज में १९४० रु० लगाया और जब इसका भाव १०५$\frac{१}{१६}$ हो गया, तब उसने उसको बेच दिया। फिर बिक्री के पयों को उसने किसी दूसरी कम्पनी के ५$\frac{१}{२}$ प्र० श० के और १२० के भाव वाले स्टाक में लगा दिये। उसकी आय पहले से कितनी बढ़ गई ?

(१५) एक आदमी ने अपने ४ प्र० श० के स्टाक को जिसकी दर ८७ है बेचकर बिक्री के रुपये को ५ प्र० श० के और ९९ के भाववाले स्टाक में लगाया। ऐसा करने से उसकी वार्षिक आय १३० रु० बढ़ गई। बताओ उसके पास ४ प्र० श० वाला स्टाक कितने पये का है ?

(१६) एक आदमी ने ३% के स्टाक में ९७$\frac{३}{८}$ की दर से ३९०० रुपया लगाया और जब स्टाक का भाव ९९ हो गया, तब उसने अपने स्टाक को बेचकर एक दूसरी कम्पनी के ४ प्र० श० के स्टाक में, जो ११२$\frac{७}{८}$ की दर से बिक रहा था, लगाया। उसकी वार्षिक आय का अन्तर, बताओ जब कि दलाली $\frac{१}{८}$ प्र० श० है।

क्रिया : पहले स्टाक की आय—

(९७$\frac{३}{८}$+$\frac{१}{८}$) रु० अर्थात् $\frac{१९५}{२}$ रु० लगाने से वार्षिक आय ३ रु० है

∴ ३९००० रु० ,, ,, $\frac{३ \times २ \times ३९००}{१९५}$ रु०

= १२० रु० है

२३

$\frac{१९७}{२}$ रु० लगाने से प्राप्त स्टाक को वह $(९९-\frac{१}{८})$ अर्थात् $\frac{७९८}{८}$ ० में बेचता है
∴ ३९०० रु० " " " " $\frac{७९१}{८}\times\frac{२}{१९७}\times$ ३९०० रु०
=३९५५ रुपये में बेचता है।

अब वह ३९५५ रु० से दूसरी कम्पनी का स्टाक खरीदता है
$(११२\frac{७}{८}+\frac{१}{८})$ रु० =११३ रु०

∵ ११३ रु० लगाने से उसकी वार्षिक आय=४ रु०
∴ ३९५५ रु० " " " $=\frac{४\times३९५५}{११३}$
=१४० रु०

इसलिये अब उसकी आय (१४०−१२०)=२० रु० बढ़ गई

उत्तर : २० रु०।

(१७) एक आदमी ने ४½ प्र० श० के २४०० रु० के कागज को ९६ की दर से बेचकर बिक्री के रुपयों को ४ प्र० श० के कागज में लगाया। ऐसा करने से उसकी वार्षिक आय १२ रु० बढ़ गई, तो बताओ उसने किस दर से ४ प्र० श० के कागज को खरीदा था?

(१८) एक आदमी ने ३५०० रु० में किसी कम्पनी के ३½ प्र० श० का स्टाक २$\frac{१}{८}$ प्र० श० डिसकाउण्ट पर खरीदा और जब उसका भाव सम-मोल हो गया तो बेचकर बिक्री के रुपयों को ४ प्र० श० के और ११३$\frac{७}{८}$ के भाव के कलकत्ता म्युनिसिपल डिबेन्चर में लगा दिया। इससे उसकी वार्षिक आय में कितनी कमी या वृद्धि होगी? जब कि दलाली की दर $\frac{१}{८}$ प्र० श० है।

(१९) ४ प्र० श० का कितना स्टाक ९५$\frac{१}{४}$ की दर से बेचा जाय कि बिक्री के रुपयों को ४½ प्र० श० के और १०४ के भाववाले स्टाक में लगाने से वार्षिक आय २९ रु० बढ़ जाय?

प्रश्नावली ७०

(१) राम ने १००० रु० में से कुछ रुपये ३ प्र० श० के स्टाक में ९० की दर से और शेष रुपये ४½ प्र० श० के स्टाक में १०५ की दर से

लगाये। इससे यदि ४० रु० वार्षिक आय होती है, तो बताओ हर एक स्टाक में कितने पये लगाये गये?

क्रिया : यदि राम ने कुल १००० रु० को ३ प्र० श० के स्टाक में ६० की दर से लगा दिया होता, तो उसकी वार्षिक आय $\frac{३ \times १०००}{९०}$ रु० अर्थात् $\frac{१००}{३}$ रु० हुई होती; अर्थात् उसकी वास्तविक आय से $(४० - \frac{१००}{३})$ रु० अर्थात् $\frac{२०}{३}$ रु० कम हुई होती। इसलिये राम ४$\frac{१}{२}$ प्र० श० के और १०५ के भाव वाले स्टाक में इतने रुपये लगाता है, जितने ३ प्रतिशत और ६७ के भाव वाले स्टाक में लगाने से $\frac{२०}{३}$ रु० की आय कम हो जाती है।

१०५ रु० ४$\frac{१}{२}$ प्र० श० के स्टाक में न लगाकर ३ प्र० श० के और ६० के भाव वाले स्टाक में लगाने से सालाना $\frac{१०५ \times ३}{९०}$ रु० या $\frac{७}{२}$ रु० आय होती यानी $(४\frac{१}{२} - \frac{७}{२})$ रु० या १ रु० कम होती।

∵ १ रु० की कमी पूरो होती है ४$\frac{१}{२}$ प्रति सैकड़े के स्टाक में १०५ रु० लगानेसे

∴ $\frac{२०}{३}$ रु० " " " " " $\frac{१०५ \times २०}{३}$ रु० "

यानी ७०० रु० लगाने से।

इसलिये ४$\frac{१}{२}$ प्रति सैकड़े के स्टाक में ७०० रु० और ३ प्रति सैकड़े के स्टाक में ३०० रु० लगाये गये।

दूसरी रीति--

मान लिया एक आदमी **य** रु० ३ प्रति सैकड़े वाले में और **र** रु० ४$\frac{१}{२}$ प्रति सैकड़े वाले स्टाक में लगाता है।

इसलिये $य + र = १०००$ ... (१)

और **य** रु० और **र** रु० से क्रमानुसार $\frac{३य}{९०}$ रु० और $\frac{९र}{२१०}$ रु० वार्षिक आय होती है

$$\therefore \quad \frac{३य}{९०} + \frac{९र}{२१०} = ४०$$

$$\text{या} \quad \frac{य}{३०} + \frac{३र}{७०} = ४०$$

या $७य + ९र = ८४००$...(२) [दोनों पक्षों को २१० से गुणा करने पर]

(१) को ७ से गुणा करनेसे,

$७ य + ७ र = ७०००$ ... (३)

इसलिये (२) में से (३) घटाने से २र=१४०० या र=७०० रु०

और य=(१०००−७००) रु०=३०० रु० ।

(२) एक आदमी ने १५५० रु० में से कुछ रुपयों को $३\frac{१}{२}$ प्रति सैकड़े के स्टाक में ९८ की दर से और बाकी रुपयोंको ४ प्रति सैकड़े के स्टाक में १०२ की दर से लगाया । यदि उसको कुल लागत पर ५८ रु० ५ आ० ४ पा० सालाना आमदनी होती है, तो बताओ हर प्रकार के स्टाक में उसको कितने रुपये लगाये ?

(३) मैंने ४००५ रु० में से कुछ रुपयों से ३ प्रति सैकड़े के और $९८\frac{३}{८}$ के भाव के कागज और बाकी रुपयों से ५ प्रति सैकड़े और १०३ के भाव के कागज खरीदे । यदि इस सौदे से मुझे सालाना १४६ रु० १० आना ८ पा० मिलते हैं, तो बताओ प्रत्येक प्रकार के कागज मैं ने कितने रुपयों में खरीदे थे ? (दलाली $\frac{१}{८}$ प्रति सैकड़ा है।)

(४) एक आदमी ने कुल ३५०० रु० दो तरह के कागजों में लगाये । पहले प्रकार के कागज ४% के ९२ के भाव के और दूसरे $४\frac{१}{२}$% के १०८ के भाव के हैं । यदि उसे कुल लागत के धन पर $४\frac{३}{७}$% ब्याज पड़ा, तो बताओ प्रत्येक प्रकार के कागज में उसने कितने रुपये लगाये ?

(६) एक आदमी ने कुल ५६२० रुपये दो तरह के स्टाकों में लगाये । पहला स्टाक ५% का और ९३ के भाव का और दूसरा $७\frac{१}{२}$% का और १०३ के भाव का है । यदि उसको दोनों स्टाकों से बराबर-बराबर डिविडेण्ड मिलता है, तो बताओ वह हर एक स्टाक में कितने रुपये लगाता है ? (दलाली साधारण है)

(६) एक आदमी के पास कुल ३५०० रु० के दो तरह के स्टाक हैं । पहला $३\frac{१}{२}$% का और दूसरा $४\frac{१}{८}$% का है । यदि उसको प्रति वर्ष १२७ रु० ८ आ० डिविडेण्ड मिलता है, तो बताओ उसके पास हर एक स्टाक कितने रुपयों का है ?

(७) एक आदमी के पास ५४०० पौं० के दो तरह के स्टाक हैं । पहला ३% का और दूसरा $४\frac{१}{२}$% का है । यदि इससे इसकी सालाना आमदनी उतनी ही हैं जितनी कि उसे $३\frac{२}{३}$% के ५४०० पौं० के

स्टाक से हुई होती, तो बताओ उसके पास हर एक स्टाक कितने रुपयों का है ?

(८) ३$\frac{१}{३}$% और ५% के स्टाक में बराबर-बराबर रुपये लगाने से एक आदमी को ४$\frac{१}{६}$% अपनी कुल लागत पर सालाना आमदनी होती है। यदि पहले स्टाक का भाव ६८ है, तो दूसरे स्टाक की दर बताओ।

(९) एक आदमी कुल २२५० रु० दो तरह के स्टाकों में लगाना चाहता है। पहला स्टाक ४% का और ९६ के भाव का और दूसरा स्टाक ५% का और १०५ के भाव का है। बताओ वह अपने दोनों स्टाकों में अलग-अलग कितने रुपये लगाये कि उनसे बराबर-बराबर आमदनी हो ?

(१०) ४ प्रति सैकड़े कागज का भाव ९६ और ५% कागज का भाव १०२ का है। एक आदमी ने हर किस्म के ६०० रु० के कागज मोल लिए और एक दूसरे आदमी ने हर एक किस्म के कागज में ६०० रु० लगाये। दोनों आदमीयों को जो उनकी लागत पर ब्याज पड़ा, उनकी दरों का मिलान करो।

(११) एक आदमी ५% के कलकत्ता म्युनिसिपल डिबेंचर में जिसका भाव ११९$\frac{३}{४}$ का है, कुछ रुपया लगाता है। यदि उसने उसी धन को ४ प्रति सैकड़े के और ९४$\frac{१}{८}$ के भाव के स्टाक में लगांया होता तो उसकी सालाना आमदनी १ रु० १४ आ० ८ पा० अधिक हो गयी होती। बताओ उसने कलकत्ता म्युनिसिपल डिबेंचर में कितने रुपये लगाये जब कि दलाल की दर $\frac{१}{८}$ प्रति सैकड़ा है ?

(१२) मोहन ने ४ प्रति सैकड़े के और ९५ के भाव के स्टाक में कुछ रुपये लगाये। उसमें से यदि वह ८००० रु० का स्टाक १ प्रति सैकड़े प्रीमियम के भाव बेचता है और बाकी को १२ प्रति सैकड़े डिसकाउण्ट से बेचता है, तब उसको ४ रु० का लाभ होता है। बताओ मोहन ने कितने रुपये लगाये थे ?

(१३) किसी कम्पनी के ५ हिस्सों का मूल्य १७५ रु० है; जब कि कम्पनी ४ प्रति सैकड़े की दर से डिविडेण्ड देती है, तो बताओ उसी कम्पनी

के ३६ शेयरों का क्या मूल्य होगा जब कम्पनी ५$\frac{१}{२}$ प्रति सैकड़े डिविडेण्ड देने लग जाये ?

(१४) जब कम्पनी ३$\frac{१}{२}$ प्रति सैकड़े की दर से डिविण्डेड देती है, तो इसके १६ शेयरों का दाम ९६० रु० है । यदि वह कम्पनी ५ प्रति सैकड़े की दर से डिविडेण्ड दे, तो १८०० रुपयों से उसके कितने शेयर खरीदे जा सकते हैं ?

(१५) एक आदमी ने एक काटन मिल में ५ प्रति सैकड़े के और ९५$\frac{१}{२}$ के भाव वाले स्टाक में कुछ रुपये लगाये । ६ महीने के बाद जब उसको सूद मिल गया तब उसने अपनी खरीद की ही दर से अपने कुल स्टाक को बेच डाला । यदि दलाली की दर साधारण है, तो बताओ उसको लागत के रुपयों पर बार्षिक ब्याज प्रति सैकड़ा क्या पड़ा ?

(१६) एक आदमी ने किसी कम्पनी के ६ प्रति सैकड़े के स्टाक में १०१$\frac{७}{८}$ की दर से रुपया लगाया । ९ महीने के बाद जब उसको सूद मिल गया तब उसने कुल स्टाक को १००$\frac{५}{८}$ की दर से बेच दिया । यदि दलाली की दर साधारण है, तो बताओ उसकी लागत के रुपयों पर वार्षिक ब्याज प्रति सैकड़ा क्या पड़ा ?

(१७) किसी एक कम्पनी के हिस्सेदार को उसके कागज से ८ प्रति सैकड़े की दर से डिविडेण्ड मिला और उसने ४ पाई प्रति रुपया इनकम-टैक्स दिया । दूसरे साल उसको १० प्रति सैकड़े की दर से डिविडेण्ड मिला और उसने ५ पाई प्रति रुपया इनकम-टैक्स दिया । यदि उसकी दूसरे साल की आमदनी पहले साल की आमदनी से १३७ रु० ४ आ० अधिक है, तो बताओ उसके पास कितने का कागज है ?

(१८) ४ प्रति सैकड़े ब्याज के और ९४$\frac{१}{२}$ के भाव का कागज कितने का बेचा जाय कि ३$\frac{१}{८}$ प्रति सैकड़े साधारण ब्याज की दर से ९ महीने के अन्त में देयधन ३०२४ रु० का तत्काल धन चुकाया जा सके ?

(१९) ३$\frac{१}{२}$ प्रति सैकड़े के स्टाक में जो ३ रु० प्रति सैकड़े डिस्काउण्ट पर बिक रहा है, कितने रुपये लगाये जायें कि २० वर्ष के अन्त में वह डिविडेण्ड सहित १६७० रु० हो जाये ?

(१९) ४$\frac{1}{2}$ प्रति सैकड़े के और ९२$\frac{1}{2}$ के भाव के स्टाक में रुपये लगाने से कुछ सालाना आमदनी होती है। यदि ५$\frac{1}{2}$ प्रति सैकड़े के और १११$\frac{1}{4}$ के भाव के स्टाक में पहले से १२० रु० कम लगाने पर भी उतनी आमदनी होती है, तो वह आमदनी बताओ। (दलाली $\frac{1}{8}$ है)।

(२१) हिंदुस्तान में एक अंग्रेज को उसकी पूँजी पर ४ प्रति सैकड़े की दर से ब्याज मिलता रहा। जब वह इङ्गलैंड गया तब उसने अपनी पूँजी को ५$\frac{1}{2}$ प्रति सैकड़े के और ८७$\frac{7}{8}$ के भाव के स्टाक में लगा दिया। इससे उसकी सालाना आमदनी इङ्गलैंड में पहली आमदनी से ८१० पौ० बढ़ गई; तो बताओ हिंदुस्तान में उसकी पूँजी कितनी थी जब कि १८ पेंस=१ रुपया और दलाली की दर साधारण है ?

(२२) ३$\frac{1}{2}$ प्र० श० के सरकारी कागज में १०३$\frac{1}{2}$ की दर से और ४ प्र० श० के म्युनिस्पिल डिबेञ्चर में एक व्यक्ति १०५ की दर से बराबर-बराबर रुपये लगाता है। यदि दूसरे स्टाक से पहले की अपेक्षा उसको ९३ रु० अधिक की आय हुई, तो उसने हर एक स्टाक में कितने रुपये लगाये ?

---:c:--

पन्द्रहवाँ अध्याय

वार्षिक वृत्तियाँ (Amunities)

उस निश्चित धन को जो किसी निश्चित शर्त के अनुसार कुछ समय तक समान अवधि (Equal Intervals) के उपरान्त, उसी निश्चित मात्रा में चुकाया जाता है, **वृत्ति** (किस्त) कहते हैं। जैसे यदि किसी ऋण को चुकाने के लिये अथवा बीमा कम्पनी को १५ रु० प्रति ३ मास के बाद ५ वर्ष तक दिये जायँ, तो १५ पये को एक वृत्ति कहेंगे।

यदि उस निश्चित धन को जो प्रति वर्ष उसी निश्चित मात्रा में दिया जाता है, **वार्षिक वृत्ति** (Amunity) कहते हैं। यह धन वर्ष में एक बार अथवा अधिक बार समान अवधि के उपरान्त भी चुकाया जा सकता है।

जब वृत्ति की अवधि का उल्लेख नहीं होता, तब इसको वार्षिक ही समझा जाता है।

प्रश्नावली ७८

(१) उस वार्षिक वृत्ति का मूल्य बताओ जिससे ४% ब्याज की दर से २०० रु० की वार्षिक आय होती है।

क्रिया : ∵ जब आय ४ रु० है, तो वार्षिक वृत्ति = १०० रु०

∴ " " २०० रु० है " " $= \frac{१०० \times २००}{४} =$ ५००० रु०

उत्तर : ५००० रु०।

(२) उस वार्षिक वृत्ति का मूल्य बताओ जिससे ३% ब्याज की दर से १५० रु० की वार्षिक आय होती है।

(३) उस वार्षिक वृत्ति का मूल्य ज्ञात करो जिससे ५% ब्याज की दर से १०० रु० की वार्षिक आय होती है।

(४) उस वार्षिक वृत्ति का मूल्य ज्ञात करो, जिससे २$\frac{१}{२}$ ब्याज की दर से १२० रु० की वार्षिक आय होती है।

(५) राम को ९० रु० की पाँच वार्षिक वृत्तियों में ऋण चुकाना था; परन्तु वह एक भी वृत्ति न दे सका। समय के अन्त में वह ब्याज सहित ५४० रु० हो गया। ब्याज की वार्षिक दर बताओ।

क्रिया : ९० रु० की ५ वार्षिक वृत्तियाँ = ९० × ५ रु० = ४५० रु०

५०० रु० का मिश्रधन = ४८६ रु०

∴ वृत्तियों का ब्याज = ४८६ रु० − ४५० रु०

= ३६ रु०

पहली, दूसरी, तीसरी और चौथी वृत्तियाँ क्रमशः ४ वर्ष, ३ वर्ष, २ वर्ष और १ वर्ष तक नहीं चुकाई गई।

∴ १०० रु० की वृत्ति (४ + ३ + २ + १) वर्ष अथवा १० वर्ष तक न दी गई

∴ ९० रु० का २० वर्ष का ब्याज = ३६ रु०

∵ १०० रु० का १ वर्ष का ब्याज $= \frac{३६}{१०} \times \frac{१००}{९०} =$ रु० ४ रु०

उत्तर : ४% ।

(६) राम ने एक कोठी ७५००० रु० में मोल ली। यदि वह अपनी लागत पूंजी पर ४% ब्याज चाहता है तो उस कोठी को उसे कितने वार्षिक किराये पर देना चाहिये।

(७) श्याम ने एक बाजार ६०००० रु० में मोल लिया। यदि वह अपनी लागत पूँजी पर ४% लाभ चाहता है, तो उस बाजार को उसे कितने वार्षिक किराये पर देना चाहिये ?

(८) मोहन को १५० रू० की ६ वार्षिक वृत्तियों में ऋण चुकाना था; परन्तु वह एक भी वृत्ति न दे सका। समय के अन्त में उसको ९९२ रु० ८ आ० देने पड़े। साधारण ब्याज की दर बताओ

(९) सोहन को ४० रु० की वार्षिक वृत्ति १० वर्ष तक एक बीमा कम्पनी को देनी थी परन्तु वह एक भी वृत्ति न दे सका। इसलिये दसवें वर्ष के अन्त में उसने बीमा कम्पनी को १८९० रु० दिये। ब्याज की दर बताओ।

(१०) २५० रु० की वार्षिक वृत्ति जो ५ वर्ष तक नहीं दी जा सकी, मिश्रधन १३५० रु० होता है। साधारण ब्याज की दर बताओ।

(११) श्याम को १२० रु० की ६ वार्षिक वृत्तियाँ देती थीं; परन्तु वह एक भी वृत्ति न दे सका। यदि साधारण ब्याज की दर ५ प्रतिशत है, तो छठवें वर्ष के अन्त में उसको कितने पये देने पड़ेंगे।

(१२) राम को १२५ रु० की ७ वार्षिक वृत्तियाँ देती थीं; परन्तु वह एक भी वृत्ति न दे सका। सातवें वर्ष के अन्त में उसको कितने पये देने पड़ेंगे, यदि साधारण ब्याज की दर ४% है ?

(१३) मोहन न २५०० रु० को चार समान वार्षिक वृत्तियों में चुका-देने की प्रतिज्ञा की; परन्तु वह एक भी वृत्ति न दे सका, यदि चक्रवृद्धि ब्याज की दर ४% वार्षिक है, तो चौथे वर्ष के अन्त में उसको कतने रुपये देने पड़े ?

क्रिया : प्रत्येक वृत्ति $\frac{२५००}{४}$ रु० या ६२५ ० की है

पहली वृत्ति ३ वर्ष तक नहीं दी गई

∴ इसका मिश्रधन $= ६२५ \left(१ + \frac{४}{१००}\right)$ रु०

$= ६२५ \times \frac{१०४}{१००} \times \frac{१०४}{१००} \times \frac{१०४}{१००}$

$= \frac{१७५७६}{२५}$ रु०

= ७०३ रु० ८ पाई (निकटतम)

दूसरी वृत्ति २ वर्ष तक नहीं दी गई

∴ इसका मिश्रधन $= ६२५ \times \frac{१०४}{१००} \times \frac{१०४}{१००}$ रु०

= ६७६ रु०

तीसरी वृत्ति १ वर्ष तक नहीं दी गई

∴ इसका मिश्रधन $= ६२५० \times \frac{१०४}{१००}$ रु०

= ६५०)

चौथी वृत्ति चौथे वर्ष के अन्त में दी गई

∴ इसका मिश्रधन = ६२५ रु०

अत: अभीष्ट मिश्रधन=७०३रु०८पा० + ६७६रु० + ६५० ० + ६२५रु०

= १६५४ ० ८ पा० (निकटतम पाई तक)

उत्तर : २६५४ रु० ८ पा०,

(१४) मोहन ने किसी महाजन से ३०० रु० ३ समान वार्षिक वृत्तियों में लौटाने का वचन देकर ऋण लिया; परन्तु व्यापार में हानि हो जाने के कारण वह एक भी वृत्ति न दे सका। यदि चक्रवृद्धि ब्याज की दर ५% हो, तो तीसरे वर्ष के अन्त में महाजन को कितने रुपये मिलेंगे ?

(१५) सोहन ने किसी बीमा कम्पनी से ६४००० रु० चार समान वार्षिक वृत्तियों में लौटाने का बचन देकर ऋण लिया; परन्तु वह अपने वचन को पूरा न कर सका। यदि चक्रवृद्धि ब्याज की दर ५% वार्षिक है, तो चौथे वर्ष के अन्त में सोहन को कितने पये देने पड़ेंगे ?

(१६) एक आदमी ने किसी महाजन से कुछ रुपया तीन समान वार्षिक वृत्तियों में लोटाने की प्रतिज्ञा पर ऋण लिया। परन्तु किसी कारण से वह अपनी प्रतिज्ञा को पूरा न कर सका। तीसरे वर्ष के अन्त में उसने महाजन को १२६१ पये देकर ऋण चुका दिया। यदि चक्रवृद्धि ब्याज की दर ४% वार्षिक है, तो वार्षिक वृत्ति का मूल्य ज्ञात करो।

उत्तरावली

प्रश्नावली १

(२) तीन हजार पाँच सौ अस्सी, चार हजार नौ सौ, पाँच हजार और सात हजार तीन । (३) छः हजार तेरह, पाँच हजार एक सौ चार और सात हजार एक सौ तैंतालीस । (४) तीन लाख पैंतालीस हजार छः सौ अठहत्तर और चालीस लाख छः हजार आठ । (५) अट्ठानवे और दस । (६) आठ सौ बावन (८) ७००३ और १६०० (६) १५३४८ और २७०३५ (१०) ६०५०३६ (११) १५०००६००३ (१३) १००००, ९९९९९ (१४) ९९९९९९९ और १०००००० (१६) (क) १०५६७, ७६५१० (ख) १२५६८९, ९८६५२१ (ग) ३०४६७६७, ९७६४३० (१८) (क) ५०३२१४ (ख) ३७१४६५ (ग) ६३९०१७

(२०) (क) तीन लाख, शून्य, चार हजार, पाँच सौ, छः दहाई अथवा ६०, नौ
(ख) पाँच लाख, दस हजार, तीन हजार, सात सौ, शून्य, आठ
(ग) बीस लाख, चार लाख, साठ हजार, आठ हजार, तीन सौ, दस, सात

(२२)

ढेरियाँ	लाखकी	दह हजार की	हजार की	सौ-सौकी	दस-दसकी	शेष
(क)	तीन	पाँच	शून्य	चार	आठ	नौ
(ख)	आठ	दो	एक	शून्य	तीन	सात
(ग)	सात	शून्य	पाँच	चार	तीन	शून्य

(२३) (क) तीन हजार पैंतालीस (ख) पैंसठ हजार तीन सौ चार
(ग) तीन लाख चार हजार पाँच सौ सरसठ

(२५) (क) दस गुना (ख) सौ गुना (ग) हजार गुना (घ) दस हजार गुना
(२६) ९८, १० (२७) ९८७६, १०२३ (२८) ५९८७३
(२९) ४००००२ (३०) ७१२४

प्रश्नावली २

(१) ९८७६५, १०२३४; अट्ठासी हजार पाँच सौ इक्तीस

(२) (क)

८	१	६
३	५	७
४	९	२

(ख)

१६	१२	३२
३६	२०	४
८	२८	२४

(३) (क) क=५, ख=१, ग=६, घ=२ (ख) क=८, ख=४, ग=४, घ=९

(४) (क) $\frac{३४५६७}{८९}$ (ख) $\frac{४६८२}{५७}$ (५) (क)

```
३|५७०८९
४|१९०२९–२
५|४७५७–१
  ९५१–२
```

(ख) भाजक ५६, भाज्य १२२६९६ और भजनफल २१९१ (७) ९ (८) १७ (९) १००८६ (१०) ९९९१८ (१२) ११,२ (१३) ६९४ (१४) ४४३८९ और ३४५१३ (१५) ११७६७८ (१६) ३१३०७२०७६८ (१७) ६५२१५३१५२ (१८) ५३६ रु० १० आ० ९ पा० (१९) १ फु० ९ इं० (२०) ७२ रु० (२१) राम ४०२ रु० ६ आ० ५ पा०, श्याम ३३१ रु० ६ आ० ३ पा०, बलराम ३४७ रु० २ आ० ३ पा० (२२) २ म० २० से० (२३) शनिवार (२४) सोमवार (२५) घोड़ा ११२५ रु०, भैंस ७५० रु० (२६) पुरुष १२ पौं०, स्त्री ८ पौं० २ शि० (२७) ११ रु० १४ आ० २ पा० (२८) ३ म० २३ से० (२९) ५ मन (३०) १० दिन

प्रश्नावली ३

(१) (क) ३ (ख) ६ (ग) ७ (२) (क) ३, (ख) ३ (ग) ७ (३) (क) २ (ख) ७ (ग) १ (४) ३ (५) ८ (६) ६ (७) १ (८) ४ (९) ६ (११) ३,५,१०१ (१२) ३,३,३,३,१०७ (१३) २, २, २, २, ३, ५, ७, ७ (१४) ३, ५, ७, ७, ११, १९ (१६) १५१, १५७, १६३, १६७, १७३, १७७, १७९, १८१, १९१, १९३ १९७, १९९ (१७) २११, २२३ (१९) ७ (२०) ११ (२१) ७ और १३ (२२) ५, ७ और ११

प्रश्नावली ४

(२) ६६ (३) ८४ (४) १५ (५) ८ (७) २४ (८) १४४ (९) ५६ (१०) १९५ (१२) १५ आ० (१३) १ रु० १५ आ० ३ पा० (१४) ४ सेर ११ छटांक (१६) ३१२, ३३६, ३६०, ३८४ (१७) ४३२, ४८० (१८) ४८ (१९) २४ (२०) ३ रु० ६ आ० (२१) १ फु० ६ इंच (२२) ९ छ० (२४) ३६ (२५) ४८ (२६) २१ (२८) २४ (२९) ११२ (३०) ३५ (३२) २१ (३३) १९२ (३४) १४० (३५) ५ रु० (३६) १५ रु० (३७) २ से० (३८) १ म० १० से० (३९) ८ भिखारी, ३ आने २ पैसे (४०) १६ कुर्सियाँ

(४१) १३ कुर्सियाँ; २२ रु० ८ आ० (४४) ३ दिन, मजदूरी २=) (४७) १४ (४८) १४ (४९) ८ (५१) ४०, २८०; १२०, २०० (५२) ४२, ३३६; ८४, २९४; १६८, २१० (५३) ७२, ३६० (५५) ९१७, २९२६ (५६) १६५६, ३६२४

प्रश्नावली ५

(२) १५१२ (३) ४३६८० (४) १६३८० (६) ३५०३५ (७) ५३५१५ (८) ७४१५१ (९) २९७०७५२ (१०) ४०४२५० (१२) १२८ रु० १४ आ० ६ पा० (१३) ७३ पौं० ६ शि० (१४) ३३३ ग० २ फु० (१६) $\frac{१}{१०}$, $४\frac{२}{३}$ (१७) $\frac{११}{४८}$, $४१\frac{१}{४}$ (१८) $\frac{१}{८०}$, $३१\frac{१}{८}$ (१९) $\frac{१}{४०}$, १०५ (२०) $१९\frac{१}{२}$ फु० (२१) २ मिनट २० सेकण्ड (२२) ९० ग० २ फु० (२३) १६८० (२४) १ म० २० से० (२५) ३ घं० (२७) ३१५६ (२८) ६०३ पैसा (२९) ३४१ गोलियाँ (३१) १४० (३२) ४१७ (३३) २८४ (३५) ९४५० रु० (३६) ९९७९२ (३७) ९९७९२ (३९) ११३४ (४०) १००८० (४३) ७ (४३) १९२ (४५) २५२ (४६) २५२ (४८) ६४९ (४९) ९०१

प्रश्नावली ६

(१) ३ आ० (२) ५ आ० (३) २४ सेर (४) ३५ से० (५) ६ छ० (६) १० छ० (७) १२ शि० (८) १८ शि० (९) २८ इंच (१०) ३२ इन्च (११) १२ आ० (१२) १० आ० (१३) ६ सेर (१४) ११ सेर (१५) ३० मिनट (१६) ११ मिनट (१७) १५ शि० (१८) १४ शि० (१९) ११ इन्च (२०) ९ आ०

प्रश्नावली ७

(१) $\frac{१}{६}$ (२) $\frac{५}{७}$ (३) $\frac{४}{१८}$ (४) $\frac{५}{११}$ (५) $६\frac{३}{४}$ (६) $२\frac{२}{३}$ (७) $३\frac{३}{२६}$ (८) $\frac{७}{१८}$ (९) $\frac{८}{३८}$ (१०) $१\frac{१}{२०}$ (११) $\frac{२९}{४०}$ (१२) $१\frac{११}{२८}$ (१३) $\frac{१४६}{७३८}$ (१४) $\frac{२}{७}$ (१५) $३\frac{२३}{१०८}$ (१६) $\frac{११२}{२३१}$ (१७) $१\frac{५७}{७०}$ (१८) $\frac{२५}{३६}$ (२०) १५, २ (२१) ७, २ (२२) ११, १ (२३) ११, १३ (२४) ९, ४ (२५) ७, २

प्रश्नावली ८

(२) $१\frac{११}{४०}$ (३) $\frac{११}{२०}$ (४) $\frac{५}{३६}$ (५) $२\frac{११}{७०}$ (७) $\frac{११९}{२२८}$ (८) $\frac{२१}{३२}$ (९) $\frac{२३}{१२०}$ (१०) $\frac{३०२}{३८७}$ (११) $\frac{२२१}{४२०}$ (१२) $\frac{१}{३६}$ (१३) $२\frac{१}{४}$ (१४) $\frac{५}{७}$ (१५) $४\frac{१}{६}$ (१७) $\frac{९}{३८}$ (१८) $१\frac{१}{८}$ (१९) ३ (२०) $१\frac{१७}{४८}$ (२१) $२\frac{३५८}{४६१}$ (२२) $७\frac{१९}{८०}$ (२३) $५४\frac{१८}{२३}$ (२४) $४\frac{७}{१२}$ (२५) $१९\frac{१}{३}$ (२६) $४\frac{२}{८}$ (२७) $३\frac{१}{८}$ (२८) $\frac{११}{१८}$ (२९) $\frac{१७१५}{१७२८}$

प्रश्नावली ९

(२) $\frac{१}{४}$ (३) $\frac{५}{२१}$ (४) $\frac{२}{९}$ (५) $\frac{३}{१०}$ (७) $४\frac{१}{२}$ (८) $३\frac{१}{२}$ (९) $१\frac{७}{१३}$
(११) $२\frac{८}{४५}$ (१२) $२\frac{३}{११}$ (१३) $\frac{१}{५}$ (१४) $\frac{१}{३}$ (१५) $\frac{१०}{२१}$ (१६) $२\frac{२}{५}$
(१८) १३ (१९) $३\frac{१२}{१७}$ (२०) $\frac{१}{१९}$ (२१) १२ (२२) $\frac{५}{३६}$ (२३) $१\frac{१}{६}$
(२४) $४\frac{२}{३}$ (२५) $४\frac{१२}{१४७}$ (२६) $३\frac{२३}{५८}$ (२७) $\frac{२१५}{१५४७}$ (२८) $\frac{३}{५}$
(२९) $१३\frac{४७}{४९}$ (३२) $७\frac{८३}{९१}$

प्रश्नावली १०

(२) $२\frac{१२}{२९}$ (३) $१\frac{११}{२७}$ (४) $१\frac{२२३}{५७३}$ (५) $४\frac{६१}{१७९}$ (६) $१\frac{२०८}{३५७}$ (७) $\frac{४}{११}$
(८) $१\frac{४७}{७४}$ (९) $३\frac{४}{५}$ (१०) $\frac{५०}{८७}$ (११) $३\frac{११}{८१}$ (१२) $\frac{८}{२९}$ (१३) $\frac{२}{३}$

प्रश्नावली ११

(२) $\frac{५}{१४}$ (३) $६\frac{७}{१०}$ (४) $२\frac{५३}{७०}$ (५) $५\frac{७}{४०}$ (६) $१\frac{३३१}{३५१}$ (७) $२\frac{१७}{१४४}$
(८) $३\frac{६७}{७०}$ (९) $\frac{३१}{१२०}$ (१०) $४\frac{१}{२}$ (११) $\frac{५}{९६}$ (१३) $१\frac{७}{१०}$ (१३) $२\frac{३०१}{४५०}$
(१४) ११ (१५) $\frac{१५}{७८४}$ (१६) $१\frac{३०३६}{८५७५}$ (१७) ६ (१८) १ (१९) ५
(२०) १ (२१) $२\frac{१११}{२४७}$ (२२) $३\frac{१२०३}{११०४}$ (२३) $८\frac{४४}{११७}$ (२४) $१\frac{२६}{१५५}$
(२५) $१\frac{३२५}{८५२}$ (२६) $\frac{४५}{४७}$ (२७) $\frac{७}{३२०}$ (२८) $\frac{८}{१५}$ (२९) $\frac{१०९}{१०५}$
(३०) $२\frac{४०}{८३}$ (३१) $\frac{१२७१}{१६८०}$ (३२) $५\frac{२३९}{५५८}$

प्रश्नावली १२

(१) $\frac{९}{११}$, $\frac{११}{१३}$, $\frac{३२९९}{४५८७}$ (२) $\frac{५}{८}$ (३) $\frac{८}{३५}$ (४) २३ (५) $\frac{५}{८}+\frac{६}{७}$ (६) ३१
(७) १२ (८) $\frac{७}{३८}$ (११) $१३\frac{१}{२}$ मन (१२) $\frac{१}{३८}$ अधिक (१३) ३८५ मन
(१४) $१२\frac{५३}{८४}$, $२\frac{७}{१२}$ (१५) $५\frac{१}{४} - ४\frac{१}{५}$ (१६) $१\frac{१८}{५५}$ (१७) $१\frac{११}{१२}$
(१८) $१\frac{१६९}{७१०}$ (१९) $१\frac{३३}{८२}$ (२०) $\frac{५}{७}$ (२१) २५० रु० (२२) ९०० रु०
(२३) मोहन $४२६\frac{२}{३}$ रु०, सोहन, ३२० रु०, रोहन $२१३\frac{१}{३}$ रु० (२४) क १८० रु०, ख १५० रु० (२५) ५३ (२६) ३६ रु० १२ आना (२७) $४६\frac{१३}{३२}$
(२८) २६० रु०, १३० रु० (२९) $\frac{२}{३}$ (३०) $\frac{८८}{२६१}$ (३१) २४ मील
(३२) $\frac{१४०}{३}$, १४० (३३) $१२\frac{३}{५}$ घं० (३४) $\frac{१}{४६}$ (३५) $\frac{२०}{१२१}$

प्रश्नावली १३

(२) ·००४ (३) १४ (४) ३·२०८३ (५) २ (६) $\frac{१५३}{२०२}$ (७) $\frac{१}{९}$
(८) ·०४ (९) ८५१·९ (१०) १·२ (११) १·४३४३७५ (१२) $\frac{९}{२०}$
(१३) ·३ (१४) ·२०५ (१५) २० (१६) २१ मिनट (१७) ९८०० रु०

प्रश्नावली १४

(२) ·०९ (३) ·८ (४) $\frac{१}{७५}$ (४) $२\frac{९}{४०}$ (६) $१\frac{५}{१६}$ (७) १८० (९) ·१२ (१०) ·३४ (११) ·३९६ (१२) $\frac{७}{६६}$ (१३) $१\frac{११}{१६}$ (१५) ·१७
(१६) ·३४२ (१७) ·११२५ (१८) ·००४ (२०) ·१४५६ (२१)

९१ (२२) २·०८४४ (२३) $\frac{४३}{३२८}$ (२५) ·३५ (२६) ·००८९९१ (२७) १·५५ (२८) $१\frac{१}{१२}$

प्रश्नावली १५

(२) १८ (३) २८ (४) ३५ (५) ४० (६) ५४ (७) ९० (८) २१० (९) १२८ (१०) २२६ (११) ३३० (१२) ३३६ (१३) ६३० (१४) ६९३ (१५) १५१२ (१६) १६५ (१७) ९२४ (१८) ५४६० (२०) ७ (२१) ३ (२२) २ (२३) १७४७ (२४) ३६०० (२५) ९०० (२६) १६ (२७) ३६

प्रश्नावली १६

(२) $\frac{६}{७}$ (३) $\frac{११}{१२}$ (४) $\frac{९}{१३}$ (५) $\frac{२५}{२८}$ (६) $\frac{३५}{४४}$ (६) $\frac{३४}{४१८}$ (८) $\frac{९९}{१८२}$ (९) $\frac{१२५}{६७२}$ (११) $२\frac{७}{९}$ (१२) $१\frac{३१}{४४}$ (१३) $२\frac{६१}{१३२}$ (१४) $८\frac{१}{१३}$ (१६) २·७ (१७)·४२ (१८) ६·४ (१९) २·३१ (२०) ·७९ (२१) ·७०८ (२२) ·९०५ (२३) ४·३२१ (२५) ·०९ (२६) ·०१६ (२७) ·००१३ (२८) ·०३५ (२९) ·०१८ (३०) ·००९९ (३१) १·०४ (३३) २·०१ (३४) १·००२

प्रश्नावली १७

(१) २९ (२) ३१ (३) ३५ (४) ५२ (५) ५७ (६) ६८ (७) ८३ (८) ९१ (९) ११२ (१०) १२५ (११) १४६ (१२) १७५ (१३) २१७ (१४) २२४ (१५) २८९ (१६) ५२५ (१७) ७५९ (१८) १२३४ (१९) ४०८ (२०) ४३२१ (२१) ६२१४ (२३) २३०४ (२४) १०२३ (२५) ३१०५ (२६) ५००५ (२७) ८०१६ (२८) ९००८ (२९) १०२०३ (३०) २०५१५ (३१) २३०४५ (३२) २२३०७ (३३) ८४

प्रश्नावली १८

(२) ·०१७ (३) ·०२३ (४) ·०२९ (५) ·०३८ (६) ·०४२ (७) ·०४५ (८) ·५९ (९) ·८५ (१०) ·९७ (११) १·०१ (१२) २·३५ (१३) ४·३६ (१४) ५·४७ (१५) ६·२१ (१६) ·७५४ (१७) ·८०९ (१८) ·९५३ (१९) ३२·१०५ (२०) १·०२३ (२१) २·१६४ (२२) ४·००७ (२३) ५·१२४ (२४) ६·०४५ (२५) ·७००३

प्रश्नावली १९

(२) १·६१२ (३) १·८१६ (४) ४·१११ (५) ·४७४ (६) २·४९५ (७) ३·५४१ (८) ·९३६ (९) ·२२८ (१०) ·२६४ (११) १·२२५ (१२) १·१६२ (१३) ५·१३८ (१५) १·७३२ (१६) ३·३१६ (१७)

१०·९०९ (१८) १५·१६६ (२०) २·८२८ (२१) ४·२४३ (२२) ५·६५७ (२३) ६·७०८ (२४) ७·३४८ (२५) ७·९३८

प्रश्नावली २०

(१) ४/५ (२) ५/६ (३) ६/७ (४) ७/८ (५) ८/९ (६) १०/११ (७) १३/३१ (८) ५८/९३ (९) ७०/९१ (१०) ·८१६ (११) ·६५९ (१२) ·६०३ (१३) ·७९१ (१४) १·६१२ (१५) १·०७४।

प्रश्नावली २१

(२) १९ (३) ११२ (४) १६ (५) १४२ (६) २१ (८) १११ (९) ७५ (१०) २४ (११) १२२ (१२) २६ (१४) ५ (१५) ३ (१६) ३ (१७) ५ (१८) १५ (२०) ३ (२१) ७ (२२) ५ (२३) ३ (२४) ७ (२६) ५७६ (२७) ९०० (२८) १४४०० (२९) ५७६ (३०) ३६०० (३२) ४५ विद्यार्थी (३३) ४८ लड़के (३४) ३५ क्तियाँ (३५) ७० सिपाही (३६) १८ भिखारी (३८) ३, ४, ५ (३९) ३, ५, ७ (४०)

```
          ४१६
      ---------
   ४) १७३०५६
      १६
      --------
  ८१) १३०
       ८१
      -------
 ८२६) ४९५६
      ४९५६
      -----
        ×
```

प्रश्नावली २२

(१) ४ (२) ७ (३) ११ (४) ११ पैसा (५) ७ वर्ष (६) ३ रु० (७) ४० वर्ष (८) ५ रु० ८ आ० (९) १४ रन (१०) १५ रन।

प्रश्नावली २३

(२) ३३ रु० (३) १०३ मन (४) १२ ९/१० ग० (५) ३९·१९५ पौं० (६) २५ लड़के (७) ४८० रु० (८) ७४ रु० (९) ६७ रु० मासिक (१०) २४ रु० ४ आना (१२) ४५ रुपया (१३) ७५ रन (१६) २९१ (१७) ४७४० (१८) १० रु० ११ आ० ६ पा० (१९) २६० रु० (२०) ५५ वर्ष (२१) ३० रन (२२) १३६ पौं० (२४) ६१ पौं० (२५) ६६ रन (२६) ५७ रन (२७) ६० पौं० (२८) १३६ रु० (२९) ४८ रु० (३१) ४५० (३२) ६०० (३३) २८३ रु० ५ आ० ४ पा० (३५) ३३ रु० (३६) ४० रु० (३७) ३५ रु० (३९) ५ ५/६ प्रतिशत (४०) ५ ३/५ प्रतिशत (४१) १४ प्रतिशत (४२) ८ प्रतिशत

प्रश्नावली २४

(२) ८६$\frac{२}{३}$ प्रतिशत (३) ९४$\frac{३}{४}$ प्रतिशत (४) ६४ प्र० श० (५) ३२०$\frac{५}{६}$ प्र० श० (६) ७२४ प्रतिशत (७) २१४ प्रतिशत (८) ६०० प्रतिशत (९) २४ प्र० श० (१०) ४ प्र० श० (११) $\frac{२३}{१००}$ (१२) $\frac{१}{२}$ (१३) $\frac{१७}{६०}$ (१४) $\frac{२४१}{८००}$ (१५) $\frac{८९}{३३५}$ (१६) $\frac{१३०७}{३०००}$ (१७) $\frac{६०३}{४०००}$ (१८) $\frac{७३}{१०००}$ (२०) १२ (२१) ·१६ (२२) ·२३ (२३) ·२५ (२४) ·२५५ (२५) ·३०२५

प्रश्नावली २५

(२) १ रु० ८ आ० (३) ८ रु० (४) ८ मन (५) १५ मन (६) २४ गज (७) ३६ गज (८) ७ रु० ८ आ० (९) १५ रु० १० आ० (१०) १० रु० ४ आ० (११) १२ मन ३६ सेर (१२) ४ मन ८ सेर (१३) ७ मन २१ से० ९·६ छ० (१४) ४३ पौ० १ शि० (१५) ७२ पौं० (१६) ८० गज (१७) ४५ गज १ फुट ६ इं० (१९) २ रु० ८ आ० ४·७५ पा० (२०) ३ रु० १२ आ० ७·८ पा० (२१) २० रु० ४ आ २ पा० (२२) १६ मन २३ से० १·४ छ० (२३) १० मन १८ से० ४ छ० (२४) ४२ म० ३१ से० २ छ० (२५) २० पौं० १० शि० ८·६४ पे० (२६) ६० पौं० ११ शि० ६ पें० (२७) ७६ पौं० १७ शि० ६ पें० (२८) १०४ ग० १ फु० $\frac{४}{५}$ इं० (२९) ६६ गज २ फु० ६ इं० (३१) ४० प्र० श० (३२) १८ प्र० श० (३३) १८ प्र० श० (३४) ११$\frac{१}{९९}$ प्र० श० (३५) ५ प्र० श० (३६) ६$\frac{२०६}{३०९}$ प्र० श० (३७) ३७$\frac{१}{२}$ प्र० श० (३८) २८ प्र० श० (३९) ६३$\frac{३१}{६३}$ प्र० श० (४१) ४३ रु० ५ आ० ४ पा० (४२) २०० रु० (४३) २२६ रु० १० आ० ८ पा० (४४) ७०० पौं० (४५) ६०० पौं० (४६) ५० पौं० ८ शि० ६$\frac{१०}{८३}$ पें० (४७) ७५००० (४८) २००० रु० (४९) १८४० रु० (५०) ३६० रु० (५१) १८७५

प्रश्नावली २६

(२) ९७५ रु० (३) २८२१५ (४) ६५००० (५) १६३ रु० १ आ० ७$\frac{१}{५}$ पा० (६) ३०१८ रु० १२ आ० (७) २७६ रु० ४ आ० (९) २६५ रु० (१०) २६० रु० (११) ६०० रु० (१२) ५८६८८० आदमी (१३) ५ पौ० ५ शि० (१५) २० प्रतिशत (१६) २२$\frac{२}{९}$ प्र० श० (१७) ६६$\frac{२}{३}$ प्र० श० (१८) १२$\frac{१}{२}$ प्र० श० (१९) १२००० रु० (२०) ४५ रु० (२१) २१ प्र० श० (२३) १०$\frac{५}{७}$ प्र० श० (२४)

१६$\frac{१}{३}$ प्र० श० (२५) २५ प्र० श० (२६) ३३$\frac{१}{३}$ प्र० श० (२७) ४० प्र० श० (२९) २०० (३०) १३००० रु० (३१) ६०० बीघा (३२) ३०००० (३३) १२$\frac{१}{८}$ प्र० श० (३५) ११$\frac{१}{९}$ प्र० श० (३६) २० प्र० श० (३७) १६$\frac{२}{३}$ प्र० श० (३८) २५ प्र० श० (३९) १४$\frac{२}{७}$ प्र० श० (४१) १ रु० का १२० नीबू (४२) १ रु० में ३३ अमरूद (४३) १ रु० में २४ संतरे (४४) १ रु० १४ आना (४५) १६ प्रतिशत (४७) घोड़ा ४१६ रु० १० आ० ८ पा०, बैल ४२४ रु० २ आ० ८ पा० (४८) पुरुष ४०००, स्त्री ३००० (४९) आम ८६ रु० १० आ० ८ पा०, कटहल ३३ रु० ५ आ० ४ पा० (५१) ६५ प्रतिशत (५२) ३०० (५३) २००० (५४) ४०००, २०० (५५) ९० प्रतिशत (५६) ६८ प्रति शत

प्रश्नावली २७

(२) १२% (३) २५% (४) २५% (६) ५% (६) १६$\frac{१}{३}$% हानि (७) १६$\frac{२}{३}$% लाभ (९) ४४% लाभ (१०) ३२% (११) ४५$\frac{५}{६}$% (१२) ५६$\frac{१}{४}$% (१३) २०% (१४) ४४% (१६) २५% (१७) ४% (१८) ५०% (१९) २०% (२०) ३३$\frac{१}{३}$% (२२) २५% (२३) २०% (२४) ६६$\frac{२}{३}$% (२६) २१% (२७) ६$\frac{२}{३}$% (२८) १३$\frac{१}{३}$% (२९) ११$\frac{१३}{१७}$% (३०) १२$\frac{१}{२}$% (३१) २२$\frac{२}{९}$%

प्रश्नावली २८

(२) २१० रु० (३) ९ रु० ८ आ० (४) २५२ रु० (५) ७$\frac{१}{२}$ आ० प्रति दर्जन (६) १ रु० ७ आ० (७) ९१८ रु० (८) ८ रु० ७ आ० (१०) ३७१ रु० ४ आ० (११) ९२० रु० ३ आ० (१२) ४४१ रु० (१३) ७४२ रु० ८ आ०

प्रश्नावली २९

(२) ८० रु० (३) १४ रु० १० आ० ९ पा० (४) १०५० रु० (५) २०० रु० (६) ६२५ रु०, ९३७ रु० ८ आ०, घाटा ६२ रु० ८ आ० (७) ५७५० रु०, ६७५० रु०, ८० रु० घाटा (८) ६ रु० १५ आ० १$\frac{१}{२}$ पा० (१०) २४० रु० (११) २०८ रु० ५ आ० ४ पा० (१२) ८ रु० ५ आ० ४ पा० (१३) १२ रु० ८ आ० (१४) ५०० रु० (१५) ४८०० रु०

प्रश्नावली ३०

(२) ८२६ रु० (३) ३२७ रु० (४) ४४ रु० (५) ३६ आम (६) १४ नारंगियाँ (७) १९८ रु० (८) ३०० रु० (१०) १८$\frac{३}{४}$% (११) ३५% (१२) ३३$\frac{१}{३}$% (१३) ७$\frac{१}{७}$% (१५) ५% (१६) २$\frac{२२}{३०}$ लाभ (१७) २$\frac{६२}{१६९}$% घाटा (१८) ६८% (२०) २४९६ (२१) ८८०

(२२) ४८० (२३) ६६० (२४) ७ आने में १०; ४८० (२६) ५०० रु० (२७) २५० रु० (२८) १६५० रु० (२९) २०० रु० (३०) २५ रु० (३२) २० रु० (३३) २५० रु० (३४) ३१०० रु० (३५) २१६० रु० (३७) ६५% (३८) ४० रु० निकटतम (३९) $२६\frac{२}{३}$% (४०) $२\frac{४}{३७}$ आ० (४१) २ रु० ८ आ० (४३) १० रु० (४४) १७५ रु० (४५) १८७ रु० ८ आ० (४६) १५० रु० (४७) १६ रु० १० आ० ८ पा० (४९) $३३\frac{१}{३}$% (५०) २०% (५१) $२६\frac{३}{३३}$% (५३) टेबुल ५० रु०, कुर्सी २० रु० (५४) १२०० रु०, १५०० रु० (५५) ४०० रु०, ५०० रु० (५६) ६०० रु० १३०० रु० (५८) १६० रु० (५९) २५० रु० (६०) ६० रु०

प्रश्नावली ३१

[१] (क) ७:१२ (ख) १:६ (ग) १:२ (घ) ४:१ (ङ) ३:२ (च) २:१ (छ) ९:८ (ज) १:६ (झ) १:१६ (ञ) १:२० (ट) २:३ (ठ) १:८ [२] (क) $\frac{१}{१६}:\frac{२७}{६४}$ (ख) $\frac{४}{३५}$, $\frac{८}{१३५}$ (ग) $\frac{१६}{४९}$, $\frac{६४}{७४३}$ [३] (क) ४:५ (ख) ३:४ (ग) ५:६ [४] (क) ३:४ (ख) ४:५ [५] (ख) ३:५ (ग) ६९:१०३ (घ) २२:३१ (ङ) २३:५७ (च) १३:१६ (छ) १०८:७३ (ज) १००:२४९ (झ) १७:१४६ (ञ) ५:७ (ट) ४:१ [६] (ख) १३:१६, २:५ (ग) ११:१३, १५:२६ (घ) ६१:९२, १५:३६ (८) २८ (९) $४५८\frac{६}{७}$ (१०) ७५ (११) $३\frac{१}{४}$ (१२) २३:४४ (१३) ९:१० (१४) ३:५ (१५) २०३:६७ (१६) ३१:२१ (१७) ४६ रु० १० आ० ८ पा० (१८) राम १०५ रु०, श्याम १३५ रु० (१९) ८०:१०० (२०) ६३:८४ (२१) $१०\frac{१}{८}$, $६\frac{४}{८}$ (२३) १३:११ (२४) २:७ (२५) १:८ (२६) १:५ (२७) २४ रु० (२८) दूसरा (२९) दूसरा (३१) ९:११ (३२) ५:४ (३३) ४:१ (३४) ८:७ (३५) ४२ सेर (३६) ४८ सेर (३७) ९:५ (३८) ५:२४

प्रश्नावली ३२

(२) हाँ (३) नहीं (४) हाँ (५) नहीं (७) १० (८) १७ (९) ६४ (१०) $२०१९\frac{१२३}{२०८}$ (११) १६९४ (१२) $१०७०\frac{२}{३}$ (१३) १०२० (१४) ३२ (१५) १ म० २ से० (१६) (क) $१८\frac{३}{४}$ (ख) ९६ (ग) ·१९२८... (घ) १०० (१८) (क) ८ (ख) १० (ग) १२ (घ) १५ (१९) (क) १६ (ख) १·४ (ग) $५\frac{१}{७}$ (घ) $४\frac{१}{८}$ (२१) (क) २५ (ख) ७५ (ग) $\frac{३}{४}$ (घ) $५\frac{५}{८}$ (ङ) ·०१२ (२२) ९:२८ (२४) मोहन २४ वर्ष; सोहन ४० वर्ष (२५) राम $३३\frac{४}{११}$ वर्ष, श्याम $५४\frac{७}{११}$ वर्ष (२६) राम २५ वर्ष; श्याम ३० वर्ष (२७) २ फुट ४ इं० (२८) ६०, ७२ (३०) ८४, १०५ (३१) १८०, २४० (३३) ·१६ (३४) १८

प्रश्नावली ३३

(२) ४६५० रु० (३) १७७ रु० ८ आ० (४) ३७३$\frac{1}{3}$ (५) १०३ थान (६) ५६४ मी० (७) २७७ रु० ५ आ० ४ पा० (८) ७३ दिन (१०) १० दिन (११) १५ दिन (१२) ७८ दिन (१३) २२$\frac{1}{2}$ दिन (१४) ६० मी० (१५) ४० दिन (१६) २५ दिन (१८) १५ दिन (१९) ४ दि० (२०) १२ दिन (२१) ४० दिन

प्रश्नावली ३४

(२) ९ दिन (३) ५ दिन (४) १८ दिन (५) ७ घं० (६) १६ दिन (७) ७ दिन (८) ९ लड़के (१०) ३६ आदमी (११) १६० आदमी (१२) २७ आदमी (१३) १२ घं० (१४) ८ छँटाक (१५) १० छटाँक (१६) ४० आदमी (१७) ६४ आदमी (१८) ६ आदमी (२०) ७ दिन (२१) १२$\frac{1}{3}$ दिन (२२) ५$\frac{1}{2}$ दन (२३) ७ दिन (२४) ४५ दिन (२५) ५ दिन

प्रश्नावली ३५

(२) ६०० रु०, १००० रु० (३) १ मन १६ से०, ३२ से० (४) २ बी० ९ विं०; ३ बी० ३ विं० (५) ४५० रु०, ४०० रु० (७) १५०० रु०, १८०० रु०, १९५० रु० (८) ८६ रु० ५ आ० ४ पा०, ९८ रु० १० आ० ८ पा०, १२३ रु० ५ आ० ४ पा० (९) ३०१ रु० १५ आ० ३ पा०, ३२२ रु० १ आ० ४ पा०, ३४२ रु० ३ आ० ५ पा० (१०) २३६ रु० १३ आ०, २७६ रु० ४ आ० ६ पा०, ३१५ रु० १२ आ० (१२) ४५ रु०, ३३ रु० १२ आ०, २७ रु० (१३) ३ मन ३० से०, ४ मन ८ से० १२ छ०, ४ मन २० सेर (१४) ३३ पौ० ६ शि० ८ पें; ४५ पौं० ६ शि० ८ पें०; ६४ पौं० (१५) ११३ रु० ५ आ० ४ पा०, ८५ रु०, ६८ रु० (१६) १५० ग०, १२० गज, १०० गज (१७) २२, ३३, ४५ (१९) १०० (२०) १२० ३६० (२१) २ मन १२ से० ८ छ० (२२) ३७ रु० ८ आ०, ४८ रु० (२३) १५ हं० (२४) १२०० (२६) ७०० रु०, ३०० रु०, ८४० रु० (२७) ४८ रु०, ७२ रु०, ९० रु० (२८) १८० रु०, २४० रु०, २८८ रु०, ३२४ रु० (२९) १२६० रु०, ८४० रु०, ७०० रु०, ८०० रु० (३०) ३८४० रु०, २८८० रु०, २७०० रु०, ९६०० रु० (३२) २८६ रु०, २०८ अठन्नियाँ (३३) ६५६ रु०, ९८४ अठन्नियाँ, १३१२ चवन्नियाँ, १६४० दुअन्नियाँ (३४) १३८ रु०, ३६८ अ०, ९२० च०, ५५२ दु० (३६) २५६ रु० (३७) पुरुष ७२ रु०,

स्त्री ८० रु०, (३८) पुरुष ५४ रु०, स्त्री ४५ रु०, बालक ४५ रु० (३९) ७०० रु० (४१) हिन्दी, अंगरेजी और नागरिक शास्त्र (४२) तीन (४३) ३००० (४४) मर्द १ रु० १२ आ०, औरत १ रु०, लड़का १२ आ०

प्रश्नावली ३६

(२) क ९० रु०, ख १०० रु०, ग ११० रु० (३) य ५०० रु०, र ३५२ रु० (४) राम ४३ रु० ३ आ० २$\frac{२}{५}$ पा०, श्याम २८ रु० १२ आ० ९$\frac{३}{५}$ पा० (५) क १८९ रु०, ख २५२ रु०, ग १८९ रु० (६) गणेश ६०० रु०, रमेश ४५० रु०, महेश ३५० रु० (८) मोहन १३ रु० ५ आ० ४ पा०, सोहन १२ रु० (९) राधे ४५० रु०, बनवारी ३३० रु० (१०) क २४० रु०, ख २७० रु०, ग २७५ रु० (११) २४० रु० (१२) राम १२० रु०, बलराम १४० रु० (१३) मोहन २४० रु०, सोहन ३२० रु०, राधे ८० रु० (१४) २५० रु, २७० रु० (१६) २०० रु० (१७) ७३६ रु० (१८) क १०२ रु० १३ आ० ८$\frac{४}{७}$ पा०, ख १७१ रु० ६ आ० १०$\frac{३}{७}$ पा०, ग २०५ रु० ११ आ० ५$\frac{१}{७}$ पा० (१९) ९०० रु० (२०) ४५० रु० (२१) ९$\frac{९}{१०}$ महीना । (२२) क ८५० रु०, ख ८४६ रु०, (ग) ११८२ रु०

प्रश्नावली ३७

मौखिक

(१) ७ आ० २ पै० (२) १ रु० ४ आ० (३) २ रु० (४) ३ रु० २ आ० (५) १ रु० ९ आ० (६) ५ रु० (७) १६ रु० (८) ४५ रु०

लिखित

(९) ४३ रु० १२ आ० (१०) ७५ रु० (११) ५९ रु० ४ आ० ९ पा० (१२) ७५ रु० (१३) ११६ रु० ६ आ० ६ पा० (१४) ११८ रु० २ आ० (१५) १२६ रु० ९ आ० (१६) ३५ रु० १० आ० ९ पा० (१७) १५१ रु० ८ आ० (१८) ३९ रु० (१९) १४० रु० १० आ० (२०) ४८ पौ० १ शि० ३ पें० (२१) १५० रु० (२२) १०० रु० १२ आ० १० पा० (२३) १५३ रु० १ आ० ३ पा० (२४) १४० रु० (२५) १५१ पौं० ४ शि० (२६) ११२ पौं० १३ शि० (२७) ३५ रु० (२८) १४८ रु० (२९) ९१ रु० (३०) २४३ रु० (३१) ४७ रु० ११ पा० (३२) ४१ रु० ६ आ० १ पा०

प्रश्नावली ३८

(२) ७ रु० ८ आ० १० पा० (३) २ रु० १२ आ० १० पा० (४) ८ पौं० (५) ४० रु० १५ आ० २ पा० (६) ४१ पौं० १२ शि० ६ पे० (७) २७ रु० (८) ७९ रु० ३ आ० २ पा० (९) ३१ पौं० ४ शि० (१०) ४१ रु० ९ आ० ७ पा० (११) ४६ रु० १० आ० ८ पा० (१२) २० पौं० १६ शि० (१३) १२ पौं० १८ शि० ८ पे० (१४) १० रु० १० आ० (१५) ८ रु० ९ आ० ८ पा० (१६) १८ रु० ९ आ० १ पा० (१७) ५६ रु० ११ आ० २ पा० (१८) २ रु० ४ आ० २ पा० (१९) ७८ रु० ९ पा० (२०) २९ रु० ११ आ०

प्रश्नावली ३९

(१) १०६ रु० (२) २१२ रु० (३) ३३६ रु० (४) ५६ रु० (५) २४० रु० (६) ३६८ रु० ८ आ० (७) ५०१ पौं० १७ शि० $१०\frac{३}{५}$ पे० (८) ६४४ पौं० ७ शि० (९) १००४ रु० ३ आ० $१०\frac{१९}{२५}$ पा० (१०) १३६२ रु० (११) ११८७ पौं० १० शि० (१२) १७१८ रु० ८ आ० (१३) १६५६ रु० ७ आ० ९ पा० (१४) ८०६ पौं० १३ शि० ४ पे० (१५) १११७ रु० ६ आ० ८ पा० (१६) ८४६ पौं० १३ शि० ४ पे० (१७) ६७४ पौं० १३ शि० ४ पे० (१८) १२६४ रु० १२ आ० $९\frac{३}{५}$ पा० (१९) ३०७ रु० ८ आ० (२०) ७६६ रु० १० आ० ८ पा०

प्रश्नावली ४०

(२) $९४५\frac{५}{२२}$ रु० (३) ६०० रु० (४) ७०० पौं० (५) १४२५ रु० (६) ४१२ रु० ८ आ० (८) ३५० रु० (९) ५० पौं० (१०) ३०० पौं० (११) २२५ रु० (१२) ३६० रु० (१३) २८९ रु० ६ आ० ५ पा० निकटतम (१४) ६०० रु०. (१५) ४८२६ रु० १० आ० ८ पा०

प्रश्नावली ४१

(२) $३\frac{१}{२}$ वर्ष (३) $१\frac{१}{४}$ वर्ष (४) $\frac{२}{५}$ वर्ष (५) $३\frac{१}{५}$ वर्ष (६) ४ फरवरी १९३७ (७) १० वर्ष (८) ४ महीना २४ दिन निकटतम (९) $६\frac{२}{५}$ वर्ष (१०) $३३\frac{१}{३}$ वर्ष

प्रश्नावली ४२

(२) $२\frac{२}{३}$ प्र० श० (३) $३\frac{१०}{११}$ प्र० श० (४) $४\frac{२८}{१६५}$ प्र० श० (५) $३\frac{८}{११}$ प्र० श० (६) $३\frac{१}{३}$ प्र० श० (७) ५ प्र० श० (८) $६\frac{१}{४}$ प्र० श० (९) ४ प्र० श० (१०) $३\frac{१}{३५}$ प्र० श० (११) ५ प्र० श०

प्रश्नावली ४३

(२) २५० रु० (३) ६०० रु० (४) ६८४ रु० ३ आ० ४ पा० (५) ११$\frac{1}{3}$% (७) ३$\frac{3}{4}$ प्र० श० (८) ३०० रु०, ३$\frac{1}{3}$ प्र० श० (९) २१०० रु० (१०) ४ प्र० श० (१२) ४ प्र० श० (१३) ६$\frac{1}{4}$ प्र० श० (१४) ६ वर्ष (१५) ४ वर्ष (१६) २२५ रु० (१७) २२५ रु० (१८) १०६० रु० (२०) ४० वर्ष (२१) १० वर्ष (२२) ४८ वर्ष (२३) ३ प्र० श० (२४) ६ प्र० श० (२६) २०० रु०, १५० रु० (२७) १३० रु०, १०० रु० (२८) ६०० रु०, ३०० रु० (२९) १५० रु०, १०० रु० (३१) ४०० रु० (३२) ७०० रु० (३३) १२०० रु० (३४) २००० रु० (३६) ७०० रु०, ८०० रु० (३७) २४०० रु०, १६०० रु० (३८) २००० रु०, ३००० रु० (४०) ३$\frac{1}{3}$ प्र० श० (४१) ४ प्र० श० (४२) ५$\frac{1}{2}$ प्र० श० (४४) ७५ प्र० श० (४५) ३५$\frac{5}{27}$ प्रतिशत (४६) ४०४ रु० (४८) ३०० रु० (४९) ३५ रु० (५०) ८१ रु० १३ आ० ४ पा०

प्रश्नावली ४४

(२) मिश्रधन ५४० रु० १२ आ० १० पा०, चक्रवृद्धि व्याज ४० रु० १२ आ० १० पा०

(३) मिश्रधन ८२६ रु० १४ आ०, चक्रवृद्धि व्याज ७६ रु० १४ आ०

(४) मिश्रधन ५७८ रु० १३ आ०, चक्रवृद्धि व्याज ७८ रु० १३ आ०

(५) मिश्रधन ९२८ रु २ पा०, चक्रवृद्धि व्याज १०३ रु० २ पा०

(६) मिश्रधन १२१५५ पौ० १ शि० ४ पे०, चक्रवृद्धि व्याज २१५५ पौ० १ शि० ४ पे०

(७) मिश्रधन ७९५ पौ० १३ शि० ६ पे०, चक्रवृद्धि व्याज ४५ पौ० १३ शि० ६ पे०

(८) मिश्रधन ४८६२ रु० ५ पा०, चक्रवृद्धि व्याज ८६२ रु० ५ पा०

(९) मिश्रधन ३५१ रु० ८ आ० ४ पा०, चक्रवृद्धि व्याज ३९ रु० ४ पा०

(११) मिश्रधन १७४७ रु० ३ आ० १० पा०, चक्रवृद्धि व्याज १४७ रु० ३ आ० १० पा०

(१२) मिश्रधन ११७३ रु० १५ आ० ७ पा०, चक्रवृद्धि व्याज १७३ रु० १५ आ० ७ पा०

(१३) मिश्रधन ५३७८ पौ० १८ शि० २ पे०, चक्रवृद्धि व्याज ३७५ पौ० १८ शि० २ पे०

(१४) मिश्रधन ६११ पौ० १२ शि० ११ पे०, चक्रवृद्धि व्याज १११ पौ० १२ शि० ११ पे०

(१५) मिश्रधन ७६३ पौ० १८ शि० ६ पे०, चक्रवृद्धि व्याज २० पौ० १२ शि० ७ पे०

(१७) मिश्रधन १०६१ रु० १२ आ० १० पा०, चक्रवृद्धि व्याज ६१ रु० १२ आ० १० पा०

(१८) मिश्रधन ५८५ रु० ८ आ० ८ पा०, चक्रवृद्धि व्याज ३५ रु० ८ आ० ८ पा०

(१९) मिश्रधन ८५०५ रु०, चक्रवृद्धि व्याज ५०५ रु०

(२०) मिश्रधन ६५६ रु० २ आ० ८ पा०, चक्रवृद्धि व्याज १५६ रु० २ आ० ८ पा०

(२१) ७०२ रु० १५ आ० (२२) १२४२ रु० ७ आ० १० पा०
(२३) ६८६ रु० ४ आ० ५ पा० (२४) ४४० पौ० ६ पें०
(२५) ८५७ पौ० ७ शि० ४ पें० (२६) ७८३ रु० ४ आ० ५ पा०
(२७) ६२८ रु० २ आ० ६ पा० (२८) ७४ रु० १२ आ० ८ पा०
(२९) २ रु० (३०) १.१०३२३२ गुना

प्रश्नावली ४५

(२) ४०० रु० (३) ५०० रु० (४) ६२४ पौ० १९ शि० ९ पे० (५) २५००० रु० (६) ३२०० पौ० ५ शि० २ पे० (७) २७०० पौ० (८) १००० रु० (१०) २ प्र० श० (११) ५ प्र० श० (१२) ५० प्र० श० (१३) १०० प्र० श० (१४) ५ प्र० श० (१६) २ वर्ष (१७) २ वर्ष (१८) ३ वर्ष (१९) २ वर्ष

प्रश्नावली ४६

(२) ५ प्र० श०, ४००० रु० (३) ३१२५ रु०, ४ प्र० श० (४) २००० रु०, ५ प्र० श० (५) ३९०६२५ रु०, ४ प्र० श० (६) १२५० रु०, ४ प्र० श० (८) १११११$१\frac{१}{९}$ रु० (९) ५००० पौ० (१०) ३५००० रु० (११) २४००० रु० (१३) राम ११५६, श्याम १०२४ रु० (१४) अनन्त ३१२ रु०, बसन्त ३०० रु० (१५) मोहन २५६० रु०, सोहन २२५० रु० (१७) ६७६ रु० (१८) ४०९६ रु० (१९) २१९७ रु० (२०) १३०७२ रु० (२१) १६३० रु० (२२) २११६५ रु० (२३) राम (२४) १७६ रु०

प्रश्नावली ४७

(१) १३०° (६) ५०° (७) १३५ पौ० (८) २३·९ हजार (९) पुरुष १८·३, लाख स्त्री १७·३, सन् १९२९ ई० (१०) सन् १९३१

प्रश्नावली ४८

मौखिक

(१) १५ व० फु० (२) १५ व० फु० (३) २६ व० फु० (४) २४ व० फु० (५) १ फु० ६ इं० (६) १ फु० ४ इं० (७) ३० इं० (८) ५ फु० (९) २ फु० (१०) ८ फु०

लिखित

(१) १९२ व० फु० (२) १६५ व० गज (३) २४३ व० ग० (४) २४६ व० फु० ९६, व० इं० (५) २१० व० ग० निकटतम (६) १२ फु० (७) ४ ग० (८) २२ फु० ६ इं० (९) ६० गज (१०) ३२ फु० ६ इं० (११) २१६० ईंटें (१२) ३० टुकड़े (१४) १५ फु० ८ इं० (१५) १६ फु० ८ इं० (१६) १२ फु० ६ इं० (१७) ९ ग० १ फु० ९ इं० (१८) १५ गज २ फु० ३ इं० (२०) १२४ व० फु० (२१) १२० व० फु० (२२) २६४ व० फु० (२३) १९२ व० फु० (२४) ७३६ व० ग० और ९२० रु० (२५) १११ व० फु०, ३४ रु० ११ आना (२६) ८२० टुकड़ा (२७) ४६ रु० ४ आ० (२८) $\frac{१३}{४८}$ (२९) २३५२ रु० (३१) ४६ गज (३२) २२ फु० (३३) १६ फु० (३४) ३५ गज (३५) ३५ फु० (३७) २४ फुट (३८) ७५ गज (३९) ५$\frac{२}{३}\sqrt{३}$ (४०) २८ फु० (४१) २४ फु० लम्बाई, १६ फु० चौड़ाई (४२) १५ गज

प्रश्नावली ४९

(१) १४४ फु० (२) २०० फु० (३) १२० फु० (५) २०८ फु०, १०$\frac{२}{३}$ व० फु० (६) २७५ फु०, ६$\frac{१}{४}$ व० फु० (७) ४५९ फु०, ४५ वर्ग फुट (९) ४० रु०, ३५$\frac{५}{१६}$ गज (१०) ९ पौ० १८ शि० (११) २ फु० ६ इं० (१२) १५ फुट

प्रश्नावली ५०

(२) ६०० व० फु० (३) ४१२ व० फु० (४) ८२६ व० फु० (५) १३१५ व० फु० (७) ५० रु० २ आ० ९$\frac{१}{३}$ पा० (८) २ रु० ६ आ० २$\frac{१}{३}$ पा० (९) २९ रु० १२ आ० (१०) १२ फु० (११) १० फु० ६ इंच

प्रश्नावली ५१

(२) ३२८ फु० (३) ४०० फु० (४) १८४ गज (५) ९३३१२ टिकट (७) ४१ रु० १ आ० (८) ४१ रु० ४ आ० (९) ५५ रु० (१०) १८ इं० (११) १६ इं० (१२) १२ इं० (१३) $२४\frac{१}{३}$ फु० (१४) १० फु० (१५) १० फु० (१६) $१६\frac{३}{३२}$ फु० (१७) ९ फु० (१९) $१०६\frac{३}{४}$ रु० (२०) १९ रु० १२ आ० ८ पा० (२१) १९१ रु० ८ आ० (२२) $२१\frac{१}{३}$ इं० (२३) १२ फु० (२४) $१२\frac{१}{२}$ फु० (२५) ६५ रु० १० आ० (२७) २० फु० लं०, १५ फु० चौ० (२८) लम्बाई ८० गज, चौ० ६० गज (२९) लं० ३६ ग०, चौ० १८ ग० (३०) लं० ३० फु०, चौ० २५ फु० (३१) ४ फु० ६ इं० (३२) लं० ८० गज, चौ० ५० गज

प्रश्नावली ५२

(१) २० फु० (२) ३६ गज (३) ७५ रु० (४) १७५ रु० ८ आ० (५) ९ रु० २ आ० ४ पा० (६) ४८ फु० लम्बा, २४ फु० चौड़ा (७) १२ गज लम्बाई, ३ गज चौड़ाई, ३ गज १ फु० ४ इंच ऊँचाई (८) लम्बाई ३० फु०, चौड़ाई २० फु० तथा ऊँचाई १० फु० (९) लम्बाई ७५ फु०, चौड़ाई २५ फु० तथा ऊँचाई १८ फु० (१०) ३७ रु० १० आ० ८ पा० (११) ५६ रु० (१२) ९१ रु० १० आ० ८ पा० (१३) २३५ रु० (१४) १५ पौ० ५ शि० (१५) लम्बाई १८ फु०, चौड़ाई १२ फु०, ऊँचाई २० फुट

प्रश्नावली ५३

(२) १५० व० इं० (३) ३ व० ग० ८ व० फु० १३५ व० इं० (४) ६ व० ग० २ व० फु० (५) १ बीघा ५ विस्वा (७) २२ इं० (८) $१०\frac{२}{३}$ फु० (९) ८० ग० (१०) २५ गज (१२) $७७\frac{१}{१३}$ गज (१३) ४४ ग० (१४) १६ फु० (१५) १६ जरीब (१६) १८ फु० (१८) १ व० फु० १२६ व० इं० (१९) ७०२० व० से० मी० (२०) ६ व० फु० (२१) ९·६ एकड़ (२२) ४०२०·४८ व० इं० (२३) १३·५ व० ग० (२४) ५८३ रु० ५ आ० ४ पा० (२५) १०५ रु० (२७) $२\sqrt{४}\sqrt{६}$ व० से० मी० (२८) $५८८\sqrt{५}$ व० ग० (२९) १२६ व० फु० (३१) ९६ व० इं० (३२) १२ व० फु० १३५ व० इं० (३३) १८५ व० ग० (३४) ९ व० से० (३५) ९·६ एकड़ (३७)

३० व० ग० (३८) १७३४ व० इं० (३९) ८$\frac{१}{३}$ फु० (४०) ११ गज (४१) १५ फु० (४३) ४$\frac{२}{३}$ व० फु० (४४) ३३$\frac{१}{३}$ व० ग० (४५) ६० व० ग० (४६) १०८ व० ग० (४७) १६८ व० ग० (४८) १६८ व० ग० (४९) १९२ व० ग० (५०) २९४ व० ग० (५२) २५$\sqrt{३}$ व० इं० (५३) ६४$\sqrt{३}$ व० से० मी० (५४) १००$\sqrt{३}$ व० फु० (५५) ६९.२८ एकड़ (५६) १६$\sqrt{३}$ व० फु० (५७) ४$\sqrt{३}$ व० फु० (५८) २ रु० ४ आ० ११ पाई

प्रश्नावली ५४

(२) ६०० व० इं० (३) २५० व० सें० मी० (४) ३००० वर्ग गज (५) १५ व० ग० (७) २० फु० (८) ११ गज (९) ४१ गज (११) (क) १·३ इं०, (ख) १९ फु० (१२) ११०$\frac{[illegible]}{३}$ व० सें० मी० (१३) १८ इं०, १२ इं० (१४) ६ फु०, ४$\frac{१}{२}$ फु० (१६) ३·७५ व० फु० (१७) ८०० व० ग० (१९) ६०००$\sqrt{२}$ व० ग० (२०) ९२४ व० ग० (२२) २८०० व० इं० (२३) ३०० व० ग० (२४) १२५ ग० (२५) ३६ फु०, ४८ फु० (२७) ५० ग०, ४८ ग० (२८) १३ फु०, ९$\frac{३}{१३}$ फु० (२९) १$\frac{[illegible]}{१३}$ इं० (३१) १००$\sqrt{६}$ व० इं० (३२) १००$\sqrt{५}$ व० फु०, २० फु०, १०$\sqrt{५}$ फु० (३३) २४ व० ग०, $\frac{१२}{\sqrt{१०}}$ ग० (३५) २२५ व० फु० (३६) ५२५ व० फु० (३७) ११०० व० ग० (३९) ८ फु० (४०) ३० गज (४२) ३३ फु०, २७ फु० (४३) ११ फु० (४४) २३२ ग० (४५) ८ ग०, ७२ ग० (४६) २ ग० १ फु० ८ इं० (४९) ३९० व० ग० (५०) १८०० व० इं० (५१) ५५०$\sqrt{५}$ (५३) ३०४ व० फु० (५४) २८ व० ग० (५५) ८ इं० (५६) १$\frac{२}{३}$ फु० (५७) ११$\frac{२}{३}$ इंच (५८) १४ गज (५९) १२ फु०, १८ फु० (६०) २० गज, १५ गज (६२) १ वर्ग गज (६३) १५ फु०, १८ फु० (६४) ६$\frac{१}{४}$ ग० (६६) २६०१ व० ग० (६७) ४$\frac{२}{३}$ फु० (६८) ७८.१४ सें० मी० (६९) ५ फुट

प्रश्नावली ५५

(२) २२ इं० (३) ६६ फु० (४) १३२ गज (५) २४२ ग० (६) ४४ ग० (७) १७६ गज (७) ८८ गज (९) ३९६ इंच (११) १६८ इं० (१२) १२६ फु० (१३) २८ गज (१४) १४० गज (१५) १७$\frac{१}{२}$ इं० (१६) २ फीट ७$\frac{१}{२}$ इंच (१७) २८ फु० (१८) ३५ ग० (२०) ३८ व० फु०, ७२ व० इं० (२१) ५०$\frac{[illegible]}{[illegible]}$ व० फ० (२२) १३८६ व० फु० (२३) ६८ व० ग०, ४ व० फु० (२४) २३$\frac{[illegible]}{[illegible]}$ व० ग० (२५) ९६२$\frac{[illegible]}{[illegible]}$ व० इं० (२७) ४ ग० २ फु० (२८) १ फु० २ इं० (२९) ५$\frac{[illegible]}{[illegible]}$ इंच

मा० अंक०

(३०) ८ ग० (३२) १ फु० ९ इं० (३३) ३९२८५७१४$\frac{२}{७}$ मी० (३४) ६१६ व० फु० (३५) २४० व० फु०, ९० व० इं० (३६) ३४६ व० फी०, ७२ व० इं० (३७) १००१ रु० (३८) ५ रु० ८ आ० (३९) ३ फी० ६ इं० (४०) १५४ व० फु० (४१) १४० ग० (४२) १९६ व० फी० (४३) २५२ व० फुट

प्रश्नावली ५६

(१) १३४०३ व० ग० (२) २४३०० वर्ग गज (३) ३८७५० व० ग० (४) १२८०००० व० ग० (५) ८९३५० व० कड़ियाँ (६) २४६४०० व० कड़ियाँ (७) १·११५६ एकड़ (८) ३·३५८२५ एकड़ (१०) ६·५४८७ एकड़ (११) १·७९६७ एकड़ (१२) १·६६७५ एकड़ (१३) १·१६३ एकड़ (१४) ·१२५५ एकड़ (१५) ९०९५० व० कड़ियाँ (१६) ९·३०७५ एकड़ (१७) २·२९५ एकड़ (१८) १·०१५ एकड़ (१९) १·२७ एकड़ (२०) ६·८४७७ एकड़ (२१) २·३१६२ एकड़ (२२) १·७५२५ एकड़ (२३) ३·६३ एकड़

प्रश्नावली ५७

[२] (क) ३३ फुट (ख) ३४ फुट (ग) ५७ फुट (घ) २५·९ फुट (ङ) ३४·६४ फुट [४] (क) ४२५ घ० फु० (ख) ७९८ घ० फु० (ग) २२२४ घ० फु०, ७६८ घ० इं० (घ) १८ घन गज, ४ घ० फु० (ङ) ४८ घ० ग० (च) १४४ घ० ग०, १० घ० फु०, २१६ घ० इं० (छ) ४४६५ घ० ग०, ९ घ० फु० (५) ३७५ घनफुट (६) २७$\frac{१}{२}$ घ० फु० (७) ३४५६ घ० फु० (८) १०८००० घनफुट (९) १७७$\frac{७}{९}$ घनफुट (१०) ९४००$\frac{[illegible]५}{१४४}$ पौंड (११) ७५ मन (१२) १६३३५ घनफुट; १२२५१ मन १० सेर (१३) ३४५६ मन (१५) १० फुट ४ इंच (१६) ९ फुट ६ इंच (१७) ८ फुट (१८) १ फु० ३ इंच (१९) ३ फु० ४ इंच (२०) १ इंच (२२) २ फुट ३ इंच (२३) २० फुट ८ इंच (२४) ३० फुट (२५) ४४ फुट (२७) १४४०० ईंटें (२८) ६९१२ ईंटें (२९) ७०५६ ईंटें (३०) १६४७०३ ईंटें (३१) १३९९६८ इं० (३२) ९३४४ ईंटें (३४) १० फुट (३५) १ फु० ६ इंच (३६) ४$\frac{४}{९}$ फुट (३७) ९ इंच (३८) २ फुट (४०) २५६० ईंटें (४१) १४४० ईंटें

(४२) ७२०० कंकड़ (४३) २३०४० ताव (४४) ७२००० ताव (४६) २३ घ० फु०, २७० घ० इं० (४७) ७ मन २७$\frac{२}{३}$ सेर (४८) २$\frac{१८५}{२५६}$ घ० फु०, २ मन ५$\frac{२५}{३६}$ सेर (४९) २$\frac{१}{२}$ इंच (५१) २४ फु० प्रति मिनट (५२) ४ व० इं० (५३) ३ मील प्रति घंटा

प्रश्नावली ५८

[२] (क) १८४८ घ० फु० (ख) ५२८ व० फु० (ग) ८३६ व० फु०
[३] (क) २०७९ घ० फु० (ख) १९८ व० फु० (ग) २२५·७२ व०फु०
[४] (क) १११० घ० फु० (ख) ४४० व० फु० (ग) ५३४$\frac{\text{[illegible]}}{७}$ व० फु०
[५] (क) ३२१८$\frac{३}{७}$ घ० फु० (ख) ८०४$\frac{४}{७}$ व० फु० (ग) १२०६$\frac{\text{[illegible]}}{७}$ व० फु०
(७) ३ फु० (८) ७ फु० (९) ४ फु० (१०) ३$\frac{१}{२}$ फु० (१२) १६ फु० (१३) १५ फु० (१४) १४ फु० (१५) ४२ फु० (१६) १२$\frac{४}{७}$ फु० (१७) १२$\frac{४}{७}$ फु० (१८) ३५६४ घ० फु० (२०) १०$\frac{२}{३}$ इं० (२१) ९$\frac{६}{११}$ इं० (२२) १ फुट ६ इं० (२४) ४५१ घ० इं० (२५) ८ पौ० ५ शि० ६ पें०

प्रश्नावली ५९

[२] (क) ३०१$\frac{५}{७}$ व० इं० (ख) ३०१$\frac{५}{७}$ घ० इं० [३] (क) १६९$\frac{५}{७}$ व० फु० (ख) १२७$\frac{३}{७}$ घ० फु० [४] (क) ७०४ व० इं० (ख) १२३२ घ० इं० [५] (क) १८ व० फु० १०२ व० इं० (ख) ४$\frac{६}{९}$ घ० फु० (७) ६ फु० (८) १२ इं० (९) १७ फु० ६ इं० (१०) ४ इं० (११) ३७$\frac{५}{७}$ घ० फु० (१२) १६१७ घ० ग० (१३) १२३२ घ० फु० (१४) १२९३६ घ० फुट (१५) ९८५६ घ० फु० (१६) १३४$\frac{\text{[illegible]}}{२१}$ घ० इं० (१७) ८९५ घ० इं० (१८) १७९$\frac{३}{७}$ घ० फु० (१९) ९४२$\frac{६}{७}$ व० फु०, ३४६९$\frac{५}{७}$ घ० फु० (२०) ऊँचाई १८ फुट; व्यास २८ फुट

प्रश्नावली ६०

[२] (क) ११३$\frac{१}{७}$ व० इं० (ख) ११३$\frac{१}{७}$ घ० इं०
[३] (क) २०१$\frac{१}{७}$ व० इं० (ख) २६८$\frac{४}{२१}$ घ० इं०
[४] (क) ६१६ व० इं० (ख) १४३७$\frac{१}{३}$ घ० इं०
[५] (क) १०१८$\frac{३}{७}$ व० इं० (ख) ३०५४$\frac{\text{[illegible]}}{७}$ घ० इं०
(७) १३२ रु० (८) २ रु० ७ आ० ५ पा० (१०) १४ इं० (११) २१ इं० (१२) २१ इंच (१३) १ फुट ६ इं० (१४) १$\frac{१}{३}$ इंच (१५) ५ इं०

(१६) ६४ गोलियाँ (१७) ४२·२७३ घ० इं० (निकटतम) (१८) ३१५$\frac{१}{३}$ घ० इं० (१९) ३:१:४ (२०) १:२ (२१) २ इंच। (२२) ६ इंच

परीक्षा प्रश्न-पत्र

(१)

१. (क) $\frac{३८}{३९}$ (ख) १२५ २. (क) ९१३१, १०१४ (ख) ३१०, ९३० ३. (क) २०३९७५" (ख) ७५ सेर ४. (क) ६०० सैनिक (ख) २५० रु०, २७० रु० ५. (क) ८८% (ख) १४ आ० ८ पा० ६. (क) ४ वर्ष (ख) ४६८७५ रु० ७. (क) २० फु०, १२ फु० (ख) ३:७

(२)

१. (क) २$\frac{४३}{६४}$ (ख) ३ २. (क) १० दिन (ख) ८१९२; १८९४४ ३. (क) ७० (ख) १५ वर्ष ४. (क) ६० रु० ४५. ४० रु० (ख) ८५० रु०, ८६० रु०, ११८२ रु० ५. (क) १ आ० सेर (ख) २५% ६. (क) ४०० रु०, ५% (ख) ८०० रु० ७. (क) २४० वर्गफुट (ख) ६ फुट

(३)

१. (क) $\frac{१}{५}$ (ख) ·३६ २. (क) रविवार (ख) १४७ ३. (क) (ख) १२ वर्ष ४. (क) ४० चारपाई, २५ कुर्सी (ख) ७३६ रु० ५. (क) २३% (ख) २४ पौण्ड ६. (क) ४०० पौंड (ख) ८६ रु० १३ आ० २ पा० ७. (क) २८ फुट (ख) ३० घ० फु०, १४०४ घ० इं०

(४)

१. (क) $\frac{१२१}{१८०}$ (ख) १$\frac{५}{९}$ २. (क) २४० रु० (ख) १२४ ३. (क) २४६०१६ (ख) १.००००४ ४. (क) २५ सप्ताह (ख) ३२ पौ० १० शि०; २९ पौ० ५ शि० ५. (क) २०० विद्यार्थी (ख) २ पौ० १० शि० ६. (क) ५०० रु०, ६ वर्ष, ८ वर्ष (ख) ५०० पौण्ड ७. (क) ७३३३.६ फुट (ख) ९ घनफुट ९६० घनइंच

(५)

१. (क) $\frac{५७}{१५८}$ (ख) ·२३६ २. (क) १८३, १९१, १९७, १९९, २०३ (ख) १५ ३. (क) ६६९० (ख) १०३२ ४. (क) ३६ आदमी (ख) १०० रु०, १६० रु०, ८८० रु० ५. (क) ४२$\frac{६}{७}$% (ख) ९ रु० ६ आना ६. (क) ४% (ख) १७८ पौंड १३ शि० ७ पें० ७. (क) १५२८ ८०० पौधे (ख) ३ गज

केवल वाणिज्य के छात्रों के लिये

प्रश्नावली ६१

(२) ५०० रु० (३) ५०० रु० (४) ८०० रु० (५) ४२५ रु० (६) १६६ पौ० १३ शि० ४ पें० (७) ४२० रु० (८) ६०० रु० (९) ८५० रु० (१०) ३२५ रु० ६ आ० ३$\frac{५}{८१०}$ पा० (११) १०० रु० (१३) ३२३९ रु० ६ आ० ३ पा०, नि० पाई तक (१४) २५६४ पौ० ४ शि० ३ पें०, नि० पें० तक (१५) १४२८ रु० ९ आ० २ पा० निकटतम पाई तक (१६) ५००० रुपया (१७) १९०४ रु० १२ आ० २ पा० निकटतम (१८) ३७१६ रु० १ आ० १ पा० (निकटतम पाई तक)

प्रश्नावली ६२

(२) ३० रु० (३) ४० रु० ८ आ० (४) ३५ रु० (५) ३३ रु० (६) ६८ रु० (७) २१ रु० (८) ३० पौ० ७ शि० ६ पें० (९) ८ रु० १५ आ० (१०) २१ पौ० १३ शि० ४ पें० (११) १३६ रु० ८ आ०

प्रश्नावली ६३

(२) ४ प्र० श० (३) ३$\frac{१}{२}$ प्र० श० (४) ६ प्र० श० (५) ४$\frac{१}{८}$ प्र० श० (६) २$\frac{२}{३}$ प्र० श० (७) ४$\frac{४}{२०३}$ प्र० श० (८) ५ प्र० श० (९) ५$\frac{२६}{३३}$ प्र० श०

प्रश्नावली ६४

(२) ५८३ रु० (३) ७२७ रु० १२ आ० (४) ३७१ रु० १३ आ० ६ पा० (५) ५३२ रु० (७) १०९५ पौ० १२ शि० (८) ६७६ रु० (९) ७५६ रु० ११ आ० ६ पा०

प्रश्नावली ६५

(२) ३ वर्ष (३) ४ वर्ष (४) ३$\frac{१७३}{१८२}$ वर्ष (५) ८ वर्ष (६) ८ वर्ष (७) २$\frac{१}{२}$ वर्ष (८) ४ वर्ष (९) २$\frac{१}{३}$ नर्ष

प्रश्नाबली ६६

(२) ३९६ रु० (३) १४८९ रु० ८ आ०, १० रु० ८ आ० (४) ७८४ रु०, १६ रु० (६) ४ शि० (७) २ शि० (८) १० आ० (९)

३ रु० ८ आ० (११) २ आ० (१२) १ शि० (१३) ५ शि० ४ पें० (१५) १५३० पौ० (१६) ३३० रु० (१७) ७८२ पौ० १२ शि० (१८) ४२ पौ० १० शि० २$\frac{२}{५९}$ पें०

प्रश्नावली ६७

(२) २५ रु० (३) ९ रु० (४) ५७ पौ० १२ शि० (६) २५० रु०, ३ वर्ष (७) ६१० पौ०, ५$\frac{१}{२}$ वर्ष (८) २०३० रु०, २$\frac{१}{२}$ वर्ष (९) ७०० रु० ५ वर्ष (१०) ५५५ पौ० (१२) १०३० पौं० (१३) ५१०० रु० (१४) ५४५० रु० (१५) १५७५ रु० (१७) ५ प्र० श०; ५०० रु० (१८) १७२५ पौं०, ७ प्र० श० (१९) २२४७ रु० (२१) १$\frac{१}{२}$ वर्ष (२२) ६ वर्ष (२३) $\frac{३}{५}$ वर्ष (२४) ३ महीना (२५) ४६ रु० ३ आ० ६$\frac{२}{३}$ पा० (२६) १०००० रु० (२७) ४$\frac{१}{६}$ प्र० श० (२८) श्याम के हाथ (२९) १० शि० (३०) ११५५ रु०

प्रश्नावली ६८

(२) २४ रु० (३) २८ रु० (४) ३७ पौं० १९ शि० (५) ७५ रु० (७) ४८ पौं० (८) ४८ रु० (९) ६० रु०

प्रश्नावली ६९

(२) १५८४ रु० (३) ११६२ रु० ८ आ० (४) ९१३ रु० ८ आ० (५) १९२० रु० (६) १७३० रु० (८) ६०० रु० (९) ९६० रु० (१०) २००० रु० (११) १२०० रु० (१२) ३६०० पौ० (१४) १८०० रु० (१५) ४०८० रु० (१६) २६६७ रु० ८ आ० (१७) ६६९९ रु० ५ आ० ४ पा० (१८) ७५६६० रु० ६ आ०

प्रश्नावली ७०

(२) ३$\frac{३}{४}$ रु० (३) ४२ रु० ८ आ० (४) १३७ रु० ८ आ० (६) १०० पौं० ४ शि० ३$\frac{११५}{१२३}$ पें० (७) १६६ रु० १० आ० ८ पा० (८) ४$\frac{१२}{१७}$ प्र० श० (१०) ३$\frac{४}{७}$ प्र० श० (११) ४$\frac{१}{१९}$ प्र० श० (१२) ५ प्र० श० (१३) ८$\frac{३}{४}$ प्र० श० (१४) ४ प्र० श० (१६) ७$\frac{१}{५}$ प्र० श० (१७) ५$\frac{३}{४}$ प्र० श० (१९) दूसरे स्टाक में (२०) पहले स्टाक में (२१) $\frac{५३२००}{८०१८९}$ प्र० श०

प्रश्नावली ७१

(२) १७३३ रु० ५ आ० ४ पा० (३) १८०० रु० (४) १०४० पौ० (६) ८० रु० (७) १२४$\frac{७}{८}$ (८) ११७$\frac{१}{२}$ रु० (९) ७८ (१०) ७५ (११) ७७ (१३) २८ रु० (१४) ३७ रु० (१५) ३३००० रु० (१७) २ रु० १५ आ० ७$\frac{३}{१३}$ पा० (१८) २ आ० ५$\frac{१}{११}$ पा० (१९) २३८८९$\frac{११}{१०८}$ रु०

प्रश्नावली ७२

(२) ७५० रु०, ८५० रु० (३) २६३० रु०, १३७५ रु० (४) २३०० रु० १२०० रु० (५) २९८० रु०, २२०० रु० (६) २८३३ रु० ५ आ० ४ पा०, ६६६ रु० १० आ० ८ पा० (७) ३००० पौं०; २४०० पौ० (८) १०५ (९) १२०० रु०, १०५० रु० (१०) पहले को ४$\frac{६}{११}$ प्र० श० तथा दूसरे को ४$\frac{१०१}{२०४}$ प्र० श० (११) २८९८ रु० (१२) १४०६० रु० (१३) १६८० रु० (१४) २१ शेयर (१५) ४$\frac{१२}{१७}$ प्र० श० (१६) ३$\frac{४७०}{५९१}$% (१७) ७२०० रु० (१८) ३१२५ रु० (१९) ९७० रु० (२०) ३६० रु० (२१) ४८००० रु० (२२) २१७३५ रु०

प्रश्नावली ७३

(२) ५००० रु० (३) २००० रु० (४) ४८०० रु० (५) ३००० रु० (६) २४०० रु० (८) ३% (९) ५% (१०) ४% (११) ८१० रु० (१२) ९८० रु० (१४) ३१५ रु० ४ आ० (१५) ६६१४० रु० ४ आ० ((१६) ४०० रु०

परीक्षा प्रश्न पत्र

(१)

(१) (क) $\frac{२८}{३९}$ (ख) ·१२५ (२) (क) ६१३१, १०१४ (ख) ३१०, ९३० (३) (क) २०३९७५ (ख) ७५ सेर (४) (क) ६०० सैनिक (ख) २५० रु०, २७० रु० (५) (क) ८८% (ख) १४ आ० ८ पा० (६) (क) ४ वर्ष (ख) ४६८७५ रु० (७) (क) ५५० रु० (ख) कागज में।

२

(१) (क) २$\frac{४३}{६४}$ (ख) ३ (२) (क) १० दिन (ख) ८१९२; १८९४४ (३) (क) ७० (ख) १५ वर्ष (४) (क) ६० रु०, ४५ रु०, ४० रु० (ख) ८५० रु०, ८६० रु०, ११८२ रु० (५) (क) १ आ० सेर (ख) २५% (६) (क) ४०० रु०, ५% (ख) ८०० रु० (७) (क) ४०० रु० (ख) ८७० रु०, ५७० रु०

(३)

(१) (क) $\frac{१}{५}$ (ख) .३६ (२) (क) रविवार (ख) १४७ (३) (क) .००२ (ख) १२ वर्ष (४) (क) ४० चारपाई २५ कुर्सी (ख) ७३६ रु० (५) (क) २३% (ख) २४ पौ० (६) (क) ४०० पौ० (ख) ८६ रु. १३ आ० २ पा० (७) (क) ५१०० रु० (ख) ६८ रु० ८ आ० लाभ

(४)

(१) (क) $\frac{१३१}{५८०}$ (ख) १$\frac{१}{२}$ (२) (क) २४० रु० (ख) १२४ रु० (३) (क) २४६०१६ (ख) १.००००४ (४) (क) २५ सप्ताह (ख) ३२ पौ० १० शि०, २९ पौ० ५ शि० (५) (क) २०० विद्यार्थी (ख) २ पौ० १० शि० (६) (क) ५०० रु०, ६ वर्ष, ८ वर्ष (७) (क) ६ महीना (ख) ५%

(५)

(१) (क) $\frac{५७}{११५८}$ (ख) २३६ (२) (क) १८३, १९१, १९७, १९९, २०३ (ख) १५ (३) (क) ६६९० (ख) १०३२ (४) (क) ३६ आदमी (ख) १०० रु०, १६० रु०, ८८० रु० (५) (क) ४२$\frac{६}{७}$% (ख) ९ रु० ६ आ० (६) (क) ४% (ख) १७८ पौं० १३ शि० ७ पें० (७) (क) ६ महीना (ख) ३९ रु०